碳中和背景下
中国农村能源发展战略

● 赵立欣 姚宗路 著

中国农业科学技术出版社

图书在版编目（CIP）数据

碳中和背景下中国农村能源发展战略 / 赵立欣，姚宗路著. -- 北京：中国农业科学技术出版社，2021.12
ISBN 978-7-5116-5523-3

Ⅰ.①碳… Ⅱ.①赵…②姚… Ⅲ.①农村能源—能源发展—研究—中国 Ⅳ.① F323.214

中国版本图书馆 CIP 数据核字（2021）第 201530 号

责任编辑　姚　欢
责任校对　李向荣
责任印制　姜义伟　王思文

出　　版	中国农业科学技术出版社
	北京市中关村南大街 12 号　　邮编：100081
电　　话	（010）82106631（编辑室）
	（010）82109702（发行部）　（010）82109709（读者服务部）
传　　真	（010）82106631
网　　址	http://www.castp.cn
经　　销	各地新华书店
印　　刷	北京建宏印刷有限公司
开　　本	185 mm×260 mm　1/16
印　　张	21.75
字　　数	430 千字
版　　次	2021 年 12 月第 1 版　2021 年 12 月第 1 次印刷
定　　价	168.00 元

版权所有·翻印必究

碳中和背景下中国农村能源发展战略

主　　著：赵立欣　姚宗路
副 主 著：郝先荣　霍丽丽　罗　娟
著者成员：肖明松　魏欣宇　于佳动　贾吉秀　邓　云　谢　腾　张艳丽
　　　　　赵亚男　朱志平　王亚静　朱晓兰　陈润璐　申瑞霞　张沛祯
　　　　　马俊怡　傅国浩　袁艳文

前　言

国家主席习近平在第七十五届联合国大会一般性辩论和气候雄心峰会上提出，中国二氧化碳排放力争于2030年前达到峰值，努力争取2060年前实现碳中和。农业是重要的温室气体排放源，2014年中国农业温室气体排放量为8.3亿t二氧化碳当量（CO_2e），占全国排放总量的7%左右；如果算上农业生产用能（2.3亿tCO_2e）和生活用能（6.5亿tCO_2e）的排放，农业农村温室气体排放占比约为全国排放总量的15%。农村能源具有绿色、低碳、清洁等特点，可替代煤炭等化石能源使用，减少温室气体排放，对推进农业农村领域碳达峰碳中和具有重大意义。

长期以来，党中央、国务院高度重视农村能源发展，不断完善扶持政策，加大投入力度。我国农村能源发展大体经历了起步发展、综合建设、加快发展和转型发展四个阶段，解决了农村炊事用能问题，促进了农村家庭用能清洁化、便捷化。目前我国农村能源建设成效显著，据测算，2019年农村可再生能源用量折合标准煤达到3 001万t标准煤（tce），温室气体减排量为8 109.8万 t CO_2e，农村能源技术水平不断提升，标准体系基本完善，农村能源已成为深受广大农民群众欢迎的惠民工程、改善农民生活条件的重要措施和提升农村人居环境的重要抓手，在解决能源供需矛盾、应对气候变化、保护生态环境、推进乡村生态振兴等方面发挥着重要作用。

本书系统研究了我国农村能源的发展背景、主要成效与关键技术，科学预测了农村能源温室气体减排潜力，提出了碳中和背景下我国农村能源的发展战略建议。全书分为综合篇、技术篇、战略篇三部分，共12章。其中，综合篇（第1~4章）主要阐述了碳中和背景及农村用能与温室气体排放情况，系统梳理了农村能源发展历程，总结分析了发达国家的碳中和目标与政策措施、发展经验及对我国的启示，系统研究了我国农村能源资源情况及潜力。技术篇（第5~10章）对沼气技术、热解炭气联产技术、秸秆捆烧技术、成型与燃烧技术、清洁炉具技术、太阳能热利用技术等主要农村能源技术进行了总结撰写。战略篇（第11~12章）提出了农村能源温室气体减排量计算方法，对农村能源需求、温室气体减排潜力进行了分析预测，在此基础上提出了碳中和背景下我国农村能源发展的战略目标、技术路线和任务措施。

本书内容丰富，文字深入浅出，技术实用可靠，具有较强的创新性、前瞻性和实用性，可为从事农村能源、节能减排、低碳环保等领域的研究人员、技术人员和行政管理人员提供帮助，也可供大专院校师生参考。

本书在广泛征求有关专家学者相关意见建议的基础上，经过多次讨论和修改后定稿。当前农村能源、减排固碳等相关技术理论发展较快，由于时间仓促和作者水平所限，书中难免存在疏漏和不当之处，有待今后进一步研究完善，也敬请广大读者和同行批评指正，并提出宝贵建议，以便我们及时修订。

编写组

2021 年 12 月 1 日

目录 / Contents

综 合 篇

第1章 碳中和与农村能源 ………………………………………… 3

1.1 碳中和背景 ………………………………………………… 4
    1.1.1 背景 ……………………………………………………… 4
    1.1.2 基本概念 ………………………………………………… 6
    1.1.3 碳中和承诺 ……………………………………………… 8

1.2 农业农村温室气体排放 …………………………………… 10
    1.2.1 种植业排放 ……………………………………………… 11
    1.2.2 畜牧业排放 ……………………………………………… 13
    1.2.3 农业生产用能排放 ……………………………………… 13
    1.2.4 农村生活用能排放 ……………………………………… 14

1.3 农村能源 …………………………………………………… 15
    1.3.1 农村能源概念 …………………………………………… 15
    1.3.2 农村生活用能情况 ……………………………………… 15

参考文献 …………………………………………………………… 17

第2章 中国农村能源发展历程 ………………………………… 19

2.1 历史沿革 …………………………………………………… 20
    2.1.1 起步发展阶段（1978年以前）………………………… 20
    2.1.2 综合建设阶段（1979—2000年）……………………… 21

2.1.3　加快发展阶段（2001—2017年） ……………………………………… 24
　　2.1.4　转型发展阶段（2018年至今） ………………………………………… 27
2.2　发展成就 …………………………………………………………………………… 29
　　2.2.1　综合建设成效显著 ……………………………………………………… 29
　　2.2.2　技术水平全面提升 ……………………………………………………… 30
　　2.2.3　资金投入不断增加 ……………………………………………………… 32
　　2.2.4　标准体系逐步健全 ……………………………………………………… 33
2.3　机遇与挑战 ………………………………………………………………………… 35
　　2.3.1　存在问题 ………………………………………………………………… 35
　　2.3.2　历史机遇 ………………………………………………………………… 36
参考文献 …………………………………………………………………………………… 37

第3章　发达国家经验借鉴与启示 ……………………………………………………… 39

3.1　碳中和目标与政策措施 …………………………………………………………… 40
　　3.1.1　碳中和目标 ……………………………………………………………… 40
　　3.1.2　各国碳中和目标的法律约束力 ………………………………………… 42
3.2　农村能源发展经验 ………………………………………………………………… 43
　　3.2.1　美国 ……………………………………………………………………… 43
　　3.2.2　欧盟 ……………………………………………………………………… 46
　　3.2.3　日本 ……………………………………………………………………… 48
3.3　典型模式 …………………………………………………………………………… 51
　　3.3.1　英国贝丁顿"零碳社区" ………………………………………………… 51
　　3.3.2　德国弗莱堡沃邦"太阳能"社区 ………………………………………… 52
　　3.3.3　意大利封闭循环有机农场 ……………………………………………… 53
　　3.3.4　英国可再生能源农场 …………………………………………………… 53
3.4　对中国的启示 ……………………………………………………………………… 55
　　3.4.1　完善的政策法规是推动低碳转型的前提 ……………………………… 55
　　3.4.2　强有力的科技创新和成果转化是低碳转型的保障 …………………… 55
　　3.4.3　提高认识与全民参与是低碳转型的关键 ……………………………… 56
　　3.4.4　构建可持续发展体系是低碳转型的目标 ……………………………… 56
参考文献 …………………………………………………………………………………… 57

第4章　中国农村地区资源情况 ········· 59

4.1 农作物秸秆 ········· 60
4.1.1 资源评价方法 ········· 60
4.1.2 秸秆资源台账 ········· 62
4.1.3 资源量与利用现状 ········· 65

4.2 畜禽粪便 ········· 68
4.2.1 畜牧业发展概况 ········· 68
4.2.2 产污系数 ········· 70
4.2.3 资源量与利用现状 ········· 72

4.3 其他废弃物资源 ········· 75
4.3.1 农产品加工剩余物 ········· 75
4.3.2 蔬菜尾菜 ········· 76
4.3.3 果木剪枝 ········· 77

参考文献 ········· 78

技　术　篇

第5章　沼气技术 ········· 83

5.1 基本情况 ········· 84
5.1.1 沼气发酵原理 ········· 84
5.1.2 沼气特性 ········· 86

5.2 厌氧发酵工艺 ········· 89
5.2.1 工艺类型 ········· 89
5.2.2 影响因素 ········· 95
5.2.3 工艺对比 ········· 96

5.3 厌氧发酵技术 ········· 97
5.3.1 原料预处理技术 ········· 97
5.3.2 厌氧发酵产沼气技术 ········· 101
5.3.3 沼气净化提纯技术 ········· 108
5.3.4 沼渣沼液综合利用技术 ········· 114

5.4 典型案例 ········· 118
- 5.4.1 规模化生物天然气项目 ········· 118
- 5.4.2 规模化沼气发电项目 ········· 120

参考文献 ········· 120

第6章 热解炭气联产技术 ········· 123

6.1 概述 ········· 124
- 6.1.1 热解原理 ········· 124
- 6.1.2 碳元素迁移规律 ········· 125

6.2 热解产物 ········· 126
- 6.2.1 产物特性 ········· 126
- 6.2.2 质量要求 ········· 138

6.3 技术工艺与装备 ········· 143
- 6.3.1 影响因素 ········· 143
- 6.3.2 典型技术工艺 ········· 147
- 6.3.3 热解炭气联产设备 ········· 151
- 6.3.4 热解油气燃烧设备 ········· 155

6.4 典型案例 ········· 158
- 6.4.1 生物质连续热解炭气联产示范工程 ········· 158
- 6.4.2 生物质热解炭电联产示范工程 ········· 158
- 6.4.3 生物质热解联产联供示范工程 ········· 159

参考文献 ········· 159

第7章 秸秆捆烧技术 ········· 163

7.1 基本情况 ········· 164
- 7.1.1 捆烧原理 ········· 164
- 7.1.2 秸秆捆特性 ········· 165
- 7.1.3 捆烧主要排放物 ········· 166

7.2 秸秆捆燃烧特性 ········· 167
- 7.2.1 捆烧热重特性 ········· 167
- 7.2.2 捆烧燃烧特性 ········· 169

7.3 秸秆捆烧锅炉 ·· 183
7.3.1 序批式捆烧锅炉 ··· 183
7.3.2 连续式捆烧锅炉 ··· 186
7.3.3 烟气净化除尘设备 ·· 190
7.4 典型案例 ··· 192
7.4.1 连续式秸秆捆烧供暖工程 ···································· 192
7.4.2 序批式秸秆捆烧供暖工程 ···································· 194
参考文献 ·· 195

第8章 成型与燃烧技术 ·· 197
8.1 概述 ·· 198
8.1.1 成型原理 ·· 198
8.1.2 压缩黏弹性模型 ·· 199
8.1.3 成型燃料产品特性 ·· 204
8.1.4 成型燃料质量要求 ·· 208
8.2 成型工艺 ··· 213
8.2.1 典型技术工艺 ··· 213
8.2.2 成型工艺类型 ··· 215
8.3 成型设备 ··· 217
8.3.1 典型成型设备 ··· 217
8.3.2 成型设备性能对比 ·· 221
8.4 燃烧设备 ··· 221
8.4.1 燃烧特性 ·· 222
8.4.2 燃烧器 ··· 230
8.4.3 供暖锅炉 ·· 235
8.5 典型案例 ··· 240
8.5.1 成型燃料生产工程 ·· 240
8.5.2 成型燃料供热工程 ·· 241
参考文献 ·· 242

第9章　清洁炉具技术 　245

9.1　生物质清洁炉具　246
9.1.1　主要类型　246
9.1.2　炉具标准要求　250
9.1.3　典型案例　253

9.2　省柴节煤灶　254
9.2.1　基本结构　254
9.2.2　节能原理　255
9.2.3　施工与应用　256

9.3　高效节能炕　257
9.3.1　主要类型　258
9.3.2　节能原理　259
9.3.3　施工与应用　260

参考文献　263

第10章　太阳能热利用技术 　265

10.1　基本情况　266
10.1.1　资源分布情况　266
10.1.2　太阳能光热技术类型　267
10.1.3　太阳能光热转化材料　267

10.2　主要技术　269
10.2.1　太阳能热水器　269
10.2.2　太阳能热水与供暖系统　273
10.2.3　太阳房　274
10.2.4　太阳能制冷技术　282
10.2.5　太阳能热电技术　282

10.3　典型案例　282
10.3.1　农村太阳能采暖示范工程　282
10.3.2　太阳房　283

参考文献　283

战 略 篇

第11章 农村可再生能源发展预测 ... 287
11.1 温室气体减排量计算方法 ... 288
11.1.1 计算方法学 ... 288
11.1.2 温室气体减排系数 ... 292
11.2 农村可再生能源减排现状 ... 294
11.2.1 农村用能需求预测 ... 294
11.2.2 温室气体减排贡献 ... 295
11.3 农村可再生能源利用预测 ... 298
11.3.1 农作物秸秆及畜禽粪污资源潜力 ... 298
11.3.2 农村可再生能源利用技术预测 ... 300
11.3.3 综合评价分析 ... 305
参考文献 ... 306

第12章 碳中和背景下农村可再生能源发展战略 ... 309
12.1 战略方针 ... 310
12.1.1 绿色低碳 生态循环 ... 310
12.1.2 因地制宜 多能互补 ... 310
12.1.3 创新驱动 加快发展 ... 311
12.2 战略目标 ... 311
12.2.1 全面建设期（2021—2025年）... 312
12.2.2 高质量发展期（2026—2030年）... 312
12.2.3 可持续发展期（2031—2035年）... 313
12.3 技术路线 ... 313
12.4 重大任务 ... 315
12.4.1 加快农村生物质能开发利用 ... 315
12.4.2 构建多元化可再生能源供应体系 ... 315
12.4.3 推进农村可再生能源服务体系建设 ... 316

12.5 保障措施 ... 317
12.5.1 强化顶层设计 谋划重大工程 ... 317
12.5.2 加大扶持力度 形成发展合力 ... 317
12.5.3 深化技术创新 培育企业主体 ... 318
12.5.4 加强队伍建设 完善服务体系 ... 319

附 表 ... 320
附表1 国内外生物质成型燃料相关标准名录 ... 320
附表2 现行成型燃料技术相关标准名录 ... 322
附表3 现行沼气技术相关标准名录 ... 327
附表4 现行热解气技术相关标准名录 ... 330
附表5 现行秸秆捆烧技术相关标准名录 ... 331
附表6 现行清洁炉灶相关标准名录 ... 332

综合篇

第1章
碳中和与农村能源

1.1 碳中和背景

1.1.1 背景

人类对全球气候变化的充分认识经历了一个较长的历史过程。17世纪工业革命以来，温室气体浓度持续增加，全球平均气温也随之上升，环境问题相伴而生。1898年，瑞典科学家斯万（Ahrrenius）首次提出，二氧化碳排放量的增加将会导致全球气候变暖。然而，当时并没有引起大众的广泛关注。进入20世纪后，发生的一系列重大污染事件，如比利时马斯河谷烟雾事件（1930年）、美国多诺拉烟雾事件（1948年）及英国伦敦烟雾事件（1952年、1956年）等，引起了人们对温室效应、空气污染、水土流失、生态破坏等环境问题的重视，人们开始对全球气候变化进行深入研究，结果表明，过去100年来，地球正在经历着一次显著的以全球变暖为主要特征的变化。从全球平均气温和海温升高、大范围积雪和冰川融化，以及全球平均海平面上升的观测事实可以看出，地球气候系统变暖的趋势明显。全球气候变化对地球生态环境产生了显著的负面影响，风暴潮、海平面上升和沿海洪灾对健康和生存带来威胁，极端天气会导致基础设施网络和关键服务的崩溃，粮食和饮用水的不安全会给农村生计与收入带来威胁，生态系统功能的丧失对生物多样性造成威胁。

1979年第一次世界气候大会（First World Climate Conference，FWCC）上，气候问题首次被提出，并成为国际社会重点关注的问题。1988年联合国大会首次讨论气候变化问题，并通过第43/53号决议，提出要为人类今后世代的发展保护全球气候。同年，世界气象组织（World Meterorogical Organization，WMO）和联合国环境规划署（United Nitions Environment Programme，UNEP）联合成立了国际政府间气候变化专门委员会（Intergovernmental Panel on Climate Change，IPCC）。在导致全球升温的各种因素中，温室气体引起的温室效应被认为是最重要的因素。面对日益严峻的环境和气候危机，1992年5月，联合国环境与发展大会在巴西里约热内卢召开，160多个国家签署了《联合国气候变化框架公约》（United Nations Framework Convention on Climate Change，UNFCCC）。该公约是世界上第一个为全面控制二氧化碳等温室气体排放，以应对全球气候变暖给人类经济和社会带来不利影响的国际公约，也是国际社会在应对全球气候变化问题上进行国际合作的一个基本框架。该公约于 1994 年 3 月 21 日正式生效。公约对发达国家和发展中国家对应的义务以及履行义务的程序有所区分，要求发达国家作为温室气体的排放大户，应采取具体措施限制温室气体排放，并向发展中国家提供资金以支付他们履行公约义务所需的费用。发展中国家只承担提供温室气体源与温室气体汇的国家清单的义务，制定并执行含有关于温室气体源与汇方面措施的方案，不承担有法律约束力的限控义务。从 1995 年德国柏林到 2013 年波兰华沙，公约缔约国和区域一体化组织每年召开会议进行气候谈判。由于气候问题涉及全球共同发展和国与国之间的利益关系，使得这个问题不再是单纯的科学问题，在这种复杂的关系之下，全球气候变化问题不断升级。

1997 年 12 月，联合国气候变化大会在日本京都召开，《联合国气候变化框架公约》缔约方第三次会议通过了《京都议定书》，旨在限制发达国家温室气体排放量以抑制全球变暖。《京都议定书》是《联合国气候变化框架公约》的补充条款，于 2005 年 2 月 16 日生效，其目标是将大气中温室气体含量稳定在一个适当的水平，进而防止剧烈的气候改变对人类造成伤害。其中规定，到 2010 年，所有发达国家二氧化碳等 6 种温室气体的排放量要比 1990 年减少 5.2%。发达国家从 2005 年开始承担减少碳排放的义务，而发展中国家从 2012 年起承担减排义务。《京都议定书》的生效是人类历史上首次以法规的形式限制温室气体排放。

2007 年 12 月 15 日，联合国气候变化大会通过"巴厘路线图"决议，目的是针对气候变化和全球变暖而寻求国际共同解决措施。其中明确规定，《联合国气候变化框架公约》的所有发达国家缔约方都要履行可测量、可报告、可核实的温室气体减排责任。在"巴厘路线图"中，中国与其他发展中国家一道，承诺担当应对气候变化的相应责任。"巴厘路线图"是人类应对气候变化历史中的一座新里程碑。

2009 年 12 月 7—18 日，《联合国气候变化框架公约》第 15 次缔约方会议暨《京都议定书》第五次缔约方会议在丹麦哥本哈根召开。来自 192 个国家的谈判代表召开峰会，商讨《京都议定书》一期承诺到期后的后续方案，即 2012—2020 年的全球减排协议。会议以决定附加文件方式通过了不具法律约束力的《哥本哈根协议》，《哥本哈根协议》维护了《联合国气候变化框架公约》及其《京都议定书》确立的"共同但有区别的责任"原则，第一次明确认可 2℃ 温升上限，而且明确了可以预期的资金额度，成为全球气候合作的坚实基础和新的起点。

2015 年 12 月 12 日，联合国气候变化大会在巴黎召开，会上通过了《巴黎协定》。2016 年 4 月 22 日，在美国纽约联合国大厦举行的《巴黎协定》高级别签署仪式上，175 个国家签署了协定。该协定为 2020 年后全球应对气候变化行动作出安排，长期目标是较前工业化时期将全球平均气温上升幅度控制在 2℃ 以内，并努力将温度上升幅度限制在

1.5℃以内。《巴黎协定》是继 1992 年《联合国气候变化框架公约》、1997 年《京都议定书》之后，人类历史上应对气候变化的第三个里程碑式的国际法律文本，形成 2020 年后的全球气候治理格局。《巴黎协定》中没有提出碳中和或气候中和的目标，但第四条提出要在 21 世纪下半叶，在人为源的温室气体排放与汇的清除量之间取得平衡，这一目标对应于净零排放。《巴黎协定》签署后，缔约国制定了各自的碳达峰碳中和时间。2020 年 9 月 22 日，中国国家主席习近平在第七十五届联合国大会一般性辩论上宣布，中国将提高国家自主贡献力度，采取更加有力的政策和措施，二氧化碳排放力争于 2030 年前达到峰值，努力争取 2060 年前实现碳中和。

1.1.2 基本概念

1.1.2.1 温室效应

地球在吸收太阳辐射的同时也向外层空间辐射热量，其热辐射以 3~30μm 的长波红外线为主。当这样的长波辐射进入大气层时，易被某些分子量较大、极性较强的气体分子吸收。由于红外线能量较低，不足以导致分子键能断裂，气体分子吸收红外线辐射后没有化学反应发生，只是阻挡热量自地球向外逃逸，相当于地球和外层空间的绝热层，从而导致全球气温升高的现象。

1.1.2.2 温室气体

指任何会吸收和释放红外线辐射并存在大气中的气体，包括二氧化碳（CO_2）、甲烷（CH_4）、氧化亚氮（N_2O）、氢氟碳化合物（HFCs）、全氟碳化合物（PFCs）、六氟化硫（SF_6）、三氟化氮（NF_3）等。

1.1.2.3 温室气体排放

指人类生产经营活动过程中，向外界排放温室气体的过程。

1.1.2.4 碳达峰

指二氧化碳排放（以年为单位）在一段时间内达到峰值，之后进入平台期并可能在一定范围内波动，而后进入平稳下降阶段。由于经济因素、极端气象自然因素等，视情况可以适度允许在平台期内出现碳排放上升的情况，但不能超过峰值碳排放量。达峰目标包括达峰年份和峰值。

1.1.2.5 碳中和

指国家、区域、公司、团体、个人等在一定时间内（一般是 1 年）直接和间接排放的二氧化碳与其通过植树造林、碳捕集利用与封存等方式清除的二氧化碳相互抵消，实现二氧化碳净零排放。

1.1.2.6　气候中和

指一个机构估算其已知温室气体排放量、采取措施减少温室气体排放量、购买碳抵消量，以"中和"剩余温室气体排放量的整套政策。该词由碳中和衍生而来，并对其意义进行了扩展，首次被使用是联合国环境署在2007年发布的"*Climate neutral strategy*"文件，其中包括为实现气候中和需要施行的步骤，并且在其中对气候中和进行了定义。

1.1.2.7　净零排放

指所有人为温室气体排放量与人为温室气体吸收量在一定时期内达到平衡。如果包括多种温室气体时，温室气体净排放的核算应考虑温室气体在大气中的寿命、全球增温潜势（Global Warming Potential，GWP）、全球温度变化潜势（Global Temperature Potential，GTP）以及不同时间尺度。

1.1.2.8　碳排放强度

指单位国内生产总值（GDP）增长所带来的二氧化碳排放量，简称碳强度。

1.1.2.9　碳汇

指从大气中清除温室气体、气溶胶或者温室气体前体的任何过程、活动或者机制。

1.1.2.10　碳足迹

指由企业机构、活动、产品或个人引起的温室气体排放的集合，标示一个人或者团体的"碳耗用量"。

1.1.2.11　碳标签

指在产品标签上，用量化指数标示出该产品生产过程中的温室气体排放量，告知消费者产品的碳信息，以便推广低碳技术。

1.1.2.12　碳排放权

指市场主体依法取得的向大气排放二氧化碳的权利。

1.1.2.13　排放配额

指市场主体在经主管部门核定后，一定时期内允许排放的温室气体量。当市场主体实际排放超出排放配额时，超出部分需通过购买减排量抵扣。若市场主体实际排放少于排放配额，剩余部分可出售。

1.1.2.14 碳交易

指为促进温室气体减排所采用的市场机制，即把温室气体减排量作为一种商品，买方通过向卖方支付一定金额，获得一定数量的温室气体排放权。

1.1.2.15 二氧化碳当量

指在辐射强迫上与某种温室气体质量相当的二氧化碳的量。

1.1.2.16 碳捕集利用与封存

指将生产过程中排放的二氧化碳进行提纯，继而投入到新的生产过程中进行循环再利用或封存。现有碳捕获、利用与封存（Carbon Capture，Utilization and Storage，CCUS）技术是碳捕获与封存（Carbon Capture and Storage，CCS）技术新的发展趋势，与 CCS 相比，可以将二氧化碳资源化，能产生经济效益，更具有现实操作性。

1.1.3 碳中和承诺

根据荷兰环境评估署（Netherlands Envivonmental Assessment Agency，PBL）2020 年发布的数据，2019 年全球温室气体排放总量（不包括土地利用变化）为 524 亿 tCO_2e，全球人均温室气体排放量为 $6.8tCO_2e$，美国人均排放量为 $20tCO_2e$，高出世界平均水平 3 倍；中国人均排放量为 $9.7tCO_2e$。根据 UNEP《排放差距报告 2020》数据，2010—2019 年十年间，温室气体排放量排名前六的国家（地区）合计排放量占全球温室气体排放总量（不包括土地利用变化）的 62.5%，其中中国占 26%，美国占 13%，欧盟 27 国和英国占 8.6%，印度占 6.6%，俄罗斯占 4.8%，日本占 2.8%。

目前全球已经有 54 个国家的二氧化碳排放实现达峰，占全球二氧化碳排放总量的 40%。1990 年、2000 年、2010 年和 2020 年二氧化碳排放达峰国家的数量分别为 18 个、31 个、50 个和 54 个，其中大部分属于发达国家。这些国家占当时全球二氧化碳排放量的比例分别为 21%、18%、36% 和 40%。2020 年，排名前十五位的二氧化碳排放国家中，美国、俄罗斯、日本、巴西、印度尼西亚、德国、加拿大、韩国、英国和法国已经实现达峰。中国、马绍尔群岛、墨西哥、新加坡等国家承诺在 2030 年以前实现达峰。届时全球将有 58 个国家实现二氧化碳排放达峰，占全球二氧化碳排放量的 60%。

截至 2021 年 10 月 31 日，包括中国、欧盟、加拿大等在内的 67 个国家或地区，以纳入国家法律、提交协定或政策宣示等方式，正式提出了碳中和或气候中和的相关承诺；76个国家目前仅以口头承诺等方式提出中和目标，未给出目标的详细信息。

2009年，中国政府提出，到2020年单位GDP二氧化碳排放比2005年下降40%～45%，非化石能源占一次能源消费比重达到15%左右，森林面积比2005年增加4 000万hm^2，森林蓄积量比2005年增加13亿m^3。

2015年，中国进一步提出2030目标，即到2030年左右二氧化碳排放达到峰值并争取尽早达峰，单位GDP二氧化碳排放比2005年下降60%～65%，非化石能源占一次能源消费比重达到20%左右，森林蓄积量比2005年增加45亿m^{3}左右。

2020年9月22日，中国在第七十五届联合国大会宣布，将提高国家自主贡献力度，采取更加有力的政策措施，二氧化碳排放力争于2030年前达到峰值，努力争取2060年前实现碳中和。这是中国首次明确给出碳中和时间表，也是中国首次向全世界郑重给出明确的减排目标。2060年碳中和的承诺，意味着中国高质量发展的坚定决心，同时表明中国各产业在能源转型和低碳绿色技术发展上充满信心。

2020年12月12日，在纪念《巴黎协定》达成五周年气候雄心峰会上，中国宣布了2030年提高力度的国家自主贡献目标及举措："到2030年，中国单位GDP二氧化碳排放将比2005年下降65%以上，非化石能源占一次能源消费比重将达到25%左右，森林蓄积量将比2005年增加60亿m^3，风电、太阳能发电总装机容量将达到12亿kW以上"。

2020年12月16—18日，在北京举行的中央经济工作会议上，把"做好碳达峰、碳中和工作"列入2021年八大任务之一。

与欧美等国家相比，中国要实现碳达峰、碳中和目标需付出极其艰巨的努力。从排放总量来看，目前中国是全球碳排放第一大国，二氧化碳排放量约为美国的2倍、欧盟的3倍，要实现碳中和，所需碳减排量远高于其他经济体。从发展阶段来看，欧美各国已实现经济发展与碳排放脱钩，而中国尚处于经济上升期、排放达峰期，需兼顾能源低碳转型和经济转型，统筹考虑约束碳排放和保持社会经济发展增速需求之间的矛盾。从碳排放发展趋势来看，德国、匈牙利、挪威、捷克等16国在1990年前就实现了碳排放达峰，法国、英国等1991年实现碳排放达峰，美国、加拿大在2007年实现碳排放达峰，距离这些国家2050年实现碳中和，有超过40年乃至60年的窗口期，而中国承诺的2030年前碳排放达峰、到2060年前实现碳中和，时间仅为30年左右，明显短于欧美等发达国家。

从2020年目标到2060年目标，中国的减碳目标经历了三次飞跃。2009年，中国提出到2020年单位国内生产总值二氧化碳排放比2005年降低40%～45%，该目标已于2018年提前实现（下降了45.8%），这是实现从0到1的飞跃。2020年，中国提出二氧化碳排放力争于 2030 年前达到峰值，努力争取 2060 年前实现碳中和。2030 年目标实现从碳排放强度到碳排放总量的飞跃，此后碳排放总量不再增长。2060 年目标实现从总量控制到碳中和的飞跃，此后中国将做到"零碳排放"，成为"零碳国家"。

1.2 农业农村温室气体排放

农业是重要的温室气体排放源。2014 年中国农业温室气体排放量为 8.3 亿 tCO_2e，占全国温室气体排放总量的 7%～8%，农田施肥、水稻种植、家畜饲养和粪便的排放量分别占农业温室气体排放总量的 43%、20%、26% 和 10%。此外，中国农业生产用能（包括农机、渔机等）的温室气体排放量为 2.3 亿 tCO_2e，农村生活用能温室气体排放量为 6.5 亿 tCO_2e。农业农村领域温室气体排放总量约为 17 亿 tCO_2e，约占全国排放总量的 15%（图 1-1）。

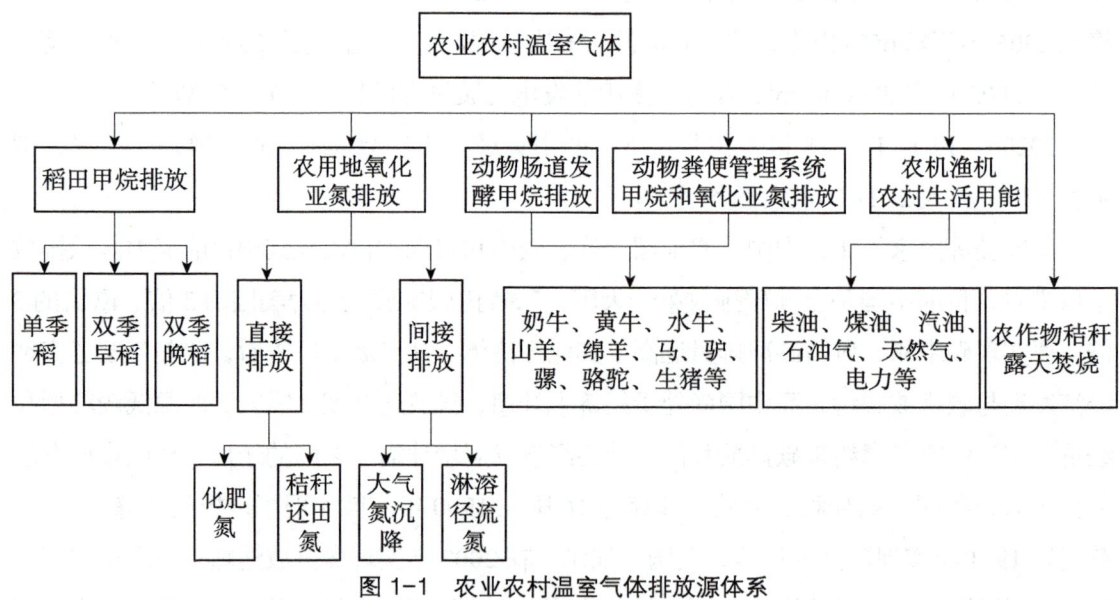

图 1-1　农业农村温室气体排放源体系

推进农业农村领域碳达峰、碳中和，是加快农业生态文明建设的重要内容，也是乡村振兴战略的重要举措。然而，中国农业生产方式仍较粗放，存在耕地质量下降、面源污染和生态系统退化等一系列问题。温室气体是导致气候复杂多变的根源，极端天气给中国农业的发展转型带来了巨大压力，2016 年中国农业用地遭受气候灾害面积高达 2 620 万 hm^2，占到农业用地总面积的 21.1%。农业农村部印发了《农业绿色发展技术导则（2018—2030年）》，明确提出在 2030 年前，单位农业增加值对应的碳排放降低 30% 以上的减排目标。

1.2.1 种植业排放

种植业温室气体排放主要包括稻田甲烷（CH_4）排放、农用地氧化亚氮（N_2O）排放以及农作物秸秆田间焚烧的 CH_4 和 N_2O 排放。2014 年，水稻种植排放 1.87 亿 tCO_2e，占农业温室气体排放总量的 22.6%；农用地排放 2.88 亿 tCO_2e，占农业温室气体排放总量的 34.7%；农作物秸秆田间焚烧排放 0.09 亿 tCO_2e，占农业温室气体排放总量的 1.1%。

（1）稻田 CH_4 排放

稻田 CH_4 排放包括 CH_4 在水田土壤中的生成和从土壤向大气的释放两个过程。第一个过程是生物学过程。水田土壤中复杂的有机质，包括有机肥、动植物残体、土壤腐殖质和其他有机物以及水稻根系的脱落物和分泌物等，被各类细菌组成的食物链转化成较简单的产 CH_4 前体，即 H_2/CO_2、乙酸、甲酸、甲醇、甲胺、异丙醇等，在强烈的渍水还原条件下，水田土壤中产 CH_4 菌活性大大增加，进一步把这些基质转化成 CH_4。稻田 CH_4 排放的第二个过程是水田土壤中生成的 CH_4 向大气释放，水田土壤中产生的 CH_4 几乎有 80% 在水田表层氧化层或水稻根表氧化区时被 CH_4 氧化细菌氧化而未能进入大气。

中国农业科学院作物科学研究所研究结果显示，大气二氧化碳浓度升高可以显著促进水稻生长，但对 CH_4 排放的促进作用呈明显下降趋势。大气二氧化碳浓度升高能够显著促进水稻生长，并可为稻田产 CH_4 菌提供更多的有机碳源，国际上普遍认为大气二氧化碳浓度升高将提高稻田 CH_4 排放 40% 以上。研究人员基于前期试验，发现大气二氧化碳浓度升高对稻田 CH_4 的增排效应随着处理年限的推移而呈显著下降趋势，第一年二氧化碳浓度的 CH_4 增幅达到 69.4%，而第二年为 44.0%，第三年仅为 25.6%。为进一步验证该现象并揭示其机制，研究者借助步入式人工气候室开展了两个生长季的盆栽试验。发现，在两个生长季中，二氧化碳浓度对水稻叶片光合速率、生物量和籽粒产量的促进效应相似；但是，对 CH_4 排放的提高效应显著下降，第一季 CH_4 排放的增幅达 48%~101%，而第二季仅为 28%~30%，这与前期试验结果一致。CH_4 排放是由其产生与氧化两个过程决定，分析土壤微生物发现，二氧化碳浓度处理可以同时提高 CH_4 产生菌和氧化菌活性，但随着时间推移，二氧化碳浓度处理对 CH_4 氧化菌的促进效应更强，从而逐步加强了 CH_4 的氧化消耗，降低二氧化碳浓度对 CH_4 的增排效应。

温室气体减排主要措施包括适当的施肥措施和水浆管理。施肥是影响稻田 CH_4 排放的重要因素,影响稻田土壤 CH_4 产生潜力和氧化潜力,进而影响稻田 CH_4 排放通量,加强施肥管理及农艺措施改进,减控化肥使用量,可以减少温室气体排放量;推广节水、耐旱作物品种,完善农田灌排等基础性设施,建设高效节水灌溉工程,改进农业灌溉方式,减少输水过程中的渗漏损耗,做好雨水集流等田间节水措施,优先选择滴灌、渗灌等节水灌溉方式,采取间接灌溉、建立灌区需水预报和水量调配等优化制度,可以减少灌溉浪费和灌溉用能带来的碳排放。

(2) 农用地 N_2O 排放

土壤中的 N_2O 是通过微生物的硝化和反硝化过程产生的。许多农业活动向土壤中加氮,增加了用于硝化和反硝化的氮量,从而增加了 N_2O 排放量。人为氮投入导致的 N_2O 排放包括直接排放(例如直接来源于加了氮的土壤)和间接排放两种。直接排放是由农用地当季氮输入引起的 N_2O 排放,输入的氮来源包括氮肥、粪肥和秸秆还田。间接排放包括大气氮沉降引起的 N_2O 排放和氮淋溶径流损失引起的 N_2O 排放。另外,未经过处理的动物粪肥引起的 N_2O 直接排放(例如牧场草原和围场的动物粪肥)也应该包括在直接排放这一部分。

温室气体减排主要措施包括在保证农业产出不下降的前提下,提高肥效降低 N_2O 排放,适当减少农药、化肥等农用物资的使用量,积极推广现代农业种植技术、生物农药技术。加大秸秆还田、增施有机肥以及保护性耕作等农艺措施实施力度,通过增加有机肥还田、保护性耕作、绿肥种植、草畜平衡和其他增加作物产量的措施可显著增加农田土壤有机碳储量。因地制宜地发展农业产值高的低碳农业、生态农业,提高资源利用率,通过提升农田草地有机质可增加温室气体吸收和固定二氧化碳能力,降低农业发展进程中碳排放的增长速度和碳排放强度,实现农田从碳源到碳汇的转变。

(3) 农作物秸秆田间焚烧排放

据研究,2000—2003 年中国秸秆露天焚烧总量为 1.36 亿~1.43 亿 t,占秸秆总产生量的 23% 左右;2010 年中国秸秆焚烧量为 1.28 亿 t,直接和间接的排放量为 5 430 万 tCO_2e;2015 年中国秸秆露天焚烧量约为 8 110 万 t,排放量约为 3 450 万 tCO_2e,呈现显著的下降趋势。近年来中国秸秆禁烧力度不断加大,秸秆综合利用率显著提高,进一步推动实现秸秆全量利用,可减少秸秆田间焚烧碳排放。

1.2.2 畜牧业排放

畜牧业温室气体排放主要包括动物肠道发酵 CH_4 排放、粪便管理 CH_4 和 N_2O 排放。反刍动物（牛、羊）瘤胃发酵气体主要成分为 CH_4，反刍动物胃肠道产生的 CH_4 占所有家畜胃肠道 CH_4 排放总量的 80% 以上。2014 年，中国动物肠道排放 2.07 亿 tCO_2e，占农业温室气体排放总量的 24.9%；动物粪便管理排放 1.38 亿 tCO_2e，占农业温室气体排放总量的 16.7%。

（1）肠道发酵排放

畜禽肠道发酵是农业温室气体排放的主要因素之一。在畜禽的饲养过程中，食物在畜禽肠胃中发酵会产生大量的 CH_4。不同种类的畜禽肠道发酵的位置也有所不同，将畜禽分为反刍动物和非反刍动物两类，如牛、羊等反刍动物的 CH_4 产生于瘤胃和后肠中；猪等非反刍动物的 CH_4 则产生于大肠中。CH_4 产生量与畜禽的种类、年龄、体重等畜禽自身特征以及所喂食的饲料的质量和畜禽的采食水平等因素都有密切关系。提升饲料消化率、改善饲料结构和喂养方式、改良畜禽品种等可减少甲烷排放。

（2）粪便分解排放

畜禽粪便在微生物作用下分解产生 CH_4 等温室气体。温室气体排放量与分解微生物、粪便特性和温度环境有关，同时与饲料的种类和消化能力也有关系。在处理畜禽粪便时，不同的处理方式也会影响粪便的温室气体排放。采用沼气技术可使畜禽粪尿的 CH_4 排放量降低 25%～80%；通过好氧技术生产有机肥还田，可提高土壤有机质含量，减少温室气体排放。

（3）畜禽饲养过程中消耗能源排放

规模化养殖场供暖、降湿、照明等均需消耗能源产生碳排放。

1.2.3 农业生产用能排放

农业生产用能的温室气体排放主要包括农机和渔机等作业所产生的 CO_2 排放。农田机械作业、农田排灌、农田基本建设、畜牧业生产、农产品加工、农业运输以及海洋捕捞、渔船等需要消耗柴油、汽油、天然气、煤、电力等化石能源。2014 年，农业生产用能为 8 680.69 万 tce，CO_2 排放量为 2.3 亿 t。

通过提升农机、渔机装备能效标准，淘汰落后耗能的老旧农机，降低单位产量或单位耕作面积能耗，可有效降低温室气体排放。在推进种植业全程机械化作业的同时，推广轻便化、精准化的生产管理技术和智能化的农机装备；加强对农民的操作培训，科学使用、保养和维修新型农机，有效减少柴油的消耗量；研发绿色动力装备，减少化石能源使用产生的 CO_2 排放。

1.2.4 农村生活用能排放

农村生活的温室气体排放主要为炊事、取暖、照明和家电等消耗的煤炭、天然气等化石能源的碳排放。2014 年，我国农村生活用能总量为 24 735 万 tce，CO_2 排放量 6.6 亿 t。

中国居民能源消费碳排放研究结果显示（图 1-2），农村直接碳排放量增速较缓慢，增量较少。2015 年农村居民能源消费碳排放量较 1997 年增加了 0.62 亿 t，年平均增速 2.35%。可再生能源是我国农村能源的重要组成部分，具有清洁低碳等特性，在减污降碳方面发挥了显著效果。2020 年我国可再生能源开发利用规模达到 6.8 亿 tce，相当于替代煤炭近 10 亿 t，减少二氧化碳、二氧化硫、氮氧化物排放量分别约达 17.9 亿 t、86.4 万 t、79.8 万 t。农村生物质能是低碳、清洁的可再生能源，通过秸秆、畜禽粪便等农业废弃物生产成型燃料、沼气/生物天然气、热解气化燃气等，能够直接替代煤炭、天然气等化石能源，有利于增加农村地区低碳能源供给，减少温室气体排放。据估算，秸秆能源化利用资源潜力可达 1.2 亿 t、畜禽粪污能源化利用资源潜力超过 5.2 亿 t，二者能源化利用折合可替代约 2.4 亿 tce，为农村清洁用能需求提供保障。此外，农村地区还有大量尾菜、果树剪枝及农产品初加工剩余物等有机废弃物资源，因此生物质能可开发潜力较大。

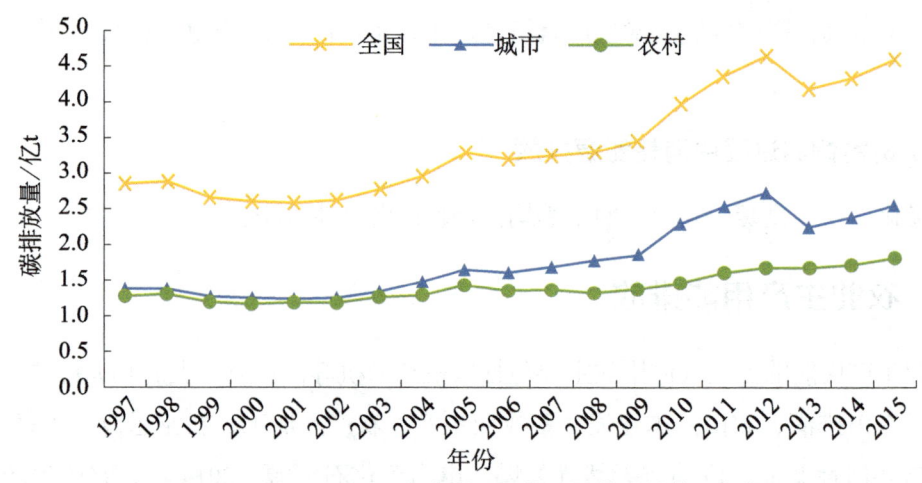

图 1-2　1997—2015 年中国居民能源消费碳排放量变化

（资料来源：徐丽等（2019）《中国居民能源消费碳排放现状分析及预测研究》）

1.3 农村能源

1.3.1 农村能源概念

农村一般也称乡村。乡村在《辞海》中的解释是"以农业经济为主的人口聚居地区"。《乡村振兴促进法》中"乡村"的定义为：城市建成区以外具有自然、社会、经济特征和生产、生活、生态、文化等多重功能的地域综合体，包括乡镇和村庄等。

农村能源，指农村地区的能源供应与消费，涉及农村地区工农业生产和农村生活多个方面。它属于能源建设与行业管理的范畴，而不是一个单纯的能源生产或加工种类的划分，主要包括农村电气化、农村地区能源资源的开发利用、农村生产和生活能源的节约等。在中国，农村能源的开发主要包括薪柴、作物秸秆、人畜粪便等制取的生物质能（包括成型燃料、沼气和直接燃烧等），以及太阳能、风能、小水电和地热能等，多属于可再生能源。农村能源的节约主要包括省柴节煤炉（灶、炕）、农业机械节能、农产品加工节能等。

本书所涉及的主要是农村生活用能。

1.3.2 农村生活用能情况

1.3.2.1 农村居民生活能源消费总量

据清华大学建筑节能研究中心统计，2018 年我国农村生活用能总量约为 3.11 亿 tce，其中包括用于取暖、炊事（含生活热水）、空调、生活用电（包括照明和各类家电）的能耗，能源种类有煤炭（散煤、蜂窝煤）、液化石油气、电力、天然气等商品能源，以及以薪柴和秸秆为主的非商品能源。其中电力按照当年火力供电煤耗计算法折合为千克标准煤（kgce），其他各类能源根据燃料的平均低位发热量进行折算，折算标准详见表 1-1 注 1。农村生活用能中商品能源煤炭为 1.59 亿 t（折合 1.13 亿 tce）、液化石油气 916 万 t（折合 0.16 亿 tce）、电力 2 623 亿 kWh（折合 0.81 亿 tce）、天然气 55.4 亿 m^3（折合 0.067 亿 tce），商品能源总量合计 2.16 亿 tce；非商品能源生物质（包括薪柴和秸秆）总量为 1.68 亿 t

（折合 0.94 亿 tce），商品能源和非商品能源分别占 69.6% 和 30.4%，详见表 1-1。

表 1-1 2018 年我国农村生活用能不同种类能源消耗量

区域	总人口数/万人	年实物消耗量						折合标煤量（万 tce）		
		煤炭/万 t	液化气/万 t	电能/亿 kWh	薪柴/万 t	秸秆/万 t	天然气/亿 m³	商品能	非商品能	总量
北方	23 932	12 054	203	874	3 982	4 732	55.4	12 277	4 756	17 033
南方	31 775	3 851	713	1 749	6 612	1 435	0	9 361	4 685	14 046
总计	55 707	15 905	916	2 623	10 594	6 167	55.4	21 638	9 441	31 079

注：1. 1kWh 电 =0.309kgce，1kg 煤炭 =0.71kgce，1kg 液化石油气 =1.71kgce，1kg 木柴 =0.6kgce，1kg 秸秆 =0.5kgce，1m³ 天然气 =1.21kgce；
2. 我国港澳台地区传统农村较少，此表未进行统计；
3. 数据来源于清华大学建筑节能研究中心报告。

由于农村人口减少、用能方式改变和用能效率提高等因素影响，我国农村生活用能总量从 2014 年的 3.27 亿 tce 下降到 2018 年的 3.11 亿 tce，下降约 4.89%。从单项能源消耗量来看，煤炭消耗总量明显下降，从 2014 年的 1.97 亿 t 降低到 2018 年的 1.59 亿 t，降低约 19.3%；2014 年天然气使用量几乎为零，到 2018 年相当于净增 55.4 亿 m³；液化石油气和电能分别从 2014 年的 831 万 t、2 140 亿 kWh 增长到 2018 年的 916 万 t、2 623 亿 kWh；生物质能由 2014 年 1.8 亿 t 降到 2018 年的 1.6 亿 t，占比由 31.2% 降至 30.4%。

1.3.2.2 农村居民人均生活能源使用量

随着农村居民生活水平提高和生活条件改善，人均生活能源消费量显著提高。2017 年，中国农村居民人均生活用能消费量约 258.4kgce，与 2014 年相比增长 26.9%，年均增长率为 8.26%。其中，煤及其制品人均消费量约 104.8kgce，与 2014 年的 95.9kgce 相比提高了 9.3%。中国农村居民 2014—2017 年人均居住面积从 33.37m² 增长到 46.7m²，增长 39.9%，由此认为煤及其制品主要用于采暖。随着国家农网改造力度加大和农民生活水平的提高，电力、天然气、液化石油气等商品能源逐步成为主要生活能源。2017 年，中国农村居民人均电力、液化石油气和天然气消耗量分别为 712.74kWh、13.93kg、0.46m³，与 2014 年相比有大幅度的提高，分别提高了 36.0%、69.5% 和 100%。但是，农村人均液化石油气和天然气消耗量与城镇相比还有较大差距（全国人均生活能源天然气消耗量为 27.5m³），这与天然气管网等基础设施不完善、农村收入低等有关。

根据第三次全国农业普查结果，2016 年，以电力作为家庭炊事和取暖使用的主要能源的农户数为 13 503 万户，占农户总数的 58.6%，煤气、天然气、液化石油气作为主要能源使用的农户数为 11 347 万户，占农户总数的 49.3%。以秸秆薪柴等传统生物质能为主的能源结构未发生根本性的改变，2016 年全国约 10 177 万户使用秸秆薪柴，占全国农户总数的 44.2%。其中，东北地区为 84.5%，这与东北地区作为我国粮食主产区的资源禀赋是密切相关的。目前，中国农村可再生能源消费仍以秸秆和薪柴等传统能源为主，但其消费量和所占比例呈明显下降趋势。能源结构变革是解决我国能源问题的必由之路，碳达峰和碳中和为农村发展清洁能源提供了难得的历史机遇。目前我国农村居民能源消费结构亟待优化，需要根据"因地制宜、多能互补、综合利用、讲求效益"的方针，大力发展可再生能源，建立低碳能源的供应体系，通过发展现代生物质能、太阳能等可再生能源替代化石能源。

参考文献

陈瑶，2016. 中国畜牧业碳排放测度及增汇减排路径研究 [D]. 哈尔滨：东北林业大学．

陈迎，巢清尘，2021. 碳达峰、碳中和 100 问 [M]. 北京：人民日报出版社．

丛宏斌，赵立欣，王久臣，等，2017. 中国农村能源生产消费现状与发展需求分析 [J]. 农业工程学报，33（17）：224-231.

洪振国，2020. 中国农村家庭能源消费与清洁可再生能源节能潜力评估 [D]. 兰州：兰州大学．

黄晶，2020. 中国 2060 年实现碳中和目标亟需强化科技支撑 [J]. 可持续发展经济导刊（10）：15-16.

江瑜，管大海，张卫建，2018. 水稻植株特性对稻田甲烷排放的影响及其机制的研究进展 [J]. 中国生态农业学报，26（2）：175-181.

李飞跃，汪建飞，2013. 中国粮食作物秸秆焚烧排碳量及转化生物炭固碳量的估算 [J]. 农业工程学报，29（14）：1-7.

清华大学建筑节能研究中心，2020. 中国建筑节能年度发展研究报告 [M]. 北京：中国建筑工业出版社：30-38.

任万辉，许黎，王振会，等，2004. 中国稻田甲烷产生和排放研究 Ⅱ：模式研究和减排措施 [J]. 气象（7）：3-7.

石祖梁，贾涛，王亚静，等，2017. 我国农作物秸秆综合利用现状及焚烧碳排放估算 [J]. 中国农业资源与区划，38（9）：32-37.

宋艺，谢彤云，王澜熹，等，2020. 我国农业碳排放影响因素的实证研究：基于灰色关联模型 [J]. 农业与技术，40（8）：143-147.

田宜水，2020. 中国农村能源政策、现状评估和发展方向研究 [J]. 中国能源，42（5）：25-30.

王明星，李晶，郑循华，1998. 稻田甲烷排放及产生、转化、输送机理 [J]. 大气科学（4）：218-230.

吴之如，2011. 秸秆焚烧与碳排放 [J]. 绿色视野（7）：68-69.

徐丽，曲建升，李恒吉，等，2019. 中国居民能源消费碳排放现状分析及预测研究 [J]. 生态经济，35（1）：19-23，29.

张广斌，马静，马二登，等，2010 尿素施用对稻田土壤甲烷产生、氧化及排放的影响 [J]. 土壤，42（2）：178-183.

张卫建，张艺，邓艾兴，等，2020. 我国水稻品种更新与稻作技术改进对碳排放的综合影响及趋势分析[J]. 中国稻米，27（4）：53-57.

赵建宁，张贵龙，杨殿林，2011. 中国粮食作物秸秆焚烧释放碳量的估算[J]. 农业环境科学学报，30（4）：812-816.

朱荫湄，1993. 浅论稻田甲烷的产生和排放[J]. 农村生态环境（S1）：40-42，59-60.

Global Carbon Project，2018. Global Carbon Budget 2018[R/OL]. https://www.globalcarbonproject.org/carbonbudget/.

第 2 章
中国农村能源发展历程

2.1 历史沿革

在党中央、国务院的高度重视下,在国家有关部门和各级政府的大力支持下,经过广大农村能源工作者不懈奋斗、不断探索和实践,农村能源建设从无到有,从小到大,从单一到综合,已经成为深受广大农民群众欢迎的惠民工程,成为改善农村居民生活条件的重要措施,成为推进农村人居环境改善的重要抓手。中国农村能源建设经历了曲折的发展过程,大体上可分为以下 4 个阶段。

2.1.1 起步发展阶段(1978 年以前)

20 世纪 50 年代末至改革开放 1978 年前,为我国农村能源的起步发展阶段,这一阶段主要以探索沼气利用为主,大致分为两个时期。

第一个时期为 20 世纪 50 年代末至 60 年代初,当时我国广大农村缺柴少薪现象非常严重,毛泽东主席在武汉(1958 年)、安徽(1959 年)等地视察农村沼气时指出:"沼气又能点灯,又能做饭,又能做肥料,要大力发展,要好好推广。"自此,农村沼气得到中央和地方政府的高度重视,随即在全国掀起了一场"大办沼气"的群众运动。但由于技术未能跟上,沼气建设多为土法上马,许多沼气池因漏气漏水无法使用,到 20 世纪 60 年代初期,沼气推广基本停滞,各地沼气办公室相继撤销。

第二个时期为"文化大革命"后期的农业学大寨时期,即 1970—1978 年期间,农村沼气出现新的建设高潮。当时农村人口快速增长导致农村能源需求剧增,四川中江县部分农民自行开始建设沼气池,引起国家有关部门的重视,1973 年中国科学院等部门在四川召开第一次沼气现场会,1975 年和 1978 年,原国家科委、农业部、国家经委在四川先后召开两次沼气经验交流会。这一时期农村沼气发展速度很快,不到 10 年就发展到 700 多万户,但沼气技术仍为土法上马,沼气池多采用"三合土"、黏土砖等材料建造,平均寿命只有 1~3 年,到 20 世纪 70 年代后期大量沼气池报废。

总体来看,改革开放前受经济社会条件和历史背景影响,农村沼气虽然经历了曲折的发展过程,但在各地群众自发探索和政府号召支持下,积累了初步的技术基础、试点和管理经验,农村能源建设开始起步。

2.1.2 综合建设阶段（1979—2000 年）

党的十一届三中全会后，在以经济建设为中心的新形势下，农村能源受到政府和社会的高度关注。1979 年 4 月 3 日，王任重副总理在全国农业自然资源调查和区划会议中指出，"要发展沼气和小水电"。1979 年 5 月，全国沼气办公室主任会议期间王震副总理指出，"要加强沼气科学研究，提高管理水平"。1980 年 7 月，邓小平同志在四川视察农村沼气时指出："发展沼气很好，是个方向，可以因地制宜解决农村能源问题，沼气发展要有一个规划，要有明确奋斗目标和方向。要抓科研，沼气池也要'三化'，即标准化、系列化、通用化，不这样不好管理，也保证不了质量。这是一件大好事，大家要重视一下。"1982 年 9 月邓小平同志再次强调，"搞沼气还能改善环境卫生，提高肥效，可以解决农村大问题"。1983 年江泽民同志明确了农村能源建设"因地制宜、多能互补、综合利用、讲求实效"的 16 字方针，成为长期以来农村能源发展的根本遵循。1984 年 4 月 4 日，国务院办公厅发文成立国务院农村能源领导小组，李鹏同志任组长，杜润生、黄毅诚同志任副组长，卢嘉锡、杨浚、林汉雄、钱正英、何康、杨钟、何光远同志为领导小组成员；领导小组下设办公室，通知还明确各有关部委指定一名主管农村能源工作的司局长或处长为办公室的联系人，各部委分管的农村能源工作，仍按原来分工，各负其责。在国家的重视支持下，自"六五"开始启动了以试点项目为依托的农村能源建设工作，国家每年安排 4 000 万元贴息贷款扶持农村沼气建设。"七五"期间，国家计委把农村能源综合建设县项目列为全国重点科技攻关项目，选择全国不同类型的 12 个县进行技术攻关和试点示范。在"六五""七五""农村能源综合建设"试点工作成功的基础上，"八五"期间，原国家计委、国家经贸委、国家科委、财政部、农业部、林业部、水利部和电力部等八部委，联合成立"全国农村能源综合建设县项目领导小组"，启动实施百县农村能源综合建设，全国共有 109 个国家级、32 个省级农村能源综合建设县列入项目，国家级项目由中央每年拨给每县 315 万元，省、地、县按 1∶1∶2 配套。在项目的示范带动下，全国各地农村因地制宜开发推广了省柴节煤灶、沼气、太阳能、风能、地热和小水电等可再生能源技术，到 1995 年建成户用沼气池 569 万户，推广省柴节煤灶 1.7 亿户。"九五"期间又在 204 个县实施了全国农村能源综合建设项目，我国农村可再生能源建设呈现稳步发展的态势。

沼气建设作为农村能源综合建设的重要内容，1990—2000 年的 10 年间呈现迅猛发展态势，"九五"期间，平均每年新建户用沼气池 75.2 万户，净增 55.6 万户，比"八五"末期增长 48.8%，年均增长 8.3%。到 2001 年，全国户用沼气池总量达到 857 万户，大中型沼气工程 1 359 处，沼气池累计达到 50 万户以上的省（区）有 6 个（即江西、湖北、湖南、广西、四川和云南），其中广西和四川超过百万户。户用沼气技术在池型设计、建池施工到综合利用等方面逐步成熟。在池型方面，研究出了适应不同气候、原料和使用条件的标准化系列池型。在建池方面，广泛采用混凝土现浇施工工艺，由经过专门培训的技术人员和施工队建池，通过专业化施工，保证沼气池使用寿命达到15年以上。在综合利用方面，探索总结出适应不同自然经济和社会条件的以沼气综合利用为纽带的生态经济模式，其中具有代表性的模式有南方"猪－沼－果"（图2-1）、北方"四位一体"（图2-2）和西北"五配套"（图2-3）等生态经济模式，沼气建设从技术模式到管理能力，都已经具备了规模化发展条件。

（1）南方"猪－沼－果"能源生态模式

以农户为基本单元，利用房前屋后的山地、庭院等场地，建设畜禽舍、沼气池和果园等，同时使沼气池的建设与畜禽舍和厕所三结合，构成养殖－沼气－种植三位一体的庭院经济格局，形成生态良性循环，增加农民收入。

（2）北方"四位一体"能源生态模式

在北方寒冷地区，农户在庭院内建日光温室，温室一端地下建沼气池，沼气池上建猪舍和厕所，温室内种植蔬菜或水果。该模式以太阳能为动力，以沼气为纽带，将种植业和养殖业相结合，形成生态良性循环，增加农民收入。

（3）西北"五配套"能源生态模式

中国西北地区干旱缺水，首先要解决农民生产生活用水问题，因此，西北"五配套"能源生态模式是由沼气池、厕所、太阳能暖圈、水窖、果园灌溉设施等五部分配套建设而成。其中沼气池是西北"五配套"能源生态模式的核心，通过沼气池的纽带作用，将农村生产用肥和生活用能有机结合起来，形成以牧促沼、以沼促果、果牧结合的良性生态循环系统。

图2-1 南方"猪－沼－果"能源生态模式

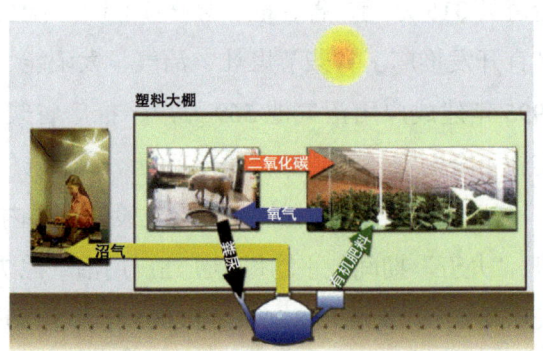

图2-2 北方"四位一体"能源生态模式

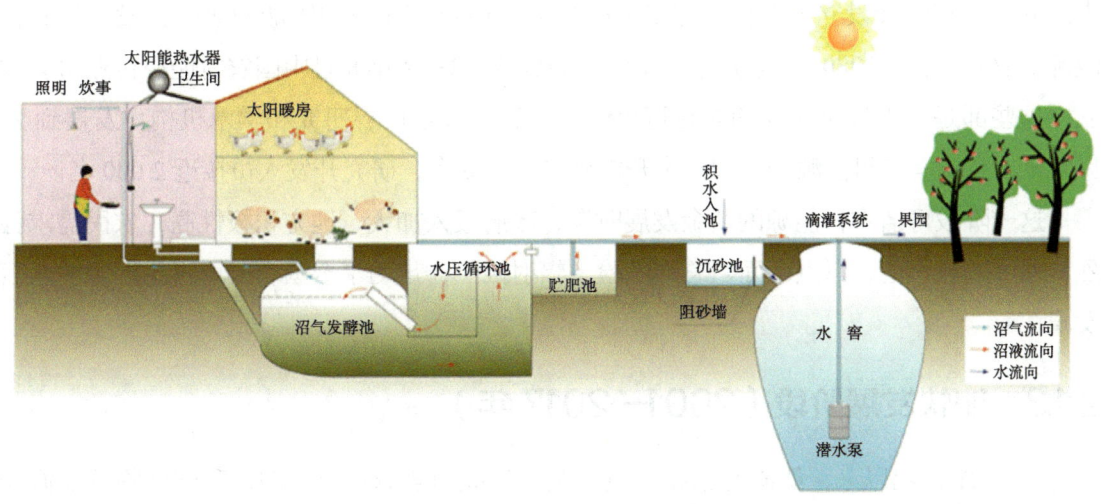

图 2-3 西北"五配套"能源生态模式

除沼气技术外，省柴节煤炉灶、太阳能利用等技术在农村也逐步推广使用。20 世纪 80 年代以前，农村主要使用的大都还是手工垒砌、砖石结构的老式传统炉灶，这种炉灶吊火高度高，灶门大、炉膛大，无炉箅、无通风道、无烟囱，燃料燃烧不充分，热效率低，烟尘严重损害人体健康。20 世纪 80 年代初期，我国政府把"节柴改灶"纳入了第六个五年计划，在全国掀起了改灶高潮，步入到了改良推广阶段。到 20 世纪 90 年代中期，我国成功推广近 2 亿台改良炉灶。这种改良灶热效率达到 20% 以上，是世界上迄今为止参与人数最多、影响最大的推广改良炉灶项目。另外，太阳灶在我国西北地区开始推广，特别是在西藏地区受到牧民的热烈欢迎；太阳房也在西北等太阳能资源丰富地区的农户家庭、学校、农村敬老院、卫生所等逐步应用推广。

经过近 20 年的发展，全国逐步建立健全了包括行政管理、技术研发和推广、产业和社会化服务等相对健全的农村能源体系，为产业发展奠定了良好的工作基础。1977 年国务院正式确定由农业部主管沼气，专门成立农业部沼气办公室，地方各级沼气办公室也相继成立，从中央到地方的农村能源管理机构基本形成，到 2000 年，省、市、县三级管理体系逐步建立健全，有些地方在乡镇还设有机构或专门人员，形成了健全有力的农村可再生能源技术推广力量。据统计，2001 年全国有行政管理机构 3 786 个（其中省级 21 个，县级 1 211 个），技术推广机构 6 815 个（其中省级 20 个，县级 1 288 个，乡级 5 321 个），推广人员达到 20 334 人。

技术研发机构也逐步发展壮大，1979 年成立了农业部沼气科学研究所，同年成立的中国农业工程研究设计院（现农业农村部规划设计研究院）设立了能源室，1979 年 11 月中国农业工程学会设立了农村能源专业委员会，1980年1月中国能源研究会设立了农村能源专业委员会，1980年10月中国沼气学会成立，1992年6月中国农村能源行业协会成立，这些都是国内最早成立的农村可再生能源管理、推广、研究和学术机构，发展到20世纪末，全国有农村能源研究和技术开发机构约150个，研究开发人员接近2 000名。

这一阶段可谓农村能源的黄金发展时期，政府投入加大，地方积极性高，农民需求强烈，通过试点示范、以点带面、总结经验、辐射推广，带动了全国农村可再生能源的全面发展。

2.1.3 加快发展阶段（2001—2017年）

进入21世纪以来，能源问题和环境问题逐步成为全球焦点问题，我国面临的能源安全和环境生态保护问题日趋严峻，可再生能源被纳入国家能源发展战略的重要组成部分，受到广泛关注。特别是在国家实施西部大开发、退耕还林、新农村建设、农业绿色发展等大背景下，由于中央和各级政府的重视、财政投入的大幅度增加，农村能源进入规模化、多元化、法制化、标准化发展的新阶段。

2003年9月，胡锦涛总书记在江西视察，对"猪-沼-果"生态农业建设给予充分肯定，2006年12月27日在中央政治局第37次集体学习时指出："要下最大决心、花最大气力抓好节约能源资源工作"。2004年2月9日，温家宝总理对农业部呈报的《我国集约化养殖污染治理现状、存在问题及建议》一文作出批示："对沼气工程要进行充分的科学论证，在论证的基础上因地制宜地制定计划。对已有的沼气工程的运行质量和效果也要总结经验。"2005年3月22日，时任浙江省委书记习近平到淳安县视察的时候，专门参观了当地下姜村的沼气池，指出一定要把建沼气这件事办好。2010年6月3日，习近平在《我国农村沼气工程发展的现状、主要问题和建议》上批示："要加快发展农村沼气事业。"2016年12月21日，习近平主持召开中央财经领导小组第十四次会议强调，推进北方地区冬季清洁取暖，关系北方地区广大群众温暖过冬，关系雾霾天能不能减少，是能源生产和消费革命、农村生活方式革命的重要内容。要按照企业为主、政府推动、居民可承受的方针，宜气则气，宜电则电，尽可能利用清洁能源，加快提高清洁供暖比重。加快推进畜禽养殖废弃物处理和资源化，关系6亿多农村居民生产生活环境，关系农村能源革命，关系能不能不断改善土壤地力、治理好农业面源污染，是一件利国利民利长远的大好事。要坚持政府支持、企业主体、市场化运作的方针，以沼气和生物天然气为主要处理方向，以就地就近用于农村能源和农用有机肥为主要使用方向，力争在"十三五"时期，基本解决大规模畜禽养殖场粪污处理和资源化问题。

2002年国务院印发的《国务院关于进一步完善退耕还林政策措施的若干意见》(国发〔2002〕10号)、2003年《中共中央、国务院关于做好农业和农村经济工作的意见》(中发〔2003〕3号)文件中指出:"调整农业投资结构,加大农村中小型基础设施建设力度。国家农业基本建设投资和财政支农资金,要继续围绕节水灌溉、人畜饮水、乡村道路、农村沼气、农村水电、草场围栏'六小'工程,扩大投资规模,充实建设内容。农村能源建设,要重点支持退耕还林地区发展农村沼气,启动'小水电代燃料'试点,巩固退耕还林成果。中央对农村能源建设给予适当补助。"自2004年开始,连续以"三农"为主题的中央一号文件,每年都对发展农村能源提出明确要求。例如,在2006年中央一号文件《中共中央、国务院关于推进社会主义新农村建设的若干意见》中提出,加快乡村基础设施建设。要加快农村能源建设步伐,在适宜地区积极推广沼气、秸秆气化、小水电、太阳能、风力发电等清洁能源技术。2010年,国家能源局、财政部和农业部,对可再生能源开发利用基础较好、成绩突出、发展目标明确、管理体制健全的北京市延庆区、江苏省如东县等108个县(市)授予"国家首批绿色能源示范县"称号,主要目的是通过开发利用可再生能源资源、建立农村能源产业服务体系、加强农村能源建设和管理等措施,为农村居民生活提供现代化的绿色能源、清洁能源,改善农村生产生活条件,为建设资源节约型、环境友好型社会和实现全面建设小康社会目标作出积极贡献。2017年9月30日,中共中央办公厅、国务院办公厅印发的《关于创新体制机制推进农业绿色发展的意见》中明确指出:"完善秸秆和畜禽粪污等资源化利用制度。严格依法落实秸秆禁烧制度,整县推进秸秆全量化综合利用,优先开展就地还田。推进秸秆发电并网运行和全额保障性收购,开展秸秆高值化、产业化利用,落实好沼气、秸秆等可再生能源电价政策。开展蔬菜尾菜、农产品加工副产物资源化利用。以沼气和生物天然气为主要处理方式,以农用有机肥和农村能源为主要利用方向,强化畜禽粪污资源化利用,依法落实规模养殖环境评价准入制度,明确地方政府属地责任和规模养殖场主体责任。"

2000年开始,农业部牵头整合各类农村能源技术,在中央财政支持的项目资金带动下,在全国开展生态家园富民工程示范建设,主要以户用沼气综合利用为重点,根据需要配套建设太阳能利用工程、省柴节煤工程和小电源工程。2001—2002年,中央财政设立了农村小型公益设施建设补助资金农村能源项目,每年投资近1亿元。从2003年开始,农业部与国家发改委利用国债资金建设户用沼气池,资金从开始的10亿元增加到2006年的25亿元,2001—2006年累计投资60亿元用于农村沼气建设,大力推广以沼气为纽带的各类能源生态模式。"十一五"期间,在《可再生能源法》的推动下,政府继续支持农村沼气建设,并逐步加大对成型燃料、非粮生物质制取液体燃料等的投入支持力度,2010

年沼气利用量约140亿 m³，成型燃料利用量约300万t，生物燃料乙醇利用量180万t，农村可再生能源呈现多元化发展局面。"十二五"期间，农业部、国家能源局、财政部启动实施绿色能源示范县项目，中央财政重点支持沼气集中供气工程、生物质气化工程、生物质成型燃料工程以及其他可再生能源开发利用工程和农村能源服务体系等项目建设，农村可再生能源步入全面、快速、规模化发展的重要阶段。

这一阶段农村能源技术水平得到显著提升。一是农村沼气技术得到长足发展。经过几十年的探索和发展，户用沼气和大中型沼气技术在发酵技术、施工工艺、设备制造、综合利用和标准制定等方面成效显著，技术水平处于国际领先，农村沼气从小工程做成了大产业，把小环境变成大生态，由小项目形成大事业。同时，农村沼气转型升级全面推进，积极探索研究沼气工程终端产品补贴、沼气全额或配额保障收购、将符合条件的生物天然气纳入常规天然气管理等相关政策，逐步破除阻碍农村沼气转型升级发展的行业壁垒和体制机制障碍，沼气工程成为推进农业废弃物资源化利用、提升农业绿色发展水平、推动乡村全面振兴的重要抓手。《沼气用户手册》科普连环画册获得2007年国家科技进步二等奖，"农业废弃生物质高效厌氧转化关键技术创新及应用""畜禽粪污沼气化处理模式及技术体系研究与应用""农业废弃物双元循环多联产资源化关键技术与装备""混合原料高浓度厌氧发酵制备生物燃气关键技术与应用"等一批技术成果获得省部级一等奖。二是秸秆能源化利用技术取得突破性进展。2009年农业部组织完成了首次全国农作物秸秆资源专项调查，并发布了《全国农作物秸秆资源调查与评价报告》，首次颁布了《秸秆资源调查与评价方法》（NY/T 1701—2009），在政府重视、政策支持和项目带动下，秸秆成型、秸秆气化等能源化利用技术、设备和产品研发取得突破性进展，农村省柴节煤炉灶/炕技术逐步成熟，结构和热效率等方面得到改进和提高，秸秆能源化利用技术在我国许多地区进行试点示范和推广应用。《秸秆成型燃料高效清洁生产与燃烧关键技术装备》《农业废弃物成型燃料清洁生产技术与整套设备》《农林废弃物清洁热解气化多联产关键技术与装备》等一批秸秆成型、气化技术获得国家科技进步二等奖。三是太阳能和风能等技术加快发展。太阳能热水器、太阳灶和小型风力发电等技术日趋成熟，因地制宜在全国广大农村得到推广。大多数农户都能采用一项或多项农村可再生能源技术，生态家园的建设内容不断完善，切实提高了农民生活质量。

这一阶段，相继颁布的有关国家和地方法律法规都对发展农村能源作出明确规定，使农村能源工作逐步走上法制化管理轨道。同时，对推动农村能源由数量增长向质量效益转变，由单一向多能互补转变、由重开发向开发与节约并举转变，规范了农村能源管理，促进了农村能源产业健康发展。

2.1.4 转型发展阶段（2018年至今）

新时期我国农村经济快速发展，农民收入水平不断提高，农村电网改造升级逐步推进，煤、电、气等商品能源快速普及，农村生活用能供给短缺问题已经得到有效解决，加上农村劳动力转移和新型城镇化推进，农村"空心户"逐渐增加，农村常住人口快速下降，基于解决农村生活用能短缺的农村能源工作基础已经发生根本性变化。从2018年开始，我国农村能源进入一个新的转型发展阶段，农村能源由单纯的能源供给功能转向推进农村面源污染治理、生态循环农业发展、人居环境整治等多种功能。

党的十九大报告明确指出，建设生态文明是中华民族永续发展的千年大计，要加快生态文明体制改革，建设美丽中国。报告提出要建立健全绿色低碳循环发展的经济体系，并从产业发展、能源体系、资源利用方式、生活方式等方面论述了绿色发展的深刻内涵和要义。报告明确要求开展农村人居环境整治行动。2018年2月，《农村人居环境整治三年行动方案》提出，以农村垃圾、污水治理和村容村貌提升为主攻方向，加快补齐农村人居环境突出短板。党的十九届五中全会通过的《中共中央关于制定国民经济和社会发展第十四个五年规划和二〇三五年远景目标的建议》明确提出，实施乡村建设行动，完善乡村水、电、路、气、通信、广播电视、物流等基础设施，改善农村人居环境。我国农村人居环境状况不平衡，改善农村人居环境、建设美丽家园已成为广大农民群众的强烈诉求。解决粪便、秸秆、有机生活垃圾、污水等造成的农业农村有机废弃物污染问题，将农村可再生能源建设作为农村基础设施建设的重点领域，推动农村地区清洁供气供暖，已成为实施乡村建设行动，推进农村人居环境整治的迫切需求。

《乡村振兴战略规划（2018—2022年）》提出，要把构建农村现代能源体系作为加强农村基础设施建设、保障和改善农村民生的重要内容，并提出"加快推进生物质热电联产、生物质供热、规模化生物天然气和规模化大型沼气等燃料清洁化工程""加快实施北方农村地区冬季清洁取暖，积极稳妥推进燃煤替代"等工作任务。2018年中央一号文件明确要求，推进农村可再生能源开发利用。推进农村地区清洁供暖，既是重大民生、民心工程，也是促进生态环境保护治理的重要手段。

2020年9月，我国提出力争2030年前碳达峰、2060年前碳中和的目标，意味着要更加坚定地贯彻新发展理念，构建新发展格局，推进产业转型和升级，走绿色、低碳、循环的发展道路，实现高质量发展。同时，要实现"双碳"目标，迫切需要加快推进能源供给侧改革、创新，提高清洁能源或零碳、低碳能源的占比。秸秆、畜禽粪便等生物质可生产生物天然气、生物液体燃料、电力等可再生能源，可以替代生产生活使用的化石能源，进而减少二氧化碳排放，是农业农村实现碳达峰、碳中和的主要途径之一，具有巨大的减排潜力。以绿色低碳清洁为目标构建农村现代能源体系，是深化农村供给侧改革，促进农村产业融合发展、改善人居环境的重要举措，对于我国优化能源结构、实现碳达峰碳中和具有重要战略意义。

这一阶段农村能源工作取得积极成效。一是积极推进农村沼气转型升级。有效应对城镇化的快速推进和畜禽养殖由分散向集中的转变，推动农村沼气向规模化、大型化发展，探索出一批沼气、生物天然气分布式门站、撬装供气等市场化的运营机制，为天然气覆盖不到的农村地区提供了主要生活能源。2019年12月，农业农村部会同发展改革委、能源局等十部委联合印发了《关于促进生物天然气产业化发展的指导意见》，为下一步加快推进生物天然气发展提出了方向、目标、任务。二是大力示范推广秸秆打捆直燃集中供暖。近年来，辽宁、黑龙江、山西、河北等省开展了秸秆打捆直燃集中供暖试点示范，将秸秆直接打捆，在专用锅炉内燃烧，为乡镇机关单位、社区、学校等集中供暖。该模式符合我国北方农村实际，供暖期与秸秆收储期吻合，减少了秸秆收储环节，降低了秸秆利用成本。目前，北方地区已推广了178处，供暖面积达到700多万 m^2。三是有序扩大秸秆成型燃料应用范围。为解决燃煤散烧造成的大气污染问题，进一步提升环境空气质量，各地纷纷划定"禁煤区"，秸秆成型燃料成为"禁煤区"城镇、农村集中居住区供暖和工业供热的替代能源之一。目前，我国已制定了从原料收储运、成型加工、产品质量到工程建设等行业标准，有力推动了成型燃料产业化进程。四是突破了秸秆热解气化技术瓶颈。近年来，秸秆热解气化技术取得了一定突破，装备向系列化、自动化、智能化方向不断发展，热解气化能量转化效率超过72%，热值达到15～20MJ/Nm^3。围绕村镇集中供气，发展小规模热解技术装备，应用技术主要包括热解炭气联产和热解气化技术两类。在此基础上又研发示范了秸秆热解"炭-气-肥"多联产技术，每立方米燃气的热值提升到16.7MJ，副产品生物炭与畜禽粪便混合发酵生产炭基有机肥，可用于改良土壤、培肥地力。五是提升了农村清洁炉具整体技术水平。为加快农村地区清洁炉具的推广应用，农业农村部连续举办了13届中国节能炉具博览会，通过博览会集中展示国内优秀的高效低排放炉具、相关配件设备等，邀请国内外专家、企业代表围绕技术创新和产业升级进行交流探讨，加快了科技成果转化和产品推广应用，引导了节能炉具行业健康、有序、快速发展。六是农村可再生能源试点示范成效突出。2018年以来，结合农村人居环境整治，围绕畜禽粪污、农作物秸秆、餐厨垃圾、生活污水等导致农村环境"脏乱差"的突出问题，以及取暖难、如厕难、洗澡难等影响农民生活质量的关键难题，以农村可再生能源技术为手段，在全国5大区域18个省建设了63个示范村，探索总结出一系列适合不同区域的典型发展模式,如秸秆打捆直燃清洁供暖技术模式、美丽乡村配套建设沼气集中供气模式、低碳宜居村级沼气集中供气模式、生物质燃气集中供气供暖模式、炉灶炕一体化清洁取暖模式、"沼改厕"+生活污水沼气净化模式等,实现了示范村清洁能源特别是可再生能源使用率大幅提升、农业农村有机废弃物基本得到资源化利用、农户室内空气质量明显改善、村庄"生活、生产、生态"三位一体协调推进的目标,发挥了明显的示范带动作用。

这一阶段,随着时代的发展、社会的进步和科学技术的推广,广大农民的生产生活方式发生了深刻变化,生态环境保护意识逐步提高,农村炊事、采暖等清洁用能需求更加迫切。面对新时期的新形势、新任务和新要求,要探索新的发展模式,不断增加可再生清洁能源供给,提升用能品位,改善生活环境,推进农民生活低碳化、农业生产生态化、废弃物利用资源化。

2.2 发展成就

农村能源建设是促进农村经济可持续发展的重要力量。多年来,在党中央、国务院、全国人大和各级党委、政府的高度重视和关怀下,我国农村能源事业健康发展,取得了显著的经济、社会和生态环境效益,受到社会各界广泛关注和农民群众普遍欢迎,成为推进能源革命、改善农村人居环境、支撑乡村振兴战略实施、推动农业农村绿色高质量发展的重要抓手。

2.2.1 综合建设成效显著

我国是世界上最大的能源生产国,同时也是世界上最大的能源消费国,清洁能源需求大。农村能源是国家能源系统的重要组成部分,据统计,2018 年农村地区能源总消费 5.62 亿 tce,其中:农村生活用能 3.16 亿 tce(其中商品能源 2.05 亿 tce、非商品能源 1.11 亿 tce),占农村能源消费量的 61%;农村生产用能 2.45 亿 tce(其中商品能源 2.21 亿 tce、非商品能源 0.24 亿 tce),占农村能源消费量的 39%。一直以来,我国政府和历届国家领导人都十分关心重视农村可再生能源的开发利用,鼓励探索利用各类农业农村废弃物资源,开发清洁的高品质能源产品,建立多元的农村能源供应体系,促进农业农村废弃物利用和改善农村能源结构,取得了显著成效。

2.2.1.1 沼气/生物天然气

经过多年努力，我国已经成为沼气开发利用最多的国家之一，截至2019年，全国户用沼气保有量3 380万户；沼气工程10.3万处，总池容2 197.81万 m^3，年产气量27.96亿 m^3，供气户数188.75万户，装机容量360 781kW，年发电量85 089.69万 kWh。其中大型沼气和生物天然气工程7 737处，年产沼气16.29亿 m^3。

2.2.1.2 秸秆成型燃料

自2007年在农业部支持下，建成我国第一条全自动秸秆成型燃料示范线以来，全国各地成型燃料生产基地逐步建成，成型燃料产量不断增加。截至2019年，全国建有秸秆成型燃料厂及加工点2 331处，主要用于中小型锅炉供热、发电以及农村炊事供暖用能等，替代标煤343.5万t，减排二氧化碳857.8万t、二氧化硫3.6万t。

2.2.1.3 生物质热解气化/炭化

近年来，我国生物质热解气化技术与运营管理水平显著提升，在安徽、河北、山东、湖北、内蒙古等省（区）均有产业化示范项目运行，探索了商业化应用模式。截至2019年，国内已建成秸秆气化集中供气工程559处，供气户数4.67万户；秸秆热解炭化工程82处，年产秸秆炭27.2万t。

2.2.1.4 其他农村可再生能源

截至2019年，全国已推广应用太阳能热水器4 835.56万台；太阳灶213.58万台；太阳房29.18万处，共2 529.76万 m^2（其中：户用太阳房28.44万户，2 425.11万 m^2；太阳能校舍365处，46.90万 m^2）；小型光伏发电38.63万处，装机容量37.37万 kW；小型风力发电机9.46万台，装机容量3.43万 kW；微型水力发电1.97万台，装机容量5.25万 kW；省柴节煤灶1.01亿台、节能炕1 611.31万铺、节能炉2 609.78万台、燃池8.21万个；节能炉2 609.78万台，其中炊事炉413.84万台，取暖炉197.31万台。

2.2.2 技术水平全面提升

在国家自然科学基金、国家科技支撑计划、农业部"948"项目、公益性行业（农业）科研专项、农村能源专项等项目支持下，沼气/生物天然气、成型燃料、秸秆热解气化、生物质液体燃料等关键技术装备方面的研究和创新工作加快推进，取得了显著的进展，不断涌现出一些新工艺、新技术、新产品、新材料，为提升农村能源科技水平、增强企业竞争力做出了巨大贡献，推动了农村能源产品和服务质量的快速提高。

2.2.2.1 沼气/生物天然气

近年来，相关科研机构、大专院校和企业等加大沼气技术攻关力度，大大提高了沼气工程运行的稳定性和自动化装备化水平。培养出低温沼气菌种和高效降解纤维素菌种，不断研发和推广了可提高产气率的厌氧菌种；研发了厌氧消化定向生物调控以及失衡预警调控、沼液有效成分浓缩、膜分离等生物燃气提纯、生物燃气燃料电池等技术并推广应用，取得了重要研究进展；研发出玻璃钢和工程改性塑料等新型材料，开展户用沼气发酵装置工厂化生产，克服了传统砖混户用沼气池建设周期长、质量难以保证等问题；研制出厌氧发酵设备、沼气工程自动控制系统、沼气脱硫脱水设备、沼液固液分离装置和沼气发电机组等，已形成系列化成熟产品。目前已经实现了针对不同原料开展沼气工程全链条设计、施工、建设和运行，基本形成了"上游原料收集－中游沼气生产－终端产品应用"的沼气产业链。

2.2.2.2 成型燃料与清洁炉具

近年来，生物质成型技术不断成熟，生产能力持续增加，目前以乡镇为成型燃料厂建设单元，建成了多个万吨级生产示范基地。生产设备以环模式成型机为主，单机生产能力 1~3t/h，吨产品能耗 50~90kWh，模具等关键部件使用寿命约 3 000h。针对我国国情，研发出块状成型技术机，比颗粒成型机结构简单，原料适应性强，大大提高了成型设备使用寿命，降低了成型的生产成本。棒状成型与炭化燃料生产技术基本成熟，开发出高湿低玻璃化自胶粘压缩成型技术，研制出集原料预处理、粉碎、成型等为一体的规模化、低能耗成型燃料生产线。以乡镇为成型燃料建设单元，建成了多个万吨级生产示范基地。研究开发了生物质成型燃料高效燃烧技术及设备，生物质专用锅炉热效率达 80% 以上，配备除尘设施后，可达到《锅炉大气污染物排放标准》（GB13271—2014）要求。研发出各类生物质炊事炉、采暖炉和多功能炉具，通过采用改进燃烧室结构、二次进风半气化燃烧等方式，具有燃烧充分、上火速度快、使用方便、干净卫生等特点，其中生物质炉具采暖热效率最高可达 82.5%，平均值为 80.8%，烟气污染物排放均优于国家相关标准排放限值。

2.2.2.3 热解炭气联产

近年来，热解炭气联产技术研究取得较大进展，目前国内已建成秸秆热解炭化工程 82 处，年产秸秆炭 27.2 万 t。原料处理能力达到 1~4MW，热解气化能量转化效率超过 72%，热解燃气热值普遍达到 15~20MJ/Nm^3，焦油灰尘含量降低至 2.4mg/m^3，达到《城镇燃气设计规范》（GB50028—2016）煤气一类气的标准要求。从技术发展来看，固定床生物质热解技术是传统热解技术，设备结构简单、生产成本低，但设备生产效率较低，且产生的焦油不易收集，易造成污染。移动床生物质热解技术是在固定床热解技术基础上发展起来的，能够连续生产，具有生产连续性好、生产率高、过程控制方便、产品品质相对稳定等优点，代表了我国生物质热解技术的未来发展方向。目前热解炭气联产技术在热解炭化、热解气净化、焦油去除等方面取得了较大进步，有力地促进了产业发展，安徽、河北、山东、湖北、内蒙古等省（区）均有生物质热解产业化示范项目投产运行，探索了商业化应用模式。

2.2.2.4 生物液体燃料

生物液体燃料主要包括燃料乙醇、生物柴油、生物质热解油等，其生产技术种类多样，在发展进程和产业化规模上存在较大差别。我国是世界第三大燃料乙醇生产国，2019年产量约为 269 万 t，其中以玉米为原料的乙醇产能占 57%，木薯占 25%。生物质燃料乙醇有 3 代技术路线，第 1 代是粮食燃料乙醇技术，技术已经成熟，考虑粮食安全问题，近年来国家不再批复该类燃料乙醇生产。在此基础上发展的非粮（木薯、甜高粱等）燃料乙醇技术，被称为第 1.5 代燃料乙醇技术，其原料价格相对便宜，转化技术较为成熟，但可利用原料资源有限，市场准入门槛高。2011 年，"木薯非粮燃料乙醇成套技术及工程应用"获得了国家科学技术进步奖，达到国际领先水平，并建成了年产 20 万 t 木薯燃料乙醇示范装置。第 2 代燃料乙醇技术是纤维素乙醇技术，也是世界各国竞相发展的重点，目前处于规模化应用的起步阶段。在生物柴油方面，2018 年我国生物柴油产量 103 万 t，上海、昆明等地在公交系统开展生物柴油试运行，国内生物柴油消费市场正在形成。总体看，我国生物柴油的生产技术工艺已比较成熟，但应用研究尚处于起步阶段。热解油是指生物质快速升温热解过程中产生的含氧量较高的复杂有机混合物，具有能量密度较高、环境友好、可再生及可直接输送等优点，可替代传统化石燃料推广使用，解决日益严重的能源紧缺与环境污染等问题，目前生物质热解油仍存在热解效率偏低、生物油品质较差等问题，需要从生物质热解特性及生物油品质两方面进行提升改进。

2.2.3 资金投入不断增加

自 1978 年开始，国家对农村能源建设资金投入逐年增加，农村清洁能源消费比重持续提升。截至 2020 年，国家投资总量已达 539.63 亿元。从不同时期的资金投入情况来看，"七五"之前共计投入 1 255 万元，占比仅为 0.02%；"七五""八五""九五"期间资金投入分别为 2 650 万元、3 370 万元和 6 401 万元，占总投资比例分别为 0.05%、0.06% 和

0.12%;"十五"期间共计投入 35.6 亿元,占比为 6.6%;"十一五""十二五""十三五"期间国家投资分别为 233.54 亿元、142.9 亿元和 125.34 亿元,占比分别为 43.28%、26.48% 和 23.23%。从资金来源渠道来看,财政专项资金 4.21 亿元,占比为 0.78%;小型公益资金 2 亿元,占比为 0.37%;基本建设资金 5.96 亿元,占比为 1.1%;生态校园资金 18 亿元,占比为 3.34%;国债资金 424 亿元,占比为 78.57%;秸秆转移支付资金 84.5 亿元,占比为 15.66%;贷款贴息等 9 625 万元,占比为 0.18%。具体如图 2-4 所示。

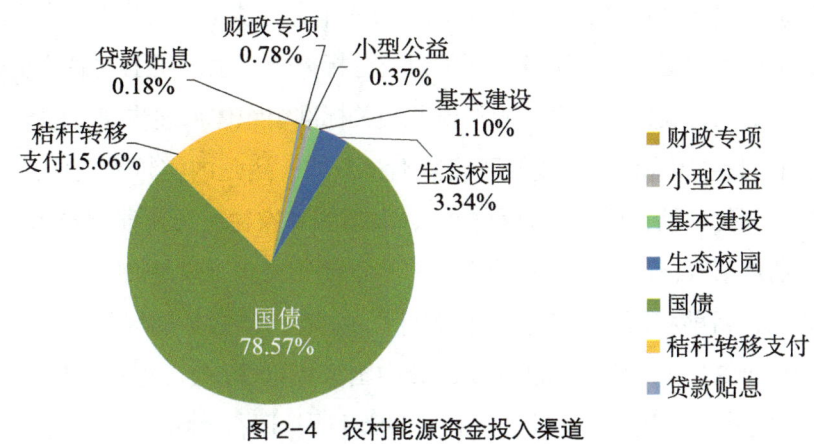

图 2-4 农村能源资金投入渠道

科研项目的投入力度不断加大,在国家科技支撑项目、国家重点研发计划项目和国际合作项目中,设置了一批沼气、成型燃料、生物液体燃料等研究项目。如中荷国际合作项目《促进中国西部农村可再生能源综合发展应用》(2003—2007),"十一五"和"十二五"国家科技支撑项目"新型高效规模化沼气工程""生物燃气科技工程""生物质低能耗固体成型燃料装备研发与应用","十三五"国家重点研发计划项目"农业废弃物厌氧发酵及资源化成套技术与设备研发"等。公益性行业(农业)科研专项也设置了一批项目,如"农业生物质特性及其共享平台技术研究""秸秆移动床热解炭化多联产关键技术研究与示范""沼气全面替代农户家庭商品用能的组合设备及技术研究""农村沼气集中供气技术集成及配套设备研究与示范""作物秸秆能源化高效清洁利用技术研发集成与示范应用"等。

2.2.4 标准体系逐步健全

2008 年,全国太阳能标准技术委员会(SAC/TC 402)成立,主要负责国内外太阳能标准的收集和整理、国家标准的制修订、太阳能标准体系的建立和相关政策研究等工作。2011 年,全国沼气标准化技术委员会(SAC/TC 515)成立,同时承担了国际标准化组织沼气技术委员会(ISO/TC 255)主席国及秘书处的工作。2012 年,先后成立了能源行业非粮生物质原料标准化技术委员会、能源行业生物液体燃料加工转化标准化技术委员、能源行业生物质标准化技术委员会等多个行业标准化技术委员会。其中，能源行业非粮生物质原料标准化技术委员会负责我国能源行业非粮生物质原料术语、检验方法、产品、生产技术、收获及贮藏运输技术及相关的生态环境等标准化工作；能源行业生物液体燃料加工转化标准化技术委员主要负责生物液体燃料（包含基础、原料集运、加工转化、清洁生产、耗能等）相关标准化工作。2014年国家能源局启动生物质锅炉供热标准体系建设工作，组建能源行业生物质锅炉供热标准化技术委员会，下设4个分标委会，分别为生物质成型燃料产品分标委会、生物质成型燃料加工存储运输设备分标委会、生物质工业锅炉设备分标委会、生物质锅炉供热工程建设分标委会。农村能源相关标准组织体系逐步建立健全。

近年来，农村能源标准制（修）订数量不断增加，涵盖内容越来越广泛，包括沼气、成型燃料、热解气化、清洁炉灶、秸秆捆烧、太阳能等农村可再生能源技术、装备与工程运行管理，特别是沼气标准和生物质成型燃料标准制定数量显著增加。

在沼气方面，目前我国已颁布沼气相关标准94项，包括基础标准2项、工程标准62项、产品应用标准24项、其他标准6项；其中国家标准10项，行业标准49项，地方标准35项，已形成从户用沼气与器具到沼气工程设计、运行、维护等系列标准。近年来，针对大型沼气工程，陆续颁布了《规模化畜禽养殖场沼气工程设计规范》《农村沼气集中供气工程技术规范》《秸秆沼气工程工艺设计规范》《秸秆沼气工程运行管理规范》《秸秆沼气工程质量验收规范》等标准，已形成了较为完善的标准体系。

在成型燃料方面，自2008年开始，我国借鉴国外标准经验，结合国情实际，颁布了《农作物秸秆物理特性技术通则》《生物质成型燃料工程设计规范》《生物质成型燃料工程运行管理规范》《生物质固体成型燃料质量分级》《生物质颗粒燃烧器技术条件》《生物质固体成型燃料结渣性试验方法》等标准，初步构建了生物质成型燃料标准体系。标准涉及工程的规划设计、原料收储运、生产设施设备、成型燃料产品、包装与贮运、卫生安全、燃烧装备与环境保护等方面，目前已制定国家标准11项，行业标准38项。

在其他农村能源利用方面，清洁炉灶领域制定了水暖炉、柴炉、火炕等技术标准23项，其中国家和行业标准15项；生物质热解气化相关标准和技术规范还较少，现行的标准主要有《秸秆气化供气系统技术条件及验收规范》《秸秆燃气灶》等21项标准，其中行业标准10项、地方标准11项。热解气化燃气品质评价行业标准正在报批。

相关标准见附表1~6。

2.3 机遇与挑战

2.3.1 存在问题

2.3.1.1 农村能源结构不合理，能源利用效率低

《中国能源统计年鉴 2017》显示，2016 年我国城镇居民人均能源消费为 395kgce，农村人均用能为 390kgce，城镇与农村用能水平相当。城镇地区主要使用天然气、电力和液化石油气等商品能源，能源利用效率较高。农村地区仍有不少地方取暖、炊事以煤炭、秸秆薪柴等为主，二氧化硫、氮氧化物、烟尘、可吸入颗粒物等污染物排放量大，二氧化碳排放量高。从用能效率来看，虽然 1989—2016 年我国农村家庭能源综合利用效率从 20.78% 提高到 31.64%，但由于主导能源的局限性，用能效率仍处于相对较低的水平；同时，由于我国农村市场分散、地区偏远，集中统一的能源供给方式不仅投资费用较大，而且难以满足当前我国农村用能的多样化需求，需要因地制宜发展分布式能源，增强农村能源的自给能力。因此，我国农村能源结构改善、利用效率提升依然存在巨大潜力。

2.3.1.2 农村可再生能源生产成本高，市场竞争力弱

农村可再生能源作为一种重要的清洁低碳能源，可以替代煤炭等高碳化石能源，加快推进能源行业绿色低碳转型，是我国能源中长期发展战略的重要选择。我国农村地区资源丰富，可再生能源发展潜力巨大，但目前生物质成型、气化、大中型沼气等农村可再生能源的产业化利用水平还有待进一步提升。例如，秸秆、畜禽粪污等能转换的能源产品主要有气体燃料、热力和电力，气体燃料和热力受到载能体的限制，只能在小范围内输送，难以形成大的商业规模。此外，秸秆、畜禽粪污等农业废弃物资源分布分散，能源密度低、收储运难度大，能源生产加工成本高，产业链条、生态链条和市场利益链条尚未形成可持续发展闭环，在没有国家补贴支持或强制配额政策出台的情况下，与电、天然气等常规能源相比，不具备市场竞争优势，社会资本参与农村清洁能源推广的积极性不高。

2.3.1.3 缺乏持续稳定的政策支持，资金投入不足

农村可再生能源开发利用具有农业废弃物处理、农村清洁能源供应、温室气体减排等

多重社会公益属性，但是经济性远远比不上化石能源，需要国家给予稳定、持续的政策和资金支持。近年来，虽然国家出台了《中华人民共和国可再生能源法》《中华人民共和国节约能源法》《国务院办公厅关于加快推进畜禽养殖废弃物资源化利用的意见》等扶持性政策法规文件，但由于缺少可操作性的实施细则，大部分政策得不到落实，如沼气发电上网、生物天然气并入城镇燃气管网、可再生能源工程用电、用地、增值税即征即退、所得税减免等优惠政策在上述文件中都有明确规定，但在许多地方不能落实。此外，终端产品补贴、强制性配额制度等有利于市场化发展的政策措施，政府和社会资本合作机制尚未有效建立。当前，国家对农村可再生能源发展缺乏专项资金支持，投入农村可再生能源建设运营的社会资金不足。

2.3.1.4　农村能源技术装备智能化水平低，标准体系需进一步完善

近年来，在国家和各级农业农村部门的大力支持下，我国农村能源技术创新能力和装备国产化水平得到了显著提升。但总体看，目前农村能源转化和用能装备技术能效依然偏低，先进高效能源技术的普及率仍然很低，关键技术装备水平与先进国家相比仍有一定差距，不少关键设备依赖进口。例如，秸秆捡拾打捆机、粉碎机作业效率低、稳定性差；秸秆成型燃料生产设备整体稳定性差、关键部件寿命短、单位产品能耗较高；沼气发电机、固液分离机工作效率偏低，沼气膜提纯设备造价高，这些都制约着我国农村可再生能源的健康、可持续发展。综合分析沼气标准体系构成，现行农村沼气标准有很大一部分是户用沼气标准，尤其是侧重于规定具体生产和使用产品以及技术条件类标准，针对沼气产品质量评价方面的标准仍是空白，标准不配套、不均衡等问题仍突出，亟须进行补充完善。与发达国家相比，我国生物质成型燃料的标准体系仍有一定差距，需要补充储运过程的安全性与燃料质量保证、燃烧污染物排放，以及杂质含量、元素分析等相关标准；在质量分级方面，等级划分需要补充重金属元素（As、Cd、Cr、Cu、Pb、Hg、Ni、Zn）和灰熔融点等指标要求，适当提高低位发热量、S、Cl 等部分指标要求。

2.3.2　历史机遇

2.3.2.1　碳达峰碳中和对农村能源发展注入了新动力

2020 年 12 月，习近平总书记在中央农村工作会议上强调，农业农村领域减排固碳既是碳达峰碳中和的重要举措，也是潜力所在。2021 年 3 月 16 日，在中央财经委员会第九次会议上，习总书记强调，实现碳达峰、碳中和是一场广泛而深刻的经济社会系统性变革，要把碳达峰、碳中和纳入生态文明建设整体布局。我国碳达峰、碳中和目标的提出，

为农村能源发展指明了方向。发展农村低碳能源，将为提高能源利用效率、提高可再生能源替代比例、减少温室气体排放和应对气候变化做出积极贡献。

2.3.2.2　乡村振兴战略对农村能源发展提出了新要求

党的十九大做出了实施乡村振兴战略的重大决策部署，这是新时代"三农"工作的总抓手。生态振兴是生态文明的必然要求，是乡村振兴的重要支撑。2021年中央一号文件对全面实施乡村振兴的工作进行了部署，提出要推进农业绿色发展，加强畜禽粪污资源化利用，全面实施秸秆综合利用行动。农村地区具有丰富的可就近利用的生物质资源，推进农村能源建设，能够实现畜禽粪污、秸秆、农村生活有机垃圾等废弃物资源化利用，改善农村人居环境，促进农村可再生能源替代。从发展历史来看，农村能源在改善农村基础设施建设、增加农民就业、增强农村地区造血能力等方面效果显著，在我国打赢脱贫攻坚中取得了显著成就，在促进农业提质增效和农民脱贫致富中发挥了重要作用。在全面推进乡村振兴战略的新阶段，农村能源将为乡村振兴提供坚实的物质基础，与此同时，乡村振兴战略的实施也对农村能源提出了新的要求，将推动农村能源发生根本性变革。

2.3.2.3　新型城镇化建设对农村能源发展提供了新契机

2021年3月5日，国务院总理李克强在政府工作报告中提出，"十四五"期间我国常住人口城镇化率将提高到65%。国务院发展研究中心研究表明，城镇化率每提高1个百分点，能源消费至少会增长6 000万tce。2020年我国天然气消费规模持续扩大，进口量为1 408亿m^3，对外依存度高达43.2%；同时，由于管网铺设投资成本过高，不少新型城镇化区域难以被城镇燃气供应体系覆盖，这些地区的民用燃气短缺，对清洁、方便的能源需求十分迫切。据测算，每户每年炊事热水平均使用天然气284m^3，要实现约7 000万农业人口转移，年需增加天然气供应198.8亿m^3（折合沼气约348.8亿m^3）。因此，在新型城镇化推进过程中，集中供气供热和炊事采暖的能源缺口大，对清洁能源供应能力和水平提出了更高要求，为我国农村能源带来了新的发展契机。

参考文献

陈润璐，李再兴，冯晶，等，2020. 农业废弃物厌氧干发酵技术研究进展[J]. 河北科技大学学报，41（4）：365-373.

丛宏斌，姚宗路，赵立欣，等，2019. 中国农作物秸秆资源分布及其产业体系与利用路径[J]. 农业工程学报，35（22）：132-140.

丛宏斌，赵立欣，王久臣，等，2017. 中国农村能源生产消费现状与发展需求分析[J]. 农业工程学报，33（17）：224-231.

董保成，王久臣，李景明，等，2014. 沼气标准体系的研究[J]. 中国沼气，32（2）：3-5，51.

郝先荣，2011. 中国沼气工程发展现状与展望[J]. 中国牧业通讯（12）：28-31.

霍丽丽，吴娟娟，赵立欣，等，2016. 华北平原地区玉米秸秆连续供应模型的建立及应用[J]. 农业工程学报，32（19）：203-210.

霍丽丽，赵立欣，郝彦辉，等，2020. 国内外生物质成型燃料质量标准现状[J]. 农业工程学报，36（9）：245-254.

霍丽丽，赵立欣，孟海波，等，2019. 中国农作物秸秆综合利用潜力研究[J]. 农业工程学报，35（13）：218-224.

霍丽丽，赵立欣，姚宗路，等，2016. 秸秆能源化利用的供应模式研究[J]. 可再生能源，34（7）：1072-1078.

霍丽丽，赵立欣，姚宗路，等，2020. 中国玉米秸秆草谷比及其资源时空分布特征[J]. 农业工程学报，36（21）：227-234.

李俊峰，2019. 我国可再生能源70年发展历程与成就[R]. 能源情报研究，2019-09-26.

农业部环保能源司，1998. 中国农村能源年鉴1997[M]. 北京：中国农业出版社.

农业部科技教育司，1999. 中国农村能源年鉴1998—1999[M]. 北京：中国农业出版社.

农业部科技教育司，2008. 中国农村能源年鉴2000—2008[M]. 北京：中国农业出版社.

农业部科技教育司，2013. 中国农村能源年鉴2009—2013[M]. 北京：中国农业出版社.

田宜水，2020. 中国农村能源政策、现状评估和发展方向研究[J]. 中国能源，42（5）：25-30.

谢克昌，任相坤，等，2019. 农村能源革命与西部能源发展战略研究（综合卷）[M]. 北京：科学出版社.

徐丽，曲建升，李恒吉，等，2019. 中国居民能源消费碳排放现状分析及预测研究[J]. 生态经济，35（1）：19-23，29.

袁艳文，刘昭，赵立欣，等，2021. 生物质沼气工程发展现状分析[J]. 江苏农业科学，49（6）：28-33.

袁艳文，孟海波，姚宗路，等，2021. 生物质厌氧消化技术标准体系研究[J]. 中国农学通报，37（2）：161-164.

中国农村能源行业协会，2019. 中国农村能源行业年度研究报告2018[R]. 北京：中国农村能源行业协会.

Global Carbon Project，2018. Global Carbon Budget 2018[R/OL]. https://www.globalcarbonproject.org/carbonbudget/.

第 3 章
发达国家经验借鉴与启示

3.1 碳中和目标与政策措施

3.1.1 碳中和目标

碳中和目标是各国自主承诺、自下而上形成的气候行动承诺，目前在气候变化国际条约进程的中长期低排放发展战略（Long-term low greenhouse gas emission development strategy，LTS）中，越来越多的国家通过碳中和目标来明确到 21 世纪中叶的减排任务，碳中和在国际气候行动的重要作用正逐步凸显。LTS 是各国实现长期温室气体减排目标的路线图，为国家自主贡献提供长期愿景，通过技术路线、政策工具等使短期目标与长期目标协调一致。截至 2021 年 10 月，包括中国、欧盟、加拿大等在内的 67 个国家或地区，以纳入国家法律、提交协定或政策宣示的方式，正式提出了碳中和及气候中和的相关承诺；76 个国家目前仅以口头承诺等方式提出中和目标，未给出目标的详细信息。表 3-1 列出了各国对中和目标的表述及其定义、包含气体类型以及核算中是否包含国际抵消。

碳中和目标正在成为 LTS 的一种备受关注的体现形式，这意味着其被纳入《联合国气候变化框架公约》缔约国的长期低碳发展策略中，进而可能成为缔约国的长期发展愿景。这种新形式的出现也促使各国提出更具有雄心的长期减排目标，强化了国际气候行动力度。

表 3-1 中和目标表述定义及各国表述对比[①]

对应国家/地区数目	IPCC 表述定义	国家/地区	包含气体范围
气候中和	指人类活动对于气候系统没有净影响的一种状态，需要在人类活动引起的温室气体排放量、吸收量（主要是 CO_2）以及人类活动在特定区域导致的生物地球物理效应之间取得平衡	挪威[②]	未明确
		丹麦	GHGs[③]
		斯洛伐克	GHGs
		匈牙利	GHGs
		比利时	GHGs
碳中和	指人类活动造成的 CO_2 排放与全球人为 CO_2 吸收量在一定时期内达到平衡	法国	GHGs
		不丹	CO_2、CH_4、N_2O
		冰岛	未明确
		智利	GHGs
		葡萄牙	GHGs
		中国	未明确

续表

对应国家/地区数目	IPCC 表述定义	国家/地区	包含气体范围
净零碳排放	指人类活动造成的 CO_2 排放与全球人为 CO_2 吸收量在一定时期内达到平衡	斐济	未明确
		西班牙	未明确
净零排放	指人类活动造成的全温室气体（GHGs）排放与人为排放吸收量在一定时期内实现平衡	瑞士	GHGs
		马绍尔群岛	GHGs
		加拿大	GHGs
		新西兰	GHGs（除生物 CH_4）
		英国	GHGs
		哥斯达黎加	未明确
		新加坡	GHGs
		韩国	未明确
		爱尔兰	未明确
		南非	未明确
其他表述（3个）		德国（温室气体中和）	GHGs
		瑞典（净零温室气体排放）	GHGs
		乌拉圭（净负排放）	CO_2、CH_4、N_2O
多表述混用（4个）	指同时采用以上多种表述作为长期减排目标	芬兰	GHGs
		欧盟	GHGs
		奥地利	未明确
		日本	GHGs
提出中和目标但暂无目标详细信息来源的其他国家（56个）	其他欧盟成员国（15个）：保加利亚、塞浦路斯、克罗地亚、捷克、爱沙尼亚、希腊、意大利、拉脱维亚、立陶宛、卢森堡、马耳他、荷兰、波兰、罗马尼亚、斯洛文尼亚；非欧盟成员国（41个）：安提瓜和巴布达、阿根廷、巴哈马、巴巴多斯、伯利兹、贝宁、佛得角、科摩罗、库克群岛、多米尼克、多米尼加共和国、埃塞俄比亚、密克罗尼西亚联邦、格拉纳达、圭亚那、牙买加、基里巴斯共和国、黎巴嫩、马尔代夫、毛里求斯、墨西哥、摩纳哥、纳米比亚、瑙鲁、尼加拉瓜、纽埃、帕劳、巴布亚新几内亚、萨摩亚、塞舌尔、所罗门群岛、南苏丹、圣基茨和尼维斯、圣卢西亚、圣文森特和格林纳丁斯、苏里南、东帝汶、汤加、特立尼达和多巴哥、图瓦卢、瓦努阿图		

注：①表中信息的更新时间至 2020 年 10 月 31 日；
②挪威提出在 2030 年包含国际抵消实现气候中和，2050 年通过国内减排实现气候中和（不包含国际抵消）；
③GHGs 指全温室气体，包括二氧化碳（CO_2）、甲烷（CH_4）、氧化亚氮（N_2O）以及含氟气体（F-gas）。

3.1.2 各国碳中和目标的法律约束力

碳中和目标的法律约束力主要分为 3 个等级：法律规定、提交协定和政策宣示，其约束力依次递减。采用法律规定的有 8 个国家，提交协定方式的有 10 个国家，这些国家大多数为欧盟成员国和小岛国；而亚非拉地区国家的目标目前仍主要在政策宣示阶段，共 11 个国家。

将碳中和目标写入立法是法律约束力最强的目标形式，一般是在具有较完善的气候变化应对机构和气候立法的国家或地区。以立法形式承诺碳中和的国家包括瑞典（2018 年）、丹麦（2019 年）、法国（2019 年）、德国（2019 年）、匈牙利（2020 年）、西班牙（2020 年，尚为法律草案）等 6 个欧盟成员国及英国（2019 年），以及大洋洲的新西兰（2019 年），均为发达国家。其中，瑞典在立法中明确在 2045 年实现净零温室气体排放目标。法国、西班牙新成立了气候委员会，以督促碳中和目标的实施。德国也在 2019 年气候法中提出 2050 年温室气体中和。

提交协定主要包括向 UNFCCC 提交《巴黎协定》下的自主减排承诺及中长期低排放发展战略。涉及的 10 个国家分布在各大洲，不仅包括应对气候变化较为积极的欧盟成员国和小岛国，也包括乌拉圭等其他发展中国家。就雨林国家和小岛国而言，马绍尔群岛、哥斯达黎加、斐济等在 2018—2019 年提出了净零排放目标。其中，哥斯达黎加于 2019 年 12 月向 UNFCCC 提交了净零排放目标，但该国往届政府曾提出的 2021 年碳中和的目标并未实现，并且也没有明确包含哪些温室气体。斐济作为 2017 年联合国气候变化大会的主席国，向 UNFCCC 提交了净零碳排放目标，并强调要在 2050 年实现全经济部门的碳中和。南美洲的乌拉圭试图在 2030 年达到净碳汇（消除比其排放更多的二氧化碳），是唯一提出"净负排放"目标的国家。不丹已经实现了碳中和目标，旨在未来经济社会发展过程中继续保持。

政策宣示主要指以议会提议、领导人在公开场合宣布或写入国家战略规划等方式正式承诺碳中和，一般认为代表政府强烈的政策意向，但不具有法律约束力。2019 年以前，挪威、冰岛等两个发达国家分别承诺了气候中和以及碳中和，挪威议会是全球最早讨论气候中和的议会之一，冰岛也在 2018 年公布了实现碳中和目标的气候行动计划。其余 9 个国家均在 2019 年及以后进行承诺，其中，奥地利、瑞士以政府承诺、联邦委员会宣布等方式进行承诺，爱尔兰以执政党联盟协议的方式同意设定 2050 年实现碳中和目标。2020 年 9—10 月，东亚 3 个最大的经济体正式承诺碳中和，其中，中国承诺实现时间为 2060 年，日本、韩国均为 2050 年。

3.2 农村能源发展经验

3.2.1 美国

美国地域辽阔，是世界上农业最为发达的国家之一。美国有3亿多人口，其中住在农村地区的人口仅占约2%，直接从事农业生产的人口不到1%。美国的农村城市化发展较早，城市人口与农村人口收入达到1∶0.9，城乡收入差距很小。严格意义来讲，美国并没有像中国一样密集的农村，只有在各自农场中散居的农场主，并且各自拥有完善的能源利用体系。终端能源消费中，以油制品为主，其他主要还有电力、城市燃气、煤制品和热力等。

3.2.1.1 低碳能源战略

近年来，美国能源发展进入重大转折期，出现了以能源效率不断提升、页岩气产量急剧增加以及可再生能源规模不断扩大为代表的能源革命，并对城市和农村经济发展、就业增长、贸易平衡和能源安全等诸多领域均产生了广泛而深刻的影响。

美国能源革命本质是低碳发展。近十年间，美国近一半二氧化碳减排量来自天然气发电、风电以及光伏发电等对燃煤发电的替代。为促进可再生能源发展和技术进步，美国联邦政府不仅早在2000年就颁布了《生物质研究法》来推动生物质研究和技术开发，又陆续出台了一系列能源法律及政策，如《2005年能源政策法案》《2009年美国清洁能源与安全法》《全面能源战略》等，在可再生能源、交通、建筑等领域都建立了标准，促进清洁能源转型的途径多元、手段多样。同时，各州政府也实施了一系列可再生能源激励政策，比较有代表性的有可再生能源配额制（RPS）、净计量电价政策、公共效益基金、温室气体减排政策等。在法律强制与经济刺激的结合下，美国可再生能源发电量持续增长，2019年，水电、风电、太阳能、生物质能和地热满足了18%的用电需求，而2010年仅满足10%的用电需求。十年间，光伏发电装机增长了80倍。美国能源信息局数据显示，2020年风力发电占美国总发电量的8.4%，较2010年的2.3%增加约2.7倍。煤炭发电量继续减少，计划在未来五年内退役的燃煤电厂也在不断增加。在交通领域，电动汽车以及生物燃料汽车是美国汽车领域重要的发展方向。在美国能源部发布的《2012能源展望》报告中指出，到2035年生物液体燃料产量将由2010年的40.5万桶增加到96.8万桶，增量超过100%，在燃料总消费中所占的比例从2010年的1%上升至4%。未来，还将实施可再生能源燃料标准，支持先进生物燃料的推广应用。

3.2.1.2 政府与非政府部门（Non-Governmental Organization，NGO）共同推进

当前，美国采取"政府部门政策指导，非政府部分广泛参与"的低碳能源管理模式（图3-1）。国家级政府部门和地方政府部门分别通过政策颁布和实施，引导低碳能源发展。国家级政府部门包括美国能源部（Department of Energy，DOE）（联邦政府能源主管部门）、联邦能源监管委员会（Federal Energy Regulatory Commission，FERC）（独立监管机构）和环保署（Environmental Proteetion Agency，EPA）（独立行政机构），通过制定和实施国家综合能源战略政策来维护自然环境和保护人类健康。在地方政府部门中，美国大部分州政府设置了能源工作委员会及其他相应部门，负责低碳能源政策的实施，管理州政府的低碳能源工作。此外，还通过州能源委员会和州公用事业委员会等机构，实施国家或地方的低碳能源政策，推进低碳能源工作。NGO是沟通政府和市场的纽带和桥梁，一方面帮助政府制定有关低碳能源政策和标准，另一方面在低碳能源政策和标准实施过程中发挥重要的作用。如美国能源效率经济委员会（成立于1980年）和美国自然资源委员会（成立于1970年）等非政府部门，帮助制定、实施和评价美国的能源政策，推动节能和新能源开发。一些科研单位、大学、实验室、咨询公司等非政府部门，如加州伯克利国家实验室、南加州爱迪逊电力公司等也在能源系统、能源服务以及电力生产输配等领域，推动低碳能源管理模式的发展。

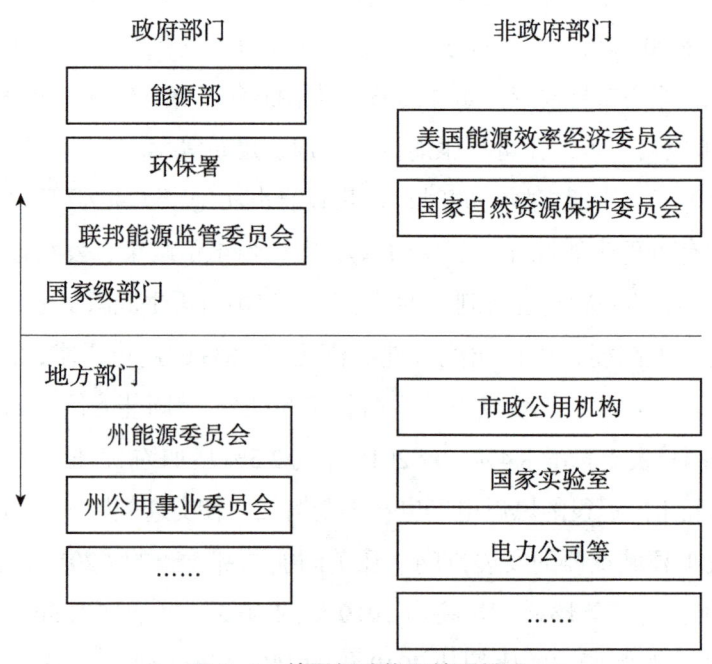

图3-1 美国低碳能源管理模式

3.2.1.3 法律引导和政策激励

为推动低碳发展，美国制定了很多成效显著的能源法律和政策。从 1978 年美国《公共事业监管政策法案》发布以来，就允许分布式发电加入电力市场竞争，同时制定财政激励政策，包括财政补贴、税收减免及一些短期货币类补贴项目等，降低分布式发电成本，提高效益。

（1）从法律上保证可再生能源发展

美国之所以能在风能、太阳能方面取得世界公认的成就，并在生物质能发电技术上进入世界的先进行列，重要的原因是可再生能源技术的发展一直以来得到国家法律保护和政策支持，包括 1978 年颁布的《公用事业管制政策法》、1992 年颁布的《能源政策法》等。为配合联邦政府可再生能源和节能法律法规的贯彻实施，美国一些州政府也相应出台了地方法规，以促进本地区可再生能源和节能技术的发展，主要有可再生能源配额制、系统效益收费、电网强制收购政策等。2008 年颁布的《农场法案》是美国新能源支持政策的转折点，自此以后，美国生物能源政策重点开始向非玉米生物燃料（以纤维素乙醇为主）生产转移，并扩大实施范围。2014 年修订的《农场法案》虽然将"强制补贴"降至 8.80 亿美元，但在生物质能源市场项目、生物质精炼援助项目、生物质能源作物援助项目等方面增加了补贴额度，并要求联邦政府机构采购生物质能源量必须达到某一目标。

（2）激励政策引导产业良性发展

一是补贴政策。美国在可再生能源领域的补贴政策包括对投资者、能源生产和消费者进行补贴，通过调动投资者积极性，增加生产能力，扩大产业规模，提高企业的经济效益，与此同时刺激消费，达到扩大市场需求的效果，反过来带动生产能力的扩大，进而达到降低成本的目的。二是税收政策。美国对可再生能源发展规定了技术开发投入抵税和生产抵税两种抵免企业所得税的措施。可再生能源生产税为生物质发电提供了 1.8 美分 / kWh 的税收减免政策，同时纤维素乙醇项目也都享受税收补贴或者减免。三是价格政策。在《能源政策法》中规定，电力公司必须以避免成本收购可再生能源电量，同时一些州还提出按净用量收费的办法。美国的电价优惠政策覆盖了所有可再生能源发电技术，相关规定由联邦政府以法律形式签发。理论和实践都已证明，价格优惠是一种非常有效的激励措施，只要应用得当，就可以起到促进技术进步和降低成本的作用。

3.2.2 欧盟

欧盟农业就业人口不到总就业人口的 5%，农民收入水平较高。以中小型家庭农场或租赁农场为主。农业较为发达，机械化程度很高。与美国一样，欧洲国家城乡差距很小，农村居民能源消费以燃油和电力为主。

3.2.2.1 走向低碳经济的能源发展战略

欧洲是世界上经济现代化过程开始最早、物质生活水平最高的区域之一，但欧盟成员国大多数是能源匮乏国家。欧洲一体化起源于西欧 6 国之间的能源合作，但能源问题一直是制约其国民经济发展甚至引发政治对抗和危机的主要因素。

1997 年欧盟发布了《欧盟战略和行动白皮书》，要求到 2010 年欧盟 12% 的能源消费要来自可再生能源；2001 年欧盟发布了《促进可再生能源电力生产指导政策》，要求到 2010 年欧盟电力总消费的 22% 来自可再生能源；2003 年欧盟又发布了《欧盟交通部门替代汽车燃料使用指导政策》，要求生物液体燃料，包括生物柴油和乙醇，在汽车燃料消费中的比例分别达到 2005 年 2%、2010 年 5.57%、2015 年 8%。2008 年，欧盟通过了《可再生能源指令》，提出了可再生能源 "20-20-20" 的战略目标，即：到 2020 年温室气体排放量比 1990 年减少 20%，可再生能源占总能源消费的比重提高到 20%，能源利用效率提高 20%。这标志着持续发展可再生能源将长期处于欧盟发展战略的重要位置。此后，欧盟各国相继制定了具有法律效力的国家可再生能源行动方案，规定各国在不同时期的可再生能源发展目标和实现路径，并把发展新兴产业和鼓励能源科技创新作为重要的国家发展战略，加大能源科技领域的研发投入。欧盟委员会制定的《欧洲战略性能源技术计划》提出了以新能源和可再生能源技术创新为核心的低碳能源战略和技术路线图。

与此同时，欧盟大力发展电网的绿色化升级和可再生能源技术创新，力求实现智能化与绿色化的高度融合。德国、英国、丹麦等国家已经开始在局部地区开展智能电网和能源互联网的研究与示范。欧盟在 2020 年提出了能源系统一体化战略和氢能源战略，旨在为欧盟设置新的清洁能源投资日程，以完成在 2050 年实现气候中和目标。其中能源系统一体化战略是以能效为核心，打造循环利用的能源体系，并且在终端用能领域大力推进电力化。对于难以实现电力化的领域，其他清洁能源如氢能、生物质能等将作为替代。氢能战略则是依靠风能及太阳能生产可再生氢能，从而更好地支持工业、交通、能源生产等领域的去碳化进程。

3.2.2.2　着力推动城乡居民能源服务均等化

欧盟各国能源资源禀赋不同，社会各阶层经济条件存在差距，但欧盟能源供给的一个主要目标是努力消除这些差异性，为不同地区、不同收入水平的城乡居民提供均等化服务，尤其要满足低收入家庭在热能、电力和运输等方面的基本需求。

实施电网覆盖工程。法国政府加大对农村电力设施建设的投入，使电网覆盖全国的各个村庄。政府还通过对农业的各项补贴，保证农民用得起电。如今，电能已成为法国农村中取暖、做饭的首选能源。

可再生能源以中小规模为主。欧盟主要国家自1970年代起即开始积极发展可再生能源。根据欧盟统计局（Eurostat）数据，2014年，欧盟28国可再生能源占最终能源消费的比重已达27%，可再生能源发电占总发电量的15%，居世界领先地位。值得注意的是，欧盟的可再生能源发电以分散的中小规模的太阳能、风能、生物质能、地热为主，发展基于分布式发电的智能电网更加符合其现实需要。

政府支持农村发展生物能源。法国政府通过实施生物能源战略计划，使其成为欧洲液体生物燃料的第一生产大国。法国农村用于种植生产生物液体燃料作物的农田面积达到100万hm^2。英国2020年油菜籽产量为1 720万t，2021年油菜籽产量将达1 820万t。法国政府还出台了一系列措施，鼓励并推动生物燃料和其他可再生燃料在交通运输中的使用，逐步提高生物燃料的消费比率。德国政府注重通过立法来保障建设沼气工程并网发电的经济效益，还重点支持以单个农场为基础的小型沼气发电工程的建设，为发电企业和农场主优惠提供长期低息贷款。

3.2.2.3　政策机制促进可再生能源发展

欧盟在可再生能源的发展上，政府的引导和扶持起步较早，在经济运作和技术革新以及增加社会认识程度等方面都积累了经验。欧盟将发展生物质能作为重要的可再生能源予以重视，认为对投资者长期有效的政策保障是首要因素，其次是政策目标的具体实施方法。

瑞典从1975年开始，每年从政府预算中支出3 600万欧元，支持生物质燃烧和转换技术研发，对有商业化前期的技术示范项目予以补贴。1997—2002年，对生物质能项目提供25%的投资补贴，5年总计补贴4 867万欧元。与此同时，欧盟成员国通过征收高额燃油税和免征可再生能源税，来促进能源转型。瑞典和芬兰对生物质能项目免征所有种类的能源税，同时提高了对化石能源的税收。1990年芬兰首先引入以碳为基础的税收政策。

德国主要采用低税率政策激励沼气等生物质能源发展。意大利于 1999 年推出碳税政策，煤炭的税收最高，其次是石油，天然气最低，而生物质能源不征收碳税，并将碳税的收入投资到可再生能源项目。

3.2.3 日本

日本是典型的海岛型经济体，除水能、地热能之外，其他具有开采价值的能源蕴藏量十分匮乏，石油、煤炭、天然气等均依赖进口，能源对外依存度较高，因此日本对能源安全问题格外重视。

日本的城乡二元化结构不明显，农村能源主要包括农、林、渔业，但林业和渔业的能源消费相对于农业来说非常少。日本农业生产用能量及终端能源占比情况如图 3-2 所示。1990—2015 年，日本农村生产用能量持续减少，2015 年为 779 万 tce，仅为 1990 年的 1/2，终端能源消费占比也只有 2% 左右。农村生活用能没有相关统计数据，从全国的生活用能（假设城乡用能相同）乘以农村人口的占比获得。表 3-2 是 2010—2015 年日本农村生活用能的估算表。由于日本农村人口较少，只占全国人口的 4%～5%，农村生活用能也就占终端能源消费的 0.5%～0.8%。

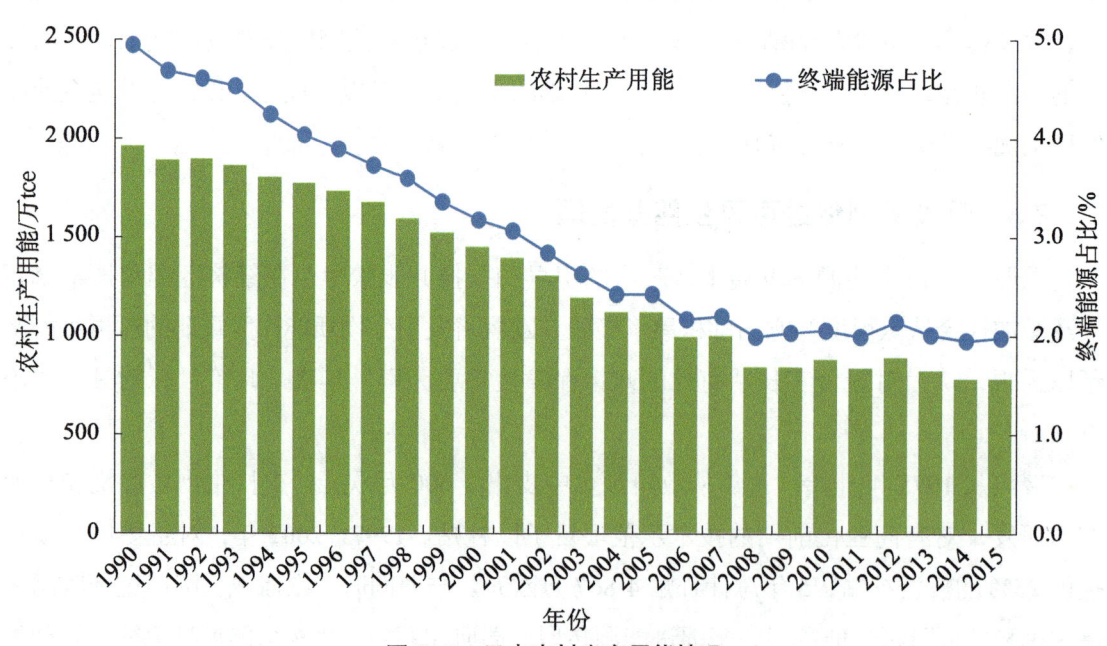

图 3-2 日本农村生产用能情况

表 3-2　日本农村生活用能及终端能源比重

项目	2010 年	2011 年	2012 年	2013 年	2014 年	2015 年
日本全国人口 / 万人	12 806	12 780	12 752	12 730	12 708	12 710
日本农村人口 / 万人	650.3	616.3	586.5	562.4	538.8	488
农村人口占比 / %	5.1	4.8	4.6	4.4	4.2	3.8
日本生活用能 / 万 tce	6 370	6 101	6 051	5 896	5 674	5 489
日本农村生活用能 / 万 tce	323	294	278	260	241	211
终端能源消费占比 / %	0.8	0.7	0.7	0.6	0.6	0.5

从消费结构上看，2015 年的农村生产用能主要以石油类为主，占 81.4%，电力和天然气分别占 15.8% 和 2.7%。油品占比高也说明了日本农村生产机械化程度高，同时由于农作物种植及畜禽养殖的规模化，其终端能源利用主要是电力和油类。农村生活用能主要为电力，占 51.5%，其次是石油制品和城市燃气，分别占 26.3% 和 21.5%，可再生能源约占 0.7%（图 3-3）。日本农民生活非常富裕，家用电器齐全，基本以用电为主，油品主要用于冬季取暖时习惯使用的"灯油炉"，城市燃气主要用于做饭和烧水等。

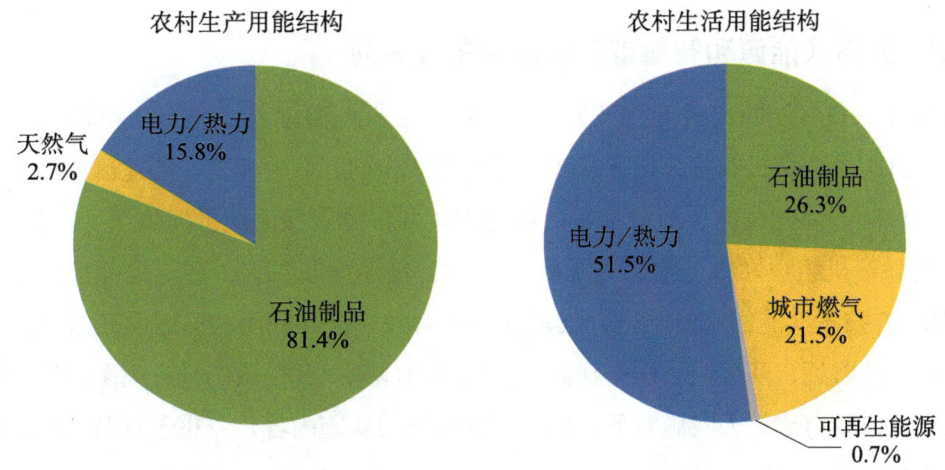

图 3-3　日本农村生产和生活用能结构

3.2.3.1　日本能源转型与发展战略

以 20 世纪 70 年代两次石油危机为背景，日本开始探索通过发展核能新能源等石油替代能源来提高能源自给率，并将提升能源自给率的重点放在促进新能源上。尤其是 2012 年 7 月开始实施的固定电价制（FIT）使新能源利用量迅速提升，2017 年，日本一次能源自给率达到 9.5%（包括核能）。

日本能源战略着重开发可再生能源，推动电力体制改革，重塑核能政策，并且着眼于未来的氢能等二次能源以及可燃冰等新能源开发利用，全力打造多元化、多层次的供需体系，建立新型的能源市场，通过技术进步和创新打造新的能源行业。2020年上半年，日本太阳能、水力、风力、地热、生物质等可再生能源发电量约占总发电量的23.1%，核能发电占比只有约6%。2021年最新提出的《绿色成长战略》，目标是2050年可再生能源将提供50%～60%的发电量。与此同时，日本还将扩大海上风力发电作为实现碳中和目标的突破口，并大力发展氢再生能源制造技术，构筑国际新能源供应链，到2030年将氢能源使用提高到300万t，降低制造成本2/3，重点普及家用燃料电池发电成套设备，实现发电、取暖、热水等配套联产。

在能源转型过程中，日本注重节能技术和新能源技术研发，设立专用资金，先后制定了"阳光计划""新阳光计划""新能源基本计划"等大规模长期开发计划，并将新能源技术作为国家科技创新的重点领域之一。与此同时，在政策方面，日本政府开展了包括以太阳能发电产业为首的供给侧与新能源汽车相关的需求侧两个层面的新能源产业支持政策设计，并在民间发起了的推进新能源产业发展的绿色电力制度，为日本普通国民和企业积极参与国家推进新能源普及推广创造了良好的平台。

3.2.3.2 分布式能源和智慧型管理成为主要方向

2004年，日本能源贸易工业部发布了2030年长期能源规划，进一步强调分布式能源。近年来，日本的分布式能源应用已从传统单体模式走向互联网模式，通过区域内多个分布式能源用户间的协同调度、能源共享，确立刚柔并济的新型区域供能体系。在该模式下，通过热电联产机组、燃料电池、太阳能集热器、光伏发电系统和蓄电池等提供分布式能源，利用IT技术实施需求侧响应，实现能源的有效分配和利用。区域内建筑用户与能源站进行电、热融通，从区域层面构建高效能源利用体系。此模式的推进大多以燃气公司为实施主体，以既有建筑为实施对象，以区域热融通为实施内容，侧重于互联网理念在能源物理层面的渗透。

未来，随着日本改变依靠核能的能源战略，为了填补核电退出后的电力供应问题，尽快形成电力供应能力，小微型热电联产系统将进一步得到推广，太阳能光伏将得到大力支持，分布式能源发展和能源智慧型管理将是其主要方向。

3.2.3.3 计划引导和法律规范

日本非常注重能源的节能和高效，完善生产过程中各个环节节能，并通过立法强制节能。日本政府建立了4级节能管理体系，即以首相为首的节能小组、以经产省及地方经产局为主干的节能领导机构和负责节能工作的28家节能中心以及各企业，定期上交能源利用状况报告,并接受经产局的节能检查。此外,日本还不断强化节能教育,节能观念已深入人心。

日本制定了相关的法令和优惠政策保证分布式能源的发展,包括放宽对分布式能源的管制,对城市分布式发电单位进行减税或免税;通过优惠的环保资金支持分布式发电系统建设;鼓励银行和财团对分布式发电系统出资和融资。2012年新的《可再生能源法案》确定了可再生能源发电的上网电价,太阳能、风能和地热发电的上网价格约是火电或核电价格的2~4倍。同年的"夏季电力供需方案"中提出,日本将建立"分布式绿色电力销售市场",以鼓励小规模发电商和独立电力系统进入电力市场,小于1 000kW 的发电系统和热电联产项目也能够随时销售其多余的电量,并且减免了过去的接网费。

3.3 典型模式

3.3.1 英国贝丁顿"零碳社区"

贝丁顿社区,位于伦敦附近的萨顿镇,由英国著名生态建筑师比尔邓斯特设计。它是世界上第一个完整的生态村,也是英国最大的零碳生态社区和零能耗发展项目之一。生态社区的目标是通过多种途径生产可再生能源以满足自身的能源需要,实现零碳排放和零能耗。之所以称为"零碳排放"和"零能耗",是因为与英国一般郊区住宅相比,该社区必要的能源供应采用太阳能和生物能等可再生能源,基本可以实现自给自足(图3-4)。

图 3-4 低碳建筑

整个社区占地 1.7hm²，现有 100 多户居民，设有 4 个管理办公室，1 405m² 的办公区，近 100 名工作人员，以及 1 个展览中心、1 家幼儿园、1 家社区俱乐部和 1 个足球场。相比于一般小区，该社区住户总能源需求降低 60%，热量需求降低 90%，热水能耗降低 57%，电力需求降低 25%，用水降低 50%，普通汽车行驶里程降低 65%。

采取的具体措施包括如下几个方面。

组合热力发电站：通过燃烧木材废物等发电为社区居民提供生活用电，用发电过程产生的热能来生产热水，并通过热水罐在寒冷季节供暖。

太阳能发电设备：小区内每户的屋顶上、墙壁上安装了太阳能光伏板，自己家庭用电都由自家的太阳能光伏发电供应，如有剩余则可以出售，如不够则既可向邻居购买，也可以用高于一般电价 20% 的价格向电力公司购买可再生电力。

低碳的建筑设计：房屋的钢架结构来自废弃的火车轨道，所用的木材和玻璃来自附近工地废弃物回收。屋面顶、外墙和楼板都采用了 300mm 厚的超级绝热外层，窗户选用内充氩气的 3 层玻璃窗。小区使用先进的自然通风系统来减少通风所产生的能耗。每户的屋顶都设计有特殊的风帽，实现内外空气的良性循环。通过这些措施，每户居民每年可以减少 3 847 英镑花费，整个社区每年可减少 147.1t 二氧化碳排放、节约水 1 025t。根据入住一年的监测数据，小区居民节约了采暖能耗的 88%，热水能耗的 57%，电力需求的 25%，用水的 50%，经济环境效益显著。

3.3.2 德国弗莱堡沃邦"太阳能"社区

弗莱堡沃邦（Vauban）"太阳能"社区是德国弗莱堡市低碳建设示范区，面积约 38hm²，区内房屋多以节能的联排方式建造。区内现有约 170 个被动式节能住房，另建有 70 座正能源屋（建筑内能源产出大于消耗）。房屋采用可再生能源近端供热，且大量利用太阳能（图 3-5）。

图 3-5 弗莱堡沃邦"太阳能"社区

具体采取的措施包括以下几个方面。

超级节能住宅：通过使用相变材料和真空绝热等先进技术显著提高了建筑物墙体系统的热性能，同时在房屋整个顶部安装太阳能电池板，为整个建筑供能。在保证居民正常生活前提下，建筑年平均用电量只有 15kWh/m²。虽然建造这种能够节能的房屋造价比普通住宅多 10% 左右，但节能效益超过 90%。

太阳能利用：该社区所有公共建筑，包括办公楼、超市、停车场等屋顶都安装了太阳能板，居民住宅屋顶也大多装有太阳能板，当地人形象地称之为"向日葵屋"或"太阳船屋"。这一项目得益于政府的大力支持，政府从社区的整个投资计划中拿出大约 40% 的资金用于太阳能建设和使用，安装了太阳能的住户，其热水和电费消耗大幅减少。

低碳出行：通过社区功能优化，该社区居民足不出区便可完成日常购物和服务需求，5 000 人的沃邦社区也是欧洲为数不多的自行车数量超过汽车的小区。

3.3.3 意大利封闭循环有机农场

意大利 TULARV 多功能封闭式循环有机农场位于拉齐奥大区北部，通过光伏和生物质提供能源。农场占地 60hm²，其中 30hm² 为林地，30hm² 由农场直接管理。该农场饲养牲畜，生产谷物和蔬菜。所有活动都基于循环理念，其目的是回收再利用所有农产品剩余物。

农场使用的能源全部由可再生能源提供，具体如下。

供电：农场在屋顶上安装了 6kW 光伏电池板作为用电补充。

供热：生活热水是由 800L 被动式太阳能热水器和 600L 主动式太阳能热水器提供；35kW 的倒焰柴火炉（半气化炉）用于炊事。

有机肥：通过一个以剪枝木屑和牲畜粪便为原料的约 30m³ 堆肥系统为农场提供有机肥。

以柴为原料的热解装置生产的"生物炭"作为副产品，添加到有机肥中生产特种肥料，用于提高土壤肥力，保证农场农作物的绿色有机。

3.3.4 英国可再生能源农场

3.3.4.1 Cramble Cross（家禽）农场

Cramble Cross 农场位于英格兰北约克郡的汉布尔顿区（图 3-6），是一家生产肉鸡的商业鸡场。该农场建有 6 个鸡舍，每个鸡舍可容纳 40 000 只肉鸡。该农场为降低用电成本，在鸡舍屋顶安装了 49.82kW 的光伏发电系统。为保证鸡饲养的高能耗需求，Duncan 可再生能源公司为养鸡场设计安装了可再生能源集中供热系统，该系统装配了 3 个 198kW 的生物质锅炉，使用木屑颗粒燃料为鸡舍供热。此后，农场主又加装了 50kW（地面安装）的太阳能光伏电池以进一步减少该农场使用电网的电量，每年可减少购买 85% 的电能。该系统每年可减少约 10t 的二氧化碳排放。

图 3-6　Cramble Cross（家禽）农场

3.3.4.2　H Timmis 家禽农场

H Timmis 家禽农场（图 3-7）位于英格兰什罗普郡的特尔福德，建有 6 个鸡舍，以 7 周为周期生产 297 000 只鸡。农场屋顶装有 250kW 太阳能光伏，每年可发电 200MWh；该农场同时使用 1 500MW 地源热泵，通过 100 个 100m 的管孔吸收土壤中的热量，获得两度的加温，再利用热交换器来加热鸡舍。与此同时，由于旧设备不能保证鸡舍的温度恒定，农场又加装了供暖、通风和空调（HVAC）系统，该系统可以控制鸡舍内的空气流量，通过将进入鸡舍的过滤空气和排出鸡舍的空气均流过连接地源热泵系统的热交换器进行热量回收，也可以在除尘的同时降低氨的含量，减少对环境的污染。这些系统大大降低了农场的能源消耗，每年可降低 252t 二氧化碳排放。

图 3-7　H Timmis 家禽农场

3.4 对中国的启示

3.4.1 完善的政策法规是推动低碳转型的前提

美国、欧盟、日本等发达国家和地区为促进低碳能源转型，阻止气候变化，均出台了相关法案推动可再生能源发展，制定了明确的发展规划和税收优惠政策，并建立了完善的监管体系，这些政策法规均有力推动了新能源和相关产业的发展。

与发达国家相比，我国在农业农村能源低碳发展方面仍缺少综合规划，缺乏清晰的技术推广政策。尽管我国制定颁布了《中华人民共和国可再生能源法》等一系列法律法规，宏观政策环境有利于绿色低碳发展，但总体看来，这些法律仍属于框架性法律，与乡村振兴和循环经济目标相一致的、促进低碳发展的具体政策和实施方案仍缺乏，需尽快评估农村可再生能源的替代潜力和成本，提出技术路径，制定实施方案、时间表和路线图。加强部门协作，制定与环保负荷减免、零碳减排、生态补偿、废弃物资源利用等方面有机结合的配套政策和管理体系，加快推进农村可再生能源发展。

3.4.2 强有力的科技创新和成果转化是低碳转型的保障

科技创新是实现农村低碳能源转型的重要抓手。美国把创新作为能源转型的重中之重，形成了多种有效的协同创新机制，有力推动了技术向市场转化。欧盟同样注重低碳技术的研究与创新，通过组建技术平台和资助研发项目等多种形式，促进产学研合作。日本则通过把政府、大学、研究机构与新能源产业联合起来，完成多种新能源标准的制定，推动低碳技术推广。

目前，我国仍缺乏经济可行的农村低碳能源技术和利用模式，可再生能源生产利用和能源综合管理等仍需科学指导，相关规范、标准和监管服务体系仍有待完善，有效的政策激励机制和投融资机制亟须出台。因此，要加强对我国不同自然环境、经济条件和资源禀赋下农村低碳能源技术的筛选和集成，开展技术示范推广，提升能源管理和运营服务水平，加快构建有利于低碳发展的政策机制。

3.4.3 提高认识与全民参与是低碳转型的关键

发达国家非常注重提高公众对低碳能源的认识。美国联邦政府和各州政府通过与能源企业合作或主动激励等方式，加强对碳中和目标的宣传力度，倡导民众从生活上降低碳排放。欧盟各国在民众中推广低碳理念和文化，使低碳发展不局限于"生产"领域，同时扩展到"消费"领域。通过席卷欧洲的"慢城运动"，将低碳理念融入居民生活和城市建设中，为欧盟的低碳发展扩充了更加丰富的内容。日本在全国范围发起了环境模范城市行动，充分利用太阳能、风能、生物质能等自然资源优势，建设低碳社区。当地政府还组织学生、居民参与到低碳社区建设中，让民众从小了解新能源设备的工作原理和节能减排的重要意义。

目前在我国，特别是农村地区，对低碳发展理念的认识相对薄弱。同时，空心村现象普遍，留守村镇的妇女、老人比例较高，文化水平较低，对农村能源低碳转型发展与分布式可再生能源应用的重要性和必要性认知不足，主观参与度不高。因此，应加大宣传力度，构建全社会的低碳生活理念，引导、激励农村居民利用当地资源，参与到能源低碳转型与生态环境改善中来。

3.4.4 构建可持续发展体系是低碳转型的目标

能源的低碳转型是应对气候变化的核心，构建可持续的发展体系对能源顺利转型至关重要。美国政府除了政策支持外，更关键的是有一个充分竞争的、鼓励私人投资和技术进步的能源市场，它是推动能源行业创新的关键力量。欧洲各国的能源可持续发展经历了从大规模政府补贴到市场竞价的发展过程，推动可再生能源逐步深度参与电力市场竞争，通过市场机制实现高效消纳。随着新能源成本降低，退补（补贴退坡）和提高市场化程度推动了无补贴新能源的发展，成为可再生能源发展的必然趋势。在日本，政府根据发电量价格递减的浮动价格制，推行市场竞争机制与政府扶持相结合的政策，明确将工商业用太阳能、风能发电项目列为"竞价项目"，旨在通过市场交易和竞标等方式，培育具有竞争实力的电力企业，同时减少民众和企业负担。

目前我国农村地区可再生能源推广应用仍以国家财政资金为主，资金来源单一，加之可商业化运行的技术模式缺乏，无法吸引更多的相关利益方参与项目建设，严重制约农村能源低碳转型发展。因此，应加速构建由政府引导、企业和社会资金协调配合的支持农村低碳能源建设的可持续商业化模式，促进农村低碳发展。

参考文献

陈宏生，2009. 欧盟能源技术研发计划及特点 [J]. 全球科技经济瞭望（10）：28-34.

邓旭，谢俊，滕飞，2021. 何谓"碳中和"?[J]. 气候变化研究进展，17（1）：107-113.

杜祥琬，2016. 中国能源战略研究 [M]. 北京：科学出版社.

杜祥琬，刘晓龙，黄群星，等，2019. 中国农村能源革命与分布式低碳能源发展战略研究 [M]. 北京：科学出版社.

黄岚，2009. 欧洲发展可再生能源经验借鉴 [J]. 合作经济与科技（10）：16-17.

刘坚，任东明，2013. 欧盟能源转型的路径及对我国的启示 [J]. 中国能源，35（12）：8-11.

乔玮，李冰峰，董仁杰，等，2016. 德国沼气工程发展和能源政策分析 [J]. 中国沼气（3）：74-80.

司纪朋，张斌. 美国《全面能源战略》解析 [N]. 中国能源报，2014-09-29（4）.

佚名. 德国弗莱堡沃邦居住区：旧军营生态改造案例 [EB/OL].http://www.liangyunchina.com/content/?182.

佚名. 德国弗莱堡沃邦新区（Vauban）：城市更新的典范（上）[EB/OL].https://site.douban.com/248068/widget/notes/18496627/note/539667684/.

佚名. 国外低碳社区经验分析：英国贝丁顿零碳社区 [EB/OL].（2014-10-17）.http://www.tanpaifang.com/ditanshequ/201410/1739237.html.

佚名. 世界第一个生态村：英国贝丁顿零能源发展居住区 BEDZED[EB/OL].（2008-07-25）.http://www.lica.com/study/environment/46.htm.

张雅欣，罗荟霖，王灿，2021. 碳中和行动的国际趋势分析 [J]. 气候变化研究进展，17（1）：88-97.

ANON. A flexible approach and complementary arable and poultry businesses has allowed H. Timmis Farms Ltd to expand，retain well-trained staff and make the most of its resources. [EB/OL]. https://terra.horsch.com/en/issue-18-2019/farm-report/best-use-of-resources-timmis-farms-ltd-gb.

ANON. Case study：4-in-1 environmental control for H Timmis（Farm）. [EB/OL]. http://ipt-technology.co.uk/case-study-broiler-house-environmental-control/.

ANON. Communication of long-term strategies. [EB/OL]. https://unfccc.int/process/the-paris-agreement/long-term-strategies.

ANON. Country summary of Bhutan. [EB/OL].https://climateactiontracker.org/countries/bhutan/.

ANON. Cramble Cross（Poultry）Farm. [EB/OL]. http://duncanrenewables.co.uk/projects/view/63/cramble-cross-poultry-farm.

ANON. In new policy review，IEA commends Austria's efforts to accelerate its clean energy transition [EB/OL].（2020-05-26）.https://www.iea.org/news/in-new-policy-review-iea-commends-austria-s-efforts-to-accelerate-its-clean-energy-transition.

ANON. Japan to be carbon neutral by 2050，insists prime minister. [EB/OL]. https://www.ft.com/content/6335043f-c4d9-4624-9a69-2df517265c01.

ANON. Organic and multifunctional closed cycle farm，with energy supply through photovoltaic and biomass. [EB/OL]. https://www.interregeurope.eu/policylearning/good-practices/item/4242/an-organic-and-multifunctional-closed-cycle-farm-energy-food-and-culture/.

第 4 章
中国农村地区资源情况

我国农村地区资源主要包括生物质资源和非生物质资源，其中非生物质资源包括太阳光热资源、地热资源、风资源等。非生物质资源在农村能源中不具有特殊性，因此，本章仅对农村特有的生物质资源进行阐述。主要包括农作物秸秆、畜禽粪便等，以及农产品加工剩余、蔬菜尾菜、果木剪枝等其他废弃物资源。

4.1 农作物秸秆

农作物秸秆（简称秸秆，下同）是指在农业生产过程中收获了稻谷、小麦、玉米等农作物籽粒后，残留的不能食用的茎、叶等农作物副产品，不包括农作物地下部分。秸秆是农业的另一半产出，是重要的生物质资源，可被广泛用作肥料、饲料、能源、基料、原料等，充分利用秸秆资源可产生经济、环境、社会等多重效益。

4.1.1 资源评价方法

根据《农作物秸秆资源调查与评价技术规范》（NY/T 1701—2009），对秸秆资源的评价方法一般包括秸秆资源量评价、秸秆利用经济性评价、秸秆资源未来发展预测及不确定性分析等内容。

4.1.1.1 秸秆资源量评价

秸秆资源量评价即通过调查等手段，计算秸秆的产生量和可收集量，评价秸秆利用现状，并根据某一地区的秸秆可收集量、耕地面积等指标，计算人均秸秆资源占有量、秸秆资源密度等。其评价指标包括秸秆产生量、可收集量、人均秸秆资源占有量、秸秆资源密度等。

（1）秸秆产生量

秸秆产生量是指理论上该地区每年可能产生的农作物秸秆资源数量，可根据农作物籽粒实产量和各种农作物的草谷比估算某一区域农作物秸秆年总产量，见式（4-1）。草谷比是指农作物单位面积秸秆产量与籽粒产量的比值。秸秆和籽粒的重量与含水量密切相关。当给出某种农作物的草谷比时，需要注明含水量。一般按风干（含水量为15%）计。因此，通常的秸秆资源量均指含水率为15%时的秸秆数量。

$$P = \sum_{i=1}^{n} \lambda_i \cdot G_i \tag{4-1}$$

式中：

P ——被调查区域农作物秸秆的产生量，t/年；

i ——农作物秸秆种类的编号，$i=1, 2, \cdots, n$；

G_i ——被调查区域第 i 种农作物籽粒年产量，t/年；

λ_i ——被调查区域第 i 种农作物秸秆的草谷比。

（2）秸秆可收集量

秸秆可收集量是指某一区域利用现有收集方式，收集获得可供实际利用的农作物秸秆数量，一般可根据农作物秸秆产生量和可收集系数估算出各种农作物秸秆的可收集量。可收集系数是指某一地区某种农作物秸秆可收集量与产生量的比值，可通过实地调查作物割茬高度占作物株高的比例和秸秆枝叶损失率计算，见式（4-2）。

$$P_c = \sum_{i=1}^{n} \eta_i \cdot (\lambda_i \cdot G_i) \tag{4-2}$$

式中：

P_c ——被调查区域农作物秸秆资源可收集量，t/年；

η_i ——被调查区域第 i 种农作物秸秆的可收集系数。

（3）人均秸秆资源占有量

人均秸秆资源占有量指某一区域人均秸秆资源占有的数量，表征秸秆资源丰富程度，该指标越高，则该地区的秸秆资源相对丰富；指标越低，则该地区的秸秆资源相对匮乏。当秸秆资源量分别取秸秆产生量、可收集量时，分别对应人均秸秆产生量、人均秸秆可收集量。

（4）秸秆资源密度

秸秆资源密度指某一区域单位面积秸秆资源的数量，表明该地区秸秆资源的丰度。当秸秆资源量分别选取秸秆产生量、可收集量时，分别对应秸秆产生量资源密度、秸秆可收集资源密度。区域的面积可分别选取国土面积和耕地面积。

4.1.1.2 秸秆利用经济性评价

秸秆利用经济性评价即根据某一地区的劳动成本情况和运输情况，计算秸秆的收集成本、收购成本和运输成本，并针对不同秸秆利用技术潜力评价秸秆资源需求数量、收集成本和收集半径等。其主要评价指标包括收集成本、收购成本、机会成本和运输成本等。

（1）收集成本

秸秆收集成本即在农作物秸秆收购过程中所发生的费用，由收购成本与运输成本组成，与农户期望值、当地的劳动力价格以及运输距离长短有关。

（2）收购成本

秸秆收购成本即在秸秆收购过程中，从农户处购买、装卸、临时贮藏以及短途运输等费用。秸秆收购成本可采用机会成本替代。

（3）机会成本

秸秆利用机会成本是指农作物秸秆用于某一种用途，同时丧失了用于其他用途所能带来的潜在收入。

（4）运输成本

秸秆运输成本是指农作物秸秆从临时贮藏点运输至处置地点的费用，与运输距离成正比。

4.1.2 秸秆资源台账

2019年1月，农业农村部印发的《关于做好农作物秸秆资源台账建设工作的通知》（农办科〔2019〕3号）指出，要"建立科学规范的秸秆产生与利用情况调查监测标准和方法，搭建国家、省、市、县四级秸秆资源数据共享平台，掌握全国农作物秸秆产生与利用情况，为各级政府制定相关政策和规划、进行相关产业布局和管理等提供理论依据，为生态文明建设提供考核依据。"自2019年起，农业农村部组织制定了农作物秸秆资源台账建设方法，开发了数据填报系统，初步建立了国家、省、市、县四级秸秆资源台账。

4.1.2.1 适用范围

秸秆资源台账建设工作的区域范围包括全国31个省（市、自治区）与新疆生产建设兵团，暂不包括香港、澳门、台湾。涉及的农作物种类包括水稻（早稻、中稻和一季晚稻、双季晚稻，下同）、小麦、玉米、马铃薯、甘薯、花生、油菜、大豆、棉花、木薯、甘蔗，以及增选的某一种当地种植面积较大的"其他"作物（不包括蔬菜类和果树类）。

4.1.2.2 建设方法

秸秆资源台账建设按属地原则开展。农作物秸秆产生量和利用量数据通过以县为单位开展实地调查获得。调查分为县域基本情况调查、农户抽样调查和秸秆利用市场主体普查三个部分进行。

（1）县域基本情况调查

调查内容主要包括县域农作物播种面积、作物产量、秸秆直接还田面积、农作物机械收割面积、农作物人工收割面积、秸秆调出量、草谷比和可收集系数等。其中，秸秆调出量是指调出本县域以外地区的秸秆数量。

（2）农户抽样调查

每个参与调查的县级单位需采用随机抽样法，至少抽取120户农户（不足120户的地区除外）开展农户分散利用量调查。农户分散利用量即农户每年将秸秆用于肥料、饲料、燃料、基料和原料等途径的量，其中农户秸秆肥料化利用不包括秸秆直接还田利用部分。农户调查内容主要包括农户年度作物种植面积、作物单产、农作物秸秆利用途径及比例等。

（3）市场主体普查

对县域范围内所有正常运营的秸秆利用市场主体（具有法人资格的企业、合作社等）年度秸秆利用量、秸秆来源进行全覆盖调查。调查内容主要包括不同秸秆利用途径的年度秸秆利用量、秸秆来源等。

4.1.2.3 主要技术指标

秸秆资源台账统计的主要技术指标除了秸秆产生量、可收集量外，还包括秸秆直接还田量、秸秆分散利用量、秸秆规模化利用量、秸秆利用量、秸秆综合利用率等（表4-1）。

（1）直接还田量

直接还田量为某地区在某一自然年度某种农作物通过秸秆粉碎还田、覆盖还田、混埋还田等方式直接施入田中的秸秆数量。

（2）分散利用量

分散利用量即农户在生产和生活中利用秸秆的数量，指农户将秸秆运离田块再进行利用的秸秆数量，不包括直接还田部分，但包括其购买其他农户的秸秆量。

（3）市场主体规模化利用量

市场主体规模化利用量即某一秸秆利用市场主体（具有法人资格的企业、合作社等）

在每个自然年度加工、利用的未经加工状态秸秆数量，不包括直接还田量。

表4-1 农作物秸秆资源台账主要技术指标一览表

指标	指标定义	指标获取方法
秸秆产生量	理论上该地区每年可能产生的农作物秸秆资源数量	一般根据农作物籽实产量和各种农作物的草谷比估算某一区域农作物秸秆年总产量。理论资源量＝粮食产量×草谷比
秸秆可收集量	某一区域利用现有收集方式，收集获得可供实际利用的农作物秸秆数量	一般根据农作物秸秆产生量和可收集系数估算出各种农作物秸秆的可收集量。可收集资源量＝粮食产量×草谷比×收集系数
直接还田量	某地区在某一自然年度某种农作物通过秸秆粉碎还田、覆盖还田、混埋还田等方式直接施入田中的秸秆数量	通过统计、计算或估算获得。直接还田量＝直接还田面积/播种面积×可收集资源量
分散利用量	农户在生产和生活中利用秸秆的数量，指农户将秸秆运离田块再进行利用的秸秆数量，不包括直接还田部分，但包括其购买其他农户的秸秆量	某地区的农户分散利用量通过抽样调查、计算获得
市场主体规模化利用量	某一秸秆利用市场主体（具有法人资格的企业、合作社等）在每个自然年度加工、利用的未经加工状态秸秆数量，不包括直接还田量	某地区的市场主体规模化利用量一般通过对该地区正常运营的所有秸秆市场化利用各主体进行普查得到
秸秆利用量	某地区所产秸秆在某一自然年度被利用掉的总量，既包括在本地区直接利用的自产秸秆，也包括本地区所产秸秆被调出本地区后再被利用的量，但不包括由外地调入某地区进行利用的外地秸秆数量	秸秆利用量＝市场主体规模化利用量＋农户分散利用量＋直接还田量＋区域调出量－市场化主体调入量
秸秆综合利用率	秸秆利用量占可收集量的百分比，用于考察某地区所产秸秆的利用水平	秸秆综合利用率＝秸秆利用量/可收集资源量×100%

资料来源：《关于做好农作物秸秆资源台账建设工作的通知》（农办科〔2019〕3号）；《关于加快推进农作物秸秆资源台账工作的通知》（2020）农科（能生）字第18号。

（4）秸秆利用量

秸秆利用量是指某地区所产秸秆在某一自然年度被利用掉的总量。因此，某一地区的秸秆利用量既包括在本地区直接利用的自产秸秆，也包括本地区所产秸秆被调出本地区后再被利用的量，但不包括由外地调入某地区进行利用的外地秸秆数量。

根据利用途径的不同，秸秆利用包括秸秆肥料化、饲料化、能源化、基料化、原料化等利用途径。秸秆肥料化利用量是指通过直接还田和间接还田方式利用的秸秆数量。

秸秆间接还田包括腐熟还田、堆沤还田、生物反应堆、生产有机肥、异地覆盖还田等技术途径。秸秆饲料化利用量指通过秸秆直接饲喂或青（黄）贮、氨化、压块饲料（包括颗粒饲料）、揉搓丝化、蒸汽爆破等技术途径利用的秸秆量。秸秆能源化利用量指通过打捆直燃、成型燃烧、炭化、热解气化、沼气生产、直燃发电、纤维素乙醇生产等技术途径利用的秸秆量。秸秆基料化利用量指通过生产食用菌基质、育苗基质和其他栽培基质、养畜垫料等途径利用的秸秆量。秸秆原料化利用量指通过生产人造板材、复合材料、清洁制浆、木糖醇、可降解包装材料、墙体材料、盆钵、造纸、编织、建筑等技术途径利用的秸秆量。

（5）秸秆综合利用率

秸秆综合利用率即秸秆利用量占可收集量的百分比，用于考察某地区所产秸秆的利用水平。秸秆综合利用率范围0~100%。

4.1.3 资源量与利用现状

4.1.3.1 秸秆资源量

农业农村部秸秆资源台账数据分析结果显示，2019年全国秸秆产生量为8.65亿t，可收集量为7.31亿t，可收集资源密度约361kg/亩（均不含港澳台数据，下同）。

分区来看，华北区秸秆产生量最高，达到2.36亿t，占全国秸秆总产量的27.3%；其次为长江中下游区和东北区，秸秆产生量分别占全国秸秆总产量的24.5%和23.3%；西北区、西南区和华南区秸秆产生量均不足亿吨，分别占全国秸秆总产量的9.6%、9.2%和6.1%。

分省（区）来看，河南秸秆产生量9 195.2万t，占全国秸秆产生总量的10.7%，居全国首位；其次为黑龙江，秸秆产生量8 426.8万t，占全国的9.8%；山东、安徽、河北秸秆产生量5 000万~8 000万t，分别占比8.3%、6.8%和6.0%；内蒙古、新疆（含新疆建设兵团，下同）、吉林、江苏、湖南、湖北、四川、辽宁、江西、广西和云南等11个省（区）秸秆产生量均达到2 000万~5 000万t。在秸秆资源分布密度方面，河南省资源分布密度656kg/亩，是全国平均水平的1.82倍；山东、新疆、安徽资源分布密度分别是全国平均水平的1.51倍、1.50倍和1.48倍；北京秸秆资源分布密度最低，仅为126kg/亩，约为全国平均水平的1/3。分作物来看，玉米、水稻和小麦秸秆产生量分别为3.07亿t、2.22亿t和1.75亿t，分别占秸秆产生总量的35.5%、25.7%和20.2%，合计81.4%（图4-1）；玉米、水稻和小麦秸秆可收集量分别达到2.81亿t、1.73亿t和1.39亿t，分别占农作物秸秆可收集总量的38.6%、23.6%和19.2%（图4-2）。

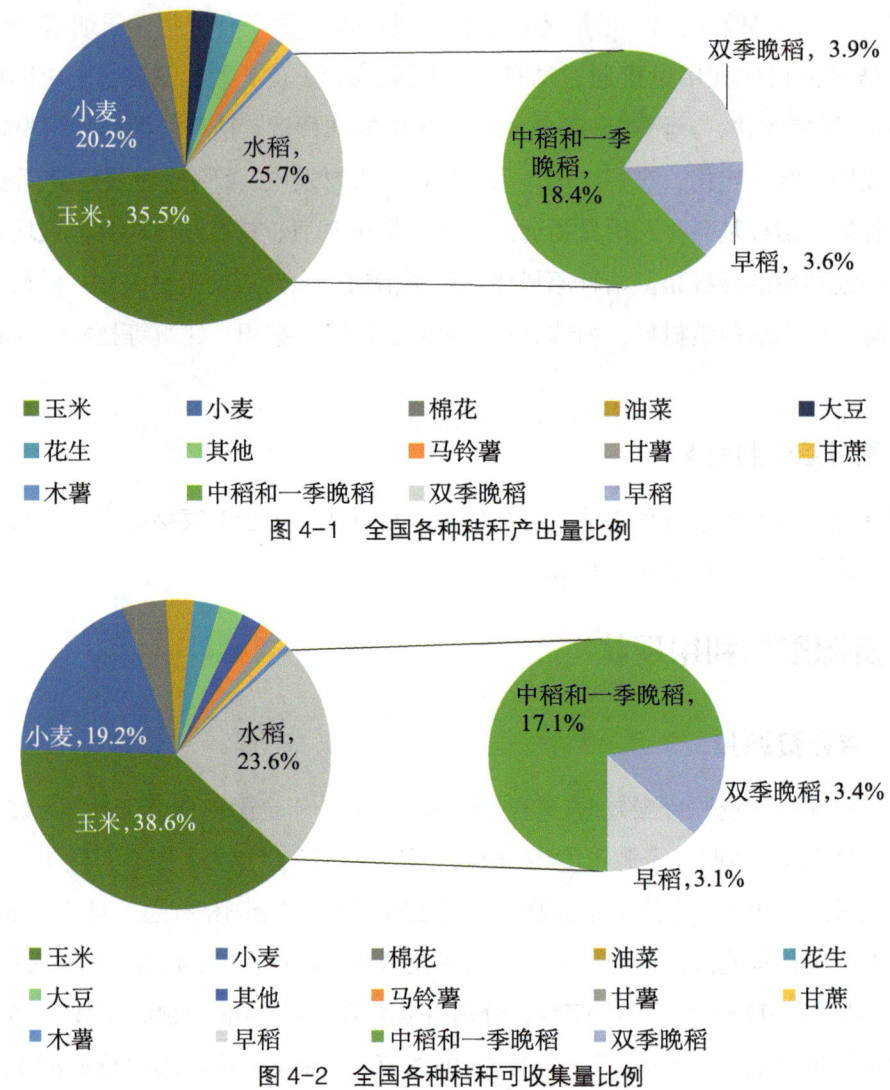

图 4-1 全国各种秸秆产出量比例

图 4-2 全国各种秸秆可收集量比例

4.1.3.2 秸秆利用现状

2019 年，全国秸秆利用量 6.34 亿 t，综合利用率 86.7%，与全国"十二五"秸秆综合利用情况评估结果比较（2015 年）增长 6.6 个百分点。

分区来看，华北区秸秆利用水平最高，秸秆综合利用率达到 89.2%；其次为长江中下游区和西北区，秸秆综合利用率分别达到 87.8% 和 87.3%，均稍高于全国平均水平；西南区、东北区和华南区秸秆综合利用率稍低于全国平均水平，分别达到 84.8%、84.1% 和 83.6%。

在利用途径上，全国秸秆肥料化、饲料化、能源化、基料化、原料化利用量分别占秸秆可收集量的 62.0%、14.2%、8.9%、0.7% 和 1.0%，以肥料化、饲料化利用为主，能源化利用为辅的"农用优先"利用格局得到进一步巩固（图 4-3、图 4-4）。其中，玉米秸秆肥料化、饲料化、能源化、基料化和原料化利用率分别为 51.42%、22.91%、11.38%、0.53% 和 0.56%。水稻秸秆肥料化、饲料化、能源化、基料化和原料化利用率分别为 72.9%、5.3%、6.7%、1.2% 和 2.2%。小麦秸秆肥料化、饲料化、能源化、基料化和原料化利用率分别为 79.9%、6.2%、4.3%、0.8% 和 1.0%。

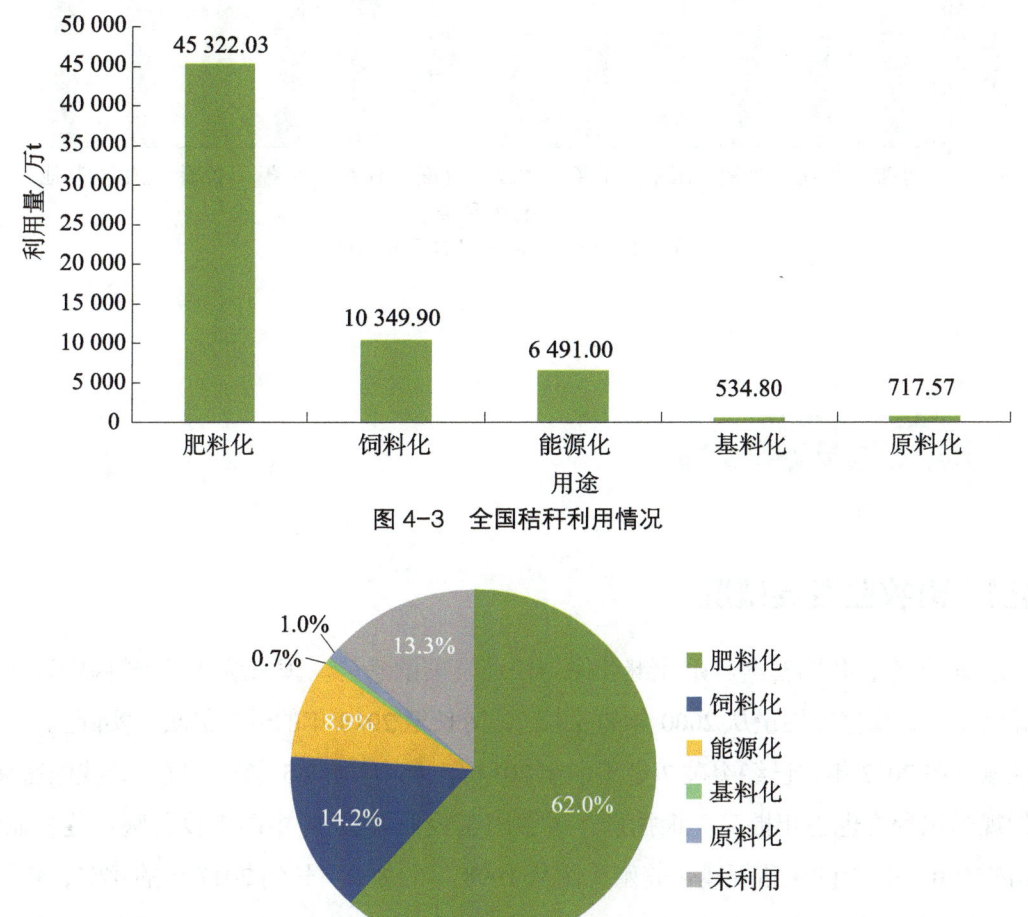

图 4-3 全国秸秆利用情况

图 4-4 全国秸秆利用及未利用比例

在利用结构上，秸秆直接还田利用量占可收集量的比例为 56.3%，离田利用量占比为 30.5%，其中，农户分散利用量占比 24.1%（以饲料化、能源化、肥料化利用为主），市场主体规模化利用量占比 6.4%（以能源化、饲料化利用为主）。

在农作物种类上，玉米、水稻、小麦三大粮食作物秸秆的利用率分别达到 86.8%、

88.4%和92.1%。此外，棉花秸秆综合利用率超过90%，甘薯、油菜籽、大豆、木薯、甘蔗秸秆综合利用率均超过80%。花生和马铃薯秸秆利用率分别为72.4%和77.4%（图4-5）。

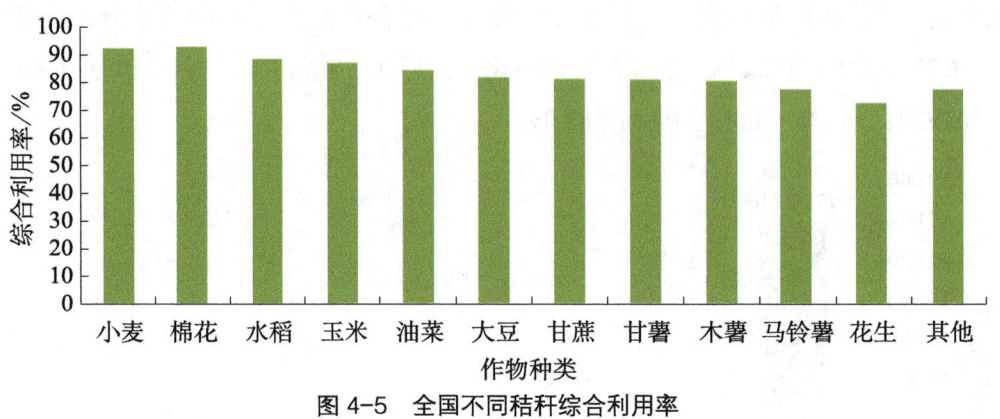

图4-5　全国不同秸秆综合利用率

4.2 畜禽粪便

4.2.1 畜牧业发展概况

近20年来，我国畜禽养殖业继续保持快速发展的趋势。国家统计局资料显示，以生猪养殖为例，生猪出栏量从2000年的5.3亿头增长至2018年的近7亿头。实际上，生猪出栏量早在2012年就已经突破7亿头，在2014年达到峰值7.5亿头。同时，我国畜禽养殖的规模化程度也逐年提高。根据历年《中国畜牧业年鉴》《中国畜牧兽医年鉴》显示，年出栏500头以上的生猪规模化养殖比例从1998年的8%增长到2017年的47%，年均增长1.95%；年出栏头数大于50头和100头生猪的养殖比例从1998年的23.2%和14%分别增加到2017年的75.4%和64.4%（图4-6）。奶牛规模化比例也得到快速增加，2017年的存栏量是1994年的2.8倍，同时规模化比例也快速增加，存栏100头以上的规模化奶牛场占比从2002年的不足12%增加到2017年的51%（图4-7）。随着畜禽养殖量和规模化比例的快速提高，畜禽养殖业粪便资源量和集中收集利用量也同步增加。畜禽粪污具有资源和污染的双重属性，如果得不到合理利用，必然会导致严重的环境污染。根据第二次全国污染源普查公报结果显示，2017年我国畜禽养殖业的化学需氧量（COD）、总氮

第 4 章 中国农村地区资源情况

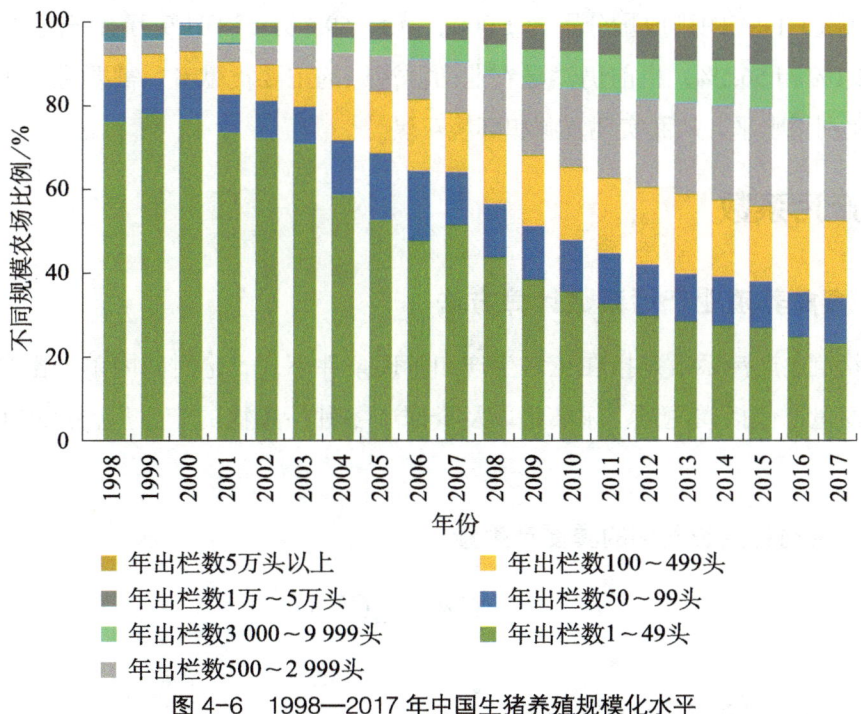

■ 年出栏数5万头以上　　■ 年出栏数100~499头
■ 年出栏数1万~5万头　　■ 年出栏数50~99头
■ 年出栏数3 000~9 999头　■ 年出栏数1~49头
■ 年出栏数500~2 999头

图 4-6　1998—2017 年中国生猪养殖规模化水平

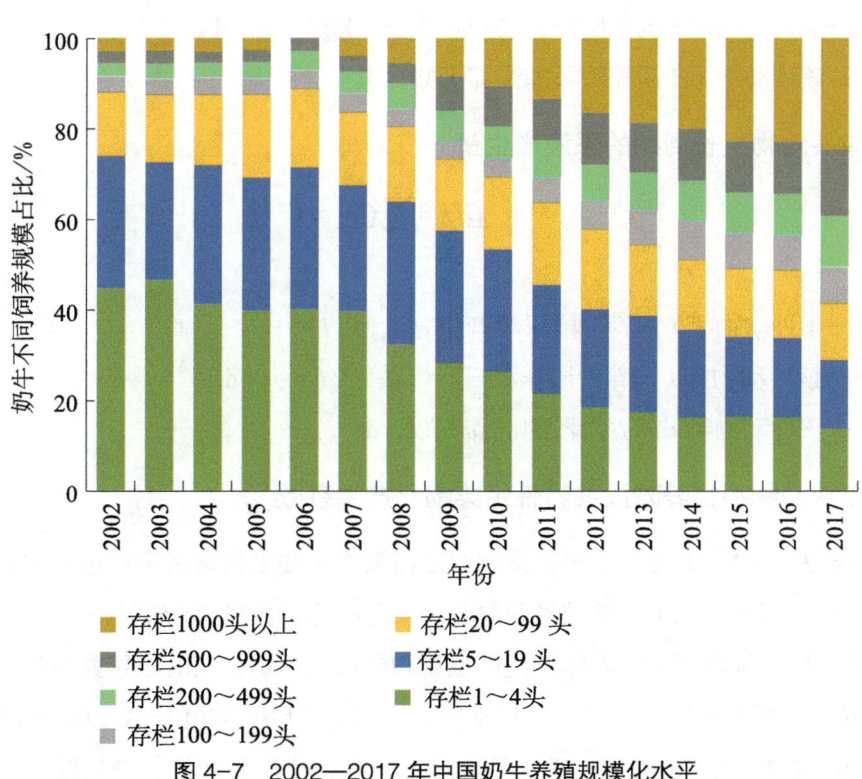

■ 存栏1000头以上　　■ 存栏20~99头
■ 存栏500~999头　　■ 存栏5~19头
■ 存栏200~499头　　■ 存栏1~4头
■ 存栏100~199头

图 4-7　2002—2017 年中国奶牛养殖规模化水平

（TN）和总磷（TP）的排放量分别为 1 000.5 万 t、59.6 万 t 和 11.9 万 t，分别占农业源的 93.8%、42.1% 和 56.5%，目前仍然是农业面源污染的主要贡献者，需要进一步提升畜禽粪污资源化利用水平，从而实现资源和环境双赢。

4.2.2 产污系数

4.2.2.1 畜禽养殖业产污系数计算方法

畜禽养殖业产污系数是指在正常生产和管理条件下，一定时间内单个畜禽所产生的原始污染物量，包括粪便量、尿液量以及粪尿中各种污染物的产生量，见式（4-3）、式（4-4）。

（1）单头动物生长周期的粪便产生量

$$QM = \sum QF_i \times T_i \qquad (4-3)$$

式中：

QM——某种动物第 i 饲养阶段粪便产生总量，kg/头；

QF_i——该种动物第 i 饲养阶段粪便日产生量，kg/（头·d）；

T_i ——该种动物第 i 饲养阶段的饲养天数，d。

（2）单头动物生长周期的尿液产生量

$$QU = \sum QN_i \times T_i \qquad (4-4)$$

式中：

QU——某种动物第 i 饲养阶段尿液产生总量，L/头；

QN_i——该种动物第 i 饲养阶段尿液日产生量，L/（头·d）；

T_i ——该种动物第 i 饲养阶段的饲养天数，d。

（3）单头动物各饲养阶段某特性污染物日产生系数

从式（4-3）、（4-4）可以看出，畜禽原始污染物主要来自畜禽生产过程中产生的固体粪便和尿液两个部分，为了能够准确获得各种组分的原始污染物产生量，首先需要测定不同畜禽、不同饲养阶段每天的固体粪便产生量和尿液产生量，同时采集粪便和尿液样品进行成分分析，分析固体粪便含水率，有机质、全氮、全磷等浓度，以及尿液中的 pH、化学需氧量（COD）、氨氮、总氮、总磷等浓度，再根据产污系数计算公式即可获得粪尿中各种组分的产污系数，具体计算公式见式（4-5）。

$$FP_{i,j} = QF_i \times CF_{i,j} + QU_i \times CU_{i,j} \tag{4-5}$$

式中：

$FP_{i,j}$——某种动物第 i 饲养阶段粪便和尿液中第 j 种特性参数每天产生量，mg/（头·d）；

QF_i——该种动物第 i 饲养阶段日产粪量，kg/（头·d）；

$CF_{i,j}$——该种动物第 i 饲养阶段粪便中第 j 种参数的浓度，mg/kg；

QU_i——该种动物第 i 饲养阶段日产尿液量，L/（头·d）；

$CU_{i,j}$——该种动物第 i 饲养阶段尿中第 j 种参数的浓度，mg/L。

（4）单头动物饲养期粪尿特性参数产生量

根据式（4-5）计算获得各种畜禽在不同饲养阶段通过粪尿排出的各种组分每日产生系数，基于每个饲养阶段的天数，就可以计算出某种动物饲养期各种组分的产生系数，计算方法见式（4-6）。

$$QFP_j = \sum_i FP_{i,j} \times T_i \tag{4-6}$$

式中：

QFP_j——某种动物整个饲养期间粪尿中第 j 种特性参数产生量，mg/头；

$FP_{i,j}$——该种动物第 i 饲养阶段粪便和尿液中第 j 种参数每天产生系数，mg/（头·d）；

T_i ——该种动物第 i 饲养阶段的天数，d。

4.2.2.2 畜禽养殖业粪尿和主要污染物产生系数

在第二次全国污染源普查项目支持下，通过对全国不同区域布置的 211 个定位监测点的监测，获得不同畜禽、不同饲养阶段的粪尿产生量等特性参数，根据 4.2.2.1 中给出的计算方法，获得我国主要畜禽饲养期的粪尿产生量、主要污染物排泄量等基础参数，其中生猪饲养期按 165d 计，肉鸡出栏按照 60d 计，奶牛、肉牛和蛋鸡都是按照 365d 为一个周期进行计算，具体结果见表 4-2。

表 4-2 主要畜种饲养期粪尿和主要污染物产污系数　　单位：kg/头，kg/只

畜种	粪便量	尿液量	COD	总氮	总磷
生猪	164.8	395.5	56.7	4.1	1.0
奶牛	7 847.6	4 357.4	1 706.7	63.7	13.7
肉牛	4 557.4	2 095.3	1 125.7	30.1	5.0
蛋鸡	47.1		10.4	0.5	0.2
肉鸡	8.9		2.24	0.09	0.02

4.2.3 资源量与利用现状

4.2.3.1 畜禽粪便资源量

根据第二次全国污染源普查获得的产排污系数和 2018 年全国主要畜禽的养殖量数据测算，2018 年我国主要畜禽的粪尿产生量约为 15.2 亿 t，其中生猪、奶牛、肉牛、蛋鸡、肉鸡和羊的粪尿产生量分别为 6.0 亿 t、1.26 亿 t、4.4 亿 t、0.68 亿 t、1.52 亿 t 和 1.3 亿 t，加上冲洗污水，我国主要畜禽的粪污产生总量约为 30.5 亿 t，猪粪污产生总量为 15.5 亿 t，牛粪污产生总量为 8.6 亿 t，禽粪污产生总量为 2.8 亿 t，羊粪污产生总量为 3.5 亿 t。2018 年分省的畜禽粪污产生总量见图 4-8。粪污产生总量最大的 5 个省份分别是四川、河南、山东、云南和湖南，5 省的粪污产生总量约占全国的 36%。

4.2.3.2 畜禽粪便资源化利用现状

根据第二次全国污染源普查结果测算，2017 年生猪、奶牛、肉牛、蛋鸡和肉鸡等 5 种主要畜禽的粪便与尿液产生量为 10.5 亿 t（不包括污水产生量），粪尿利用量为 8.6 亿 t，畜禽粪便尿液利用率约为 82%，其中粪便利用率为 85%，尿液利用率为 78%。粪污资源化利用主要以农家肥、肥水还田等利用方式为主。生猪和奶牛规模养殖场尿液采用肥水还田或厌氧发酵后沼液还田方式的养殖量占比分别为 73% 和 75%，污水直接排放的比例只有 10% 左右，而"一污普"（2007 年数据）时生猪和奶牛养殖场污水未处理直接排放比例超过 50%（图 4-9、图 4-10）。

"十三五"期间，畜禽养殖污染治理工作进一步提速，为加快推进畜禽养殖污染防治和资源化利用，减少农业面源污染，推动农业绿色发展，农业农村部相继印发了《关于深入推进生态环境保护工作的意见》《农业农村污染治理攻坚战行动计划》《农业绿色发展五大行动》《畜禽粪污资源化利用整县推进行动（2017—2020 年）》等行动计划，制定了《全国农业可持续发展规划（2015—2030 年）》《重点流域农业面源污染综合治理示范工程建设规划（2016—2020 年）》等项目建设规划。农业农村部、国家发展改革委和财政部等部门进一步加大了畜禽粪污资源化利用工作的支持力度，实施了多项涉及畜禽粪污综合治理和资源化利用项目，包括大中型沼气工程、畜禽粪污整县推进项目等。

为落实国务院办公厅印发的《关于加快推进畜禽养殖废弃物资源化利用的意见》，2017 年原农业部会同财政部和国家发展改革委启动实施了畜禽粪污整县推进治理项目，截至 2019 年底，中央财政和中央预算内投资共安排 176.5 亿元，支持了 585 个养殖大县和 18 个非养殖大县共计 603 个县开展畜禽粪污处理利用设施建设和设备购置，整建制提

第4章 中国农村地区资源情况

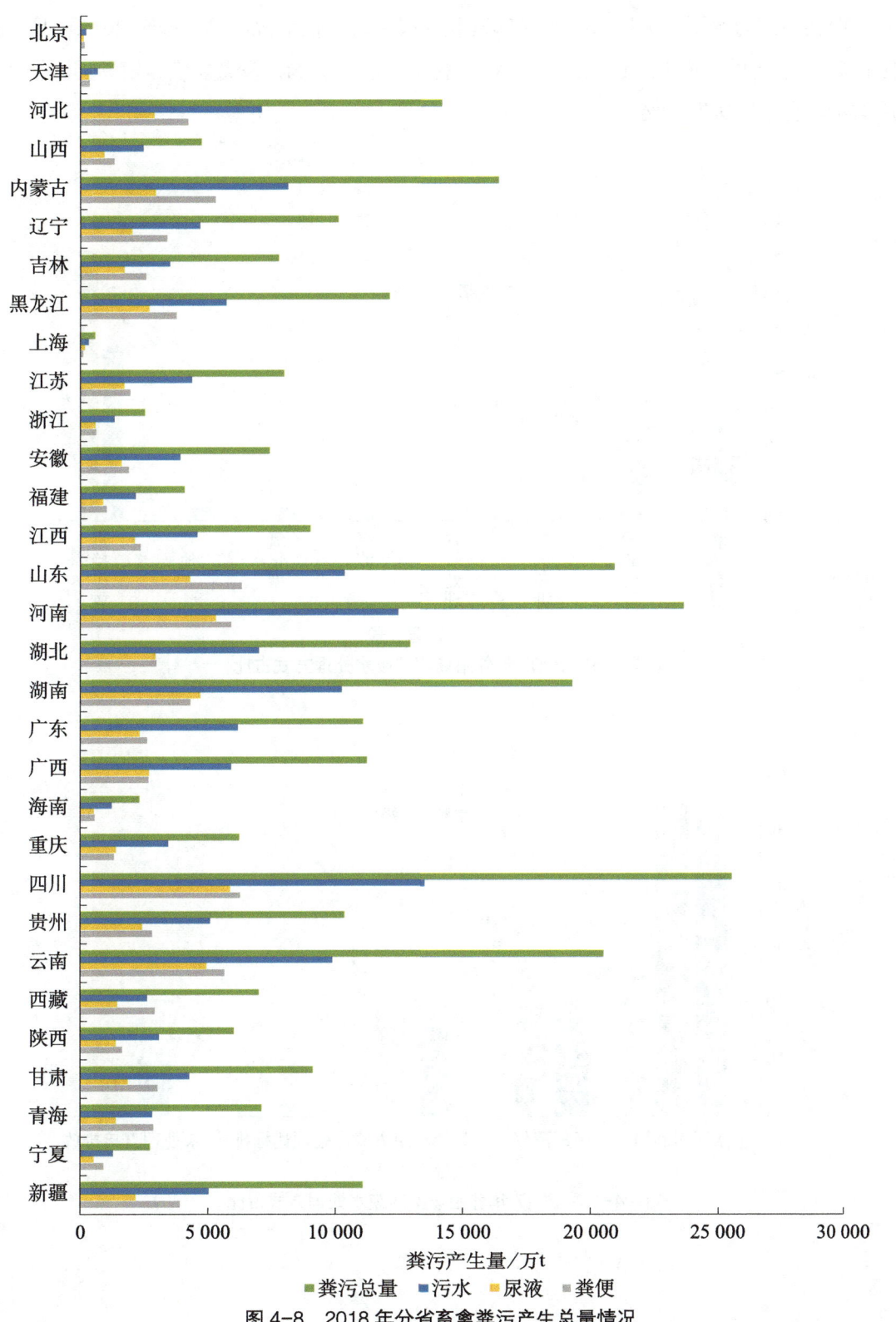

图4-8 2018年分省畜禽粪污产生总量情况

73

升处理利用能力水平。根据农业农村部直联直报系统填报情况测算,截至 2019 年底,全国畜禽粪污产生量 30.5 亿 t,畜禽粪污综合利用率达到 75%,畜禽规模养殖场粪污处理设施装备配套率均达到 93%。

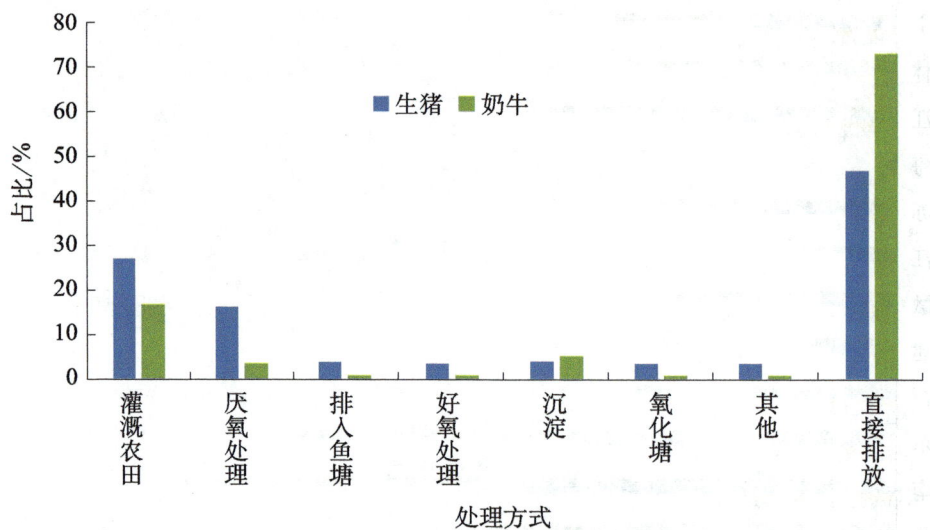

图 4-9　2007 年养殖场不同废水处理方式占比

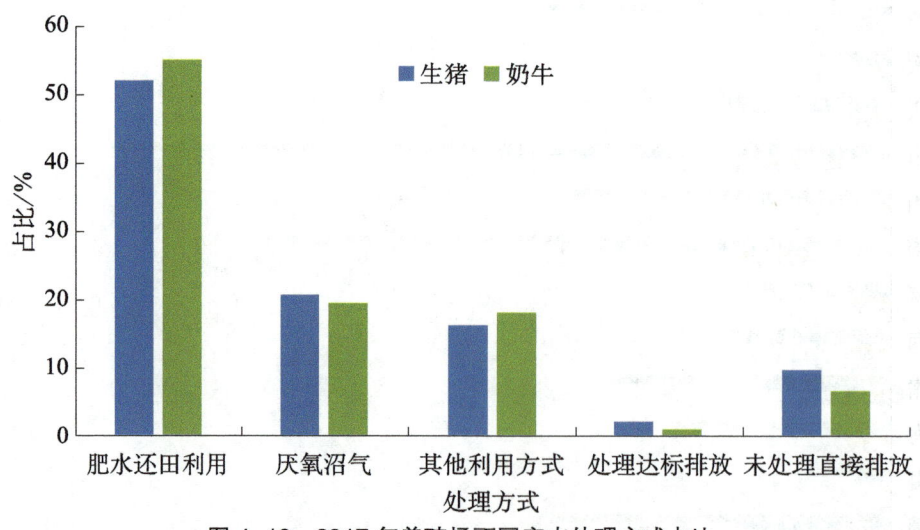

图 4-10　2017 年养殖场不同废水处理方式占比

4.3 其他废弃物资源

4.3.1 农产品加工剩余物

农产品加工剩余物是指农作物收获后进行加工时产生的废弃物，如稻壳、玉米芯、花生壳、甘蔗渣和棉籽壳等。这些农业废弃物由于产地相对集中，主要来源于粮食加工厂、食品加工厂、制糖厂和酿酒厂等，数量巨大，容易集中处理，有的可作为燃料直接燃烧使用，也是我国农村传统的生活用能原料。下面以具有代表性的农产品为例，描述其加工剩余物的资源情况。

4.3.1.1 稻壳

稻壳是稻米加工过程中数量最大的副产品，约占稻谷重量的20%以上。2019年，我国的稻谷产量为20 961.4万t，加工后产生的稻壳产量约为4 192.28万t。稻壳的利用主要有3个方面：一是作为动力燃烧和蒸汽燃料，生产热能用于干燥作业和热源等；二是用作畜牧饲料填充物、家畜厩的铺垫材料、土壤调节物、食用菌培养基及苗床等；三是用作工业原料，如生产水玻璃、白炭黑、活性炭、钢水保温剂及糠醛等。

4.3.1.2 甘蔗渣

甘蔗渣是蔗糖加工业的主要废弃物之一，甘蔗渣与蔗糖的比例是1∶1。2019年我国的甘蔗产量为10 938.8万t，甘蔗渣产生量约为5 469.4万t。我国的甘蔗渣除少量用于造纸、制造纤维板、木糖和糠醛外，绝大多数用作制糖厂锅炉燃料。目前，甘蔗渣在生物发电、饲料生产、栽培基质、沼气、造纸、板材、功能性食品添加剂开发、化学物质合成、高性能吸附材料等领域获得了一些突破和进展。

4.3.1.3 玉米芯

玉米芯是指玉米果穗脱去籽粒后的穗轴，约占玉米穗重量的20%～30%。玉米作为我国的三大粮食作物之一，其副产品玉米芯资源量很大，营养成分丰富，而且便于集中收集和处理。目前，玉米芯主要用作燃料使用。玉米芯的组成主要包括35%～40%的半纤维素、32%～36%的纤维素、17%～20%的木质素及1.2%～1.8%的灰分。2019年我国玉米产量为 26 077.9 万 t，玉米芯产量约为 3 725.4 万 t。玉米芯在我国农产品加工剩余物中利用率最高，其可收集利用率达 97%，其高值化利用率也较高，可将其进行原料化、基料化、饲料化及能源化利用。食用菌基料化及新型能源化利用是提高我国玉米芯综合利用水平的基本途径。以玉米芯为原料生产还原糖、木糖、木聚糖、多酚、多糖、糠醛、黄原胶、生物质活性炭、木质素、丁醇、2，3-丁二醇及改性玉米芯为玉米芯的综合利用提供了新的发展方向。

4.3.1.4 豆渣

豆渣是利用大豆加工豆油、酱油、豆腐等豆制品时的副产物，作为大豆加工行业中最多的副产物（占大豆干重的 15%～20%），我国每年约产 2 000 万 t 湿豆渣。虽然豆渣在农产品加工剩余物中是一种重要的资源，但是由于豆渣热能较低、口感不好，一直没有引起足够的重视。此外，由于豆渣水分含量较高，容易腐败变质，而且运输比较困难，通常仅仅用作饲料或被扔掉，没有得到有效的开发利用，而且造成了严重的环境污染。豆渣属于农产品加工剩余物，通过工业化手段对其进行再加工利用，可提高豆渣中营养成分的利用率，如在豆渣功能成分提取、豆渣纤维的功效、豆渣发酵制品及豆渣在食品中的应用等方面对豆渣进行深入开发和应用。

4.3.1.5 花生壳

花生壳是花生初加工的剩余物，不同种类花生的花生壳含量不同，一般情况下占总重量的 35% 左右。2019 年我国花生的产量为 1 752 万 t，剩余的花生壳产量约为 613 万 t。花生壳除少部分作为黏结剂原料外，绝大多数可作为燃料使用。以花生壳为原料生产水溶性膳食纤维、黄酮类化合物、白藜芦醇、还原糖、木聚糖、生物质活性炭、木质素、生物乙醇是未来花生壳综合利用的发展方向。

4.3.2 蔬菜尾菜

尾菜是指叶菜类、白菜类、甘蓝类、根茎类、瓜果类、豆类、茄果类、葱蒜类、水生菜类、其他蔬菜等未经鲜食利用的残次蔬菜及加工处理时产生的叶、根、茎和果实等废弃物。近年来，随着种植业结构调整步伐的加快，蔬菜生产快速发展，我国已经成为世界上最大的蔬菜生产国和消费国。2014 年，全国蔬菜种植面积 3.2 亿亩，产量达到 7.6 亿 t，蔬菜尾菜量也增加至 3.26 亿 t。蔬菜尾菜含水率一般为 75%～95%，总固体含量为 5%～19%，其中包括 75% 的糖类和半纤维素，9% 的纤维素及 5% 的木质素；氮含量为 1.3%～5.7%，磷含量为 0.3%～3.3%，钾含量为 0.5%～5.4%（以干物质计）。

受经济、技术水平和蔬菜尾菜资源化处置、利用条件的限制，大量的蔬菜尾菜未被合理处置利用，大多被随意丢弃，堆积在田间地头，由于其含水量较高，不仅极易腐烂发臭，滋生蚊蝇，而且带有大量病虫源，易传播蔬菜病虫害，其分解过程中产生的渗出液也造成对水体的污染。蔬菜尾菜处理不当不仅造成巨大的资源浪费，而且会对农业生产和生态环境造成严重污染。20世纪90年代开始，我国开展了蔬菜尾菜肥料化和能源化利用方面的研究，并进行了技术推广和应用，主要包括田间堆沤，以及破碎、脱水、固液分离后，将其进行肥料化、饲料化、沼气/生物天然气等能源化、基质化等利用。

4.3.3 果木剪枝

在我国，大多数林果树木每年都需修剪枝条，还有一部分果林通过高接换优等手段进行品种更新，从而产生大量残枝。单从果树修剪来看，果树主栽品种桃、苹果和梨的种植密度和剪枝量见表 4-3。如果果树采用高接换优等手进行果树品种更新，果树 17~20 年就要进行砍伐更新，一次性产生的残枝量会成倍增加。2019 年，我国果树面积已突破 3 亿亩，以修剪枝条 4 500kg/hm² 计算，年修剪枝条高达约 13.5 亿 t，修剪枝条的开发利用有着极其广阔的前景。

表 4-3 果树种植密度及剪枝量

项目		桃树	苹果	梨
种植密度（棵/hm²）		450~675	450~675	450~675
剪枝量（kg/hm²）	低幼期	750~1 500	750~1 500	750~1 500
	盛果期	3 750~6 000	500~2 250	500~2 250

目前修剪的树枝主要作为农村燃料，特别是在山区，液化煤气等清洁燃料较少，农民做饭仍使用传统的干柴，修剪下来的枝条大部分被果农整理打捆，运送回家，解决燃料问题。抽样调查显示，每年薪柴和剪下果枝的 70% 用于烧柴，30% 丢弃，另外还有一部分比较粗大的树枝和果园更新的果树干被烤鸭店收购。

随着农村生活条件改善，平原地区农户很少使用干柴做饭，果枝无法消化，大部分残枝不可避免地被堆放在田边、路旁和宅院附近，极易产生不良后果：一是由于残枝带有许多病原菌极易诱发病虫害，威胁果品生长；二是干燥的树枝露天堆放，腐烂后易产生细菌污染土质和水源，也容易造成火灾，影响农民生活环境；三是一些残枝被散放在田边沟渠等处，容易造成河道堵塞等。因此，解决好果业发展中的残枝治理和资源化利用问题，对于果业的健康发展和农民致富具有十分重要的意义，同时也是保护农村生态环境，提高农民生活质量的需要。

目前，修剪下的树枝可用作成型燃料进行气化炭化，为制作板材和造纸等企业提供原材料等。

参考文献

毕于运，高春雨，王红彦，等，2019. 我国农作物秸秆离田多元化利用现状与策略 [J]. 中国农业资源与区划，40（9）：1-11.

丛宏斌，姚宗路，赵立欣，等，2019. 中国农作物秸秆资源分布及其产业体系与利用路径 [J]. 农业工程学报，35（22）：132-140.

崔明，赵立欣，田宜水，等，2008. 中国主要农作物秸秆资源能源化利用分析评价 [J]. 农业工程学报，24（12）：291-296.

董红敏，朱志平，黄宏坤，等，2011. 畜禽养殖业产污系数和排污系数计算方法 [J]. 农业工程学报，27（1）：303-308.

国家质量监督检验检疫总局，国家标准化管理委员会，2010. 畜禽粪便监测技术规范：GB/T 25169—2010[S]. 北京：中国标准出版社.

霍丽丽，赵立欣，孟海波，等，2019. 中国农作物秸秆综合利用潜力研究 [J]. 农业工程学报，35（13）：218-224.

霍丽丽，赵立欣，姚宗路，等，2020. 中国玉米秸秆草谷比及其资源时空分布特征 [J]. 农业工程学报，36（21）：227-234.

刘洪杰，刘俊峰，李建平，等，2011. 果园修剪树枝综合利用技术 [J]. 农机化研究，33（2）：218-221.

农业农村部，2009. 农作物秸秆资源调查与评价技术规范：NY/T 1701—2009 [S]. 北京：中国农业出版社.

农业农村部，2019. 关于做好农作物秸秆资源台账建设工作的通知（农办科〔2019〕3号）[Z].

农业农村部，2020. 2019年农作物秸秆综合利用分析报告 [R]. 2020. 8.

农业农村部，2020. 关于加快推进农作物秸秆资源台账工作的通知（2020）农科（能生）字第18号.

石祖梁，贾涛，王亚静，等，2017. 我国农作物秸秆综合利用现状及焚烧碳排放估算 [J]. 中国农业资源与区划，38（9）：32-37.

王磊，王亚静，高春雨，等，2015. 中国油菜秸秆资源量估算及其资源化利用 [C]// 中国农业资源与区划学会. 2015年中国农业资源与区划学会学术年会论文集. 中国农业资源与区划学会：中国农业资源与区划学会：9.

王明新，叶倩，王迪，2019. 中国秸秆优质化能源开发利用特征及影响因素 [J]. 资源科学，41（10）：1791-1800.

王亚静，毕于运，高春雨，2014. 中国秸秆资源理论可收集利用量估算方法简析 [C]// 勤哲文化传播（上海）有限公司. 2014中国（国际）生物质能源与生物质利用高峰论坛（BBS 2014）技术文摘集.

王亚静，王红彦，高春雨，等，2015. 稻麦玉米秸秆残留还田量定量估算方法及应用 [J]. 农业工程学报，31（13）：244-250.

张曦，孟海波，刘文杰，等，2019. 蔬菜废弃物与畜禽粪便联合好氧发酵挥发性有机物排放特征 [J]. 农业工程学报，35（22）：193-199.

朱志平，董红敏，尚斌，等，2006. 规模化猪场固体粪便收集系数与成分测定 [J]. 农业工程学报，22（S2）：179-182.

朱志平，董红敏，魏莎，等，2020.中国畜禽粪便管理变化对温室气体排放的影响[J].农业环境科学学报，39（4）：743-748.

朱志平，2019.畜禽粪污资源化利用政策与行动[C]//中国畜牧业协会.第八届（2019）中国水禽发展大会暨第二届鸭饲料营养与养殖技术研讨会会刊：13.

邹梦圆，董红敏，朱志平，等，2020.畜禽场沼液处理及资源化利用的研究进展与展望[J].中国家禽，42（9）：103-109.

左旭，王红彦，王亚静，等，2015.中国玉米秸秆资源量估算及其自然适宜性评价[J].中国农业资源与区划，36（6）：5-10，29.

技术篇

第 5 章
沼气技术

5.1 基本情况

沼气是有机物质在厌氧条件下，经过微生物发酵而生成的一种混合气体。沼气的主要成分是CH_4（50%~80%），此外还含有二氧化碳（20%~40%）和少量氮气、氢气、氧气、硫化氢等气体。沼气用途广泛，可以直接燃烧用于炊事、供暖、照明、发电，也可以作为生产甲醇、福尔马林、四氯化碳等化工产品的原料，还可以提纯CH_4含量达到97%以上的生物天然气，用作车用燃料或注入天然气管网。经沼气发酵装置发酵后排出的沼液和沼渣含有较丰富的养分，是一种营养价值较高的有机肥料。

5.1.1 沼气发酵原理

沼气发酵技术是指在无氧环境下，厌氧微生物将有机废弃物转化为沼气的发酵过程，主要分为4个阶段：水解阶段、酸化阶段、产氢产乙酸阶段和产甲烷阶段（图5-1）。每个阶段都是由不同种群的微生物利用上一阶段的产物作为下一阶段的起始底物进行的，不同功能微生物建立了协同共生关系。水解阶段起作用的关键细菌主要包括纤维素分解菌、脂肪分解菌和蛋白质水解菌，在水解酶作用下，转化产生单糖、肽和氨基酸、脂肪酸和甘油。酸化阶段起作用的关键细菌是发酵性细菌，产氢产乙酸和耗氢产乙酸菌在胞内酶作用下，转化水解产物产生挥发性脂肪酸、醇类、氢和二氧化碳；产甲烷阶段是产甲烷菌利用氢气、二氧化碳、乙酸、甲醇等化合物为基质，将其转化成甲烷，其中氢气、二氧化碳和乙酸是主要产甲烷基质。

（1）水解阶段

用作沼气发酵原料的有机物包括农作物秸秆、畜禽粪污、生活垃圾等，其主要化学成分为碳水化合物、蛋白质、脂肪等。其中碳水化合物类物质又是发酵原料的主要有效成分，包括淀粉、纤维素、半纤维素、果胶质等。这些复杂的大分子化合物不能被微生物直接吸收利用，必须通过发酵性细菌所分泌的胞外酶（如纤维素酶、脂肪酶和肽酶等），将其水解成可溶于水的单糖、氨基酸和脂肪酸后，才能进入微生物细胞内，为微生物所吸收利用，进行之后的一系列生物化学反应。

水解阶段化学反应方程式：

$$(C_6H_{10}O_5)n + nH_2O \longrightarrow nC_6H_{12}O_6$$

（2）酸化阶段

在这一阶段，厌氧、兼性厌氧的发酵性细菌将上一阶段的水解产物转换成挥发性脂肪酸、醇类、乳酸、二氧化碳、氢气、氨气和二氧化硫等。发酵过程的中间代谢产物组成取决于底物种类、厌氧降解的条件和参与发酵的微生物。

酸化阶段化学反应方程式：

$$C_6H_{12}O_6 + 2H_2O \longrightarrow 2CH_3COOH + 4H_2 + 2CO_2$$

（3）产氢产乙酸阶段

由专性厌氧的产氢产乙酸细菌代谢上一阶段产生的各种有机酸，分解成二氧化碳、氢气、乙酸；同时同型乙酸菌将氢气和二氧化碳合成乙酸。在这一阶段，乙酸在产物中所占比例最大，约为 **70%**。在产甲烷菌发酵过程中，产氢产乙酸菌群的作用是将酸化阶段的发酵产物，如丙酸等三碳以上的有机物、醇类和芳香族酸等氧化分解成乙酸和分子氢。

产氢产乙酸阶段化学反应方程式：

$$4H_2 + 2CO_2 \longrightarrow CH_3COOH + 2H_2O$$

$$C_6H_{12}O_6 \longrightarrow 3CH_3COOH$$

（4）产甲烷阶段

这一阶段由严格厌氧的产甲烷菌群来完成。产甲烷菌是自然界碳素循环中厌氧生物链的最后一个成员，是形成甲烷的关键所在。这类细菌可利用一碳化合物、乙酸和氢气形成甲烷，主要包括嗜氢产甲烷菌、嗜乙酸产甲烷菌两大类，所产甲烷中约有 **30%** 来自嗜氢产甲烷菌利用氢气和二氧化碳，**70%** 左右来自嗜乙酸产甲烷菌利用乙酸转化生成。

产甲烷阶段化学反应方程式：

$$2CH_3CH_2OH \longrightarrow 2CH_3COOH + CH_4$$

$$CH_3COOH \longrightarrow CO_2 + CH_4$$

$$4CHOOH \longrightarrow 2H_2O + 3CO_2 + CH_4$$

$$4H_2 + CO_2 \longrightarrow 2H_2O + CH_4$$

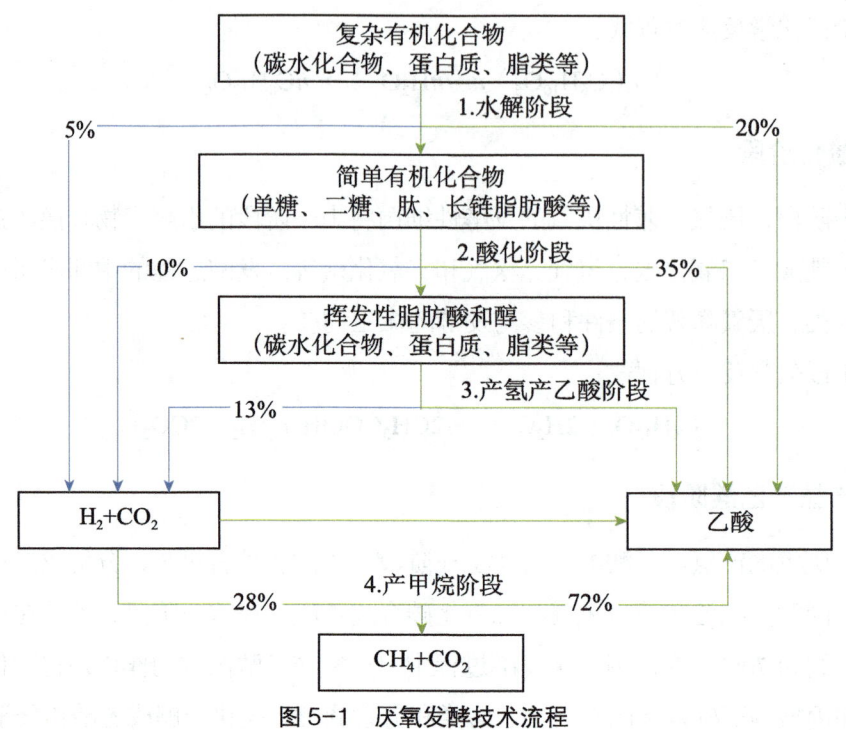

图 5-1 厌氧发酵技术流程

5.1.2 沼气特性

沼气是一种清洁、可再生能源,是由生物质转化形成的一种可燃性气体。沼气是多种气体的混合物,除了主要成分甲烷和二氧化碳以外,还含有很多其他气体,包括水蒸气、氮气、氧气、硫化氢、硫醇、氯代烃、硅氧烷等。与其他可燃气体相比,沼气具有抗爆性良好、燃烧产物清洁等特点。沼气组分复杂,由于发酵方式、发酵原料种类及相对含量等不同,各沼气工程所产生的沼气成分也会有所差异(表 5-1)。

表 5-1 沼气组成及生物天然气组分性质

组成	CH_4 体积分数 / %	CO_2 体积分数 / %	H_2S / (mg/m^3)	O_2 体积分数 / %	N_2 体积分数 / %	热值 / (MJ/m^3)
沼气	35~70	15~50	0~6 000	0~5	0.2~40	15.84
生物天然气	—	≤3.0	≤15	≤1.5	—	>31.4

厌氧发酵产甲烷一般以农作物秸秆、畜禽粪便、果蔬废弃物、农产品加工废弃物和能源植物等作为发酵原料。不同原料的厌氧发酵产气潜力如表5-2所示。

(1) 农作物秸秆

秸秆组分中，纤维素、半纤维素含量较高，一般在30%～70%，其中有15%左右为木质素；蛋白质含量少，一般为3%～6%。秸秆类废弃物进行厌氧发酵产沼气率为250～400mL/g TS。

(2) 畜禽粪污

畜禽粪便中纤维素含量为3%～30%，半纤维素含量为10%～30%。以猪粪、牛粪和鸡粪为原料进行厌氧发酵，产气率分别为：猪粪400～480mL/g TS，牛粪160～240mL/g TS，鸡粪370～450mL/g TS。

(3) 果蔬废弃物

果蔬废弃物中含有较高的有机成分，其中固体含量为8%～19%，包括糖类、纤维素、半纤维素及木质素，挥发性固体含量占总固体的80%以上。果蔬废弃物产气周期较短，产气潜力一般为110～190mL/g TS。

(4) 农产品加工废弃物

农产品加工废弃物按加工主产物和有机质含量可分为富糖类、富脂质类、富蛋白类及富纤维类等。以甘蔗渣为例，其干物质含量为90%～92%，主要组分包括44%～46%粗纤维，42%无氮浸出物、2.0%粗蛋白质和0.7%粗脂肪。不同原料产沼气能力各不相同，酒糟废弃物产气潜力为550mL/g TS，酱油糟为300mL/g TS，甘蔗渣和菇渣分别为224.7mL/g TS和202.3mL/g TS。

(5) 能源植物

能源植物一般是指利用贫瘠或不宜耕种的土壤种植的一年生或多年生植物，是重要的农业生物质资源。种植能源作物既能提高土地利用效率，又可解决局部农业废弃物资源供应量不足影响工程生产等问题。能源植物生物量大并且含有丰富的木质纤维素，如柳枝稷生物产量可达20t/hm^{2}以上，其细胞壁约含纤维素37.1%、半纤维素32.1%、木质素17.2%。以狼尾草、水葫芦、水花生和紫花苜蓿为原料进行厌氧发酵，原料产气潜力为230～480mL/g TS。

表 5-2 不同生物质废弃物厌氧发酵产气潜力

种类	发酵原料	发酵时间/d	产气潜力/(mL/g)TS
农作物秸秆	麦秆	70	250~330
	水稻秸秆	27	270~350
	玉米秸秆	27	320~400
	棉花秸秆	31	280~360
畜禽粪便	牛粪	60	160~240
	猪粪	81	400~480
	鸡粪	73	370~450
	羊粪	113	150~230
果蔬废弃物	菜花废弃叶	31	110~190
	甘蓝废弃叶	31	110~190
	白菜废弃叶	31	110~190
	番茄废弃叶	31	110~190
农产品加工废弃物	甘蔗渣	37	428
	木屑	37	427
	菇渣	37	439
	啤酒糟	37	441
	酱油糟	37	493
能源植物	早熟禾	75	380~460
	白三叶	31	120~200
	聚合草	45	200~280
	紫花苜蓿	34	400~480
	水葫芦	32	390~470
	水花生	34	320~400
	狼尾草	35	230~310

5.2 厌氧发酵工艺

5.2.1 工艺类型

5.2.1.1 湿法厌氧发酵工艺

（1）全混式厌氧反应器

全混式厌氧反应器（CSTR）工艺是一种使发酵原料和微生物处于完全混合状态的厌氧处理技术，其发酵装置是在常规的立筒式厌氧发酵装置内添加机械搅拌装置，使物料和微生物在搅拌作用下达到完全混合状态，增加微生物与有机物的匀质化接触，从而提高产沼气的效率（图 5-2）。该工艺适用于处理含固率 4%～12% 的秸秆、畜禽粪污等农业废弃物，是我国农业沼气工程常用的发酵工艺之一。

全混式反应器工艺特点：处理原料含固率较高，通过搅拌可减少物料上浮、结壳、堵塞、气体逸出不畅或短流等现象，发酵装置内物料混合均匀，传质传热效果较好。

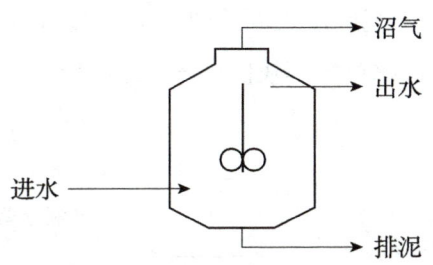

图 5-2　CSTR 反应器示意图

（2）上流式厌氧固体反应器

上流式厌氧固体反应器（USR）工艺是一种适用于处理悬浮固体（SS）含量高（5%～10%）的畜禽养殖废水或农村生活污水的厌氧处理技术。反应器内不设搅拌装置，有机废水由发酵装置底部进入，均匀分布在装置底部，然后向上升流通过含有高浓度厌氧微生物的固体床，原料中的有机固体与微生物充分接触进行厌氧发酵反应，有效降解有机物的同时产生沼气，其结构与原理如图 5-3 所示。

上流式厌氧固体反应器工艺特点：可处理高浓度有机废水，具有较高的甲烷产率；有较长的污泥停留时间（SRT）和微生物停留时间（MRT），可有效提高原料的分解率和发酵装置的容积产气率；产生的沼液氮磷钾含量较高，可生产沼液肥。

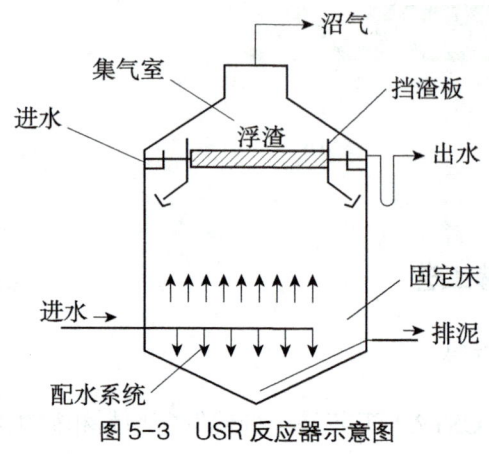

图 5-3　USR 反应器示意图

（3）上流式厌氧污泥床反应器

上流式厌氧污泥床反应器（UASB）是预先在发酵装置内培养形成具有良好沉降和絮凝性能的颗粒污泥床，废水从发酵装置底部通过布水系统穿过污泥床层，污泥中的微生物与废水中的有机物充分接触发生快速反应，产生沼气并引起污泥床扰动，使得颗粒污泥与废水中有机物接触更加充分，当物料升至发酵装置上部时，借助三相分离器使气体被分离生产沼气，颗粒污泥回落至污泥床层表面（图 5-4），具有有机负荷高、反应迅速、产气率高等优点，是突破高浓度污水产气率较低这一瓶颈的标志性技术之一，在各类污水处理工程中被广泛使用。

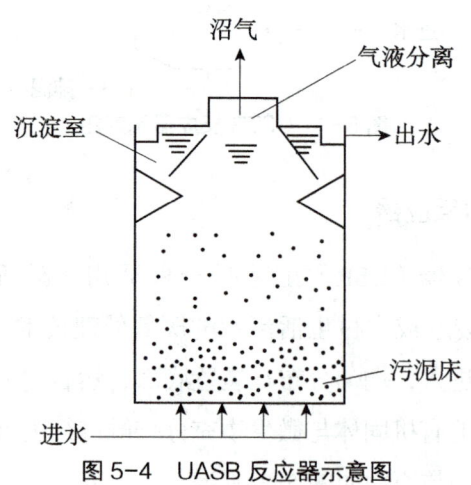

图 5-4　UASB 反应器示意图

UASB 工艺特点：UASB 工艺适合处理有机废水，如畜禽养殖废水、农产品加工废水等。发酵装置结构简单、占地面积小，无需污泥回流及设置搅拌装置，三相分离器可提高发酵装置内有益微生物的数量。运行过程水力停留时间短，有较长的固体停留时间（SRT）和微生物停留时间（MRT），中温发酵下有机负荷一般可达到 $10\sim12\text{kgCOD/m}^3$；颗粒污泥的形成使微生物天然固定化，出水 SS 含量低，提高了工艺的稳定性。

（4）膨胀颗粒污泥床反应器

膨胀颗粒污泥床（EGSB）与 UASB 工艺原理相同，但发酵装置是 UASB 工艺的升级，最大差别在于发酵装置内可实现液体上升流速的增加，详见图 5-5。UASB 中水力上升流速一般小于 $1\sim2\text{m/h}$，而 EGSB 中水力上升流速一般可达 $5\sim10\text{m/h}$，整个颗粒污泥床是膨胀的。通过颗粒污泥的膨胀可有效改善废水与微生物之间的接触，强化传质效果，提高发酵装置的生化反应速度，从而大大提高发酵装置的处理效能。

EGSB 工艺特点：在 UASB 基础上提高了发酵装置内液体上升流速，使颗粒污泥处于悬浮状态，保持了进水与颗粒污泥的充分接触，形成较大粒径的颗粒污泥，沉降性能好，抗冲击能力强，有效解决了 UASB 易短流、堵塞等问题，同时，改进后的发酵装置占地面积更小，处理悬浮物含量高的污水和有毒污水的能力增强。

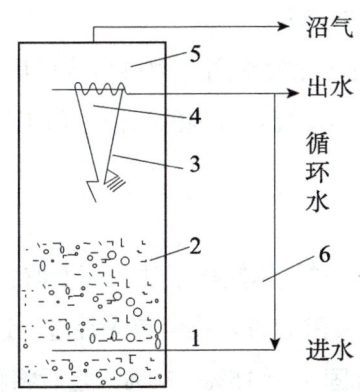

1—配水系统；2—反应区；3—三相分离器；
4—沉淀区；5—出水系统；6—出水循环系统。
图 5-5 EGSB 反应器工艺示意图

5.2.1.2 干法厌氧发酵工艺

（1）连续式干法厌氧发酵工艺

连续式干法厌氧发酵工艺的进料含固率一般大于 15%，是每天连续定量地向发酵装置内添加新鲜物料，并排出沼渣和少量沼液的沼气生产过程。典型的连续式干法厌氧发酵反应器主要包括 Dranco、Valorga、Kompogas 三种类型（图 5-6）。

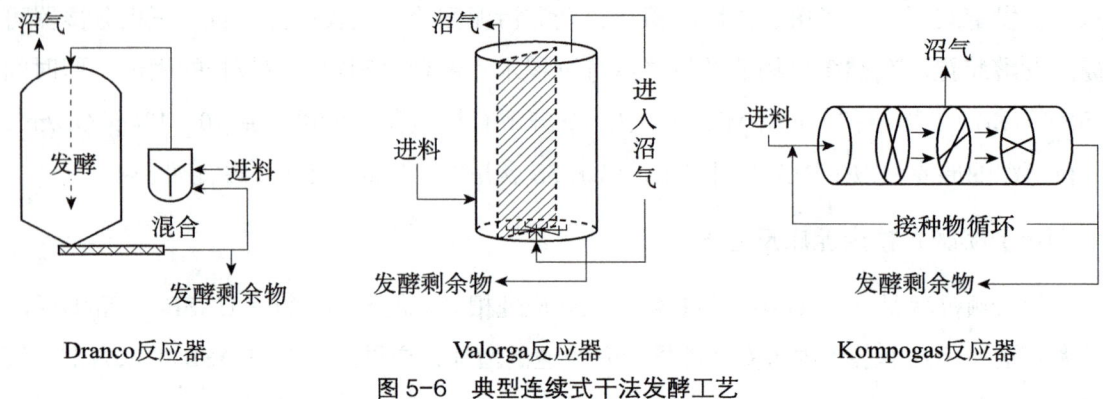

图 5-6 典型连续式干法发酵工艺

1）Dranco 反应器

比利时 Dranco 反应器属于竖式推流干法厌氧发酵技术，其发酵装置主要包括一个混料罐，以及一个上进料、下出料的长圆筒形推流式厌氧发酵装置。高含固率原料与回流的沼渣混合均匀后，从发酵装置顶部投入，出料沼渣从底部排出。该工艺的关键在于发酵后的沼渣回流至发酵装置作为原料的接种物进行二次发酵，有效延长了物料在发酵装置内的停留时间，同时，通过物料循环回流和气体上升实现对物料的搅拌，不需安装机械搅拌装置即可使物料匀质化，反应更加充分。

Dranco 反应器特点：物质转化效率高、物料与接种物均匀性程度高，具有成本低廉、能源回收率高等优势。但回流到发酵装置内的沼渣占用了发酵装置的容积，对进料量有一定的限制。

2）Valorga 反应器

法国 Valorga 反应器属于竖式气体搅拌干法厌氧发酵技术，其发酵装置主要包括一个在下部完成进出料的长圆筒形发酵装置。物料首先经过分选、过筛等预处理，随后将沼液回流与原料混合，调节物料含固率至 15%~30%，之后将物料泵入发酵装置内进行发酵。厌氧发酵后产生的部分沼气通过发酵装置底部注入，对物料进行气动搅拌，使物料与微生物充分接触，有效提高反应效率。

Valorga 反应器特点：物料分解率高、产气甲烷含量高，可应用于各种类型生活垃圾的处理。但需要消耗较多的沼气（能量），罐底喷射沼气的喷嘴很容易被有机物堵塞。

3）Kompogas 反应器

瑞典 Kompogas 反应器属于卧式横推流干法厌氧发酵技术，其发酵装置主要包括一个内含转子泵和搅拌轴的长圆形卧式推流厌氧发酵装置。通过发酵装置内的转子泵进料，水平安装搅拌轴实现物料的充分混合及推流出料。装置内的物料横向缓慢移动，实现微生物与原料充分接触，提高物质转化和产甲烷效率。

Kompogas 反应器特点：进出料简单、产气率高、产气过程稳定，原料适应范围广，可用于所有农业固体废弃物的处理，发酵装置模块化程度高，具有安全、方便和可追溯性。但长期运行过程搅拌轴易出现故障，能耗较高。

（2）序批式干法厌氧发酵工艺

序批式干法厌氧发酵工艺是指多个干法发酵装置并联，顺序批次启动运行，初始进料含固率一般大于 25% 的厌氧发酵产沼气过程。典型的序批式干法厌氧发酵工艺主要包括车库式 Bekon、Bioferm、Loock 工艺，以及桶式 LBR 工艺（图 5-7）。

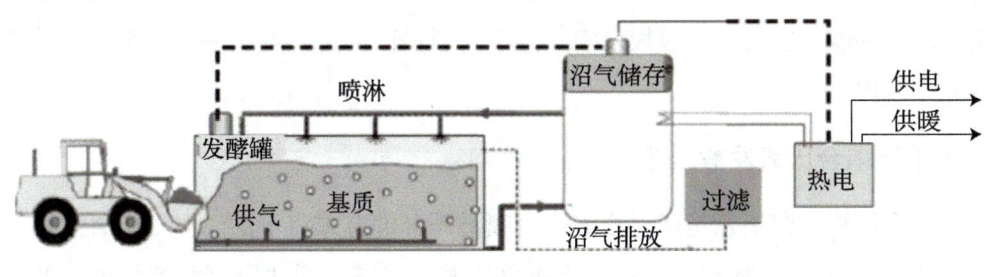

车库式工艺

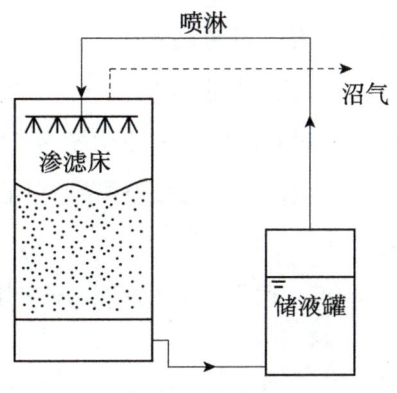

桶式 LBR 工艺

图 5-7　典型序批式干法发酵装置

1）车库式 Bekon、Bioferm、Loock 工艺

车库式工艺是一种厌氧与好氧相结合的单级干法厌氧发酵技术。其发酵装置内设喷淋装置，物料通过铲车填入发酵装置进行发酵，不需搅拌或翻掀，也不需要增加额外的补充水，且原料在进入发酵装置后不需要做任何处理。其中 Bekon 工艺为厌氧发酵模式，Bioferm 工艺为"厌氧-好氧-好氧"三阶段发酵模式，Loock 工艺为"好氧-厌氧-好氧"三阶段发酵模式。

车库式工艺特点：原料处理量大、容积产气率高、沼液排放量少，适用于处理纤维质含量高、难降解的固体有机废弃物，如作物秸秆、畜禽粪便等，规模化应用程度高，适合集约化种植基地及养殖场使用。

2）桶式LBR工艺

桶式LBR工艺是一种采用渗滤床的干法厌氧发酵技术。其发酵装置内设喷淋装置，物料在启动前一次性投加到发酵装置内，通过顶部的喷淋装置向物料表面喷洒渗滤液，渗滤液沿渗滤管流入储液罐，发酵装置设有循环水夹层，通过热水浴循环维持发酵装置的发酵温度，收集的渗滤液经回流管道由蠕动泵控制回流喷淋。

桶式LBR工艺特点：发酵装置小巧、灵活性强、易运输、发酵效率较高，适用于处理畜禽粪便、易酸化农村生活垃圾及农产品加工有机固体废弃物，适合中小型养殖户及农村地区联户使用。

（3）干湿耦合厌氧发酵工艺

干湿耦合厌氧发酵工艺是通过沼液回流喷淋循环的方式将干法、湿法厌氧发酵工艺串联，协同生产沼气的过程（图5-8）。沼液以喷淋方式进入干法厌氧发酵装置，提高厌氧发酵系统内接种物浓度及传质传热效率，通过喷淋－渗滤的过程，可以带走部分可溶性物质及小颗粒物质，再进入湿法厌氧发酵装置高效生产沼气。排出的沼渣用于生产有机肥，沼液中有机质含量低，可以减少后处理时间。其中，干法厌氧发酵过程在耦合工艺中根据功能可以分为两种形式，一种是水解酸化型，主要功能为产酸，产物输送到湿法厌氧发酵装置生产甲烷；另一种是沼气生产型，干法厌氧发酵装置用于高效生产甲烷，与湿法厌氧发酵装置达到协同产甲烷效果。

干湿耦合厌氧发酵工艺的特点：可以使产酸菌和产甲烷菌在各自最适环境条件下生

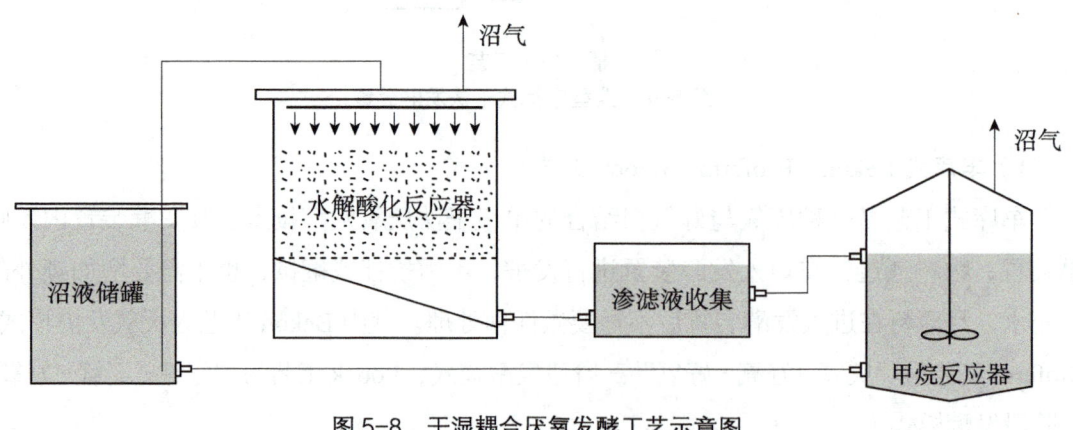

图5-8　干湿耦合厌氧发酵工艺示意图

长，有利于提高整个厌氧发酵系统的稳定性；由于干法厌氧发酵过程具备水解酸化功能，因此能够承载较高负荷的原料，同时提高湿法厌氧发酵装置的产气效率和甲烷含量；进一步发挥干法厌氧发酵容积产气率高的特点，增加有限空间的沼气产量。两种形式的耦合均可有效避免微生物和代谢产物间的抑制作用，有利于整个厌氧发酵体系高效运行。

5.2.2 影响因素

（1）含固率

含固率（TS）是厌氧发酵过程的重要影响因素之一，对物料分解、中间产物的生成、传质传热速率等均有显著影响。湿法发酵工艺物料的含固率一般小于15%；干法发酵工艺物料的含固率一般大于15%，需根据不同物料特性选择合适的发酵工艺。随着含固率提高，易出现VFA、NH_3-N等积累导致酸氨抑制，影响微生物的代谢活性，进而影响甲烷产量及系统降解效率。

（2）pH值

pH值是厌氧发酵产物生成的重要影响因素，也可用于判断厌氧发酵系统的稳定性。在厌氧发酵过程中，不同功能菌群的适宜pH值不同，水解酸化及产氢产乙酸、嗜氢产乙酸菌等能适应的pH值范围较宽，当pH值略低于5.5或略高于8.0时，仍有较强的生化反应能力，最合适的pH值为5.5~8.5；产甲烷菌对pH值的要求较为严格，不同产甲烷菌的最适pH值各不相同，一般来说较为适宜的pH值为6.8~7.2。生长环境的pH值过高（＞8.0）或过低（＜6.0），产甲烷菌的生长代谢和繁殖就会受到抑制，进而影响整个发酵过程的产气量和反应效率。

（3）搅拌

搅拌是指利用外力对发酵装置内的物料进行混合搅拌，使发酵物料与微生物充分接触，从而提高负荷率，缩短发酵周期，有效提高厌氧发酵反应效率。搅拌形式分为机械搅拌、液体搅拌、气体搅拌，其中机械搅拌常用于湿法厌氧发酵工艺。若搅拌时间过短或停止搅拌，则厌氧发酵装置的产气量及有机物降解率会受到影响。适当的搅拌能够提高总产气量，防止局部酸氨抑制，及时稀释和扩散对产甲烷微生物有害的物质。但过量搅拌不利于微生物生长，影响厌氧发酵系统的稳定性。

（4）水力停留时间

水力停留时间（HRT）是指一定发酵容积装置处理一定体积物料所需要的时间。适宜的 HRT 有利于物料降解及转化的高效协同性，HRT 过长虽然有利于物料充分降解，但易导致发酵过程中可利用物质含量下降，造成产气下降且发生波动；HRT 过短，易引起厌氧发酵底物水解和产气反应不平衡，引发中间产物的抑制。

运行良好的 CSTR 厌氧发酵系统的水力停留时间、污泥停留时间、微生物停留时间完全相等，即 HRT=SRT=MRT。USR 厌氧发酵系统在重力作用下，发酵装置内始终保持较高的固体量与生物量，HRT 和 SRT 也得到了有效的延长。干法厌氧发酵往往通过喷淋完成接种、调节含固率等步骤，因此须通过调节喷淋频率来维持一定的 HRT。

（5）有机负荷率

有机负荷率（OLR）是指单位容积厌氧发酵装置在单位时间内接纳的有机污染物量 [g VS /（L·d）]。由于 CSTR、USR 厌氧发酵装置的 SRT 时间较长，发酵装置内始终保持较高的固体量和生物量，可容纳较高的 OLR。EGSB 与 UASB 发酵装置内料液上升速度较快，使颗粒污泥在发酵装置内处于悬浮状态，在保证有机废水与颗粒污泥充分接触的同时，可以承受较高的 OLR。干法厌氧发酵工艺中需通过调节喷淋量来提高发酵装置的 OLR，进而提高水解速率，促进物质间的扩散，提高微生物反应活性，促进体系的传质效率。但由于干法厌氧发酵原料的含固率较高，喷淋量太高易产生过量的有机酸，抑制产甲烷菌的活性，导致厌氧发酵过程失败。因此，需根据发酵原料的性质来调节最优的喷淋量。

5.2.3 工艺对比

目前，湿法厌氧发酵工艺较为成熟，干法厌氧发酵工艺在我国尚处于起步阶段，以规模化干法厌氧发酵工程为主。针对不同工艺特点，对适用温度、含固率、水力停留时间、有机负荷率等主要影响因素以及沼气产量进行对比，详见表 5-3。

表 5-3 厌氧发酵工艺比较

工艺类型	反应器类型	发酵装置		影响因素					产气率/（m³/tTS）
		类型	搅拌	适用温度/℃	含固率/%	悬浮固体含量/%	水力停留时间/d	有机负荷率/[kgCOD/(m³·d)]	
湿法厌氧发酵	CSTR	立式	2~4h/次	中温或高温	2~12	—	15~25	3~4	280~380
	USR	立式升流	—	中温或高温	—	5~10	20~30	6~8	280~380
	UASB 与 EGSB	立式	—	中温或高温	—	8~12	3~7	10~20	400~500

续表

工艺类型	反应器类型	发酵装置		影响因素					产气率/(m^3/tTS)
		类型	搅拌	适用温度/℃	含固率/%	悬浮固体含量/%	水力停留时间/d	有机负荷率/[kgCOD/($m^3·d$)]	
干法厌氧发酵	连续式 Dranco	立式推流	—	高温	15~40	—	15~20	—	180~280
	连续式 Valorga	立式	气体搅拌	中温或高温	25~35	—	18~25	—	200~300
	连续式 Kompogas	卧式推流	—	高温	23~28	—	14~18	—	150~180
	序批式 Bekon	车库式	—	中温或高温	>25	—	18~25	—	150~250
	序批式 Bioferm	车库式	—	中温	>25	—	20~30	—	180~320
	序批式 Loock	车库式	—	中温或高温	>25	—	18~25	—	150~250
	序批式 LBR	圆桶式	—	中温或高温	>25	—	18~25	—	200~300

5.3 厌氧发酵技术

5.3.1 原料预处理技术

对发酵底物进行预处理，不仅可以促进有机物的分解，还可以为微生物生长繁殖创造适宜的环境，增大微生物与发酵底物的接触面积和转化效率，主要预处理方法有物理法、化学法、物理化学法、生物法。其中，在处理含纤维原料时，碱预处理法可破坏半纤维素分子结构，促进微生物分解纤维素效率，达到破坏木质纤维素结构、提高微生物底物利用率的目的；微生物预处理法因菌种功能性专一、使用方便、节约能耗，逐渐在沼气发酵中得到重视和推广，木质纤维素分解菌剂既可促进纤维素、半纤维素的分解，转化的中间产物也有利于产甲烷菌进一步生产甲烷，已在一些大中型沼气工程中得到应用。

5.3.1.1 碱法预处理产沼气技术：NaOH 预处理对甘蔗叶厌氧发酵特性影响研究

甘蔗叶风干后木质纤维素含量达到 70%～80%。经 NaOH 预处理后，甘蔗叶的沼气产量和甲烷含量均得到提高，厌氧消化周期缩短。6%NaOH 浓度处理 5d 的预处理效果最佳，单位干物质产气量达 282.95mL/g TS，比未预处理甘蔗叶提高了 88.04%。进一步研究 NaOH 预处理甘蔗叶的理化作用机理发现，预处理甘蔗叶的细胞壁结构遭到破坏，出现裂纹、沟槽和分层，使纤维素和半纤维素暴露。木质纤维素含量在厌氧消化过程出现不同程度降低，纤维素和半纤维素降解率超过 50%，木质素降解率最高达 16.82%；木质素的部分官能团发生断裂，纤维素的部分氢键被破坏，半纤维素发生了分子间和分子内的降解。详见图 5-9、图 5-10。

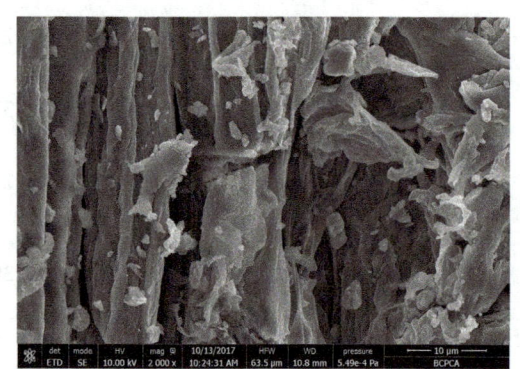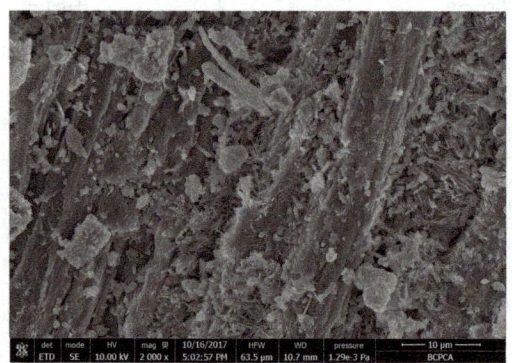

图 5-9 不同浓度 NaOH 预处理甘蔗叶电镜照片

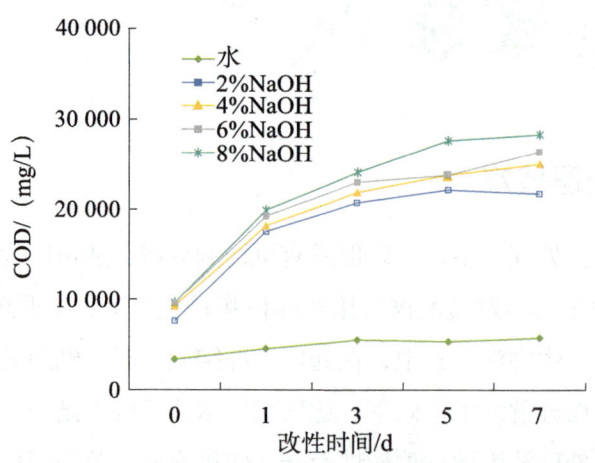

图 5-10 不同浓度 NaOH 预处理甘蔗叶黑液的 COD 浓度变化

对预处理后甘蔗叶分别与猪粪、牛粪在 5 种不同混配比例下的厌氧消化性能进行评价，发现甘蔗叶与动物粪便混合厌氧消化时产生了协同增效作用，不仅促进了有机物降解，而且产气效果明显优于单一物料，在干物质混配比为 1∶2 时达到最高。得到优化发酵工艺为温度 35℃，混配比为 1∶0.5∶1，接种量为 40%。进一步以预处理甘蔗叶、牛粪和猪粪为原料，在一体化两相（CTP）厌氧发酵装置中开展梯度负荷下的连续试验，进料负荷不高于 4.5g·TS/(L·d) 时，装置能够持续稳定运行，甲烷含量为 55%~65%，容积产气率最高达 1.36m³/(m³·d)。详见图 5-11、图 5-12。

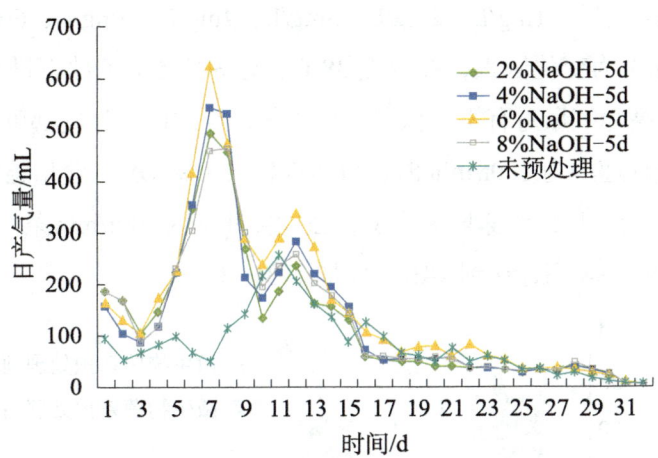

图 5-11 不同浓度 NaOH 预处理 5d 甘蔗叶的日产沼气量

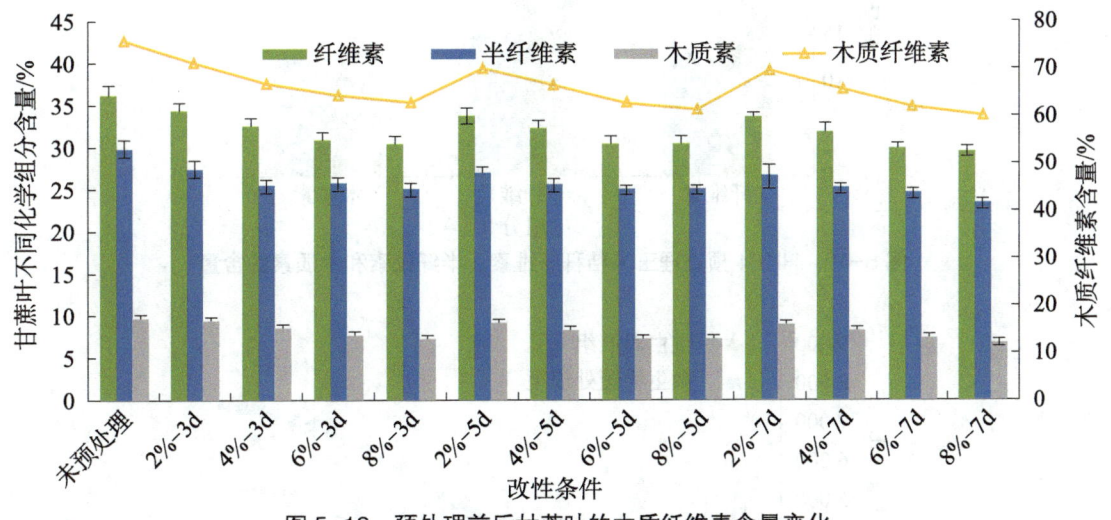

图 5-12 预处理前后甘蔗叶的木质纤维素含量变化

5.3.1.2 微生物复合菌系高效预处理秸秆产沼气研究

以黑曲霉（*Aspergillus*）、木霉（*Trichoderma*）、草酸青霉（*Penicillium*）和白腐真菌等木质纤维素分解菌为菌源等比例混合培养，构建出高效产乙酸复合菌系 HK-4。结果发现，预处理秸秆的过程中，复合菌系 HK-4 具有良好的 pH 值自我调节能力和稳定性，产生了能够降解纤维素、半纤维素和木质素的胞外复合酶系，纤维素、半纤维素和木质素的降解率分别为 64.52%、51.06% 和 3.89%。厌氧发酵 32d 后，产气效率提高了 42.2%，达到 367mL/g TS。详见图 5-13、图 5-14。

选用切碎揉丝的青贮玉米秸秆，按照体积比为 10% 的量添加微生物预处理复合菌系 HK-4，以水解液溶氧量（1mg/L、2mg/L、3mg/L、4mg/L、5mg/L、6mg/L）和搅拌速率（50r/min、100r/min）为变化因素，在温度 38℃、总固体 5% 条件下进行工艺调控特性研究。结果表明，提高曝气量对有机酸积累影响显著，且搅拌和曝气都可促进乙酸、丙酸和正丁酸的积累；搅拌速率为 100r/min 时，可溶性物质（SCOD）含量整体呈现高于搅拌速率为 50r/min 时的趋势。以纤维素降解为例，在搅拌速率为 100r/min 条件下，溶氧为 2mg/L 时，木质纤维素降解率较高，达到 48%，增加了 36.8%。

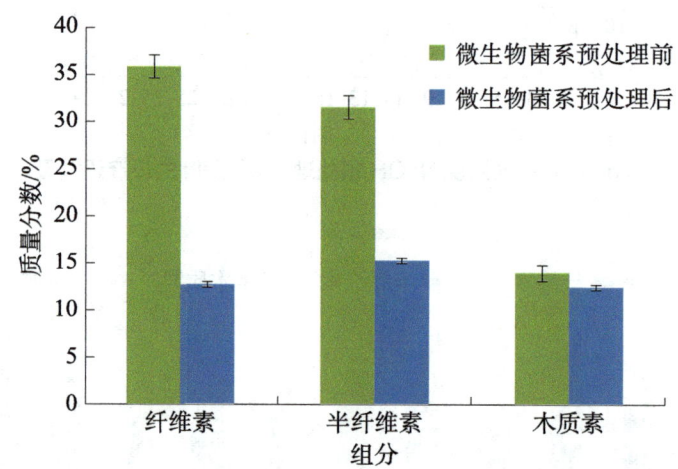

图 5-13 HK-4 预处理玉米秸秆纤维素、半纤维素和木质素的含量

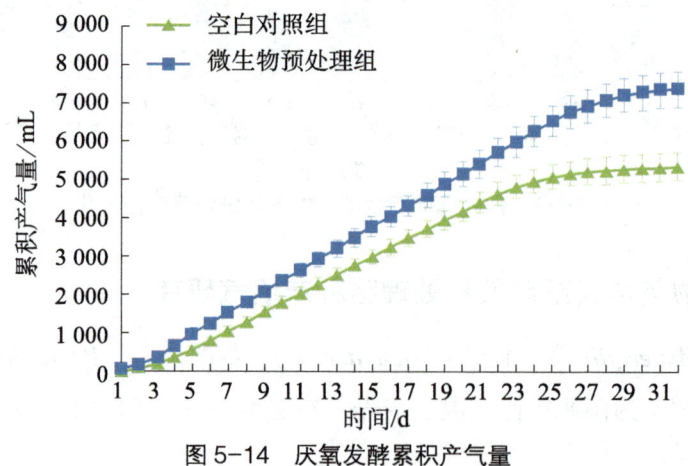

图 5-14 厌氧发酵累积产气量

5.3.2 厌氧发酵产沼气技术

5.3.2.1 生物炭强化高浓度湿法厌氧发酵产沼气技术

近年来,生物炭强化厌氧发酵产沼气技术得到越来越多的关注。向湿法厌氧发酵体系添加生物炭可有效提高物质转化效率,降低酸氨抑制风险,提高有机废弃物的处理效率和系统稳定性。此外,还可促进厌氧发酵体系产氢产乙酸菌和产甲烷菌的种间电子转移,包括传统的种间 H_2、甲酸转移等进而提高产甲烷效率,降低抑制物对厌氧发酵微生物群落的影响。在含纤维物料的高浓度厌氧发酵体系中,底物浓度过高易引起水解酸化细菌和产甲烷菌生长代谢不平衡,导致中间产物的积累,如有机酸、氨氮等物质浓度升高,既抑制了水解产酸过程也抑制了产甲烷过程,对厌氧发酵产生双重负面影响,生物炭在缓解高浓度湿法厌氧发酵中间产物抑制方面具有重要作用。

(1) 生物炭理化特性及其对厌氧发酵特性的影响

比较灌木、杨木和混合木屑 3 种木质生物炭的理化特性,发现其均具有孔隙结构复杂、灰分与碱土金属元素含量高、比表面积大、导电性和吸附能力强等特性。其中,杨木生物炭的碱土金属元素含量最高(68.84mg/g),pH 值、比表面积和氨氮吸附能力最大,且炭粒径越小,pH 值越高(最高为 10.1),比表面积越大(最大为 45.871m²/g),吸附能力越强。厌氧发酵试验结果表明,含固率 10% 条件下,木质生物炭对厌氧发酵产气能力具有显著影响($P<0.05$),且炭粒径越小(粒径<0.5mm)底物水解速率越大,系统产气能力越强;适当的灰分含量(2.6g/L 左右)能进一步提高厌氧发酵系统的产气能力;杨木生物炭用量为 8g/L 时厌氧发酵强化效果最好,加快了底物的降解、挥发性脂肪酸的生成和转化速率,容积产气率、甲烷含量分别提高了 18.6% 和 7.40%,CO_2 含量降低了 5.90%(表 5-4、表 5-5、图 5-15、图 5-16)。

(2) 生物炭添加对厌氧发酵微生物群落特性的影响

对上述厌氧系统中的微生物群落进行分析,结果发现 8% 和 10% 玉米秸秆厌氧发酵微生物体系由 22 种细菌(属水平)组成,其中,*Ruminofilibacter* 可高效降解木质纤维素,添加生物炭后丰度由 2.07% 提高至 6.30%;*Petrimonas* 受生物炭添加作用效果明显,有助于代谢厌氧发酵前期积累的高浓度氨氮。产甲烷古菌对生物炭添加的变化响应更加明显,其中,甲烷小叠球菌属(*Methanosarcina*)的丰度呈逐渐增加的趋势,初始丰度由 19.36% 上升到 74.03%,增加了菌间电子传递效应。通过主坐标和典型对应分析发现,厌氧发酵初期有无生物炭(8g/L)存在条件下细菌种群均为集中分布,但在原料总固含量从 8% 提升到 10% 阶段，随着厌氧发酵的进行，细菌群落被分离，且空间分布差异显著。由此可知，生物炭的存在改变了微生物群落结构，在一定程度上提高了环境因素（乙酸、丙酸、NH_3-N、总有机碳、pH 值、氧化还原电位）与微生物的相关性（图 5-17）。

表 5-4　不同生物质源生物炭理化特性分析

参数	灌木生物炭	杨木生物炭	混合木屑生物炭
C/%	6.06	75.2	76.385
H/%	0.33	0.535	0.785
O/%	92.80	22.87	21.64
N/%	0.82	1.395	1.19
Ca/（mg/g）	4.53	8.38	8.19
Mg/（mg/g）	3.15	3.43	1.42
K/（mg/g）	58.50	54.25	2.11
Na/（mg/g）	0.13	2.78	2.00
pH 值	8.8	10.1[a]/9.1[b]/8.2[c]	9.2
挥发分/%	8.15	15.62	3.42
灰分/%	91.29	35.21	11.01

注：a. 粒径＜0.5mm；b. 粒径为 0.5～1mm；c. 粒径为 1～2mm。

表 5-5　不同生物质源生物炭孔隙结构分析

参数	灌木生物炭	杨木生物炭	混合木屑生物炭
微孔/%	6.756	15.624	2.253
中孔/%	68.970	59.146	38.137
大孔隙/%	24.270	25.230	59.610
孔隙总体积/（cm³/g）	0.0334	0.0436	0.0102
比表面积/（m²/g）	12.427[a]/9.570[b]/3.852[c]	45.871[a]/41.406[b]/13.971[c]	2.382[a]/2.082[b]/0.892[c]

注：a. 粒径＜0.5mm；b. 粒径为 0.5～1mm；c. 粒径为 1～2mm。

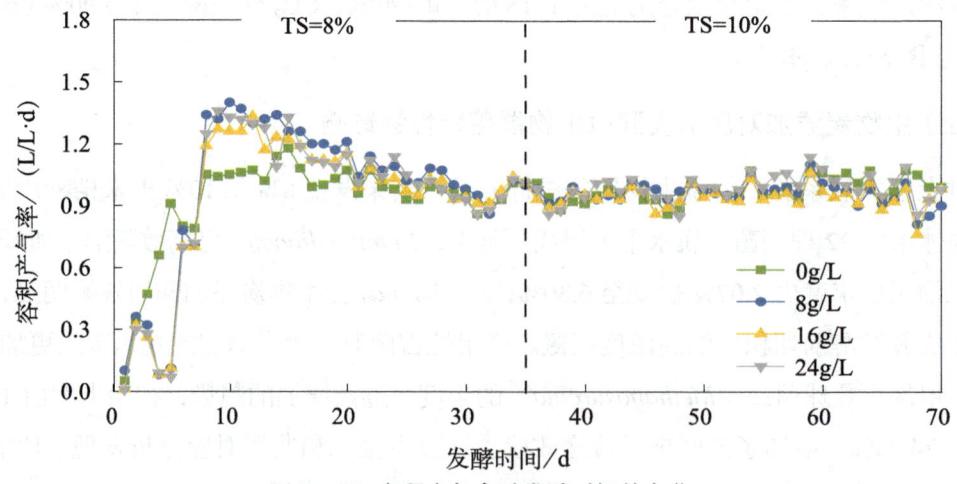

图 5-15　容积产气率随发酵时间的变化

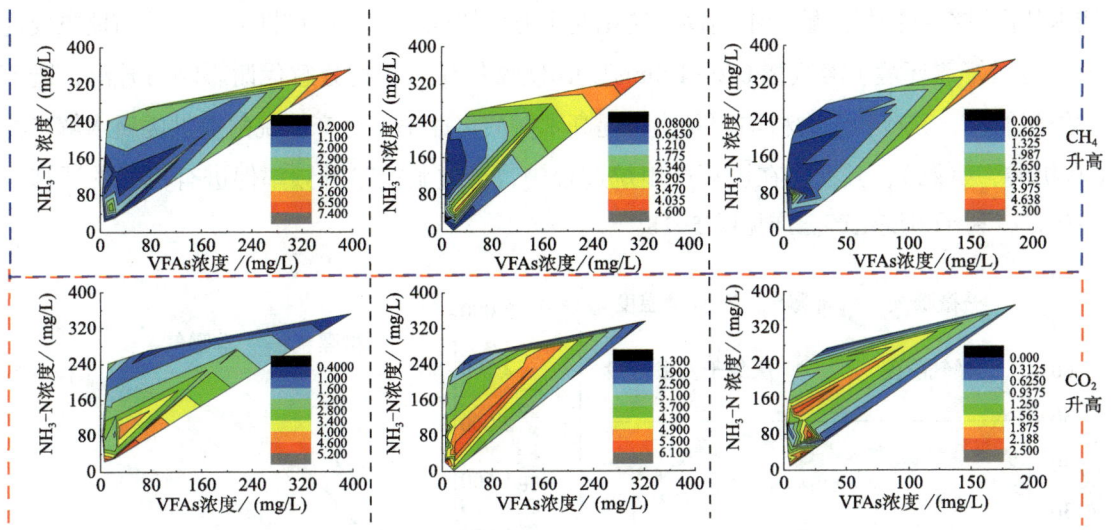

图 5-16　挥发性脂肪酸，NH$_3$-N 和生物炭浓度对 CO$_2$ 减少和 CH$_4$ 增加的影响

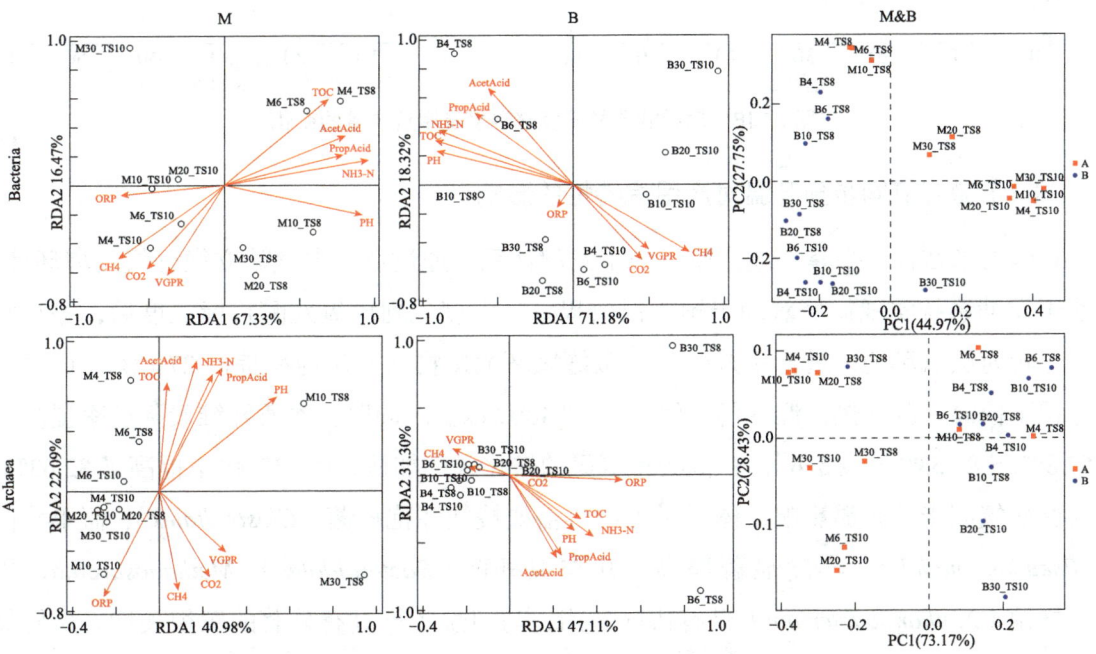

图 5-17　在有或无生物炭的情况下样本、环境因子分别与细菌和古菌群落的典型对应分析图和细菌、古细菌群落主坐标分析图

5.3.2.2　微好氧同步预升温一体化序批式干法厌氧发酵技术

序批式干法厌氧发酵技术处理秸秆、畜禽粪污、有机垃圾等废弃物时，存在传质传热不均匀、原料产气率不高等问题，在现有理论和工艺研究基础上，进一步提高发酵技术与原料的适配性，开发高效调控技术工艺尤为重要。微好氧同步预升温一体化干法厌氧发酵

技术从促进纤维物料降解和中间物质转化两个方面协同提升产甲烷性能。发酵前期主要通过营造微好氧环境（溶氧量 0.2~1.0mg/L），使物料受微生物分解代谢影响自升温，既节省外部能耗，又有利于物料均匀受热，提高水解酸化速率，为产甲烷菌提供优质水解产物（有机酸、氨氮）；其次，在厌氧产甲烷过程中，通过调控喷淋频率促进有机酸的迁移和转化，有利于甲烷生产。详见图5-18。

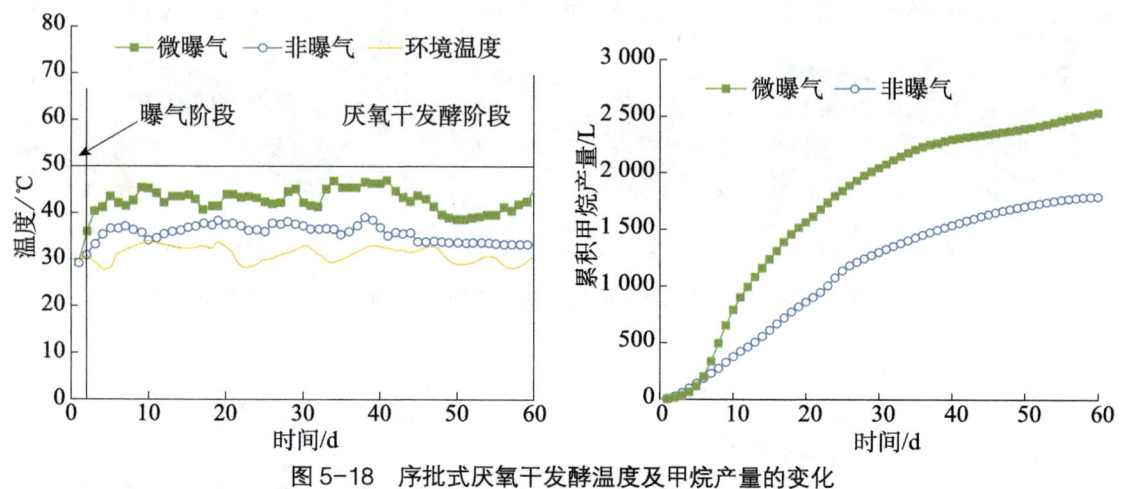

图5-18　序批式厌氧干发酵温度及甲烷产量的变化

（1）微好氧同步预升温对产甲烷特性的影响

以玉米秸秆-牛粪为混合原料的干发酵体系，通过适量曝气建立微好氧发酵环境，使干发酵系统实现微好氧同步预升温效果。当温度达到厌氧发酵目标温度后，停止曝气，转为厌氧环境，进行甲烷生产。微好氧环境使物料升温速率提高27.12%，产甲烷过程不依靠外源加热，温度仍可保持在42.48℃以上。同时，木质纤维素降解率提高了57.88%~85.53%（表5-6），有机酸和氨氮的转化效率加快，丙酸转化率提高了82.63%。受微好氧同步预升温影响，体系微生物群落如梭状芽孢杆菌（*Clostridiales*）、假单胞菌（*Pseudomonadales*）丰度显著提高，并与拟杆菌（*Bacteroidales*）、*Methanosarcina*、甲烷杆菌（*Methanobacterium*）具有协同作用，与甲烷生产具有显著的正相关性。微好氧同步预升温使累积沼气和甲烷产量分别提高了56.76%和41.79%，平均容积产沼气率为$1.1m^3/(m^3 \cdot d)$。

（2）喷淋-渗滤液流动对产甲烷特性的影响

在发酵温度和秸秆粒径交互作用下，对不同干发酵环境理化特性及微生物群落进行比较，探究提高物质转化效率机制、物料形态及渗滤液流动特性。高温和细粒径条件可显著改善生物转化效率，通过加速有机酸转化，物料降解率和沼气产量分别提升了22.61%

和 56.17%。秸秆粒径是影响物料结构和渗滤液流动性质的主要因素，细粒径条件下总孔隙度下降 23.17%，容重提高 14.64%，并且中区（内区）持水孔隙度、外区通气孔隙度增加明显（图 5-19），导致外区渗滤液收集体积分别为中区和内区的 5.5 倍和 10.8 倍。粗粒径条件下，物料孔隙度及渗滤液流动规律无明显改变。发酵 10d 后，细粒径物料结构-渗滤液流动规律基本稳定，形成渗滤液由反应器中区向外区流动趋势，并与 *Clostridiales*、芽孢杆菌（*Bacillales*）、*Methanosarcina*、甲烷囊菌属（*Methanoculleus*）丰度呈正相关（$P<0.05$），形成最佳转化状态。

表 5-6 玉米秸秆与牛粪混合物中各组分含量的变化　　　　单位：%

序号	TS	VS	纤维素	半纤维素	木质素
A-1	29.00	26.92	23.19	15.08	12.64
A-2	23.37	17.82	20.62	10.41	12.57
A-3	18.74	12.22	17.55	7.52	11.24
B-1	28.67	26.65	20.02	14.42	12.56
B-2	26.31	21.44	20.05	12.80	12.57
B-3	23.62	16.22	18.14	9.24	12.25

注：A—微曝气反应器；B—非曝气反应器；1—进料阶段；2—曝气结束阶段；3—厌氧发酵结束阶段。

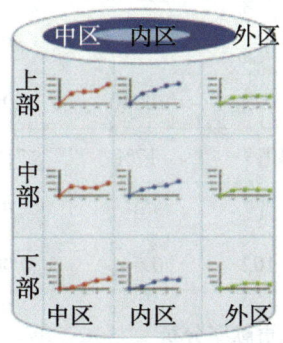 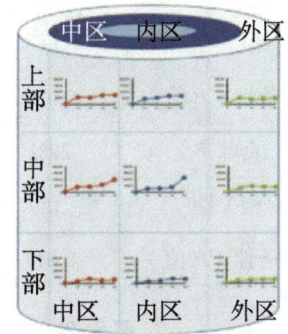

a. 细粒径氯化锂示踪剂浓度变化　　b. 长粒径氯化锂示踪剂浓度变化

c. 细粒径渗滤液流动性模拟示意图　　d. 长粒径流动性模拟示意图

图 5-19　物料孔隙与渗滤液流动特性模拟

（3）喷淋影响序批式干法厌氧发酵产甲烷调控机制研究

喷淋频率、接种物浓度是影响不同原料配比干发酵产甲烷效率的重要因素（图5-20），贡献度分别达到30.84%和24.96%。在秸秆占比"多"与"少"的情况下，调节喷淋频率、接种物浓度可促进序批式厌氧干发酵甲烷产量提高11.4%~121.3%。调控策略为：起始于秸秆-牛粪比例相等，增加牛粪比例不超过60%时，需提高喷淋频率，牛粪比例超过70%可降低或停止喷淋，接种作用减弱；秸秆比例不高于60%，需降低喷淋频率，秸秆比例高于70%，需进一步加大接种量。进一步优化发酵装置个数和启动间隔时间，结果发现8组发酵装置、启动间隔为3d、发酵周期为24d时，序批启动运行可取得最优产气效果；第一周期发酵结束即进入产气稳定期，发酵进行96d产气水平未出现下降，换料次数对甲烷含量的影响不显著。长期运行条件下，干法发酵容积产气率达到2.5m³/（m³·d）（图5-21）。

物料配比		TS秸秆:TS牛粪				
		3:7	4:6	5:5	6:4	7:3
贡献率分布图	蓝色：喷淋频率 绿色：接种物浓度					
喷淋频率	贡献率	78%	60%	83%	29%	53%
	相关性	负	正	正	负	负
	显著性（P值）	0.039	0.022	0.040	0.081	0.001
接种物浓度	贡献率	22%	40%	17%	71%	47%
	相关性	负	负	正	正	正
	显著性（P值）	0.511	0.102	0.641	0.001	0.001

图5-20　关键因素贡献率分析

5.3.2.3　大通量沼渣返混连续式干法厌氧发酵产沼气技术

连续式干法厌氧发酵技术通过每天定量向发酵装置内添加新物料，并等量排出沼渣来实现沼气连续稳定产出，既重复利用了沼渣（包括未降解的发酵原料），提高了底物利用率，又可提高沼气产量，特别是对纤维类物料的高效处理和能源生产具有重要的提质增效作用。

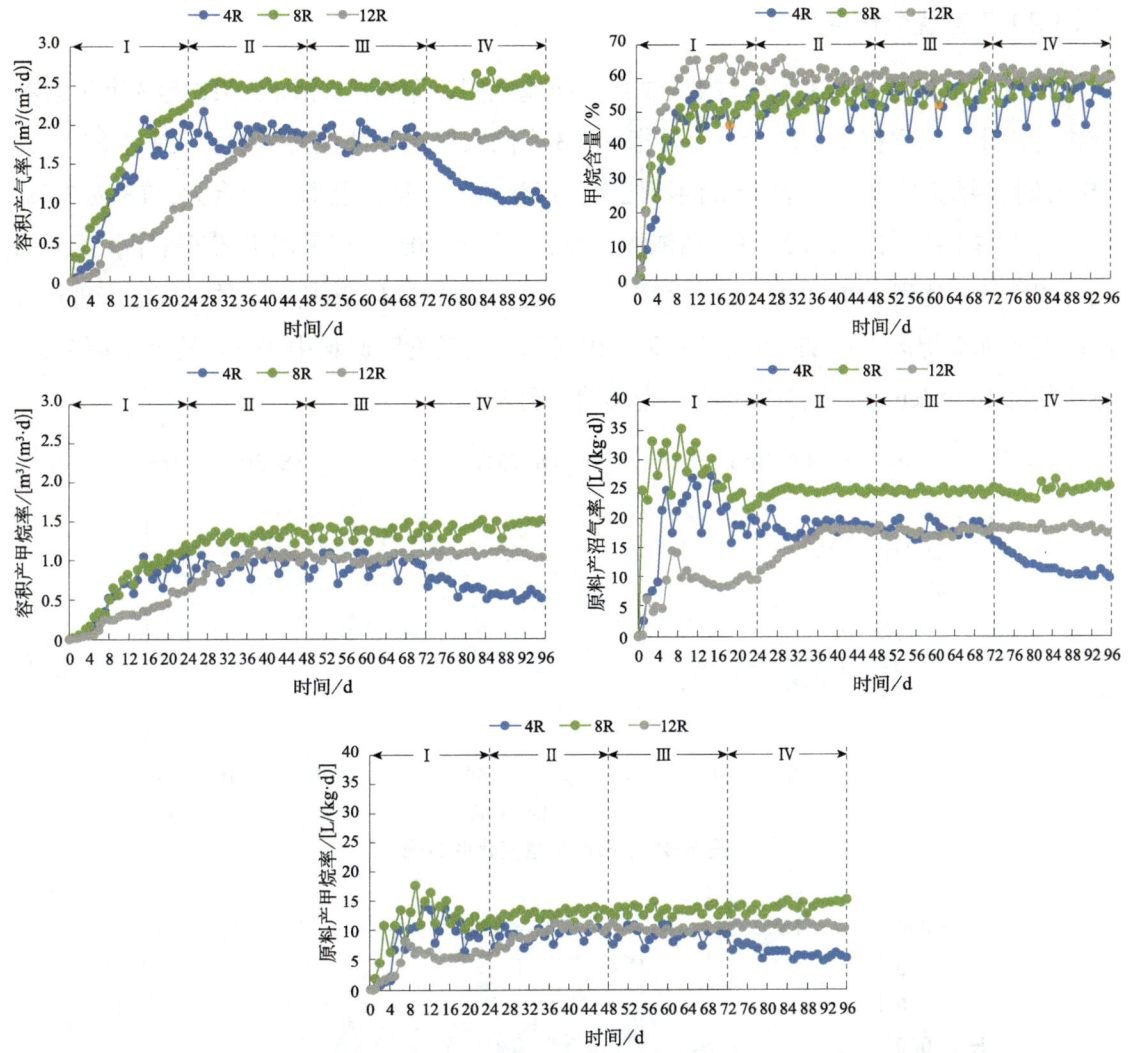

图 5-21　长期运行条件下不同数量反应器及启动间隔对产气特性的影响

（1）发酵特性研究

将连续厌氧干发酵产生的沼渣作为接种物，与秸秆-牛粪混合原料搅拌均匀后返混到反应器中，通过改变沼渣返混比例及原料配比，开展连续厌氧干发酵工艺优化。在温度38℃、牛粪（CD）与秸秆（CS）比为1:1、TS为20%、HRT为30d条件下，沼渣混合液回流比例为60%时更有利于产沼气，反应器运行稳定后容积产气率最高可达1.6L/d（图5-22）。在发酵前期，VFAs出现积累，浓度最高达到1.6g/L，但未对pH值和产气造成明显影响；发酵后期，VFAs被降解，浓度最高不超过20mg/L，pH值稳定在7.3左右。沼渣混合液回流比例提高到60%有利于拟杆菌属（*Bacteroidetes*）、*VadinBC27_wastewater-sludge_group*、*Methanobacterium*丰度的增加，减少VFAs的积累，更有利于厌氧发酵产沼气。

（2）工艺优化研究

采用正交试验 [L（3⁴）] 对沼渣混合液回流比例、原料混配比例、TS 等 3 个工艺参数进行优化，以累积甲烷产量为评价指标，3 个因素对产气性能的影响从大到小依次为：TS＞原料混配比例＞沼渣混合液回流比例。优化得到最佳工艺参数组合为：TS 为 30%、秸秆－牛粪干物质比例为 3∶1、沼渣混合液回流比例 40%。在最优工艺条件下，反应器的容积产气率达到 3.0L/（L·d），甲烷日产量达到 10.12L/d。出料沼渣的黏度随着进料含固率的增加而提高，在 TS 相同条件下，出料沼渣的黏度随原料中牛粪占比增加而增大，黏度超过 10 000cp 对产气效率具有一定影响（图 5-23）。

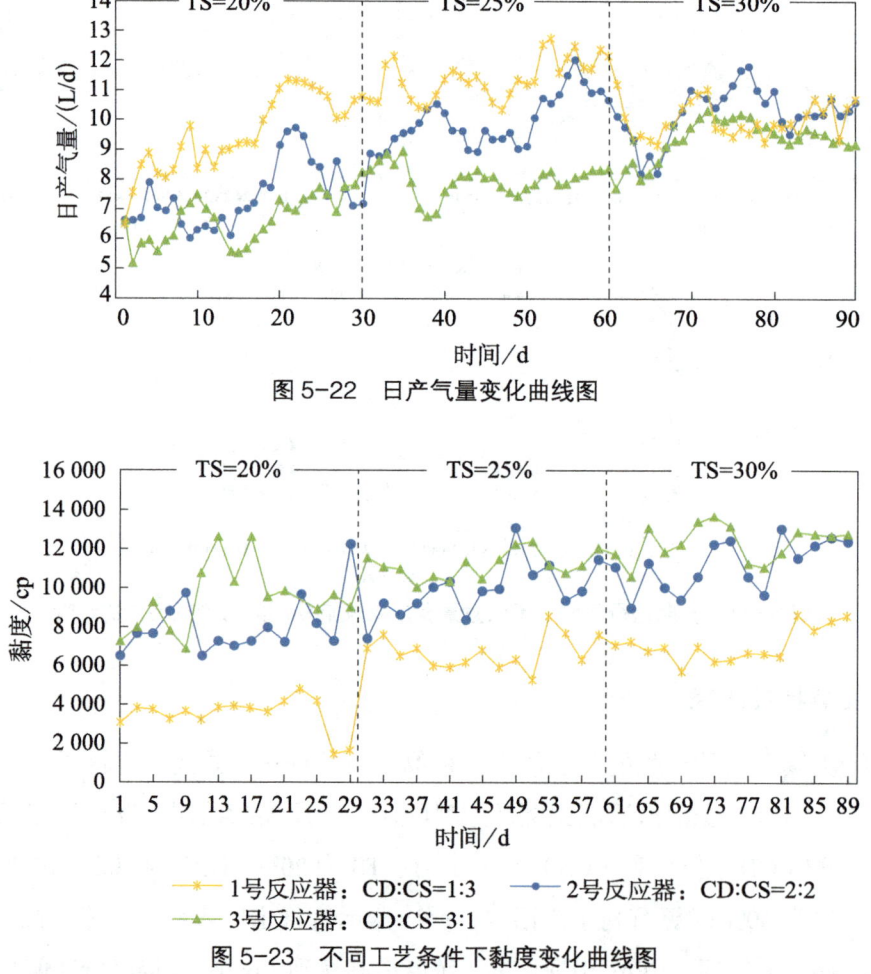

图 5-22　日产气量变化曲线图

图 5-23　不同工艺条件下黏度变化曲线图

5.3.3　沼气净化提纯技术

沼气净化提纯技术包括净化和提纯两个步骤，净化是指去除沼气中的水分、硫化氢等微量有害成分以及其他杂质等；提纯是指进一步去除沼气中的二氧化碳、氮气等，提高甲烷含量。经过净化提纯得到的气体通常含有95%～97%的甲烷和1%～3%的二氧化碳，可用作车用燃气、发电或并入天然气管网，通常被称为生物天然气或生物甲烷。目前，沼气净化技术主要包括脱水技术和脱硫技术；提纯技术主要包括水洗技术、溶剂化学吸收技术、膜分离技术、变压吸附技术、低温分离技术、化学自养技术等，其中水洗技术、溶剂化学吸收技术、膜分离技术、变压吸附技术等已得到工程化应用。

5.3.3.1 沼气净化技术

（1）脱水技术

沼气脱水技术一般有冷凝技术、液体溶剂吸收技术、吸附干燥技术等。冷凝技术又分为节流膨胀冷却脱水技术和加压后冷却技术。节流膨胀冷却脱水技术虽然简单经济，但脱水效果较差；加压后冷却技术对于高、中温沼气脱除部分蒸汽可进行初步冷却，但只能将露点降低至0.5℃，若需要进一步降低露点则需要增压。液体溶剂吸收技术则是沼气经过吸水性极强的溶液，使水分得以分离，通常使用的脱水剂有氯化钙、氯化锂及甘醇类（三甘醇、二甘醇等），均具有很强烈的吸收水气能力，但初期投资较高。吸附干燥技术是指气体通过固体吸附剂时在固体表面力作用下，吸收其中水分达到干燥的目的。能用于沼气脱水的固体吸附剂有分子筛、活性氧化铝、硅胶以及复合式干燥剂等，该技术能获得露点极低的沼气，对沼气温度、压力、流量变化不敏感，且设备简单，便于操作。

（2）脱硫技术

当前，硫化物的脱除技术主要有干式脱硫、湿式脱硫和生物脱硫技术等。干式脱硫技术是先利用固体脱硫剂和硫化氢气体反应生成硫化物，然后再利用氧气与生成的硫化物反应生成单质硫，同时实现固体脱硫剂的再生。干式脱硫技术具有工艺简单、成熟可靠、成本较低等特点并能够实现较高的净化程度，常用的干式脱硫剂有氧化铁、氧化锌、铁锰锌混合氧化物及活性炭等，但使用干式脱硫技术在更换固体脱硫剂时需消耗大量人力物力，对环境有污染隐患，废弃的脱硫剂难以再被有效利用。湿式脱硫技术主要是使待处理的气体与溶剂逆向接触进行脱硫，可分为吸收和氧化两类，具有溶剂可再生利用、自动化程度高、脱硫效率高、适应范围广等特点，常用的湿式脱硫剂有氢氧化钠、氨水等碱性液体，以及钛菁钴磺酸盐系化合物等，但湿式脱硫技术也存在消耗药剂量巨大、初期投资大、运行成本高等问题。生物脱硫技术是利用微生物的代谢作用将沼气中的硫化氢转化为单质硫或硫酸盐的过程，具有脱硫效率高、工艺流程简单、投资成本低等优点，但微生物存在生长周期长、稳定性差、有效菌群活性低等问题，产业化程度不高。

5.3.3.2 沼气提纯技术

沼气提纯净化技术主要包括水洗技术、溶剂化学吸收技术、膜分离技术、变压吸附技术、低温分离技术和化学自养技术。具体分述如下。

（1）水洗技术

水洗技术是最常用的沼气提纯方法，其主要原理是利用二氧化碳和甲烷在水中溶解度不同，通过物理吸收，实现二氧化碳和甲烷分离。在加压水洗工艺中，首先需要将沼气加压到 1 000~2 000kPa 送入洗涤塔，在洗涤塔内沼气自下而上与水流逆向接触，酸性气体二氧化碳和残余的二氧化硫溶于水中，从而与甲烷分离，甲烷从洗涤塔的上端排出，进一步干燥后得到生物天然气。加压水洗提纯工艺流程主要包含混合、加压、换热、吸收、闪蒸和解吸等过程。水洗提纯净化沼气的方法能够大幅度降低能耗及提纯过程中的气损，使甲烷损失控制在 1%~3%。该技术使生物天然气的成本得到有效降低，而且投资成本相对较低，适于推广应用，但在高寒地区需特别注意低温情况下的冰冻问题。同时，水洗法提纯后的产品气需进行二次深度脱水才能达到有关天然气标准中水露点的指标要求（图 5-24）。

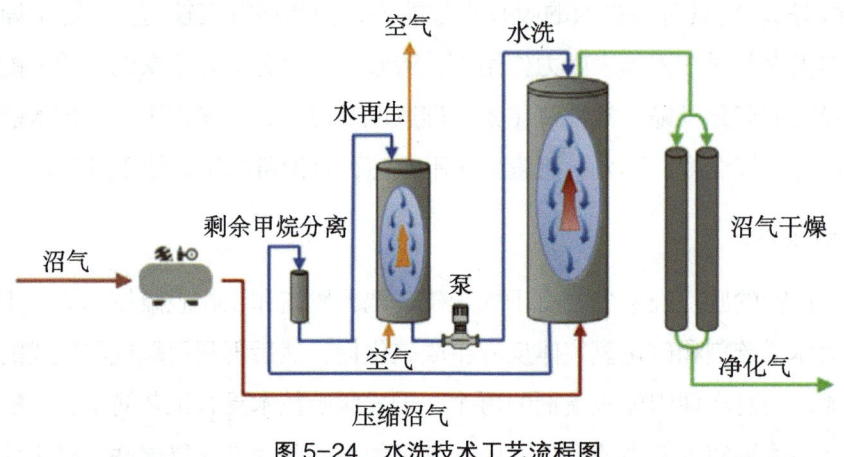

图 5-24　水洗技术工艺流程图

（2）溶剂化学吸收技术

溶剂化学吸收技术是利用二氧化碳与溶剂发生化学反应形成富液，将富液送入解吸塔加热分解二氧化碳，实现吸收与解吸交替的过程，便于二氧化碳的分离和回收。溶剂化学吸收技术常采用水与乙醇胺（MEA）、二乙醇胺（DEA）、甲基二乙醇胺（MDEA）和其他胺化合物的混合物作为吸收液分离二氧化碳和甲烷。该技术操作压力一般为一个大气压，比水洗技术的操作压力低很多，但化学吸收前需要对沼气进行精细脱硫。由于化学反应具有很强的选择性，胺溶液对碳具有很高的亲和力，因此，甲烷损失可小于 0.1%。该技术的优点是气体净化度高、处理气量大，缺点是对原料气适应性不强，需要复杂的预处理（净化）系统。此外，吸收剂的再生循环操作也较为烦琐，热量消耗高，目前工业中广泛采用的是醇胺技术去除二氧化碳（图5-25）。

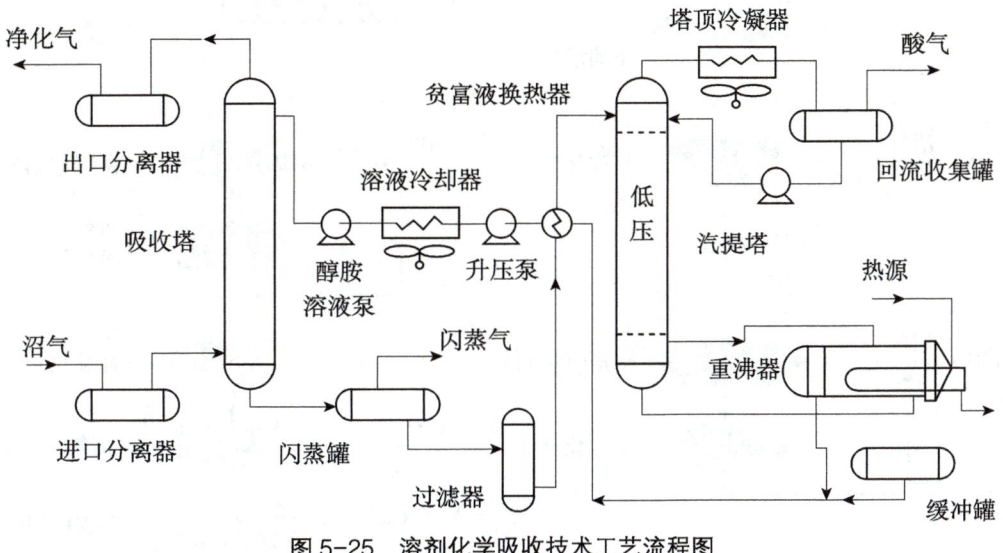

图 5-25　溶剂化学吸收技术工艺流程图

（3）膜分离技术

膜分离技术的原理是利用沼气中各气体组分在膜表面的吸附能力不同，以及溶解、扩散速率的不同，在膜两侧分压差的推动下，实现大部分二氧化碳等组分和少量的甲烷透过膜壁进入渗透侧从而被分离出去，大部分甲烷在高压侧作为生物天然气输出。适合沼气提纯的膜主要有聚酰亚胺膜、聚砜膜和醋酸纤维素膜。从膜元件的类型来看，沼气提纯中使用的膜元件以空纤维、螺旋卷等类型为主。沼气提纯膜分离技术主要包括两套基本的膜分离系统，即气体渗透模块系统和气液膜分离系统。膜分离技术的甲烷损失量通常小于0.6%。技术优点是甲烷含量和甲烷回收率高、占地面积小、环境友好、易于控制和调节，而且，提纯过程结束后得到的产品气水露点已能满足生物天然气标准。但是，该技术运行工作压力较高、回流量较大、能耗相对较高，且其对原始沼气的预处理要求更高，膜材使用寿命也有待验证（图5-26）。

（4）变压吸附技术

变压吸附技术是在加压条件下，利用沼气中的甲烷、二氧化碳以及氮气在吸附剂表面被吸附的能力不同而实现气体成分分离的一种方法。吸附材料在该技术中起到关键作用，一般采用不同类型的活性炭、沸石、硅胶、氧化铝和分子筛作为吸附材料。不同的吸附材

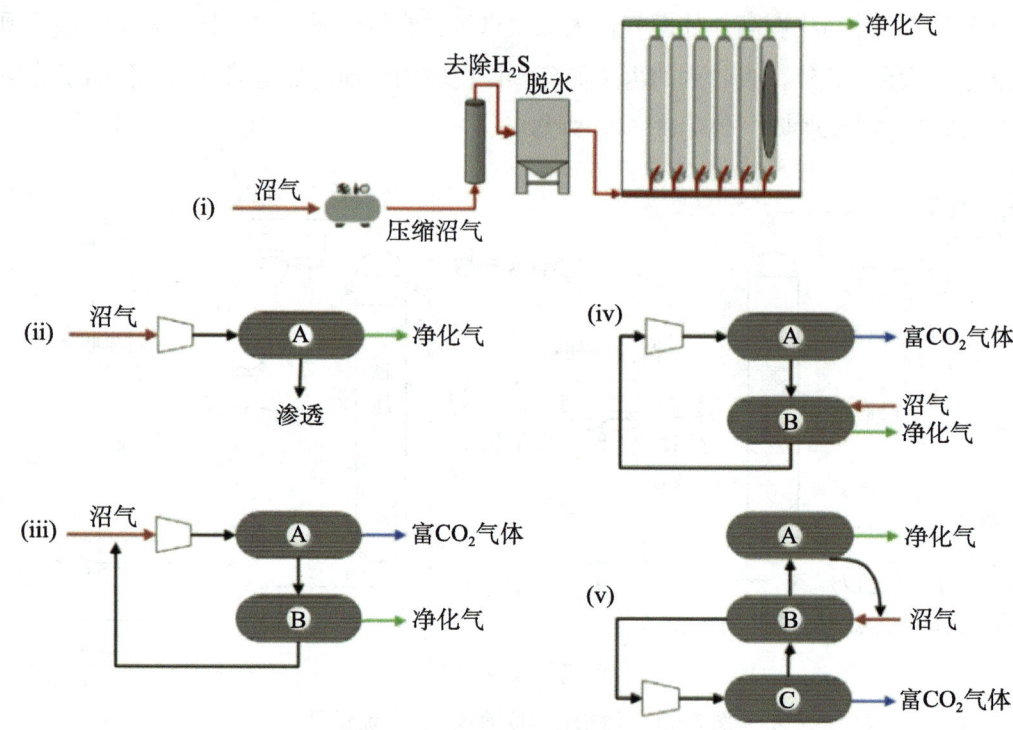

图 5-26　膜分离技术工艺流程图

料对沼气的纯化效果各不相同，以活性炭和分子筛为主的碳基吸附剂经常被用于沼气提纯。近年来，出现一些新型吸附材料，如有序介孔材料、胺修饰吸附剂和金属框架物等，对二氧化碳具有很高的选择吸附性，应用前景广阔，被认为在二氧化碳分离方面最具潜力。变压吸附技术的甲烷损失率为 4%～6%，优点是操作简单、易于维护、不需溶剂、不需补充热量、提纯效率高、纯物理过程稳定性高、吸附剂寿命长、每年仅需补充极少量分子筛吸附剂，缺点是能耗高、甲烷损失较多（图 5-27）。

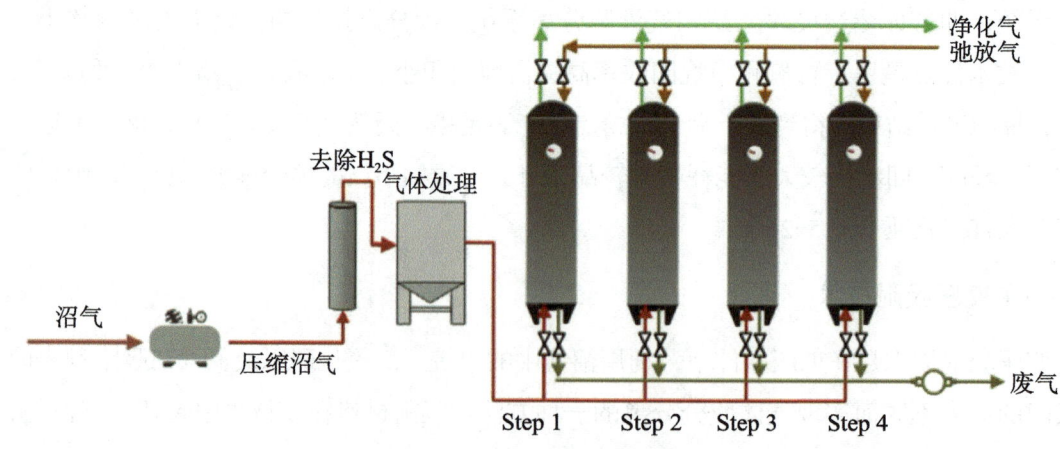

图 5-27　变压吸附技术工艺流程图

（5）低温分离技术

低温分离技术是利用二氧化碳液化温度高的特点，通过低温作用将沼气中的二氧化碳液化，甲烷作为不凝结气体逸出，再利用制冷系统将溢出的甲烷气体降温得到液态甲烷（图5-28）。该技术先将沼气干燥并加压到80bar（1bar=100kPa），然后逐步降温至-110℃，低含量杂质和二氧化碳在这一过程中都将被除去，甲烷损失可控制在1%左右，甲烷纯度可达到98%以上。目前低温分离技术仍处于试验探索阶段，尚未实现产业化。低温分离技术需将沼气加压冷却，能耗较大，且由于分离设备较为庞杂、操作条件严格，因此投资和运行成本较高。但低温分离技术可得到纯度极高的二氧化碳和甲烷，进一步冷却即可得到液化生物甲烷，应用前景好。

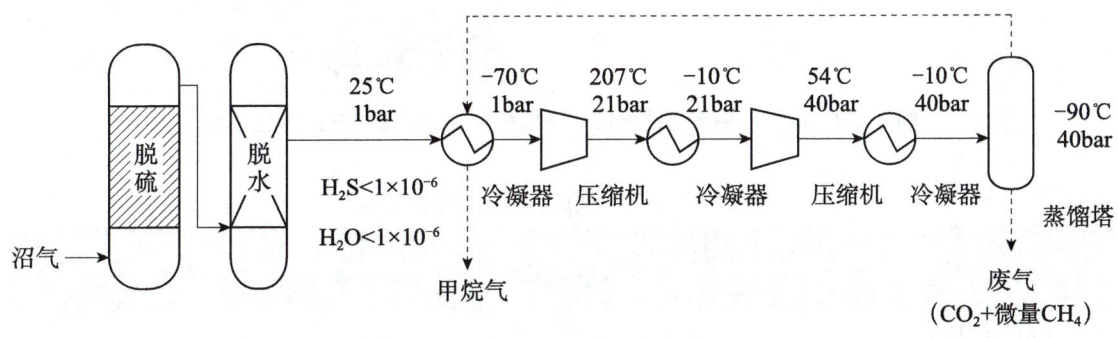

图5-28 低温分离技术工艺流程图

（6）化学自养技术

化学自养技术是利用氢型产甲烷菌将氢气和二氧化碳转化为甲烷的一种沼气提纯技术。为实现生物技术的可再生性，反应中需要的氢气应从可再生资源中获取。氢辅助沼气脱碳技术可分为3种类型，即原位加氢、离位加氢、混合加氢。原位加氢技术是指将外源氢气直接注入沼气发酵系统，在原位将沼气中含有的二氧化碳转化为甲烷（图5-29）。在完全监测和控制操作参数的情况下，甲烷回收率可达到99%。这一技术面临的主要挑战是当pH值上升至8.5后，甲烷的生成会受到抑制；离位加氢技术是通过在发酵罐旁边配备一个装有产甲烷菌培养液的纯化罐，将未经处理的沼气与外源氢气按适当比例混合并注入纯化罐，将沼气中的二氧化碳与氢气转化为甲烷，不涉及有机物的降解，生物化学过程更为简单，可以将气体滞留时间减少到1h以内进而大幅度提高处理效率，有利于容器小型化。但该技术存在气液传质速率较低的问题；混合加氢技术正处于研发阶段，核心技术还在研发中。

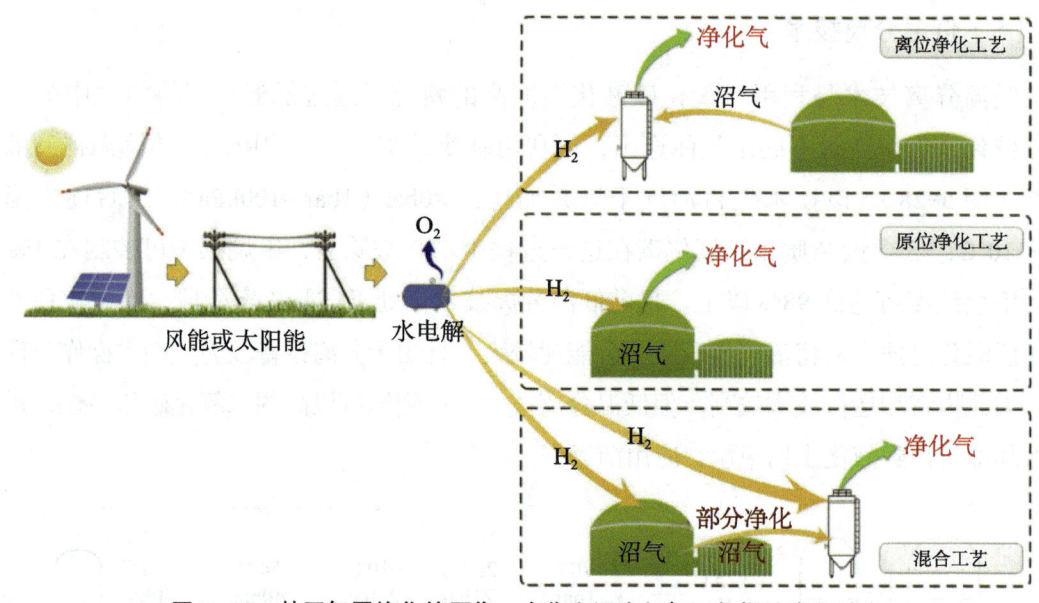

图 5-29　基于氢甲烷化的原位、离位和混合加氢沼气提纯净化技术

表 5-7　不同沼气提纯净化技术的比较

指标	水洗技术	溶剂化学吸收技术	膜分离技术	变压吸附技术	低温分离技术	化学自养技术
生沼气消耗量/（kWh/Nm）	0.25~0.3	0.05~0.15	0.18~0.20	0.23~0.30	0.76	未知
清洁沼气消耗量/（kWh/Nm）	0.3~0.9	0.05~0.25	0.14~0.26	0.29~1.00	未知	未知
耗热量/（kWh/Nm）	—	0.5~0.75	—	—	未知	未知
需热量/℃	—	100~180	—	—	-196	270
成本	中等	高	高	中等	高	中等
CH_4 损失率/%	<3	<0.1	<0.6	<4	1	未知
CH_4 回收率/%	96~98	96~99	96~98	96~98	97~98	97~99
预净化	推荐	是	推荐	是	是	推荐
H_2S 共同移除	是	污染物	可能	可能	是	N
N_2 和 O_2 共同移除	N	N	部分	可能	是	N
工作压力/bar	4~10	大气	5~8	3~10	80	8~10

5.3.4　沼渣沼液综合利用技术

沼渣沼液中含有丰富的氮、磷、钾等作物必需的营养元素，以及有机质、腐殖酸和钙、铜、铁等微量元素，营养丰富。与发酵原料相比，沼渣沼液更匀质且氮、磷比例得到

改善，含有更多的无机氮，更容易被植物转化利用。因此，沼渣沼液是良好的农田肥料，可以纳入作物的配方施肥计划中。虽然沼渣中含有作物所需的丰富营养元素，可以直接施用于农田，但直接施用会导致氮堵塞、产生臭味及扩散杂草种子等问题，因此，沼渣通常需要经过再次处理熟化后施用，常见的处理技术有沼渣堆肥技术和沼渣干化技术。沼液的干物质浓度很低，更便于农田施用，但如果远距离运输，则需要减小体积和提高养分浓度，常用处理技术包括沼液膜浓缩技术、沼液蒸发技术和沼液提馏技术等。

5.3.4.1 沼渣沼液处理技术

（1）沼渣处理技术

1）沼渣堆肥技术

堆肥是有机废弃物的好氧处理方式，可稳定有机成分，消灭病原体和杂草种子，产物中含有丰富的氮磷钾成分，有利于作物生长（表5-8）。在沼渣堆肥过程中需要提供足够的氧气促进堆体腐熟，而且，由于厌氧发酵过程中大量有机物被降解，沼渣在堆肥中产生的放热量比未经厌氧处理的有机物少。在沼渣堆肥过程中，需要添加秸秆、粪便等其他物料进行混合堆肥，并在堆肥过程中反复翻抛物料。

2）沼渣干化技术

沼渣干化技术是一种商品有机肥生产方式，在大多数沼渣干化系统中，热量由热空气流经物料表面和穿透物料来进行干燥，沼气发电工程中发电的余热可用于沼渣的干化。在干化过程中，沼渣中的铵以氨气的形式进入到干燥设备的废气中，并进一步通过废气处理过程来去除，以防止氨的排放。通过干化，沼渣干物质浓度可以达到80%以上，从而便于储存和运输。

（2）沼液处理技术

1）沼液膜浓缩技术

膜技术可用来处理沼气工程产生的沼液。在沼液膜浓缩的过程中不需要热能，因此膜技术能用于已连接微型沼气管网或气体处理系统的沼气工程。沼液经膜技术处理后，营养成分被浓缩，其中含有丰富的钾和铵等营养元素，但磷会被留在超滤阶段成为膜的截留物。经过膜技术的反渗透过程后的滤出液通常不含养分，可直接排入河道。通常，两级滤除工艺的截留液富含养分，两者混合后是一种营养丰富的肥料，可用于农田施肥。

2）沼液蒸发技术

沼液蒸发技术是指蒸发沼液中的水分以达到沼液浓缩的目的。通常采用多级处理，首先,加热沼液使其在真空下逐渐升温达到沸点,可通过添加酸降低沼液的 pH 值,来避免氨的损失。真空蒸发设备可使沼液体积减少约 70%,蒸发过程将沼液加热至 80~90℃,能达到消灭有害微生物的效果。与初始沼液相比,蒸发可实现固体浓度增加最高 4 倍,从而减少相应的储存和运输成本。但要注意,换热器的堵塞和腐蚀会使运行出现问题。

3)沼液提馏技术

提馏技术是指从液体中除去某些物质的技术,其中气体(空气、水蒸气、废气等)通过液体被输送,同时液相中的某些物质转化至气体状态。在沼液提馏过程中,铵被转化为氨气。由于较高的温度可以减少所需的气体流通率,因此该技术在温度和 pH 值较高时更有利,例如蒸汽提馏。在下级吸附阶段,气相的氨气被转化成可回收的产物。通过冷凝、酸洗或水石膏反应从气体蒸汽中吸附氨气,吸附的产物通常为硫酸铵和铵液。

主要沼肥处理工艺养分比较见表 5-8。

表 5-8 沼肥处理工艺的模拟计算及养分比例

处理技术	组分	质量/%	有机氮/(kg/t)	NH_3-N/(kg/t)	P_2O_5/(kg/t)	K_2O/(kg/t)
未经处理	液体		2.0	3.6	2.1	6.2
固液分离	固体	12	4.9	2.6	5.5	4.8
	液体	88	1.6	3.7	1.6	6.4
干化技术	固体	5	13.3	0.7	14.9	12.9
	液体	88	1.6	3.7	1.6	6.4
	废气	7	—	—	—	—
膜技术	固体	19	4.9	4.4	6.8	4.5
	液体	37	2.8	7.4	2.1	14.4
	废气(已处理)	44	符合直接排入河道的限值			
蒸发技术	固体	19	4.9	4.4	6.8	4.5
	液体	31	3.4	8.9	2.5	17.3
	过程水	59	不适宜直接排入河道			
提馏技术	固体	27	6.8	3.5	7.5	21.7
	液体(ASS)	3	0.0	80.6	0.0	0.0
	过程水	70	不适宜直接排入河道			

5.3.4.2 沼渣沼液利用技术

(1)沼渣沼液基肥施用技术

沼渣与沼液分开利用。沼液的氮和钾相对含量较高,沼渣含有大量的纤维和磷。沼渣进行堆肥后可用作土壤改良剂;沼液可作为富含氮的液态肥施用于农田,或者经进一步加工后作为浓缩肥出售(图 5-30)。

(2)沼渣配制营养土技术

沼渣营养全面、质地疏松,完全满足营养土的条件要求,可以广泛用于蔬菜育苗。采用充分腐熟的沼渣,弃除其中较大的渣滓和柴草,留用其中较细腻的组分,将其与田园土按照 1∶3 的比例混合拌匀,达到手捏成团、落地能散即可。

(3)沼液防治病虫害技术

由于沼液中含有多种有机酸,其中的土霉素、B 族维生素、吲哚乙酸等物质可抑制病菌的存活,增强作物抗病虫害能力,且氨和铵盐以及发酵原料中残留的抗生素具有直接杀菌作用,因此施用沼液能够用来防治病虫害。

(4)沼液根外追肥技术

沼液可通过挖穴灌根或开沟浇水作为追肥施用于蔬菜、瓜果等作物。其中,茄果、瓜豆类蔬菜适合根部挖穴灌根追肥,每株用 500g 左右沼液灌根,施用后覆土以提高肥效。密植小根系茎叶类蔬菜,适合开沟浇灌追肥,可将沼液随灌溉均匀施入菜田。采用沼液作根外追肥,易吸收、起效快、利用率高,还可培育土壤中的有益微生物,疏松间隙,减少盐分积累,改善土壤理化性状。

图 5-30 沼渣沼液利用

5.4 典型案例

5.4.1 规模化生物天然气项目

典型案例 1　河北省三河市天龙集团生物天然气项目

三河天龙集团生物天然气项目是 2015 年国家生物天然气试点工程，该项目以农作物秸秆、畜禽养殖粪污为原料，生产清洁能源——生物天然气，将沼渣沼液制成固态、液态生物有机肥，有效解决了区域秸秆、畜禽粪便等农业废弃物导致的环境污染问题，并探索形成了生态能源循环农业经济模式。项目总投资 11 280 万元，年处理农作物秸秆 11 万 t、畜禽粪便 2.2 万 t，年产生物天然气 657 万 m^3，年产固态沼渣有机肥 4.92 万 t、液态沼液有机肥 2.35 万 t，建立了秸秆收储运体系，探索了畜禽粪污第三方处置模式、付费处理机制（图 5-31）。

图 5-31　河北省三河市天龙生物天然气工程

典型案例 2　甘肃省高台县生物天然气项目

甘肃省高台县生物天然气项目由甘肃高台县方正节能科技服务有限公司建设，日产生物天然气 2 万 m^3。项目总投资 1.2 亿元，建成 6 500m^3 厌氧发酵罐 4 个，2 万 m^3 沼渣沼液池、100m^3 调节池、125m^3 集粪池各 1 个，配套 4 000m^3 柔性储气柜、400m^3 高压储气柜各 1 座。项目年处理牛羊粪 12.5 万 t、秸秆 1.7 万 t、尾菜 10 万 t，年产甲烷含量 97% 以上的生物天然气 700 万 m^3，年产有机－无机复混肥 5 万 t、有机肥 5 万 t、沼液肥 30 万 t

(图 5-32)。

项目生产的生物天然气用于替代车用燃气，并入城镇燃气管网、分布式供农户集中利用，沼渣作为原料生产有机肥，形成了甘肃省农业有机废弃物高值高效利用、改善生态环境、发展生态经济的新模式。

该项目通过分布式供气站，将生物天然气输送到 3 个村的 1 018 户农户。作为日常生活能源，替代煤炭、液化气等能源，每户每年可节约开支 300 元，全部农户每年可节约生活用能开支约 30 万元。通过项目实施，该区域的牛羊粪、秸秆、尾菜等废弃物得到无害化处理与资源化利用，每年可减少二氧化碳排放量约 11.1 万 t，有效降低环境污染。项目有机肥、有机-无机复混肥年产量约 10 万 t，可替代化肥 8 000 多 t；年产沼液肥 30 万 t，可减少化肥使用量 30%，替代化肥 1 500t；研制出的以沼液为主要原料的生物农药，在正常气候条件下可减少化学农药使用量 50% 以上。

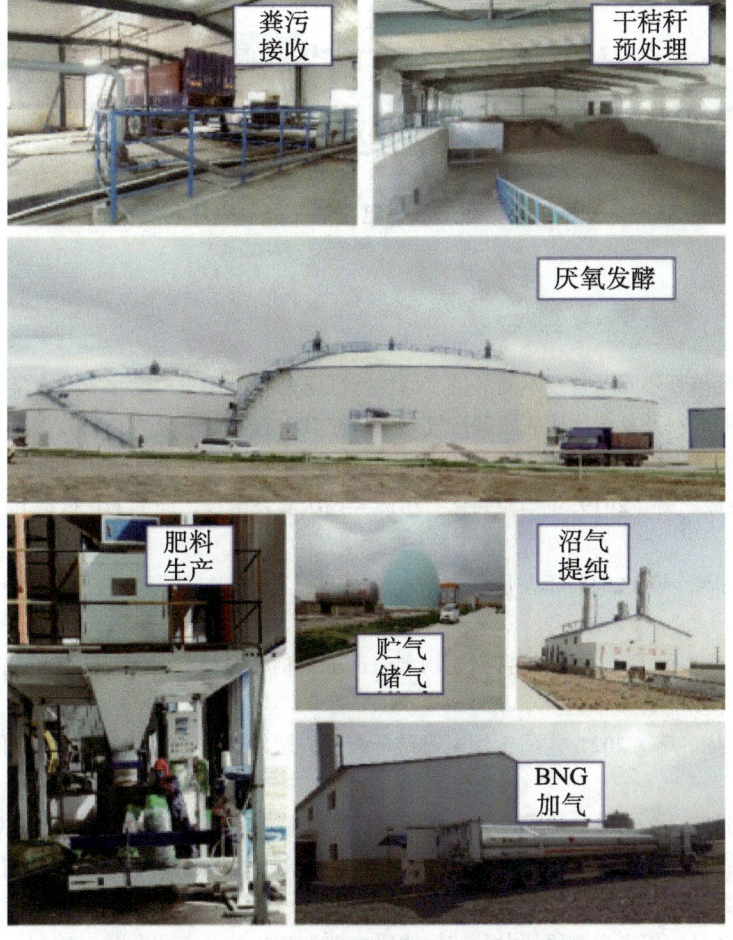

图 5-32　甘肃省高台县生物天然气项目

5.4.2 规模化沼气发电项目

河北省安平县沼气发电项目，位于河北省衡水市安平县东部。项目建设规模为2MW，年处理10万头存栏量规模的养猪场粪便、尿和冲洗水。项目正式并网发电投运后，年产沼气1 156.66万 m^3（年发电2 100万度），发电系统年连续运行超过8 400h，热电联供发电机组能量总转化率约86%，其中发电效率42.1%，余热利用效率43.8%。项目年产固态有机肥1.42万t、液体有机肥3.65万t，大部分施用于周边农田，部分销售给附近县市，作为蔬菜、水果等有机肥料，既解决了沼气项目后端沼液沼渣的处理问题，又为企业获得经济收益，同时为当地提供了800个就业岗位，具有良好的经济、环境和社会效益。此外，项目还总结出"气-电-热-肥"联产的发展模式，形成了"种植业（饲料）-养殖业（粪便）-沼气池-种植业（优质农产品、饲料）-养殖业"循环发展的农业循环经济体系，具有良好的示范带动作用（图5-33）。

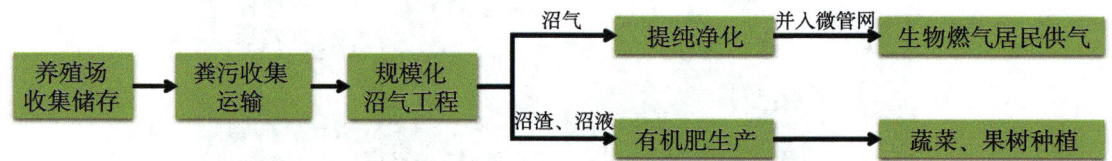

图5-33 安平县生物质"气-电-热-肥"循环利用模式示意图

参考文献

白超超, 2015. 稻麦秸秆不同器官及不同部位产沼气特征研究[D]. 南京: 南京农业大学.

楚莉莉, 2008. 不同原料及其配比厌氧发酵产气效果研究[D]. 杨凌: 西北农林科技大学.

董仁杰, 伯恩哈特·蓝宁阁, 2011. 沼气工程与技术[M]. 北京: 中国农业大学出版社.

冯晶, 荆勇, 赵立欣, 等, 2019. 生物炭强化有机废弃物厌氧发酵技术研究[J]. 农业工程学报, 35（12）: 256-264.

胡鑫, 冯晶, 赵立欣, 等, 2018. 干法厌氧发酵反应器及过程控制技术研究进展[J]. 中国沼气, 36（2）: 68-75.

黄开明, 赵立欣, 冯晶, 等, 2018. 复合微生物预处理玉米秸秆提高其厌氧消化产甲烷性能[J]. 农业工程学报, 34（16）: 184-189.

荆勇, 冯晶, 赵立欣, 等, 2021. 木屑生物炭对秸秆和牛粪厌氧发酵产甲烷性能的影响[J]. 环境工程, 39（1）: 154-160.

刘芳, 邱凌, 李自林, 等, 2013. 蔬菜废弃物厌氧发酵产气特性[J]. 西北农业学报, 22（10）: 162-170.

罗娟, 赵立欣, 孟海波, 等, 2019. NaOH预处理提高甘蔗叶产甲烷性能及其机理分析[J]. 农业工程学报, 35（24）: 262-270.

麻明可, 2015. 农产品加工废弃物厌氧发酵特性的研究[D]. 哈尔滨: 东北农业大学.

邱凌, 王晓曼, 邱玉桥, 等, 2009. 不同草坪草废料厌氧发酵试验研究[J]. 中国沼气, 27（5）: 15-17.

孙静娴，2011. 有机废弃物的资源化与厌氧发酵模型研究 [D]. 上海：上海交通大学.

肖生苓，荆勇，冯晶，等，2021. 木质生物炭对厌氧发酵产甲烷性能的影响 [J]. 中国农业科技导报，23（1）：128-135.

徐鑫，2011. 多原料混合厌氧共发酵制沼气工艺优化 [D]. 沈阳：沈阳航空航天大学.

于佳动，刘新鑫，赵立欣，等，2020. 基于微好氧同步预升温的序批式厌氧干发酵特性 [J]. 农业工程学报，36（10）：213-219.

张议心，赵立欣，冯晶，等，2018. 干-湿联合两相厌氧发酵技术处理村镇固体废弃物研究进展 [J]. 中国沼气，36（6）：72-78.

ANGELIDAKI I，TREU L，TSAPEKOS P，et al，2018. Biogas upgrading and utilization：Current status and perspectives[J]. Biotechnology Advances，36（2）：452-466.

CHEN R，LI Z，FENG J，et al，2020. Effects of digestate recirculation ratios on biogas production and methane yield of continuous dry anaerobic digestion[J]. Bioresource Technology，316：123963.

CHEN Y，CHENG J J，CREAMER K S，2008. Inhibition of anaerobic digestion process：A review[J]. Bioresource Technology，99（10）：4044-4064.

CHENG J，XIE B，ZHOU J，et al，2009. Cogeneration of H_2 and CH_4 from water hyacinth by two-step anaerobic fermentation[J]. International Journal of Hydrogen Energy，35（7）：3029-3035.

CREMONEZ P A，TELEKEN J G，MEIER T，et al，2021. Two-Stage anaerobic digestion in agroindustrial waste treatment：A review[J]. Journal of Environmental Management，281（3）：111854.

DAI X H，HUA Y，LI H P，et al，2020. Coupling self-sustaining air flotation screening with conventional CSTR enhances anaerobic biodegradability of corn stover[J]. Bioresource Technology，310：123417. https://doi.org/10.1016/ j.biortech.2020.123417.

DENKA K I，ZHAI X，WU B，2018. Influence of mixing on anaerobic digestion efficiency in stirred tank digesters：A review[J]. Water Research，143（5）：503-517.

DU F，QU J，HU Q，et al，2020. Maximizing the value of Korshinsk peashrub branches by the integration of *Pleurotus tuoliensis* cultivation and anaerobic digestion of spent mushroom substrate[J]. Renewable Energy，179：679-686.

FARIA C V，SOUZA D P，PONTES T M，et al，2019. Strategies of anaerobic sludge granulation in an EGSB reactor[J]. Journal of Environmental Management，244（15）：69-76.

GE X，XU F，LI Y，2016. Solid-state anaerobic digestion of lignocellulosic biomass：Recent progress and perspectives[J]. Bioresource Technology，205：239-249.

LAURA，ANDRÉ，ANDRÉ，et al，2018. Solid anaerobic digestion：State-of-art，scientific and technological hurdles[C]. Bioresource Technology Biomass Bioenergy Biowastes Conversion Technologies Biotransformations Production Technologies.

LEI Z，ZHANG Z，HUANG W，et al，2015. Recent progress on dry anaerobic digestion of organic solid wastes：Achievements and challenges[J]. Current Organic Chemistry，19（5）：400-412.

LI Y，ZHAO J，KROONEMAN J，et al，2020. Strategies to boost anaerobic digestion performance of cow manure：Laboratory achievements and their full-scale application potential[J]. Science of the Total Environment，755（Pt 1）：1429401.

MAGDALENA J A，GRESES S，GONZÁLEZ-FERNÁNDEZ C，2020. Anaerobic degradation of protein-rich biomass in an UASB reactor：Organic loading rate effect on product output and microbial communities dynamics[J]. Journal of Environmental Management, 274: 111201. https://doi.org/10.1016/j.jenvman.2020.111201.

PARITOSH K, YADAV M, KESHARWANI N, et al, 2021. Strategies to improve solid state anaerobic bioconversion of lignocellulosic biomass An: overview[J]. Bioresource Technology, 331 (4): 125036.

QYA B, RLA B, KLA B, et al, 2019. A review of crop straw pretreatment methods for biogas production by anaerobic digestion in China[J]. Renewable and Sustainable Energy Reviews, 107: 51-58.

RAJENDRAN K, MAHAPATRA D, VENKATRAMAN A V, et al, 2020. Advancing anaerobic digestion through two-stage processes: Current developments and future trends[J]. Renewable and Sustainable Energy Reviews, 123: 109746. DOI: 10.1016/j.rser.2020.109746.

SUN Q, LI H L, YAN J Y, ET A L, 2015. Selection of appropriate biogas upgrading technology: a review of biogas cleaning, upgrading and utilization[J]. Renewable and Sustainable Energy Reviews, 51: 521-532.

XU G, FAN S, WANG X, et al, 2012. Anaerobic fermentation characteristic of green corn straw pretreated by steam explosion[J]. Nongye Gongcheng Xuebao/Transactions of the Chinese Society of Agricultural Engineering, 28 (13): 205-210.

YU J, HUANG Z, WU P, et al, 2019. Performance and microbial characterization of two-stage caproate fermentation from fruit and vegetable waste via anaerobic microbial consortia[J]. Bioresource Technology, 284: 398-405. https://doi.org/10.1016/j.biortech.2019.03.124.

第 6 章
热解炭气联产技术

6.1 概述

热解炭气联产技术是指秸秆等生物质原料在绝氧或低氧环境中加热升温引起内部分解，形成生物炭、热解油和热解气的过程。该技术可将生物质转化为电、气、热和燃料等多元化能源产品，具有绿色、低碳、清洁和可再生等特点。热解气可作为清洁能源；生物炭可应用于改良土壤、提升地力和固碳；焦油可用于多种化工产品；木醋液可以用于制备醋酸和醋酸盐等化学品，在农业、养殖业、护肤美容和医疗保健等领域都有一定的用途；热解油可以用于加工获得杂酚油和黏结剂等产品，应用于合成橡胶、化工和医药等行业。

6.1.1 热解原理

生物质热解是十分复杂的热化学反应过程，主要是纤维素、半纤维素和木质素的分解，主要包括 3 个阶段。

（1）干燥阶段（≤150℃）

当温度低于 110℃ 时，主要以原料内部分子吸收热量脱水为主，分子内部并未发生明显变化。

（2）预分解阶段（150~350℃）

出现明显的热分解反应，生物质大分子化学键发生断裂与重排，形成并释放出有机挥发分，包括 H_2O、CO_2、CO、乙酸等；在有氧气存在的情况下，还会发生少量的静态渗透式扩散燃烧，燃烧释放的热量可为生物质大分子分解提供所需热量。

（3）热解阶段（≥350℃）

随着温度的升高，纤维素中纤维糖基热解生成左旋葡萄糖，左旋葡萄糖中 C—C、C—O 键断裂分解释放 H_2、CO、热解油，芳香族化合物转化成少量炭。当温度高于 400℃ 时，木质素分解达到峰值，热解阶段发生大量化学键的断裂，包括 C—C 键、O—H 键、C—H 键、苯环、醚键等，使整个分子分解为大分子碎片，大分子碎片进一步分解为小分子碎片，从而通过重整、脱羰、脱水、缩聚等反应形成苯酚类化合物，即 CO_2、CH_4 等气体以及羟基、甲基、羟甲基、甲氧基等化合物。这些小分子随着温度的不断升高而逐渐脱出，形成水、甲烷、甲醇等油和气态产物，大量含苯自由基形成多环芳香族化合物，进一步形成炭。

6.1.2 碳元素迁移规律

生物质热解炭气联产技术通过热分解的方式将生物质转化为生物炭、热解气和热解油等产物，转化过程中碳元素的迁移规律影响热解产物分布和产品品质，对于温室气体减排和碳封存也具有重要意义。

以小麦秸秆为原料，采用连续式热解炭气联产设备，开展碳元素迁移测试。测试单位时间内小麦秸秆的进料量为 M_1；热解过程结束后各产物的量记为 M_2-M_6；将投入与产出的物料，利用元素分析仪测试其碳元素含量，分别记为：进料秸秆碳元素含量 C_1，热解炭中碳元素含量 C_2；利用液-质联用仪测试焦油和木醋液中含碳物质中碳元素的含量，分别记为 C_3 和 C_4；利用气相色谱仪测试产物热解气中含碳物质中碳元素的含量，记为 C_5；整个炭化系统无法做到完全密封，收集连续稳定运行时单位时间内溢出的烟气，总量为 W_1，并利用烟气分析仪计算出所收集烟气中含碳气体含量，并计算其中碳元素的总量 C_6，对 C 元素迁移测试数据进行整理计算后得出的碳元素含量见表 6-1。

表 6-1 原料和产物中碳元素的含量

指标	碳元素质量 / kg	占总产物含碳质量百分比 / %
原料	62.90	—
热解炭	25.86	41.13
焦油	14.36	22.83
木醋液	2.96	4.71
热解气	16.74	26.62
溢出烟气	2.97	4.72
碳元素质量合计	62.89	99.98

将测试和分析所得的数据进行整理和汇总，从而得到整个炭气多联产系统的碳元素迁移足迹图（图 6-1）。根据元素质量守恒定律，在系统稳定工作一定时长下，秸秆热解过程中碳元素的总量应保持不变，小麦秸秆中碳元素的质量应与所有产物的碳元素质量总和相等，在实际测试中得到的数据符合碳元素守恒定律，误差为 0.016%。

在该炭化工艺条件下，碳元素在整个秸秆热解过程中主要从原料迁移到 4 种主要产物和溢出的烟气中，如图 6-1 所示，碳元素由小麦秸秆原料迁移到热解三态产物及溢出烟气中的量大小依次为：热解炭＞热解气＞焦油＞木醋液＞溢出烟气，其中迁移到热解炭中的碳元素最多，高达 41.12%，主要以固定碳的形式存在，迁移到焦油和热解气中的碳元素含量相近，分别为 22.83% 和 26.62%，且碳元素在焦油中主要存在于大分子的醛、醇、酮、烯、酯、苯等长链烃和环链烃结构的有机物中，而碳元素在热解气中主要以 CO、CO_2、C_2H_6 和 C_2H_4 等六碳以内的短链烃形式存在。

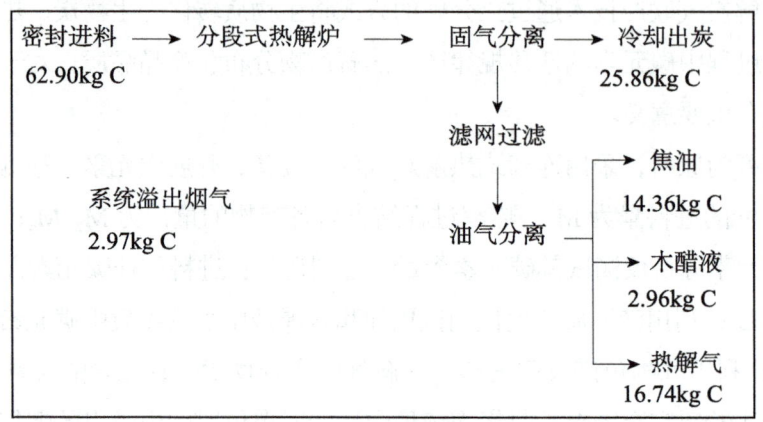

图 6-1　秸秆炭化多联产系统碳元素迁移足迹图

迁移到木醋液和溢出烟气中的碳元素总量几乎相等，分别为 4.71% 和 4.72%，木醋液中的碳元素主要以乙醛、丙酮、乙酸乙酯、酸类和简单苯系物等小分子形式存在，溢出烟气中的碳元素主要表现形式为 CH_4、CO 和 CO_2。溢出烟气中的碳含量在整个碳平衡中占比较小，系统排放出的 CO_2 总量较低，减少了系统能量损失和温室气体排放。

6.2　热解产物

6.2.1　产物特性

6.2.1.1　生物炭

（1）物理特性

1）粒径分布

粒径分布用来表征不同粒径生物炭所占质量百分数。在不同热解温度条件下制得的生物炭颗粒的大小与比例不同。热解温度越高，生物炭的颗粒越小，随着热解温度的升高，生物炭的小粒径颗粒所占的比例增大。如当热解温度为 600℃ 时，稻壳炭粒径小于 **74μm** 的

颗粒占 **45.29%**；热解温度为 **400℃** 时，粒径小于 **74μm** 的颗粒仅占 **34.31%**。

2）堆积密度

堆积密度是指散粒或粉状生物炭在自然堆积状态下单位体积的质量。不同种类生物炭堆积密度有差异，一般为 **0.1~0.4g/cm³**，原料种类和热解工艺均影响堆积密度。

（2）化学特性

1）元素分析

几种农作物秸秆炭元素含量见表 6-2，测得生物炭中 C 含量均大于 40%。随着热解温度、升温速率和滞留时间增加，C 含量增加，表明热解程度增强；而 H 和 O 含量逐渐降低，这是由于其在热解过程中以小分子有机物和水的形式析出。随热解温度增加，H/C 和 O/C 降低，尤其是当热解温度由 300℃ 上升至 400℃ 时降低显著，说明 300℃ 的生物炭具有较强的亲水性和亲脂性；而热解温度为 400℃ 时，H 和 O 进一步析出，表现出较强的疏水性和芳香性；当热解温度超过 500℃ 后，H/C 基本保持不变，表明此温度下的生物炭芳香性较高，稳定性较强。

表 6-2 农作物秸秆炭元素含量

类别	C/%	H/%	N/%	S/%	O/%
小麦秸秆炭	55.60	1.75	0.60	0.74	14.04
玉米秸秆炭	61.47	1.87	0.70	0.21	13.00
棉秆炭	72.27	2.07	1.42	0.38	9.09
稻壳炭	52.78	2.08	1.43	0.08	12.04
水稻秸秆炭	46.40	2.19	1.14	0.67	15.31

2）热解温度

不同热解温度生物炭中氮含量相近，质量分数为 0.5%~1.8%，硝态氮和铵态氮含量极少，不能直接补充土壤可利用的氮，但生物炭具有吸附氮和持留缓释特性，可以有效提高土壤固氮能力。热解温度对氮含量影响不显著，但热解温度对氮的吸附性能影响较大，较低的热解温度获得的生物炭有利于 NH_4^+-N 的吸附，当热解温度分别为 400℃ 和 600℃ 时，对 NH_4^+-N 的吸附能力分别为 2.33mg/g 和 0.15mg/g。生物炭中 S 元素质量分数较低，一般为 0.8% 以内，因此能源燃烧过程中 SO_2 排放低，可达到环保要求。

3）pH

生物炭的 pH 值通常呈碱性，一般为 7.0~10.3，几种农作物秸秆炭的 pH 值如图 6-2 所示，水稻秸秆炭和稻壳炭 pH 值较高，棉秆炭 pH 值较低。随温度升高和时间延长，有机酸发生脱水分解，碱性基团含量不断增加，生物炭呈碱性特征，且碱性基团含量随热解温度的升高和热解时间的延长而升高。相关研究发现，热解温度从300℃升至700℃时，酸性基团数量下降了0.3mmol/g，碱性基团数量则上升了0.29mmol/g。热解温度在450～700℃范围的玉米秸秆炭，pH值从6.75增大到9.80。水稻秸秆炭pH值在热解温度300～500℃变化最显著，由8.45增加到10.30。生物炭是很好的酸性土壤改良剂，施加2.0%花生壳炭的红壤和黄棕壤pH值分别提高0.61和0.55，这表明生物炭对酸性土壤改良效果明显。

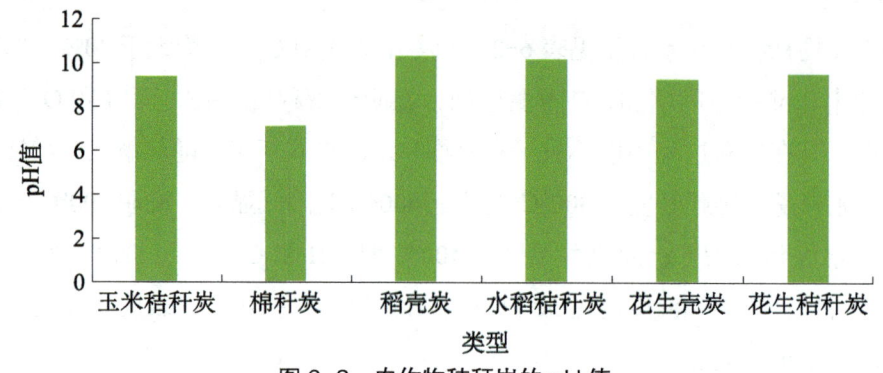

图6-2 农作物秸秆炭的pH值

4）营养元素

营养元素包括P、K、Na、Ca、Mg和Fe等，不同原料的生物炭中营养元素差异较大，几种农作物秸秆炭各元素含量见表6-3。相对于一般土壤，生物炭具有较高的有效磷和有效钾。有效磷质量分数为0.08～0.57g/kg，水稻和玉米秸秆炭的有效磷比花生壳炭、花生秸秆炭和稻壳炭等含量高。有效钾质量分数为6.00～70.00g/kg，玉米秸秆炭的有效钾质量分数较高，稻壳炭和花生壳炭较低。生物炭还含有Ca、Mg、Na和Fe等，可补充土壤养分，为植物生长提供必需的矿质元素。同时，生物炭多孔隙结构吸附效应大于自身养分供给能力，生物炭能够将肥料或土壤中的养分贮藏，改善养分利用效率，因此，常用于炭基肥或土壤修复剂等。

5）重金属元素

重金属元素包括Cu、Mn、Zn、Mo、Ni、Cr、Pb、As、Cd、Hg等。其中，Cu、Mn、Zn、Mo、Ni为微量矿物质元素，Cr、Pb、As、Cd、Hg为有毒重金属元素。农作物秸秆炭样品微量矿物质元素中Cu元素含量为4.0～23.2mg/kg，Mn元素含量为48～1 078mg/kg，Zn元素含量为3.2～22.5mg/kg，Mo元素含量为0.75～5.79mg/kg，Ni元素含量为0.89～4.46mg/kg。有毒重金属中，Cr元素含量为1.5～40.1mg/kg，Pb元素含量为0.57～5.67mg/kg，As元素含量为0.77～25.3mg/kg，Cd元素含量为0.02～0.15mg/kg，Hg未检出，详见表6-3。

表 6-3　农作物秸秆炭营养元素及重金属元素含量

类别	营养元素 /（g/kg）						重金属 /（mg/kg）							
	P	K	Na	Ca	Mg	Fe	Cu	Mn	Zn	Mo	Ni	Cr	Pb	As	Cd
玉米秸秆炭	0.57	70.0	1.22	6.27	2.34	0.82	23.2	217.0	20.3	0.91	2.09	20.0	5.67	2.64	0.15
棉秆炭	0.75	12.8	1.31	8.24	4.86	7.16	13.1	48.0	21.0	1.69	2.46	1.5	1.13	0.77	0.02
稻壳炭	0.22	6.0	0.16	0.67	0.27	0.36	4.0	288.0	3.2	0.75	0.89	40.1	0.57	1.49	0.02
水稻秸秆炭	0.54	44.0	1.31	1.24	2.06	1.84	6.8	1078.0	8.2	4.40	1.52	4.5	5.36	25.30	0.25
花生壳炭	0.21	7.5	1.26	2.14	2.05	2.03	18.1	97.0	22.5	2.03	4.46	34.0	3.32	1.83	0.09

生物炭作为肥料施于土壤，根据 NY/T 3041—2016《生物炭基肥料》要求，Cr、Pb、As、Cd、Hg 等限值分别不高于 50mg/kg、15mg/kg、5mg/kg、1mg/kg、0.5mg/kg。农作物秸秆炭中，除了水稻秸秆炭的 As 元素超标外，其他均符合要求。生物炭作为燃料使用，根据 ISO 17225 生物质成型燃料质量要求，非木质燃料中的 As、Cd、Cr、Cu、Pb、Hg、Ni、Zn 元素含量应分别不高于 1mg/kg、0.5mg/kg、50mg/kg、20mg/kg、10mg/kg、0.1mg/kg、10mg/kg、100mg/kg。除棉秆炭外，其他生物炭 As 元素均超标，玉米秸秆炭 Cu 元素超标，其他元素符合要求。由此可见，不同应用方向的产品质量标准要求差异较大，因此，应根据生物炭的不同用途，制定专用生物炭标准，分别规定各项指标的限值要求。以秸秆或农产品加工剩余物为原料的生物炭，其重金属含量取决于作物生长土壤环境及生物炭制备条件，因此，应对土壤重金属超标区域的潜在有毒重金属进行有效防控。

（3）热化学特性

1）工业分析

工业分析指标包括一般样品水分（Mad）、灰分（A）、挥发分（V）、固定碳（FC）。几种农作物秸秆炭在 500~550℃ 热解条件下的工业分析如图 6-3 所示，灰分含量为 20%~34%、固定碳含量为 40%~61%、挥发分含量<20%。热解温度直接影响生物炭的工业组成指标，随着热解温度增加，生物炭产率逐渐降低，挥发分逐渐析出，含氢和氧的官能团及含碳物质逐渐分解，灰分逐渐富集，固定碳先增加后降低。生物炭一般样品水分均小于 5%，较为干燥，利于产品使用、运输和储存。挥发分和固定碳反映燃料煤变程度大小，生物炭挥发分较小，接近中低挥发分烟煤。灰分取决于原料的灰分含量，秸秆及农产品加工剩余物类的生物炭普遍比木质类生物炭的灰分含量高。在热解过程中有机物减少，随着温度升高，Si、Ca、Mg、Cl 等无机离子烧结、融合，形成了无机矿物质，碱金属析出量增加，因此灰分含量增加。

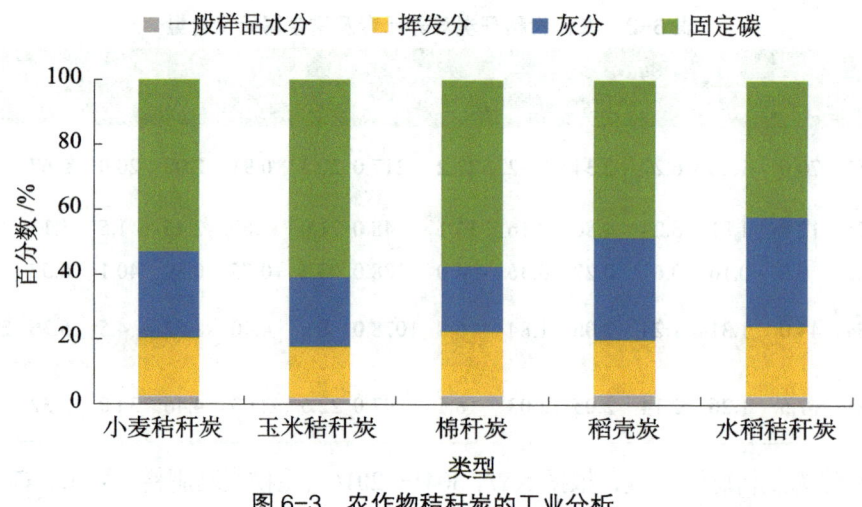

图 6-3 农作物秸秆炭的工业分析

2）发热量

生物炭的低位发热量一般为 20~30MJ/kg，发热量随热解温度上升先增大后逐渐降低，热解温度低于 400℃时上升速率较大，高于 400℃时变化幅度趋于平缓，550℃制备的棉秆炭和花生壳炭发热量较高，分别达到 27.23MJ/kg 和 29.08MJ/kg，接近于优质无烟煤，超过 600℃时发热量呈逐渐降低趋势。秸秆及农产品加工剩余物类的生物炭燃料发热量普遍比木炭略低一些，这是由于其灰分含量相对较高，可燃物质含量相对减少，一定程度影响发热量，但生物炭的发热量普遍比木质生物质原料高。

3）结渣性与腐蚀性

秸秆及农产品加工剩余物类的生物炭的碱金属和氯元素含量较高，易结渣和引起腐蚀问题。燃料的结渣性一般用灰熔融点表征。灰熔融点是在高温条件下变形（DT）、软化（ST）、半球（HT）、流动（FT）时的温度特性，灰熔融点低易发生团聚和沉积，甚至结渣。小麦秸秆炭、玉米秸秆炭和花生壳炭的软化温度均低于 1 200℃，棉秆炭和稻壳炭的软化温度在 1 200℃左右，属易结渣区，农作物秸秆炭样品测定数值详见表 6-4。生物炭灰熔融点比煤炭及木炭低，由于 Na、K 等碱金属元素含量较高，碱金属（Na、K）氧化物和盐类可以与 SiO_2 反应形成低温共熔体。氯元素是燃烧过程中引起燃烧室腐蚀的主要元素，在气相或者沉积在积灰中碱金属氯化物与金属氧化膜发生反应，生成碱金属氯化物，同时生成的氯气也与金属反应造成腐蚀。GB/T 20475.2—2006《煤中有害元素含量分级 第 2 部分：氯》分级中规定特低氯煤≤0.05%、低氯煤 0.05%~0.15%、中氯煤 0.15%~0.30%、高氯煤＞0.30%。ISO 17225 生物质成型燃料质量要求，非木质燃料中 Cl 元素质量分数不高于 0.3%。

4) 着火点

着火点（Ti）指在空气或氧气中燃烧时的最低温度。生物炭着火点一般低于无烟煤，农作物秸秆炭的着火点为340～405℃，详见表6-4。

表6-4 农作物秸秆炭的热化学特性

类别	低位发热量/（MJ/kg）	着火点/℃	氯/%	灰熔融性/℃			
				变形温度	软化温度	半球温度	流动温度
小麦秸秆炭	20.71	375		892	1 059		1 169
玉米秸秆炭	26.61	401		1 000	1 055		1 092
棉花秸秆炭	27.23	405	0.16	1 155	1 201	1 226	1 275
稻壳炭	22.04	345		1 119	1 205	1 219	1 271
花生壳炭	29.08	360		1 105	1 151	1 215	1 263

（4）表面化学特性

1) 比表面积

几种农作物秸秆炭比表面积数值见表6-5。粒径越小，比表面积越大。热解温度对比表面积的影响较大，随着热解温度的升高，微孔结构逐渐增多，孔壁变薄，孔数量和体积增加。根据国际纯粹与应用化学协会（International Union for Pure and Applied Chemistry，IUPAC）的定义，孔径小于2nm的称为微孔；孔径大于50nm的称为大孔；孔径在2～50nm的称为介孔（或中孔）。孔隙结构决定比表面积，小孔和微孔对比表面积的贡献大。随着热解温度的增加，挥发分不断析出，促进炭颗粒孔隙结构发展，而过高的温度使孔结构坍塌及熔融，不利于其微孔结构的形成。原料种类和制备条件不同，生物炭比表面积差异较大。稻秆热解温度600℃时，比表面积最大；秸秆类生物炭的比表面积普遍小于500m²/g，且比表面积较大的秸秆炭，其孔径大多集中在介孔附近。

表6-5 农作物秸秆炭的表面化学特性

类别	比表面积/（m²/g）	阳离子交换量/（cmol/kg）	表面官能团/（mmol/g）
玉米秸秆炭	7.7～449.7	28.2	
棉秆炭	64.3	12.6	3.72
稻壳炭	3.6～504.3	27.1	
水稻秸秆炭	7.7～123.6	35.6	3.18
花生壳炭	1.0～353.2	25.9	
花生秸秆炭		36.2	

2）阳离子交换量（CEC）

反映生物炭表面的负电荷参数，其大小决定了生物炭对阳离子的持留能力。O/C可表征CEC，O/C越大，表面含氧官能团越多，CEC越大。农作物秸秆炭CEC值小于50mol/kg，详见表6-5，不同原料生物炭阳离子交换能力排序为棉花秸秆炭＞花生壳炭＞稻壳炭＞玉米秸秆炭＞稻秆和花生秸秆炭。生物炭的离子吸附交换能力是土壤固定阳离子能力的重要指标，反映土壤的保水保肥能力。相关研究表明，添加水稻秸秆炭和油菜秸秆炭比豆科秸秆炭对土壤中的CEC提升效果明显，且水稻秸秆炭更优。

3）吸附特性

生物炭的吸附特性与孔大小相关。碘吸附可表征微孔吸附特性，亚甲基蓝吸附可表征中孔吸附特性。相关研究表明，水稻秸秆、玉米秸秆、小麦秸秆、花生秸秆、芦苇秸秆5种生物炭中，小麦秸秆炭和水稻秸秆炭对亚甲基蓝吸附能力最大，理论吸附量分别为27.82mg/g、27.28mg/g，玉米秸秆炭的吸附能力较差。热解温度影响生物炭吸附性，热解温度由400℃上升到600℃，稻壳炭微孔数量增加，碘吸附值从231.16mg/g增加到312.40mg/g，稻壳炭中孔数量下降，亚甲基蓝吸附值从7.09mg/g下降到5.68mg/g。

4）表面官能团

生物炭表面官能团主要为含氧官能团，包括羧基、酯基、酚羟基等，且其碱性官能团数目均大于酸性官能团数目。表面官能团的种类和数量直接影响对养分、水分以及一些金属离子的吸附能力等。随着热解温度的升高，总官能团呈先下降后上升的趋势，酚羟基随热解温度升高而明显增加，羧基和酯基随热解温度升高，先下降后升高。相关研究表明，生物炭对PO_4^{3-}-P、重金属等的吸附性与其表面碱性官能团和表面含氧官能团有关。

（5）有毒污染物

有毒污染物包括多环芳烃（PAHs）、多氯联苯（PCBs）、二噁英/呋喃（PCDD/Fs）。

PAHs是由两个或两个以上苯环经稠合而成的芳烃化合物，具有亲脂性、高毒性和持久性，对生态环境和人体健康造成严重危害。PAHs可分为稠合多苯结构（如四苯并蒽）、线性结构（如蒽）、角状结构（如菲）和结构更复杂的稠环烃（如苯并芘）。生物炭本身所含PAHs极微量，选取棉秆炭和稻壳炭测定PAHs，结果见表6-6，污染物总质量分数分别为2.91mg/kg和1.82mg/kg。符合德国GS认证产品其他产品类低于50mg/kg的要求，符合欧洲生物炭认证基金（European Biochar Certificate）中低于12mg/kg的要求。

表 6-6　生物炭的 PAHs 测定结果　　　　　　　　　　单位：mg/kg

序号	测试项目	棉秆炭	稻壳炭
1	萘 Naphthalene	0.45	0.75
2	苊烯 Acenaphthylene		
3	苊 Acenaphthene		
4	芴 Fluorene		
5	菲 Phenanthrene		0.16
6	蒽 Anthracene		
7	荧蒽 Fluoranthen		
8	芘 Pyrene		
9	苯并[a]蒽 Benzo(a)anthracene	0.87	
10	䓛 Chrysene	0.82	
11	苯并[b]荧蒽 Benzo(b)fluoranthene	0	
12	苯并[k]荧蒽 Benzo(k)fluoranthene	0	
13	苯并[b]芘 Benzo(a)pyrene	0.50	
14	茚并[1,2,3-c,d]芘 Indeno[1,2,3-c,d]pyrene	0.14	
15	二苯并[a,h]蒽 Dibenzo(a,h)anthracene	0	
16	二苯并[g,h,i]苝 Benzo(g,h,i)perylene	0.13	0.91

生物炭可吸附土壤或水体中的 PAHs 污染物，当 PAHs 污染物的浓度较低时，疏水作用为主导机制，而当 PAHs 污染物的浓度较高时，疏水作用将明显降低。玉米秸秆和花生壳生物炭对芘的吸附约 12h 达到平衡，其对芘的吸附量大小顺序为玉米秸秆炭＞小麦秸秆炭＞花生壳炭，且这 3 种生物炭对溶液中的芘的去除率均在 90% 以上。

PCBs 难降解且具有挥发迁移性，可以在生物体内累积，达到一定浓度后会对生物体产生毒害作用。生物炭本身所含的 PCBs 极微量，选取棉秆炭和稻壳炭测定，其中 PCBs 含量分别小于 0.01μg/kg 和 0.014μg/kg，远低于限值要求（GB 13015 中≤10mg/kg，EBC≤0.2mg/kg），详见表 6-7。生物炭修复 PCBs 污染土壤倍受关注，生物炭的存在能够降低沉积物中脂溶性化合物（PAHs 和 PCBs）的生物有效性，从而使它们在生物体内的富集量减少。在有机质含量相同的沉积物中，生物炭含量越高，PCBs 的生物沉积物累积系数越低。

二噁英/呋喃（PCDD/Fs）指具有相似结构和理化特性的一组多氯取代的平面芳烃类化合物，属氯代含氧三环芳烃类化合物。含氯原料不完全燃烧易生成二噁英，秸秆中含有少量氯元素，热解过程应尽量控制 PCDD/Fs 等有害气体产生。棉秆炭和稻壳炭的 PCDD/Fs 质量分数低于 0.12ng/kg 和 1.52ng/kg，远低于 EBC≤20ng/kg 的限值要求，详见表 6-7。

表 6-7　生物炭 PCBs 和 PCDD/Fs 测定结果　　　　单位：ng/kg

类别	测试项目	棉秆炭	稻壳炭
PCBs	3,3',4,4'- 四氯联苯（TetraCB）	<0.79	2.61
	3,4,4',5- 四氯联苯（TetraCB）	<0.80	<0.34
	3,3',4,4',5- 五氯联苯（PentaCB）	<0.32	<0.32
	3,3',4,4',5,5'- 六氯联苯（HexaCB）	<0.08	0.11
	2,3,3',4,4'- 五氯联苯（PentaCB）	3.33	3.56
	2,3,4,4',5- 五氯联苯（PentaCB）	0.38	<0.61
	2,3',4,4',5- 五氯联苯（PentaCB）	6.54	6.67
	2',3,4,4',5- 五氯联苯（PentaCB）	<0.32	0.66
	2,3,3',4,4',5- 六氯联苯（HexaCB）	0.22	0.50
	2,3,3',4,4',5'- 六氯联苯（HexaCB）	0.10	<0.08
	2,3',4,4',5,5'- 六氯联苯（HexaCB）	0.26	0.21
	2,3,3',4,4',5,5'- 七氯联苯（HeptaCB）	<0.18	<0.27
	世卫组织－毒性当量（WHO-TEQ）	0.04	0.04
PCDD/Fs	2,3,7,8- 四氯代二苯并呋喃（TCDF）	<0.31	<0.21
	1,2,3,7,8- 五氯代二苯并呋喃（PeCDF）	<0.12	<0.13
	2,3,4,7,8- 五氯代二苯并呋喃（PeCDF）	<0.11	<0.12
	1,2,3,4,7,8- 六氯代二苯并呋喃（HxCDF）	<0.13	<0.18
	1,2,3,6,7,8- 六氯代二苯并呋喃（HxCDF）	<0.13	<0.11
	2,3,4,6,7,8- 六氯代二苯并呋喃（HxCDF）	<0.12	<0.10
	1,2,3,7,8,9- 六氯代二苯并呋喃（HxCDF）	<0.11	0.27
	1,2,3,4,6,7,8- 七氯代二苯并呋喃（HpCDF）	0.12	<0.06
	1,2,3,4,7,8,9- 七氯代二苯并呋喃（HpCDF）	<0.12	0.22
	八氯代二苯并呋喃（OCDF）	<0.32	1.03
	2,3,7,8- 四氯代二苯并二噁英（TCDD）	<0.29	<0.45
	1,2,3,7,8- 五氯代二苯并二噁英（PeCDD）	<0.20	<0.34
	1,2,3,4,7,8- 六氯代二苯并二噁英（HxCDD）	<0.09	<0.11
	1,2,3,6,7,8- 六氯代二苯并二噁英（HxCDD）	<0.09	<0.12

续表

类别	测试项目	棉秆炭	稻壳炭
PCDD/Fs	1,2,3,7,8,9-六氯代二苯并二噁英（HxCDD）	<0.16	<0.28
	1,2,3,4,6,7,8-七氯代二苯并二噁英（HpCDD）	<0.10	<0.48
	八氯代二苯并二噁英（OCDD）	<0.52	<1.55
	世卫组织-毒性当量 WHO-TEQ	0.65	0.97

6.2.1.2 热解气

（1）组成特性

生物质热解产生的高温气体称为热解气，经除尘、冷凝、除焦等工艺过程，分别得到不可冷凝气和可冷凝气。可冷凝气主要为热解油、木醋液和水蒸气，热解气的主要成分是 CO、CO_2、H_2、N_2、CH_4 等，同时含有一定量的 C_2H_6、C_3H_8、C_2H_4 和 C_3H_6 等大分子气体，较秸秆气化气具有较高的热值，可以直接燃烧用于供热，热解气组分如表6-8所示。

表6-8 热解气化学成分组成

技术类型	体积分数/%					热值/(MJ/m^3)
	H_2	CH_4	CO	C_mH_n	N_2、O_2、CO_2	
外热式	23~28	26~36	8~32	1.4~4.2	10~35	10~20
内热式	10~15	1~10	10~30	1~3	50~70	4~8
气化	10~15	1~10	10~30	1~3	50~70	4.4~5.7

（2）低位发热量

燃气应尽量选择热值较高的气源，燃气热值过低，输配系统的投资相应增加。根据实际工程测试数据，以现有河北邢台热解工程为例，燃气的低位发热量可达到 18.83~19.19MJ/m^3；而据文献和实地调研现有农村秸秆气化工程，燃气的低位发热量为 4.4~5.7MJ/m^3，由此可见，热解技术和工艺参数不同，燃气的热值相差较大。外热式热解技术热值可达 20MJ/m^3，但该热值情况下，CO 含量较高，一般超过 20%，最高可达到 30% 以上。对于燃气作为产品供气使用，CO 为有毒气体，含量过高时危险性更大，人工煤气、气化气标准要求 CO 含量分别低于 10% 和 20%。因此根据热解气体组分，在 CO 含量低于 20% 情况下，热解燃气热值最高可达到 14~16MJ/m^3。

（3）焦油和灰尘含量

焦油和灰尘含量越低，燃气越清洁。燃气中杂质影响燃气的安全，可引起燃气系统设备的故障、仪表失灵、管道堵塞和燃具不能正常使用，甚至造成事故。焦油和灰尘易积聚在阀门或设备中，造成阀门关闭不严、管道和用气设备堵塞。因此，需要尽量降低焦油和灰尘含量。根据实际工程测试数据，以现有河北邢台热解工程为例，焦油和灰尘含量为 2.4mg/m³；气化气的焦油和灰尘含量为 10~20mg/m³，最新的气化气标准要求焦油和灰尘含量应低于 15mg/m³。

（4）一氧化碳含量

为防止燃气泄漏引起中毒，确保用气安全，一氧化碳含量必须控制。根据气化气和人工煤气相关标准要求，一氧化碳含量体积分数应低于 20%。

6.2.1.3 热解油

热解油是伴随着生物质热解过程中产生的一种副产物，在 200℃ 以下逐渐冷凝成黏稠状的液体，极易与水、焦炭等结合，形成难以分离的液态混合物，附着在管道内壁上，堵塞管道，对设备造成损害。同时，热解油中还含有酚、醛、甲醇以及较高含量的多环芳烃等有毒有害物质，不仅危害人类健康，直接排放还会造成严重的环境污染。因此，热解油的清洁利用在一定程度上制约了热解技术的推广应用。现有的处理利用方式主要有源头减量、催化裂解、雾化燃烧。其中催化裂解热解油的方式较为普遍，但催化裂解存在能耗大、成本高、催化剂积炭失活、热解油不能完全处理等问题。源头减量的方法只能少量减少热解油的产出，无法彻底消除。另外，热解油热值高、含碳低、含硫少，是替代石油的绿色燃料。作为一种可再生的清洁能源，燃烧利用可能是最经济有效的利用方式。

玉米秸秆热解油的化学成分组成如表 6-9 所示，其成分非常复杂，主要由有机酸类、酮类、酚类、醛类和稠环芳烃类物质组成，其中小分子组分主要是苯酚类，大分子物质为酰胺类和脂类。热解油具有较高的黏度和热值。其运动黏度为 35~140mm²/s，且随温度升高而降低，在 80℃ 左右达到最低值。通过热解油的元素分析，其主要元素为 C，质量分数最高可达 65%，H 元素质量分数为 10%，具有较高的能量密度；S 元素含量极少，质量分数约为 0.05%；热解油含水率也比较高，为 10%~20%。

表 6-9 玉米秸秆热解油化学成分组成

序号	占比/%	热解油组分
1	>12	苯酚类
2	9~12	2-乙基苯酚
3	6~9	3-乙基苯酚、二甲氧基乙醇、甘露糖

续表

序号	占比 /%	热解油组分
4	4~6	苯酚、乙二醇
5	3~4	三甲基辛烷-酮、3,5-二酮、乙酸甲酯
6	2~3	高香草酸、羟基丙酮、香草醛
7	1~2	萘、2-环戊烯-1-酮、2,6-二甲基苯酚、2-环戊烯酮
8	0~1	丙酸甲酯、2-乙酰基呋喃、9-甲基蒽、2-甲基萘、5-叔丁基邻苯三酚、苊

6.2.1.4 木醋液

生物质热解过程中生成的液体产物，经静置后分为两层，上层为木醋液，下层为沉淀热解油。木醋液的化学组成极为复杂，具体的组分种类与含量，随生物质原料种类、热解工艺、液体采集工艺、存放时间等因素而变。木醋液中主要成分为水，其次是有机酸、酚类、醇类和酮类等物质。酸类物质是木醋液中最具特征的成分，在木醋液中的含量较高，往往占有机物的 50% 以上。采用 GC-MS 对秸秆木醋液进行分析，选取含量占比最多的前 20 种组分并计算各组分的相对含量，如表 6-10 所示，三组液相产物中酸类物质相对含量最大，主要为乙酸，占比为 40.724%。

表 6-10 玉米秸秆木醋液成分组成

序号	名称	占比 /%
1	乙酸	40.724
2	2-氨基巴比土酸-N,N-二乙酸一水合物	8.597
3	甲醇	7.919
4	苯酚	5.882
5	糠醛	5.204
6	1-羟基-2-丁酮	4.977
7	对甲酚	3.846
8	乙醇	2.828
9	二氢-α-D-吡喃葡萄糖	2.602
10	丙酸	2.262
11	苯酚	1.923

续表

序号	名称	占比 /%
12	3-甲基-1,2-环戊二酮	1.810
13	二氧化碳	1.810
14	5-羟甲基糠醛	1.697
15	3-甲基苯酚	1.584
16	3-吡啶醇	1.471
17	3,5-二甲氧基-4-羟基甲苯	1.471
18	2-氨基丁烷-1磺酸	1.131
19	1-氯甲基萘	1.131
20	螺[2,4]庚烷-4-酮	1.131

6.2.2 质量要求

6.2.2.1 生物炭

目前，国际生物炭协会（International Biochar Initiative，IBI）和欧洲生物炭认证基金（European Biochar Certificate，EBC）制定了生物炭产品认证规范，主要用来指导应用于土壤的生物炭产品分级，规定了生物炭特性指标要求和测试方法。中国尚无生物炭生产和产品质量标准。对现有相关文献进行研究，提出肥料炭、能源炭和活性炭等不同应用方向的生物炭质量评价指标体系，总结归纳了指标限值及检测方法。

（1）肥料炭

依据 IBI 制定的《Standardized Product Definition and Product Testing Guidelines for Biochar That is Used in Soil》和 EBC 制定的《Guidelines European Biochar Certificate for a Sustainable Production of Biochar》，结合中国 NY 525—2012《有机肥料》和 NY/T 3041—2016《生物炭基肥料》标准，生物炭质量的评价指标体系、数值要求及测定方法，见表 6-11。

还田和肥料等土壤施用的肥料炭指标包括 H/Corg、O/Corg、pH 值、比表面积、营养元素（N、P、K、Ca、Mg）和微量矿质元素（Cu、Zn、Mo、Ni）等，以及对环境和健康有害污染物控制的相关指标，如 PAHs、PCBs、PCDD/Fs、有害重金属（Cr、Pb、As、Cd、Hg）等 21 项指标。

（2）能源炭

生物炭作为燃料使用，参考煤炭 GB/T 31862—2015《商品煤质量褐煤》和 GB 34170—2017《商品煤质量民用型煤》和 ISO 17225-6—2014 和 ISO 17225-7—2014《Solid biofuels - Fuel specifications and classes》中的非木质颗粒燃料和块状燃料分级标准要求，推荐生物炭质量要求及测定方法，见表 6-12。能源炭应用指标包括全水分、机械耐久性、细颗粒物、灰分、低位发热量、灰熔融点、N、S、Cl 元素，以及重金属（Cr、Pb、As、Cd、Hg）等 19 项指标。

（3）活性炭

活性炭常用于净化水，参考 GB/T 13803.2—1999《木质净水用活性炭》，相应指标及要求详见表 6-13。指标包括碘吸附值、亚甲蓝吸附值、强度、表观密度、水分、pH 值、灰分等 7 项指标。

表 6-11 肥料炭指标要求及检测方法

指标	范围要求（依据）	检测标准
H/Corg	<0.7（EBC、IBI）	DIN 51732
O/Corg	<0.4（EBC）	DIN 51733；ISO 17247
N、P、K、Ca、Mg /（g/kg）		DIN EN ISO 17294-2
pH 值	<10（EBC） 5.5～8.5（NY 525） 6.0～8.5（NY/T 3041）	DIN 10 390；GB 18877
比表面积 /（m²/g）	>150（EBC）	ISO 9277
Cu /（mg/kg）	<100（EBC）	ISO 17294-2
Zn /（mg/kg）	<400（EBC）	
Mo /（mg/kg）		
Ni /（mg/kg）	<50（EBC）	
Cr /（mg/kg）	<90（EBC） ≤150（NY 525） ≤50（NY/T 3041）	ISO 17294-2；GB/T 2334

续表

指标	范围要求（依据）	检测标准
Pb /（mg/kg）	＜150（EBC） ≤50（NY 525） ≤15（NY/T 3041）	ISO 17294-2； GB/T 2334
As /（mg/kg）	＜13（EBC） ≤15（NY 525） ≤5（NY/T 3041）	
Cd /（mg/kg）	＜1.5（EBC） ≤3（NY 525） ≤1（NY/T 3041）	
Hg /（mg/kg）	＜1（EBC） ≤2（NY 525） ≤0.5（NY/T 3041）	DIN EN1483； GB/T 23349
PAHs /（mg/kg）	12（EBC）	GB/T 32952
PCBs /（mg/kg）	0.2（EBC）	GB/T 28643
PCDD/Fs /（mg/kg）	20（EBC）	

表 6-12 能源炭指标及检测方法

指标	范围要求（依据）	检测标准
全水分 / %	≤15（ISO 17225）	ISO 18134-1
机械耐久性 / %	≥96（ISO 17225）	ISO 17831-1
细颗粒物 / %	≤5（ISO 17225） ≤30（GB/T 31862） ≤15（GB/T 34170）	ISO 18846
低位发热量 /（MJ/kg）	≥14.5（ISO 17225） ≥12.5（GB/T 31862） ≥21.0（GB/T 34170）	ISO 18125
灰分 / %	≤10（ISO 17225） ≤30（GB/T 31862）	ISO 18122
N/%	≤2（ISO 17225）	ISO 16948

续表

指标	范围要求（依据）	检测标准
S/%	≤0.3（ISO 17225） ≤1.5（GB/T 31862） ≤1.0（GB/T 34170）	ISO 16994
Cl/%	≤0.3（ISO 17225） ≤0.15（GB/T 31862；GB/T 34170）	
Cu/（mg/kg）	≤20（ISO 17225）	
Zn/（mg/kg）	≤100（ISO 17225）	
Ni/（mg/kg）	≤10（ISO 17225）	
Cr/（mg/kg）	≤50（ISO 17225）	
Pb/（mg/kg）	≤10（ISO 17225）	
As/（mg/kg）	≤1（ISO 17225） ≤40（GB/T 31862） ≤20（GB/T 34170）	ISO 16968
Cd/（mg/kg）	≤0.5（ISO 17225）	
Hg/（mg/kg）	≤0.1（ISO 17225） ≤0.6（GB/T 31862） ≤0.25（GB/T 34170）	
P/%	≤0.1（GB/T 31862；GB/T 34170）	GB/T 216
F/（mg/kg）	≤200（GB/T 34170）	GB/T 4633
灰熔融点/℃	需给出具体数值	CEN/TS 15370-1

表6-13 活性炭指标要求及检测方法

指标	范围要求（依据）	检测标准
碘吸附值/（mg/g）	≥900（GB/T 13803.2）	GB/T 12496.8
亚甲基蓝吸附值/（mg/g）	≥105（GB/T 13803.2）	GB/T 12496.10
强度/%	≥85（GB/T 13803.2）	GB/T 12496.6
表观密度/（g/mL）	0.32～0.47（GB/T 13803.2）	GB/T 12496.1
水分/%	≤10（GB/T 13803.2）	GB/T 12496.4
pH值	≥5.5～6.5（GB/T 13803.2）	GB/T 12496.7
灰分/%	≤5（GB/T 13803.2）	GB/T 12496.3

6.2.2.2 热解气

热解气质量要求应按照农业行业标准《生物质热解燃气质量评价》(NY/T 3898—2021)执行,具体要求见表 6-14。

表 6-14 热解气质量评价指标体系

指标/单位	技术指标		
	一类	二类	三类
低位发热量[①]/(MJ/m³)	>14	>10	>4.6
焦油和灰尘含量/(mg/m³)	<10	<10	<15
一氧化碳含量(体积分数)/%		<20	
硫化氢含量/(mg/m³)		<20	
氧含量(体积分数)/%		<1	
氨含量/(mg/m³)		<50	
萘含量[②]/(mg/m³)	<50×10²/P(冬天) <100×10²/P(夏天)		

注:在确保燃气中萘不析出前提下,各地区可根据当地燃气管道埋设处的土壤温度规定本地区燃气中萘含量。当管道输气点的绝对压力(P)小于 202.65kPa 时,压力(P)因素可不参加计算。
①热解燃气体积(m³)指在 101.325kPa,15℃状态下的体积;
②萘指萘和它的同系物 α-甲基萘及 β-甲基萘。

现有人工煤气将热值分为 2 类,低位发热量分别为大于 14MJ/m³ 和 10MJ/m³,气化气的低位发热量大于 4.6MJ/m³。考虑技术先进性、燃气使用安全性和现有热解工程燃气的实际情况,参考人工煤气和气化燃气相关标准,将热值指标定为 3 类,低位发热量分别为大于 14MJ/m³、大于 10MJ/m³ 和大于 4.6MJ/m³,一类最高,三类最低。低位发热量的测定应按 GB/T 12206—2006 的规定执行。

参考沼气、人工煤气和气化气相关标准,将焦油和灰尘含量分为两个等级,一类、二类均要求小于 10mg/m³,三类需大于 15mg/m³。焦油和灰尘含量的测定应按 GB/T 12208—2008 的规定执行。

热解燃气中,有微量氨产生,其对燃气管道、设备及燃具有腐蚀作用,特别是铜件,而且氨对人的呼吸道具有刺激性,在燃烧时产生的氮氧化物气体会对环境造成污染。但氨对硫化物产生的酸性物质有中和作用,因此,燃气中含有微量氨有利于金属管道和设备。根据人工煤气要求,氨含量应小于 50mg/m³。氨含量的测定应按 GB/T 12208 的规定执行。

萘是双环芳香烃类化合物,在低压或高温时以气体状态存在,压力升高或温度降低时直接由气体凝结成固体,容易堵塞管路。热解燃气制备过程中存在热解油,萘含量较高，有一定毒性，会危害人类健康。在温度较低时，气态萘会以结晶状态析出，附着在管壁，使管道流通截面变小，甚至堵塞。根据人工煤气要求，萘含量应小于 $50×10^2/P$（冬天）和 $100×10^2/P$（夏天），其中 P 为输送管网起点的绝对压力。萘含量的测定应按 GB/T 12208—2008 的规定执行。

6.3 技术工艺与装备

6.3.1 影响因素

影响生物质热解炭气联产的因素很多，其中起主要作用的因素有：样品的原料特性、热解温度、升温速率、反应时间、压力、气氛、催化剂等。这些因素会影响生物质热解过程以及制得生物炭的产量和品质。在热解反应过程中，由于理化特性的差异，也会引起不同的传质传热限制，最终导致热解反应的速率和热解特性都产生特别大的差异。

6.3.1.1 原料特性

生物质原料的种类、粒径尺寸、全水分等对生物质热解都有一定影响。生物质中通常含有一定量的灰分，这些灰分在热解后，绝大部分都残留在生物炭中，所以生物质灰分含量越大，热解后的生物炭产量通常越大，这也是原料种类对生物炭产量影响的主要原因。在管式炉上进行生物质热解试验研究，对比农作物类和木材类生物质在相同热解条件下生物炭产量的差异，发现 6 种生物质原料（稻壳、稻壳糠、油菜秆、芸香木、金丝柚和红胡桃）在 400℃ 下热解得到的炭产率达 20%～30%，其中稻壳糠热解得到的炭产率最高为 30%～32%，红胡桃最低为 19.23%。研究发现，在相同反应条件下农作物生物炭的产量高于木材类生物炭。

原料样品粒度主要在传热方面对生物质热解过程产生影响。粒度大的物料要比粒度小的物料传热能力差，大颗粒物料内部升温缓慢，在低温区的热解会持续较长时间，随着物料颗粒度的增加，热解炭产量也会增加。但较大颗粒度会严重影响热传递，给后期的 TG 分析带来较大误差，颗粒内外温差大，会导致严重的传热滞后现象，且颗粒外层的热解产物来不及扩散，会影响内部热解的进行，因此选择合适的样品粒度对热解生物炭得率很重要。

原料含水量对热解反应机制具有重要影响，水分过多会降低生物炭产量。利用热重质谱联用分析仪对水分含量不同的稻秆进行热解试验研究，并对热解过程的动力学特性进行分析。结果显示，稻秆中水分含量越高，稻秆干燥阶段所需能量越多，稻秆的热解反应会延迟，但同时也会促进稻秆的热解。另外，随着水分含量的增大，生物炭产量减小。这主要是水分析出会引起一些物理效应：由于水分的存在，生物质组成成分的玻璃态转化温度会降低90℃左右。在特定温度下，水分会降低熔融状态下聚合物的粘性，加速蒸汽和气体气泡的生成和析出，从而生成更多挥发性物质，降低生物炭的产量。

6.3.1.2 热解温度

生物质热解温度对生物炭产量和性质有很大影响。热解温度越高，生物炭产量越小，但高温能优化生物炭性质，使其芳香化结构增强、比表面积增加、孔隙率提高和吸附能力提升。通过热解温度（300℃、400℃、500℃）对于油松热解的生物炭产量、物理性质及结构的影响研究发现，当热解温度由300℃上升到500℃，生物炭的产量由60.7%急剧减小到14.4%，同时炭化程度随着温度的上升而增加，生物炭中碳含量由63.9%增加至90.5%，氢和氧含量相应减小，碳元素重新排列成稳定的形式。为了探究热解温度对生物炭产物特性的影响，对玉米芯进行了不同温度下（300~750℃）的热解研究，结果表明，随着热解温度从300℃增加到600℃，生物炭产量减少了77%。BET比表面积测试表明，热解温度为300℃时，生物炭的比表面积很低（0.71m^2/g）；当温度增加到450~600℃时，由于挥发分的释放，生物炭的比表面积显著增加（27m^2/g）；随着热解温度继续增加到750℃，生物炭发生融化和沉积，导致表面已形成的一些空隙闭合，从而使得比表面积减小。因此，450~600℃较有利于热解生物炭形成孔隙结构。SEM显微图像显示，生物炭的颗粒结构的变化受热解温度的影响，450~600℃下形成的生物炭最有转化为活性炭的潜力。

热解终温为400℃、500℃和700℃时，棉籽饼热解生成的生物炭对水溶液中Ni离子的吸附性研究表明，当热解温度由400℃上升到700℃，所得生物炭对Ni离子的吸附性相应增强，这是由于生物炭的吸附性与其表面积存在正相关的关系，而温度增加使得炭的BET比表面积明显增加，进而提高了炭的吸附能力。

6.3.1.3 升温速率

升温速率对热解过程机制及所得生物炭的性质都具有重要的影响。随着升温速率的增加，热解反应移向高温区，失重率增加。另外，提高升温速率会降低生物炭产量，但可以增加生物炭的孔隙结构。将榛子壳在热重分析仪中进行热解，环境气氛为流速40mL/min的氮气，温度由室温上升到900℃，升温速率分别为5℃/min、10℃/min、20℃/min、

30℃/min、40℃/min、50℃/min。研究结果表明，升温速率对热解过程机制及所得生物炭的物理性质都具有重要的影响。一方面，升温速率越高，生物质的最大分解速率越高，生物炭的产量越低；另一方面，在较高的升温速率下，生物炭产生较多的分裂结构，生物炭颗粒中存在较大孔洞。而且，从 SEM 图像中可以看出，高升温速率下生成的炭颗粒中，存在一些小尺寸的颗粒结构。

当升温速率分别为 5℃/min、10℃/min、15℃/min、20℃/min、25℃/min 时，通过分析油茶壳热解的特征参数，结果发现，油茶壳热解主要经历 3 个失重阶段，依次为水分损失阶段、主热解阶段和碳化阶段。从 TG 和 DTG 曲线上可以看到，在水分损失阶段，原料样品的质量损失随着升温速率的增大而减小，水分约占总失重的 3%；主热解阶段，最大降解速率峰值随着升温速率的增大，整体向高温区偏移，这主要是由于升温速率过快，不利于生物质内外部的能量及时转换，从而提高了反应温度，有机热解失重约占总失重的 80%；520℃ 后为炭化阶段，质量损失较缓慢，样品失重速率基本不随升温速率变化，热解失重占总失重的 10%。

6.3.1.4　反应时间

反应时间是生物质热解非常重要的一个参数。在恒定热解温度和升温速率等条件下，反应时间的延长会增加生物炭的产量，对生物炭的灰分含量及元素组成也有一定影响。通过设定系列热解温度（250～450℃）和反应时间（2～8h），研究稻秆热解所得生物炭的性质及其对土壤性质的改善效果。试验数据显示，生物炭的产率随着反应时间的延长而增大，但反应时间对炭产率的影响效果远小于热解温度。反应时间越长，生物炭的灰分含量越大，从 20% 增长到 53%，挥发分含量减小，C 元素含量呈现波动状态，N 元素含量由 0.97% 增至 1.73%，C/N 原子比值减小，K 元素和 P 元素含量增加。为研究固体热载体加热条件下生物质的热解挥发特性，利用粒子图像测速技术对陶瓷颗粒与生物质粉的混合流动规律进行了试验研究，并分析了生物质颗粒在下降管内停留时间的计算方法。在生物质快速热解中，生物质颗粒原料反应时间越短，热解油液体产物所占的比例就越高，热解所得生物炭所占的比例越小。因此反应时间是一个非常重要的热解参数。

6.3.1.5　催化剂种类

催化剂对生物质热解过程以及生物炭的产率都有很大的影响，向生物质中添加极少的无机物质能够明显改变其热解行为，不同的催化剂种类与混入量对热解过程的影响不同。研究甘蔗渣和木屑在不同升温速率、不同热解温度和不同铁元素含量催化下的慢速热解反应特性，在催化试验部分，设置热解温度为 400℃、反应时间为 3h，考察了铁元素催化剂混入比例为 0、10%、25%、40% 和 50% 时，对热解产物产率的影响。结果显示，随着铁元素催化剂含量的增大，液体和其他产物产量增加，而生物炭产量减少。通过不同升温速率下杉木的热重试验，对比分析钾盐催化杉木热裂解动力学特性。借助 DTG 重叠峰的分离以及分布活化能模型计算不同转化率条件下的反应活化能，发现钾盐对生物质中半纤维素的低温段分解和纤维素的整个热裂解过程存在催化效果，使失重曲线肩状峰衰退乃至消失，并促进脱水和交联反应，导致生物炭产率的提高和残碳的有序化，体现为生物炭产量从 16.3% 提高到 25.3%，而且 80% 转化率后残碳分解活化能急剧提高。

6.3.1.6 热解压力

热解压力对热解过程有较大影响，压力升高会减小生物质活化能，提高热解速率，增加生物炭的产量。利用热重技术，在 0.1~0.6MPa 的压力下，对木屑进行了热解试验。结果表明，随着压力增加，木屑的最大失重速率从 21.76%/min 降低至 11.22%/min，挥发分析出量减少，失重越大，气体产量越小，使得生物炭产量增加。另外，当压力由 0.2MPa 升高至 0.6MPa 时，木屑的活化能从 49.383kJ/mol 减少到 41.608kJ/mol，其反应性能得到了很大提高。

6.3.1.7 反应气氛

生物质热解可以在空气、O_2、惰性气体（包括 N_2、He）以及真空或加压等氛围内进行，不同氛围下，对热解特性曲线以及生物炭产率的影响也不尽相同。现今的研究多在空气、氧气以及惰性气体中进行。反应气氛的气体流量对生物炭产量的影响较显著，在喷动循环流化床落叶松树皮快速热解过程中，针对气体流量对热解产物产率的影响进行研究，结果显示，随着气体流量的增加，热解油产率增大，不可冷凝气体产率变化不明显，而炭产率下降，这主要是由于在 15~30m³/h 范围内，气体流量增大使落叶松树皮颗粒在气固两相界面上产生的气体浓度降低，产生的热解气体能够立刻脱离颗粒表面，同时产生的热解气体在反应器内停留时间缩短，有利于提高热解油产率，降低炭的产率。

惰性保护气的种类对生物炭产量及性质的影响不大。将稻壳、森林残留物和木屑放置在不同气氛（N_2 和 CO_2）的下降管式炉中，对其在 950℃ 下热解生成的生物炭的特性进行分析。对于 3 种样品的热解，N_2 气氛下的质量损失均稍大于 CO_2 气氛下的质量损失，说明 N_2 能增强挥发分的析出。生物炭产物在两种不同气氛下几乎没有形态差异，N_2 气氛下炭的反应性始终低于 CO_2 下的反应，微孔体积也比 CO_2 下的略小。总体来说，这两种不同的气氛下生产的生物炭的形状、结构、表面积及反应性等特征基本相似，差异不明显。

6.3.2 典型技术工艺

6.3.2.1 工艺流程

典型的连续式热解炭气联产技术工艺如图6-4所示，农作物秸秆等生物质进行粉碎和干燥等预处理后，装入热解移动床中，进行一次热解。热解一般采用部分燃气回用为系统供能，生物炭经冷却后作为炭产品。生成的热解气在高温条件下先进行净化除尘，然后再经过多级冷凝，脱除热解油、木醋液等产品，清洁热解燃气通入储气柜，可供户用发电或工业供气，该工艺没有热解油等液态产品。

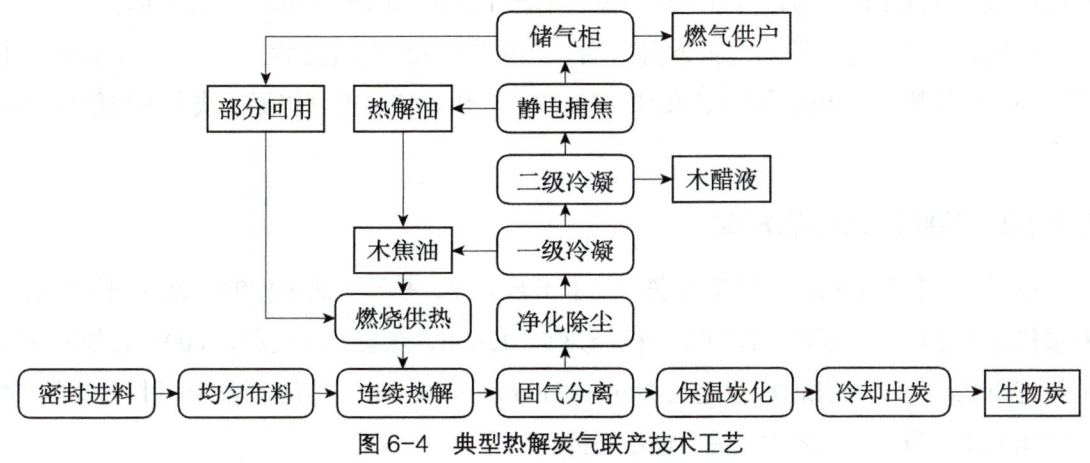

图6-4 典型热解炭气联产技术工艺

连续热解炭气联产技术工艺主要包括连续热解和热解气净化分离2个工艺过程，连续热解工艺主要包括密封进料、均匀布料、连续热解和保温热解等工段，通过分段处理工艺，可有效提升产品品质和设备生产率。热解气净化分离工艺主要包括除尘、多级组合冷凝和洗气等。另外，通过燃气/燃油回用燃烧，减少生产外部输入性能源消耗并保障清洁生产。

密封进料是指将原料从料仓输送至热解设备料斗内，并采取必要措施保障进料时系统的密封性。物料喂入时要尽量减少空气带入量，保证反应室内的低氧和微正压工作环境；物料喂入后，要通过适时启停上料机构将物料保持在一定的高度区间，达到设备进料密封的目的。

均匀布料指将料斗内物料尽可能均匀地推送至热解设备反应室内。原料喂入的均匀一致性，对连续热解设备运行稳定性和生物炭品质均会产生重要影响。另外，均匀布料工序要求相应机械输送系统对不同类型和粒径的原料具有比较广泛的适应性。

连续热解是工艺系统的核心，在回转反应室内物料翻转前进，同时在外部热源的作用下受热分解，该过程中物料主要经历干燥脱水、受热裂解2个过程，分段连续式热解过程，对于提升设备生产效率，改善生物炭品质均有积极影响。

保温热解指受热分解后的生物炭不直接排出，而是在系统内继续保温熟化一段时间。保温熟化的生物炭一般经过序批的形式输送至冷却出炭系统。另外，保温热解工艺使回转热解与冷却出炭工艺分开，可避免或减少因热解油骤然冷却而附着在生物炭上。

冷却出炭经保温热解后产出的高温生物炭需要适当冷却，以防止出炭后与空气接触而自燃；此外，出料时一般需采取必要的密封措施，尽量减少空气从出炭口混入热解系统，影响系统运行安全性和产品品质。

热解气净化分离部分可采用旋风除尘、多级冷凝和洗气等组合除尘脱焦技术工艺，对热解原始气进行净化分离，可有效避免传统水洗工艺造成的热解油二次污染问题。

回用加热是经净化除尘与油水分离后，热解副产品主要包括可燃气体、热解油和木醋液等。回转热解采用的外部热源由热解油和部分热解气回用燃烧提供或者由热解气燃烧提供。

6.3.2.2 热解产物影响规律

以玉米秸秆为原料，采用炭气联产技术工艺流程，基于中式规模的连续式回转热解炉开展热解工艺试验，玉米秸秆粉碎后粒径为5~13mm，热解温度设定为600℃，热解炉压力设定30Pa，热解加热时间设定为20min、30min和40min，探究连续热解过程中各产物的影响规律，为热解工艺优化提供理论支持。

（1）各相产物分布规律

图6-5反映了原料处理量和三相产物产率与热解时间的关系，其中主纵坐标表示产物产率，次纵坐标表示原料处理量，横坐标表示热解时间。由于三态产物收集方式不同，加上系统误差，导致可收集三态产物总质量为物料的90%左右。

对比分析，随加热时间的延长，即热解炉转速降低，原料处理量下降，符合加热时间与原料处理量成反比的规律；从产物产率来看，随着加热时间延长，气态产物和液态产物的产率有明显变化，生物炭产率略有降低，但变化不大。分析可知，当加热时间为20min时，原料处理量为19.50kg/h，液体产率在该条件下为气相，占比29.68%，热解气产率为26.50%，因此反应炉内粗热解气质量约为10.96kg；同理，当加热时间为40min时，粗热解气质量约为4.99kg，在等温条件下（均为600℃），热解炉内气体体积缩减约50%，因此罗茨风机会自动降低约50%的引风量以保证炉内压力一致（均为30Pa），因此推出热解时间从20min延长至40min后，粗热解气溢出的流速降低了50%，即气相产物在炉内的停留时间延长了1倍，对比可知，气体产率提高了9.40%，液体产率降低了8.18%，推断粗热解气在较长的加热时间内发生了二次裂解反应，将粗热解气中可冷凝的大分子物质分解成了小分子气体，进而减少了液体产物产率，提高了气体产物产率。

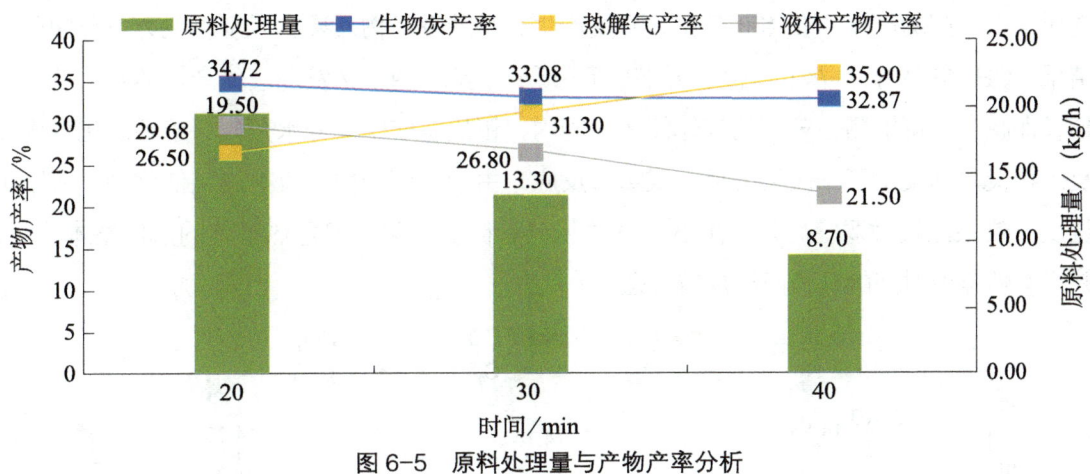

图 6-5　原料处理量与产物产率分析

（2）生物炭特性

不同滞留时间对应的玉米秸秆炭理化特性如图 6-6 所示。从图中可以看出，物料滞留时间为 16min 时，挥发分和固定碳含量分别为 20.09% 和 55.63%，生物炭中的挥发分含量高而固定碳含量偏低，说明此工艺条件下挥发分析出不理想，生物质第 2 和第 3 阶段的理化反应不充分。当物料滞留时间增加至 24min 和 32min 时，玉米秸秆炭中挥发分分别降至 12.17% 和 8.72%，而固定碳含量分别增加至 61.99% 和 64.70%。说明玉米秸秆热解炭化时间缩短虽能大幅增加设备的生产处理能力，但对生物炭品质的影响很大。

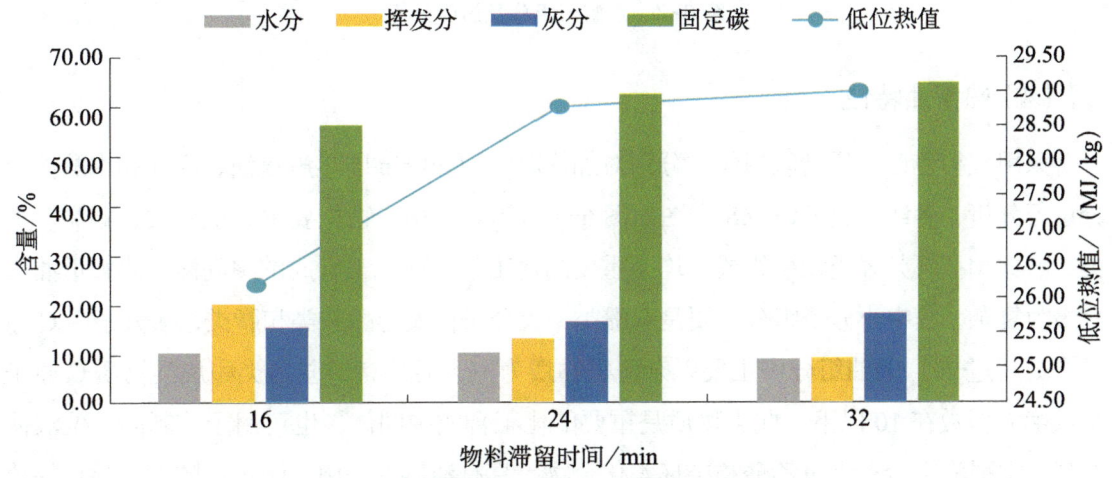

图 6-6　连续热解条件下的玉米秸秆生物炭特性

(3) 热解气组分及热值

可以看出，随着热解时间的延长，H_2、CO_2 和 CH_4 含量略有升高，一般认为 H_2 是生物质二次热解的产物，在 400℃ 左右开始产生，是芳香烃物质聚合以及氢化芳香环脱氢的结果，CH_4 主要由芳香烃、环烷烃侧链断裂形成。结合图 6-7 发现液体产物随着热解时间延长而减少，可推测在较长的气体停留时间内，粗热解气中部分水蒸气、芳香烃化合物以及生物炭之间发生了二次裂解反应或重整反应，由于热解炉内并没有加装催化剂，所以重整反应效果比较微弱。另外，虽然各气体组分有微弱变化，但是热解气的热值基本稳定，并没有随停留时间的延长而出现较大差异。

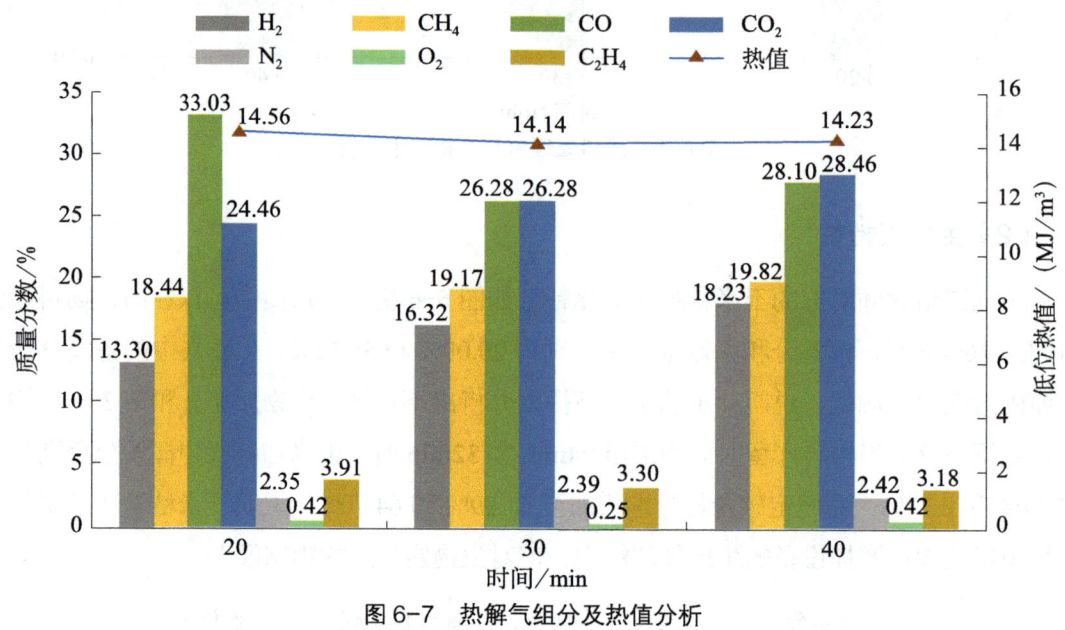

图 6-7 热解气组分及热值分析

(4) 热解油特性

采用气相色谱-质谱联用仪，分别对加热时间为 30min 的热解重油、轻油和木醋液组分进行分析，各级产物 GC-MS 谱图如图 6-8 所示。各相产物主要由有机酸类、酮类、酚类、醛类和稠环芳烃类物质组成，均为重要的化工原料或化工合成的中间体。热解重油组分最为复杂，其中小分子组分主要是苯酚类，大分子物质为酰胺类和脂类，大分子中 C 原子个数超过 20。轻油组分中主要以杂酚类物质为主，另外有一些烯类和炔类物质 C 原子个数绝大多数在 10 以下，此类物质是重要的化工合成中间体，也可用于炼制高品位液体燃料。木醋液中含有大量乙酸和杂环类化合物，具有消毒、杀菌、防虫、防腐和除草等功能，是一种环境友好的农业植保产品，但木醋液中 90% 以上为水分。

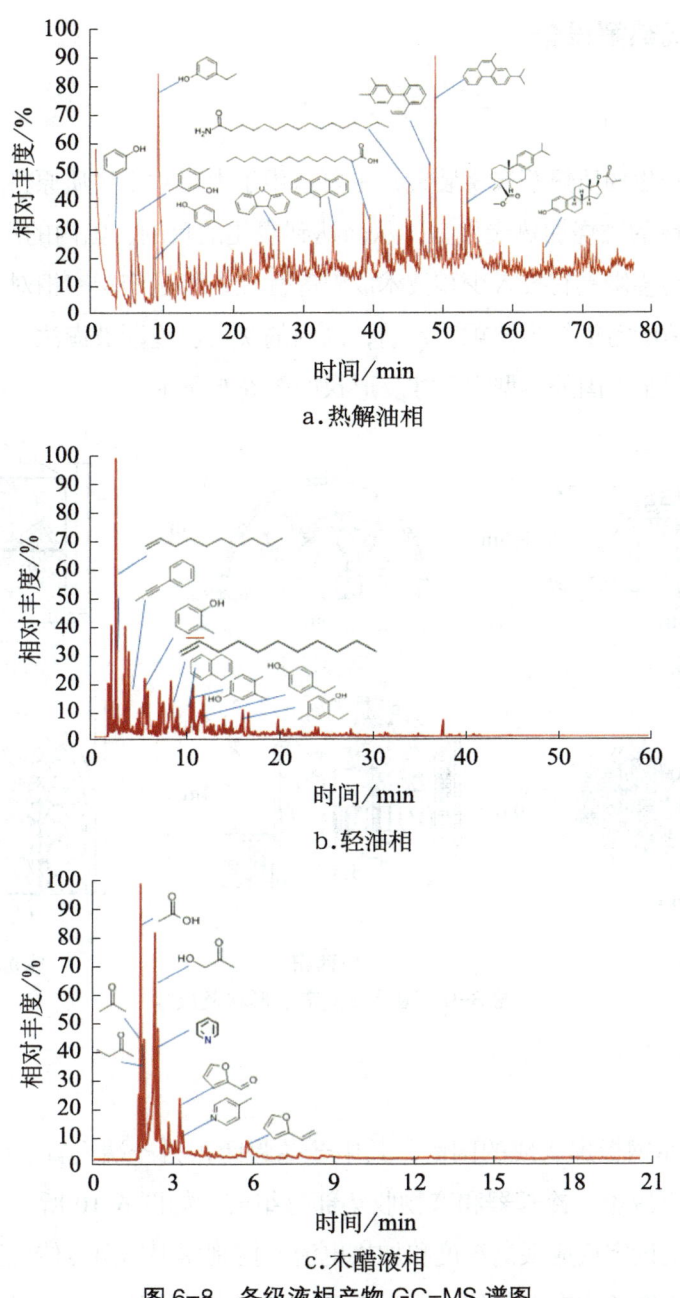

图 6-8 各级液相产物 GC-MS 谱图

6.3.3 热解炭气联产设备

目前，生物热解炭气联产技术有多种技术类别，国内外已开发出多类以热解炭化反应装置为核心的联产设备。热解炭化反应装置主要包括窑式、干馏釜式等序批式，竖流进料、横流进料等连续式设备，其中连续式生物质热解炭气联产是今后发展趋势。

6.3.3.1 序批式热解设备

（1）窑

窑是最古老的生物质热解炭烧装置，主要适用于大尺寸生物质原料的热解炭化。其工作原理是通过燃料的燃烧加热炭化室，从而达到炭化的目的。国内的炭窑一般用于木材、竹材的烧炭。炭窑烧炭具有投入少和技术成熟等优点，但是产炭率相对较低，而且资源浪费量较大，对环境的污染较为严重。目前，国内的炭窑已逐渐被淘汰，而在国外一些发展中国家仍然在使用窑，国外典型窑尺寸及形状如图6-9所示。

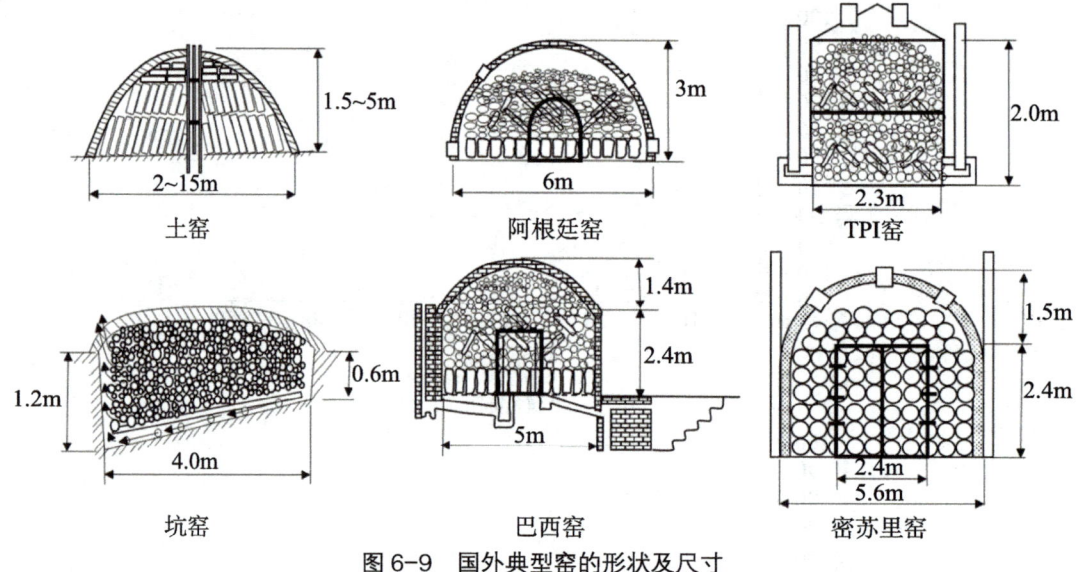

图6-9 国外典型窑的形状及尺寸

（2）干馏釜

干馏釜是用厚钢板焊制成的圆筒，其中一端封闭，另一端设置釜门。干馏釜热解反应器有控制器、反应釜、冷却器和产物收集部分组成，如图6-10所示。根据反应条件的要求，在控制器上设定反应最高温度和加热电流，控制器根据温度传感器的温度控制是否对反应器加热，干馏釜内有温度传感器，指示干馏釜内的物料温度，温度传感器虽不能反映干馏釜内各处的温度，但在一定程度上代表了炉内温度的趋势。随着干馏釜内温度的升高，生物质开始热解反应，析出的水分、挥发分被离心风机迅速抽出，在冷凝器处水蒸气和大分子可冷凝挥发分液化，液体产物流入下方的收集瓶中，不可冷凝挥发分通过离心风机进入气体收集袋中。

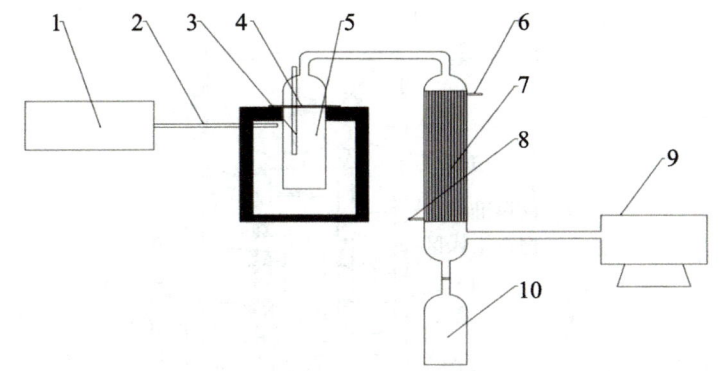

1—控制器；2—温度传感器1；3—温度传感器2；4—隔板；5—反应釜；
6—冷却水出口；7—冷却器；8—冷却水进口；9—离心风机；10—集油瓶。

图 6-10　干馏釜反应器

6.3.3.2　连续式热解设备

连续式热解设备按进料方式可分为竖流式和横流式，两种类型所涉及的主要部件类似，主要有：进、出料机构，保证物料的连续进入与排出；物料压实机构，保证物料在炉体内的均匀分布；防爆阀，防止炉内因高温高压发生爆炸；引风系统，保证热解气及时排出，防止炉内压力过大；温度传感器，实时监测炉内运行情况；冷凝系统，保证气态产物中的可冷凝物质分离；监测系统，保证整个系统的有序、稳定的运行；以及一些根据不同功能需求所增加的其他部件，如气体净化装置、燃烧系统等。竖流式和横流式的主要区别在于，竖流式物料在炉内依靠重力下落，横流式需要利用螺旋机构或者螺旋抄板，迫使物料横向移动；此外，横流式不需要物料压实结构。以下列举几种典型的相关设备。

（1）竖流连续热解设备

图 6-11 为竖流连续式生物质热解设备，主要由喂料关风器、喂料斗、压实器、炉盖、炉体、引风口、检测进风孔、螺旋输送器、出料关风器、烘干器、吊车、扰动器、炉门等组成。喂料斗通过喂料关风器连接在炉盖上，炉盖与炉体通过水封槽连接，可增加设备的密闭性。引风口分为上、中、下3个，引风道分为上、中2个，上引风口与上引风道连接，中引风口与中引风道连接，下引风口直接与炉膛连接。设备最下端的出料三通、螺旋输送器和出料关风器组成设备的冷却出料区。设备作业时，原料经喂料斗与喂料关风器进入炉膛，炉膛内料位基本保持不变。随着出料口不断出炭，上层物料有序下行并逐渐被热风烘干，进入热解区后部分物料开始缓慢燃烧并迅速热解，继续下行，在绝氧与保温环境中继续热解，热解完成后，高温生物炭在出料三通和螺旋输送器中适当冷却，最后经出料关风器出炭。

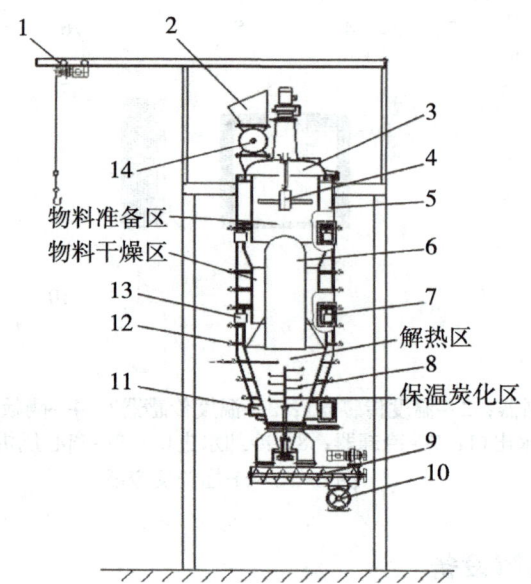

1—吊车；2—喂料斗；3—炉盖；4—压实器；5—炉体；6—烘干器；7—引风口；8—扰动器；
9—螺旋输送器；10—出料关风器；11—炉门；12—检测进风孔；13—引风道；14—喂料关风器。

图 6-11 内加热竖流连续式生物质热解设备

（2）横流移动床热解设备

图 6-12 为连续热解炭气联产设备，主要由生物质连续热解系统、热解气多级净化分离系统、燃气/燃油回用燃烧系统、序批密封上料系统、保温密封出炭系统，以及在线监测与安全预警系统等组成。该设备突破了多线螺旋抄板物料均匀有序输送、多腔旋流梯级高效换热、保温沉降密封出炭、系统压力与气体组分耦合预警等技术，运行稳定、工作可靠，可实现生物质连续清洁多联产，并有效减小外部能源输入。运行测试结果表明，该设备炭得率为 31.3%，燃气热值为 16.3MJ/m³，温度控制精度为 ±10℃，压力控制精度 ±10Pa。连续式热解炭气联产生产率高、炭化均匀，适用于工业化推广

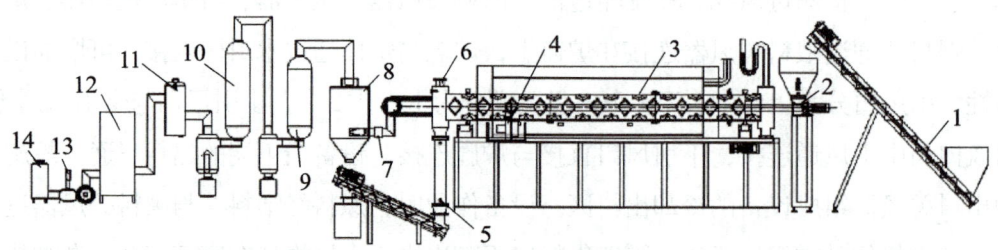

1—上料机；2—螺旋喂料器；3—热解设备；4—热风炉；5—冷却出炭装置；
6—防爆装置；7—金属阻火器；8—除尘器；9—一级冷凝器；10—二级冷凝器；
11—电捕焦油器；12—洗气装置；13—鼓风机；14—水封阻火器。

图 6-12 连续热解炭气联产设备

6.3.4 热解油气燃烧设备

6.3.4.1 热解气净化系统

在生物质热解炭气联产过程中,难以避免具有较高的腐蚀性和黏性的热解油等产生,不仅降低了热解效率,影响了设备运行,而且直接排放会造成严重的环境污染。热解气未经过提质,其热值较低并且含有一定量的有机硫和无机硫,硫燃烧会产生硫化物,排放到空气中会造成环境污染。此外,硫的存在会使催化热解过程中催化剂失活,因此对热解气提质以及提高热解油高效转化具有重要的意义。

图6-13为一种组合式燃气净化系统,该系统主要包括水气分离罐、脱硫罐、进气主管和出气主管,沿燃气的运行方向依次连通有进气主管、水气分离罐、脱硫罐和出气主管;水气分离罐和脱硫罐的下部连通有放水总管;水气分离罐包括底脚、封盖、进气口、水气分离罐体、出气口、上封盖和吊耳;水气分离罐体的下端安装有下封盖,上端安装有上封盖。本系统具有结构简单、操作简单、设计合理紧凑的特点,通过设置水气分离罐和脱硫罐,实现了燃气的分离和净化,满足了环保要求。

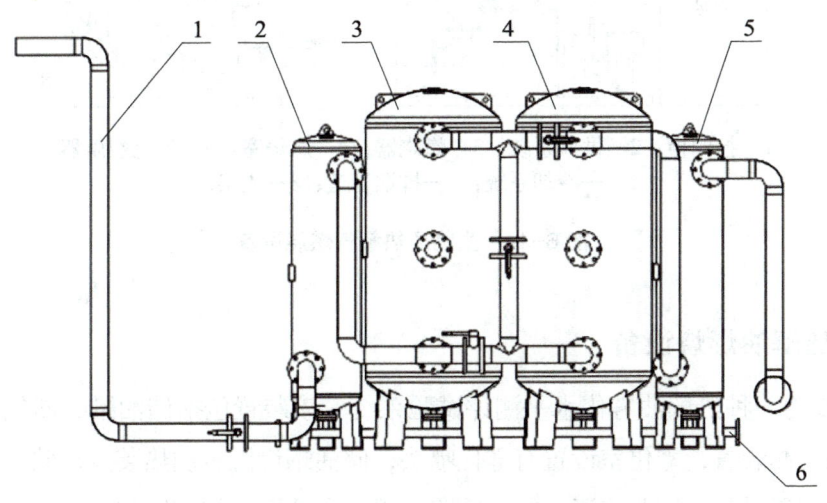

1—进气主管;2—第一水气分离罐;3—第一脱硫罐;
4—第二脱硫罐;5—第二水气分离罐;6—放水总管。
图6-13 组合式燃气净化设备

6.3.4.2 热解气燃烧设备

图6-14为生物质热解气燃烧设备。主要由供风系统、燃烧器、燃烧室、催化裂解器、

冷却系统、排烟管道、控制柜及支架组成。供风系统由风机、液化气供风管路、生物质热解气供风管路及各管路的控制阀门组成。催化裂解装置由310S不锈钢加工而成，置于火焰外焰处，以获得较高的催化温度。换热装置采用风冷列管换热器原理将高温热烟气从800℃降到200℃以下，以满足烟气分析仪采样时对温度的要求。燃气管路设置两级电磁阀门保护，故障时及时切断燃料。整个控制系统采用PLC总体控制，通过组态软件开发了人机界面，操作方便，运行安全可靠。

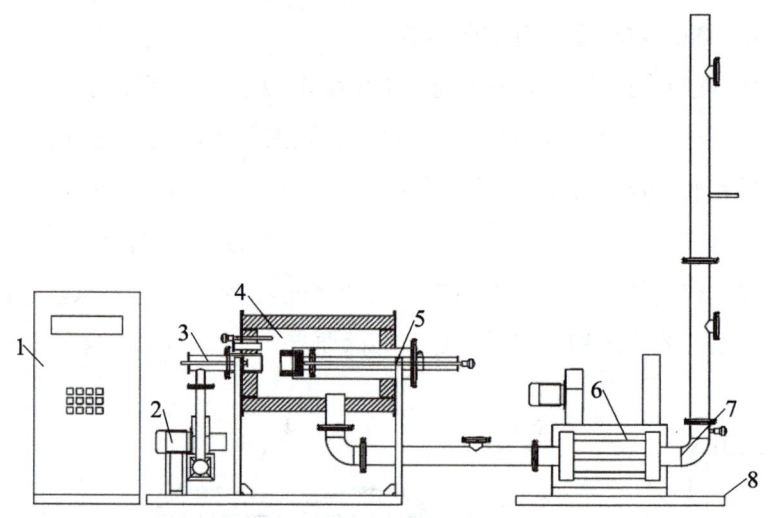

1—控制柜；2—供风系统；3—燃烧器；4—燃烧室；5—催化裂解器；
6—冷却系统；7—排烟管道；8—支架。

图6-14 生物质热解气燃烧设备

6.3.4.3 热解油燃烧设备

图6-15为一种热解油雾化水平测评试验系统。该装置包括储油罐、储气罐、雾化室和雾化效果检测装置，雾化室设置有雾化喷头，储油罐设置有加热装置，储油罐与雾化喷头的第一端口通过第一管路连通，第一管路上设置有油泵，储气罐与雾化喷头的第二端口通过第二管路连通，储气罐通过管路连接有空压机，第二管路上设置有加热室，雾化室下端设置有回收漏斗，雾化效果检测装置用于检测雾化室内物质的雾化颗粒度。热解油雾化水平测评试验系统可以研究热解油温度、热解油压力、空气温度、空气压力、热解油改良剂和雾化喷头对热解油雾化的影响，为热解油的充分燃烧提供数据支撑。

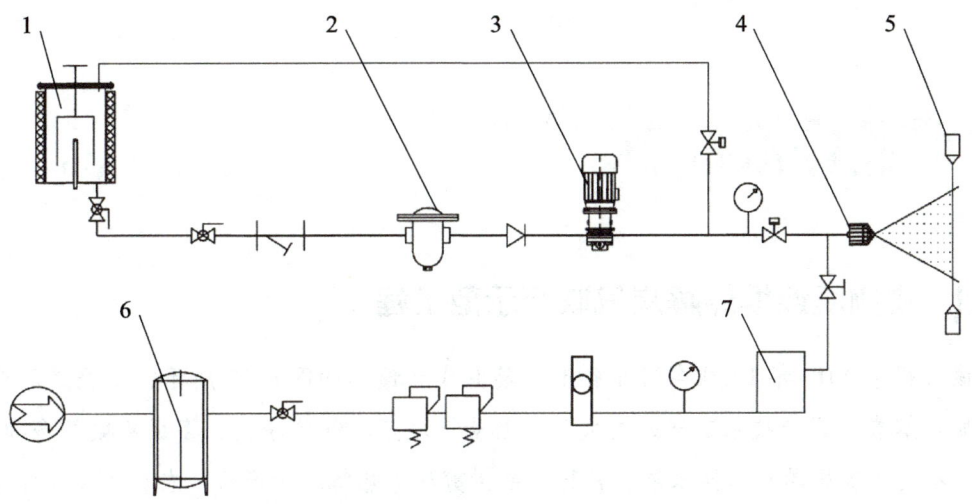

1—储油罐；2—篮式过滤器；3—油泵；4—雾化喷头；
5—检测装置；6—储气罐；7—加热室。

图 6-15　热解油雾化水平测评试验系统

图 6-16 为生物质热解油燃烧试验系统，主要由空气供气装置、热解油供油装置、热解气供气装置、燃烧器、燃烧腔、换热器以及采样装置组成。其中燃烧器主要包括鼓风机、高压点火器和雾化喷头；燃烧室设有火焰观察孔，用于观测火焰长度和查看燃烧状态；燃烧室和烟气换热室一体化设计，烟气换热室采用列管换热原理，热烟气流经列管内侧，冷空气流经列管外侧，该结构很大程度上减少了安装空间，实现了烟气的高效换热。

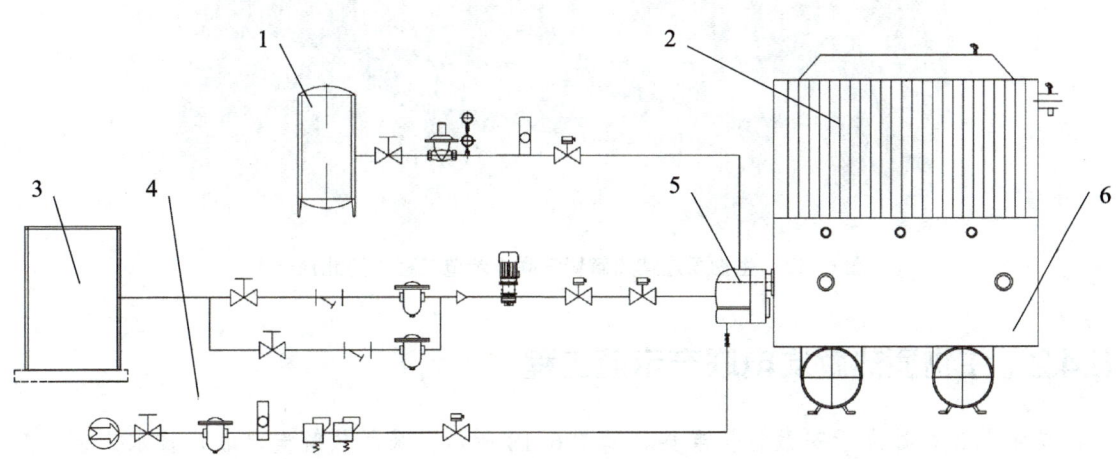

1—空气配气系统；2—烟气换热系统；3—供油系统；
4—热解气供气系统；5—燃烧器；6—燃烧室。

图 6-16　生物质热解油燃烧试验系统

6.4 典型案例

6.4.1 生物质连续热解炭气联产示范工程

该工程于 2017 年 12 月在河北省邢台县完成建设。如图 6-17 所示，工程采用连续式生物质热解炭气联产技术工艺，集成了热解炭气联产、气体净化、多级冷凝等多项技术，可实现不同生物质燃料包括木屑、秸秆、果树剪枝等热解。达产后，农林废弃物处理量为 0.5t/h，实现每小时产燃气 100m³，热值达 18MJ，用于居民炊事和供暖；生产生物炭 0.15t，用作炭基肥原料、燃料等；木醋液 0.08t，用于化工产品原料。农林废弃物年处理量 3 500t 以上，可实现全村农林废弃物的全量化处理，年产生物炭 1 000t，燃气 90 万 m³，气体产物一部分用于为热解炭化炉提供热源，一部分供给当地用户做饭、取暖，采取的供暖模式为"生物质气炭联产＋燃气管网＋壁挂炉采暖"集中供气模式。

图 6-17　生物质连续热解炭气联产示范工程（河北邢台）

6.4.2 生物质热解炭电联产示范工程

该示范工程建立于安徽省长丰县。如图 6-18 所示，采用热解炭电联产技术工艺，集成了生物质热解炭化、热力发电等技术，建成达产后，每年可利用水稻、油菜、小麦秸秆等生物质燃料约 18.76 万 t，年发电量 8 400 万 kWh，年供电量 7.980 万 kWh，可生产生物质炭 4.7 万 t。

图 6-18 生物质热解炭电联产示范工程（安徽长丰）

6.4.3　生物质热解联产联供示范工程

该工程 2013 年建设于湖北省鄂州市。如图 6-19 所示，采用了生物质热解多联产工艺，集合了生物质热解气化、炭化、液化技术，并且将热解气化与发电技术相结合。该项目年处理农林废弃物 5.299 万 t，年产热解气 1 082.44 万 m^3，供周边 6 000 户农户的生活用气，多余燃气用以发电，配套建 3MW 燃气发电机组，年发电 996 万 kWh。项目年产生物炭 11 398t，热解油 1 922t，木醋液 9 516t。

图 6-19 生物质热解联产联供示范工程（湖北鄂州）

参考文献

郝晓文，贾吉秀，姚宗路，等，2020. 秸秆热解炭气联产热解焦油雾化试验 [J]. 农业工程学报，36（23）：250-257.

侯宝鑫，张守玉，吴巧美，等，2015. 生物质热解制备木醋液及其性质研究 [J]. 能源化学学报，43（12）：1439-1445.

侯书林，赵立欣，等，2013. 生物质热解炭化的关键影响因素分析 [J]. 可再生能源，31（6）：90-95.

霍丽丽，赵立欣，姚宗路，等，2017. 秸秆热解炭化多联产技术应用模式及效益分析 [J]. 农业工程学报，

33（3）：227-232.

贾吉秀，赵立欣，孟海波，等，2018. 生物质热解焦油燃烧试验系统设计与试验[J]. 农业机械学报，49（12）：334-339.

李敏，赵立欣，孟海波，等，2015. 慢速热解条件下生物炭理化特性分析[J]. 农机化研究，37（3）：248-253.

李贤斌，姚宗路，赵立欣，等，2017. 生物质炭化生成焦油催化裂解的研究进展[J]. 现代化工，37（2）：46-50.

李小华，焦丽华，樊永胜，等，2015. 纤维素木聚糖和木质素含量对生物质热解特性及产物的影响[J]. 农业工程学报，31（13）：236-243.

刘宣佐，姚宗路，赵立欣，等，2019. 积分方法改进的生物质热解反应速率模型构建[J]. 农业工程学报，35（23）：242-249.

鲁敏，熊祖鸿，房科靖，等，2020. 生物质热解粗燃气催化重整特性和机理研究[J]. 太阳能学报，41（10）：332-339.

牛永红，蔡尧尧，李义科，等，2020. 半焦催化剂对生物质热解产物催化重整的试验研究[J]. 热能动力工程，35（7）：207-214.

谯祖勤，陈思帆，田娟，等，2021. 探究不同热解方式制备生物质炭基肥[J]. 广东化工，48（1）：22-23.

桑小义，李会峰，李明丰，等，2015. 生物质热解油的特性及精制[J]. 石油学报（石油加工），31（1）：178-187.

童晟轩，刘以凡，吕源财，等，2020. 不同生物质热解特性及气体产物释放规律研究[J]. 广州化学，45（3）：1-7, 28.

王才威，张守玉，杨东杰，等，2020. 木醋液制备及形成机理研究进展[J]. 化工进展，39（9）：3723-3738.

姚宗路，仉利，赵立欣，等，2017. 生物质热解气燃烧装置设计与燃烧特性试验[J]. 农业机械学报，48（12）：299-305.

仉利，姚宗路，赵立欣，等，2021. 生物质热解制备高品质生物油研究进展[J]. 化工进展，40（1）：139-150.

仉利，赵立欣，姚宗路，等，2017. 生物质燃气燃烧器技术研究进展[J]. 中国农机化学报，38（1）：111-115.

赵立欣，贾吉秀，姚宗路，等，2016. 生物质连续式分段热解炭化设备研究[J]. 农业机械学报，47（8）：221-226.

赵立欣，孟海波，等，2014. 我国生物质热解特性及工艺研究进展[J]. 节能技术，32（2）：120-124.

赵立欣，孟海波，等，2016. 生物质热解焦油脱除方法研究进展[J]. 化工环保，36（1）：17-21.

郑志锋，郑云武，黄元波，等，2019. 木质生物质催化热解制备富烃生物油研究进展[J]. 林业工程学报，4（2）：1-12.

BROUMAND M, ALBERT-GREEN S, YUN S, et al, 2020. Spray combustion of fast pyrolysis bio-oils: Applications, challenges, and potential solutions[J]. Progress in Energy and Combustion Science, 79: 100834.

GUAN G, KAEWPANHA M, HAO X, et al, 2016. Catalytic steam reforming of biomass tar: Prospects and challenges[J]. Renewable and sustainable energy reviews, 58: 450-461.

LI B, ZHAO L J, XIE X, et al, 2021. Volatile-char interactions during biomass pyrolysis: Effect of char preparation temperature[J]. Energy, 215（pant B）：119189.

LI J P, WANG Y, CHANG Y L, et al, 2021. Cold model testing of in-situ catalyst activation by swirling self-rotation in ebullated bed reactor for biomass pyrolysis oils hydrogenation[J]. Chemical Engineering Journal, 406: 126909.

SHANG H, FU Q L, ZHANG S C, et al, 2021. Heating temperature dependence of molecular characteristics and biological response for biomass pyrolysis volatile-derived water-dissolved organic matter[J]. Science of the Total Environment, 757: 143749.

YAO Z, KANG K, CONG H, et al, 2021. Demonstration and multi-perspective analysis of industrial-scale co-pyrolysis of biomass, waste agricultural film, and bituminous coal[J]. Journal of Cleaner Production, 290（6）: 125819. DOI: 10.1016/j.jclepro.2021.125819

ZHANG L, YAO Z, ZHAO L, et al, 2021. Synthesis and characterization of different activated biochar catalysts for removal of biomass pyrolysis tar[J]. Energy, 232（9）: 120927. DOI: 10.1016/j.energy.2021.120927

ZHOU Y C, CHEN Z Z, GONG H J, et al, 2021. Study on the feasibility of using monolithic catalyst in the in-situ catalytic biomass pyrolysis for syngas production[J]. Waste Management, 120: 10-15.

第 7 章
秸秆捆烧技术

7.1 基本情况

秸秆捆烧技术是指将田间松散的秸秆经过捡拾打捆后,在专门的生物质锅炉中进行燃烧的能源化利用技术,具有运行成本低、原料适应性强等优点,经济、环境效益显著。

7.1.1 捆烧原理

秸秆捆的燃烧是一种由连续的非均相和均相反应组成的复杂过程,燃烧机理的实质是静态渗透式扩散燃烧,先在秸秆表面发生可燃挥发分的燃烧,进行可燃气体和 O_2 的放热化学反应,然后延伸至内部焦炭的渗透燃烧和扩散燃烧,产生的 CO、CO_2 及其他气体溢出表面再和 O_2 接触燃烧,直至可燃物基本燃尽。

秸秆捆烧层燃技术原理见图 7-1,在秸秆捆进入燃烧室后于一侧点火,因点火处配给一次风氧浓度最高,故其燃烧反应最为剧烈,为秸秆捆的主燃烧区域。燃烧过程中秸秆吸收热量发生热解反应,产生挥发分气体和焦炭。在配风、引风机的作用下,挥发分随配风进入二次燃烧区,挥发分中可燃气体与二次风混合形成二次燃烧区;最后为三次燃烧区,在焦炭及残余可燃气处配备三次风,实现焦炭和残余可燃气的充分燃烧。

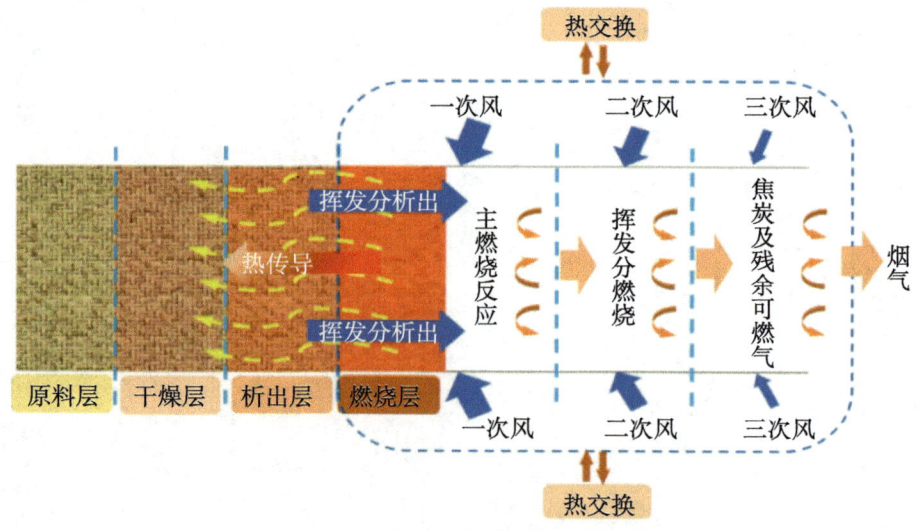

图 7-1 秸秆捆烧层燃技术原理

7.1.2 秸秆捆特性

7.1.2.1 含水率

相较于煤炭及成型燃料，秸秆捆的含水率通常较高。高含水率首先造成的影响是不利于原料的储存，因秸秆捆体积较大，其内部难以干燥，较高的含水率会导致其在储存过程中发酵，造成腐烂变质等问题。同时对秸秆捆在炉内燃烧也产生影响，含水率高的燃料燃烧时具有较高的水分蒸发速率，会导致着火不良，延长了点火时间和热解速率，降低燃烧温度，进而阻碍反应产物的燃烧，从而影响燃烧质量。因此，含水率对燃料的燃烧具有较大影响，燃烧时应尽量保证燃料的干燥。同时，高含水率改变了燃烧的空燃比，使燃料从贫氧燃烧转变为富氧燃烧，降低了最高燃烧温度。在焦炭燃尽阶段，含水率越高，越不利于焦炭的完全燃烧，虽然增加了燃烧强度，但是降低了挥发速率。研究人员通过分析褐煤颗粒的干燥和脱挥，观察到水分的存在大大延迟了挥发物的释放。此外，高含水率还将导致燃烧过程中形成大量烟气，因此需要配备高效的烟气净化处理设备。

7.1.2.2 能量密度

秸秆捆、成型燃料、煤的密度分别为 $100\sim200kg/m^3$、$900\sim1\,400kg/m^3$、$1\,300\sim1\,900kg/m^3$，相较于成型燃料和煤，秸秆捆的结构较为松散且内部含水率较高。以含水率为 15% 的秸秆捆为例，其低位发热量为 12MJ/kg。成型燃料在加工过程中，通常会对秸秆燃料的含水、含土率进行一定程度的限定，低位发热量通常在 13MJ/kg 以上，标准煤的低位发热量约为 29MJ/kg。秸秆捆的能量密度远小于上述两种燃料的低位发热量，大型燃烧设备秸秆消耗量大，通常需要较大的场地用于储存秸秆捆，需做好防潮、防火保障。

7.1.2.3 灰分含量

燃烧 1t 秸秆产生的炉渣为 150kg 左右。有研究表明，秸秆灰渣中含有较多的 Si、N、P、K 等元素，可以用作土壤改良剂、活性吸附剂等。另外，在秸秆燃烧过程中，通常会遇到一个比较特殊的灰分问题，即灰分中含有大量碱金属如 K、Na 等，造成其灰熔点较低，碱金属易与灰分中的 SiO_2 反应，生成低熔点共晶体导致炉壁结渣，或者会出现床料层结块以及传热表面的结垢和腐蚀等问题。

7.1.2.4 挥发分

与煤及成型燃料相比较，秸秆捆作为燃料在专用锅炉中燃烧，其结构疏松和挥发物含量高的特点，使其更容易被点燃和燃烧。一般在 $250\sim350℃$ 温度下，挥发分就开始大量析出并开始剧烈燃烧，其燃烧过程较难控制。因此，用于燃煤系统的设计和操作原则上不适用于秸秆捆烧设备，须结合秸秆捆的燃烧特性和排放特性进行改进。如在燃烧初期增加空气供应量，减少燃料的化学不完全燃烧热损失等。

7.1.3 捆烧主要排放物

7.1.3.1 颗粒物

与煤不同，秸秆本身具有较高的挥发分含量，并且富含碱金属和碱土金属，更容易在燃烧过程中气化生成颗粒物。秸秆捆燃烧形成的颗粒物可归纳为两类：

一类为燃料灰中惰性组分和部分不完全燃烧产物组成的粗颗粒。该部分粒度取决于半焦颗粒破碎特性，或者通过灰中非挥发性成分熔融（结聚）形成的。

另一类颗粒物为小于 1μm 的小颗粒，是由灰中挥发性成分的成核作用或沉积形成的。秸秆捆烧设备的 PM_{10} 排放因子比燃煤锅炉低 30.41%，但是 $PM_{2.5}$ 的排放因子却比燃煤锅炉高 36.84%，这说明生物质燃烧产生的细颗粒物的量级更高，细颗粒物生成的主要来源为燃烧过程中易挥发性元素（Na、K、Cl、S 等）的气化、重组、凝结，其成分主要由水溶性的碱金属氯化物、硫酸盐构成。这一类颗粒物可以直接进入呼吸系统，并沉积在肺泡中难以移除，因此对于人体具有较大的危害。

7.1.3.2 氮氧化物

秸秆中含有的氮元素在燃烧过程中可通过一定途径析出、氧化生成 NO_x。相较于煤燃料，秸秆燃料中氮元素含量较低，其排放量为煤燃烧所释放量的 1/3～1/2。通常，燃料中含 N 量越高、O/N 比值越大，NO_x 排放量越高。另外，S/N 也影响 NO_x 的排放，一般情况下 SO_2 的排放量越高，则 NO_x 的排放量就较低。燃烧过程中生成的 NO_x 可分为热力型、快速型和燃料型 3 种形式。热力型、快速型 NO_x 由空气中含有的氮气在高温条件下反应形成。燃料型 NO_x 由秸秆中含有的氮元素经过热解随挥发分一起析出、氧化形成。因秸秆捆烧设备炉膛的燃烧温度很难达到 1 300℃ 以上，故热力型、快速型 NO_x 生成量小，主要以燃料型 NO_x 为主。燃料型 NO_x 由中间产物 HCN、NH_i（i=1，2，3）氧化形成，若控制此过程中的含氧量，NO 将和 NH_2 生成对空气无污染的 N_2。NO_x 的控制方法为源头控制和后端控制，源头控制包括燃料分级、空气分级、低氧燃烧等，后端控制包括使用各类脱硝装置如 SCR、SNCR 等。

7.2 秸秆捆燃烧特性

7.2.1 捆烧热重特性

为研究秸秆打捆燃料的燃烧过程与燃烧特性，揭示不同燃烧方式下秸秆燃料燃烧特性的差异，分别对捆烧、散烧和成型燃料开展了热重试验。热重分析采用美国 TA 公司生产的 STDQ600 热分析仪。试验前将玉米秸秆通过磨粉机研磨，使用分样筛分离，得到粒径小于 100 目的试验样品，置于干燥箱中，在 105℃ 下干燥 2h。干燥后用天津拓普公司生产的 FW-4A 型压片机，选用 0.5atm（1atm=1.013×10^{5}Pa）和 24.0atm 制取不同密度的燃料，以模拟打捆和成型燃料密度和燃烧过程。试验气氛选用空气，气体流量 80mL/min，试验采用非等温升温法进行加热，从室温开始，升温速率 20℃/min，终温 600℃。通过热重分析仪自动记录试样质量随温度和时间的变化过程，采用 Origin 软件对数据进行处理，分析计算各试样燃烧特性指数，包括着火温度 T_e、挥发分析出特性 R_v、可燃特性指数 C_r、燃尽特性指数 N、综合燃烧特性指数 S。

7.2.1.1 TG、DTG 特性曲线

在不同燃烧模式下，散烧（0MPa）、打捆燃烧（2MPa）、成型燃料（20MPa）的 TG、DTG 曲线如图 7-2 所示。通过 TG 曲线发现玉米秸秆无论采用哪种燃烧方式，都大致符合生物质燃烧四段式理论。在 200℃ 之前为水分析出阶段，3 种燃烧模式差别不大；在挥发分析出、固定碳的燃烧和燃尽阶段，3 种燃烧方式下燃料燃烧速率存在较大差异。

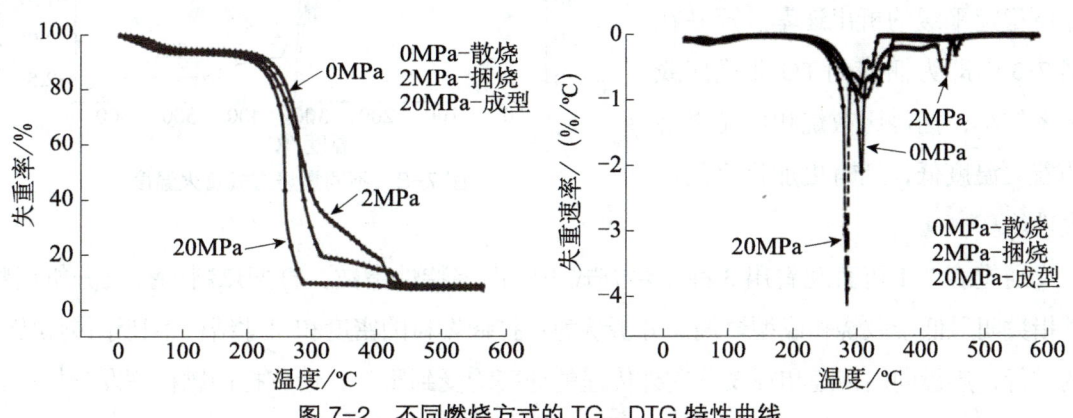

图 7-2　不同燃烧方式的 TG、DTG 特性曲线

通过 DTG 曲线可看出：玉米秸秆在 3 种燃烧方式下，挥发分的析出与固定碳燃烧峰值出现的温度点存在明显不同，挥发分析出峰值点的高低也有显著差异：成型燃烧＞散烧＞捆烧；挥发分析出的温度和时间范围也不相同：捆烧＞散烧＞成型燃烧。这与燃料的尺寸结构有关，高压成型过程破坏了秸秆纤维素结构，更有利于挥发分的析出，而打捆燃料密度大于散烧，内部空隙率却小于散烧，不利于挥发分的析出；相同质量下捆烧燃料尺寸大，不利于传热传质的进行，捆烧燃料挥发分的析出维持在较大范围；固定碳燃烧阶段，捆烧出现更为显著的波峰。这是由于在燃烧后期，表面灰渣燃尽脱落，内层高温的焦炭与氧气接触，引起焦炭的剧烈燃烧。

7.2.1.2 着火温度分析

玉米秸秆在 3 种燃烧方式下的着火温度大小依次为：成型燃烧＞散烧＞捆烧。从图 7-3 可看出，打捆燃料挥发分析出维持较宽的时间范围，并保持一个平稳的增长速率；而对于成型燃烧和散烧，挥发分析出速率增长较快，可在较短时间内完成挥发分析出。孔隙率大小依次为：散烧＞捆烧＞成型，较大的孔隙率有利于热量在燃料内部的传递和挥发分的析出。由于打捆燃料独特的尺寸结构，其挥发分析出比成型和散烧维持时间更长，能够保持稳定平缓的析出速率。反映在图 7-3 中即为捆烧的 TG 曲线切线斜率较小，捆烧比散烧和成型燃烧的着火温度低，拥有更加良好的着火性能。

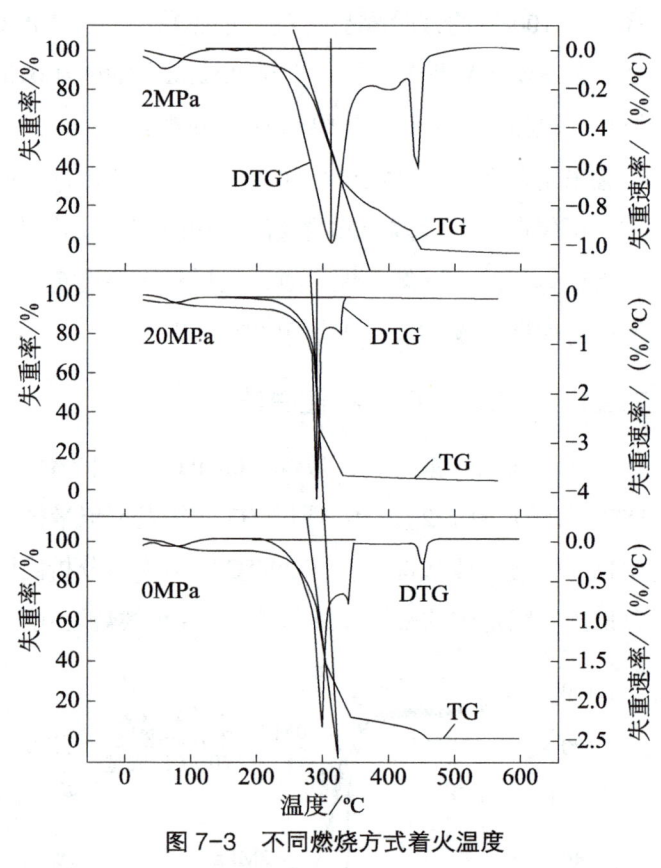

图 7-3　不同燃烧方式着火温度

通过表 7-1 可直观看出 3 种燃烧方式下的燃烧特性指数，打捆燃料的挥发分析出特性指数明显低于散烧和成型燃烧。分析认为：打捆燃料的密度和尺寸结构不利于传热传质的进行，热量向内传递和挥发分向外传递的速率均受到影响，造成打捆燃料挥发分析出较慢；打捆燃料的可燃特性和综合燃烧特性指数有所下降，燃尽特性介于散烧和成型燃烧两者之间。由此可见，打捆燃料在集合散烧和成型燃料优点的同时，也集合了2种燃烧方式的缺点，其密度和尺寸结构不利于打捆燃料燃烧的进行，在捆烧锅炉设计中，应对供风系统进行独特设计以适应其燃烧方式。

表 7-1 玉米秸秆 3 种燃烧方式燃烧特性参数

燃烧方式	着火温度/(K^2/min)	挥发分析出特性/(K^2/min)	可燃特性指数/(K^2/min)	燃尽特性指数/min	燃尽时间/min	综合燃烧特性/(K^3/min^2)
散烧	552.28	1.071 7	2.278 1	2.802 0	23.75	1.353 9
捆烧	537.95	0.325 0	0.959 3	4.137 7	23.00	0.619 0
成型	555.35	2.711 2	4.099 5	8.241 8	22.75	2.658 6

7.2.2 捆烧燃烧特性

7.2.2.1 秸秆捆燃烧试验

我国对秸秆捆烧技术的理论研究与应用研究起步较晚，还存在许多技术性问题有待解决。进一步研究秸秆捆燃烧过程中传热传质规律，以及配风与烟气排放之间的变化规律，从而使燃烧过程减少污染物的产生、提高捆烧设备热效率。中国农业科学院农业环境与可持续发展研究所搭建了秸秆捆烧试验平台系统，开展了不同燃烧条件下的捆烧试验，明确了捆烧技术的燃烧特性和排放特性。

该秸秆捆烧试验平台系统主要由秸秆捆称重系统、配风系统、温度检测系统、烟气检测系统等组成，主要结构见图 7-4。其中秸秆捆称重系统位于炉膛下部，通过多根支撑杆与炉内炉排进行连接，上层炉排为活动炉排，能进行左右往复运动，下层为固定炉排。配风支管道位于炉膛两侧呈对称布置，共布有 4 层，分别位于 4 个燃烧室的主燃烧区域，每层含有 8 个配风喷嘴，每个配风支管道均配有电子控制阀门，总管道装有空气预热器及电子配风阀门。挡板将炉膛划分为 4 个燃烧区域：秸秆捆燃烧的第一燃烧室、挥发分燃烧的第二燃烧室、灰炭燃烧的第三燃烧室以及烟气二次燃烧的第四燃烧室。炉壁夹层及列管换热器内有循环水，炉膛两侧及炉膛后部均匀布置有可调节插入深度的热电偶，后端留有用于烟气检测的管道，可外接烟气分析仪、烟尘分析仪等设备对烟气组分进行在线测量，最后为烟气净化系统。捆烧平台系统实物图见图 7-5，平台设计理论计算过程如下。

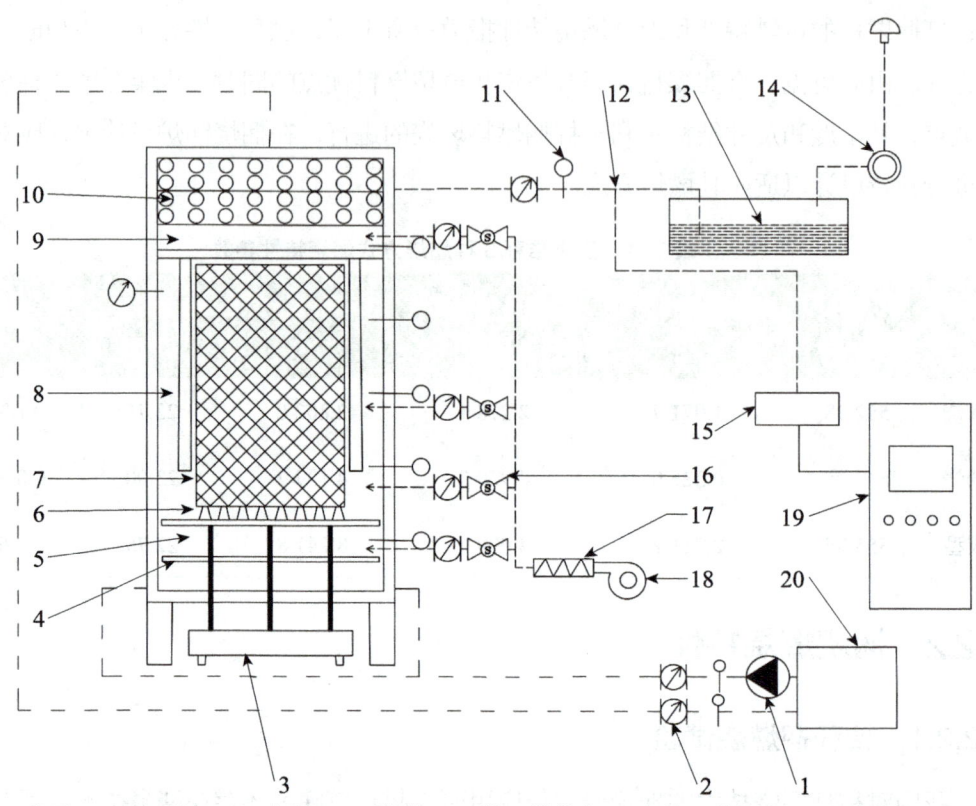

1—水泵；2—流量计；3—台秤；4—炉排；5—第三燃烧室；6—第一燃烧室；7—秸秆捆；8—第二燃烧室；9—第四燃烧室；10—烟管束；11—热电偶；12—烟气采样；13—水膜除尘器；14—引风机；15—烟气分析仪；16—电子阀门；17—空气预热器；18—鼓风机；19—控制系统；20—水箱。

图7-4 秸秆捆烧试验平台系统示意图

图7-5 秸秆捆烧试验平台系统实物图

(1) 炉膛设计

炉膛尺寸大小直接影响燃烧状况。捆烧系统采用活动炉排，能进行前后的往复交错运动，促进灰渣与燃料及时分离。炉膛内增加的挡板将第一燃烧室与第二燃烧室隔开，秸秆捆在第一燃烧室处于均匀燃烧状态，第二燃烧室主要燃烧挥发分。锅炉炉膛容积及炉排尺寸可由式（7-1）、（7-2）计算得出。

$$R_l = \frac{BQ_{net\cdot ar}}{q_R} \quad (7\text{-}1)$$

$$V_l = \frac{BQ_{net\cdot ar}}{q_V} \quad (7\text{-}2)$$

式中：

R_l ——炉排面积，m^2；

V_l ——炉膛容积，m^3；

$Q_{net.ar}$ ——秸秆捆燃料收到基净发热量（燃料分析），取 16 500kJ/kg；

q_R ——炉排面积热强度，取 260kW/m^2；

q_V ——炉膛容积热强度，取 300kW/m^3；

B ——燃料消耗量，取 20kg/h。

计算可得出炉排面积为 0.34m^2，炉膛容积为 0.3m^3。

(2) 受热面设计

本试验系统的换热面由辐射换热面以及烟管束两部分组成。辐射换热面主要为两侧及后部炉壁为中空结构，夹层为循环水用于吸收燃烧过程中放出的热量降低炉壁的温度，防止温度过高而引起炉壁的变形以及其他安全事故。辐射受热面的大小可由式（7-3）、（7-4）、（7-5）、（7-6）计算得出。

$$\theta_l = \frac{N}{\alpha_1'' + e} \quad (7\text{-}3)$$

$$Q_{gl} = G(i_{cs} - i_{js}) \times 10^3 \quad (7\text{-}4)$$

$$Q_r = \frac{Q_{gl}(\theta_l - \theta_{ly})}{\theta_l - \theta_{py}} \quad (7\text{-}5)$$

$$H_r = \frac{Q_r}{q_{fr}} \quad (7\text{-}6)$$

式中：

θ_l ——理论燃烧温度，℃；

Q_{gl} ——锅炉有效利用热量，kJ；

Q_r ——辐射受热面吸热量，kW；

H_r ——有效辐射受热面积，m²；

N ——燃质系数，取 2400；

$α_1$ ——炉膛出口过量空气系数，取 1.7；

e ——燃料系数，取 0.3；

i_{cs} ——热水锅炉出水焓，kJ/kg；

i_{js} ——热水锅炉进水焓，kJ/kg；

G ——热水锅炉循环水量，取 1t/h；

$θ_{ly}$ ——炉膛出口烟温，取 900℃；

$θ_{py}$ ——排烟温度，取 150℃；

q_{fr} ——辐射受热面热强度，取 72kW/m²。

取进出水温度分别为 20℃、80℃，查表得出其对应温度的焓值 83.9kJ/kg、334.9kJ/kg。代入式（7-3）、（7-4）、（7-5）、（7-6）可计算出有效辐射受热面积为 0.28m²。

烟管束布置在气体燃烧室的上方，中间圆孔为烟气通道，具体尺寸可由式（7-7）、（7-8）、（7-9）、（7-10）计算得出。

$$H = \frac{Q_d}{K \Delta t_m} \tag{7-7}$$

$$A_k = \frac{V_k}{w_k} \tag{7-8}$$

$$n = \frac{A_k}{\frac{\pi}{4}d_i^2} \tag{7-9}$$

$$L = \frac{H}{\frac{\pi}{4}d_i^2 n} \tag{7-10}$$

式中：

H ——换热面积，m²；

A_k ——烟管束总截面积，m²；

n ——烟管数量；

L ——烟管束长度，m²；

Q_d ——烟气换热量，经烟气计算为 74kW；

K ——传热系数，取 400kW/(m²·℃)；

Δt_m ——平均传热温差，℃；

V_k ——烟气流量，m³/h；

w_k ——烟气流速，取 10m/s；

d_i ——烟管束管子直径，取 0.025m。

通过式（7-7）、（7-8）、（7-9）、（7-10）可计算出烟管数量为 16，长度为 0.64m。由于烟管束长度超过炉膛的宽度，故对烟管束采用一次折流保证换热效率，单个烟管长度为 0.32m，上下重叠布置。

（3）配风系统设计

配风系统分为四层，每层含有 8 个配风喷嘴，每个配风支管道均配有电子控制阀门，可以分别调控各支管配风量，配风预热器可以对配风温度进行调节。根据式（7-11）、（7-12）可进行秸秆捆燃烧所需配风量的计算。

$$V_k = \alpha V_k^0 \tag{7-11}$$

$$Q_{pf} = BV_k \tag{7-12}$$

式中：

V_k^0 ——理论燃烧理论空气量，计算结果为 3.5m/kg；

V_k ——实际燃烧空气量，m³/kg；

Q_{pf} ——燃烧配风流量，m³/h；

α ——空气系数，取 2。

计算出秸秆捆燃烧所需配风流量约为 140m³/h。

捆烧平台的工作原理为秸秆捆从底部进行点火燃烧，主燃烧区域位于底部。随着底部燃料逐渐被消耗，在重力和炉排的往复错动下，秸秆捆逐渐下降至底部燃烧区域进行燃料补给，从而实现自动补料均匀层燃过程。部分秸秆及焦炭将通过炉排上的孔隙落到下方的第三燃烧室，在三次配风管的配风下燃烧。燃烧产生的热烟气通过挡板下的空隙进入第二燃烧室，在二次配风和扰流板的作用下形成旋流，提高挥发分的燃烧性能及燃尽率。烟气到达第四燃烧室后进行二次燃烧，确保挥发分完全燃尽，随后经过水膜除尘系统净化达标后排放。炉膛内壁及上端的烟气换热装置布有循环水，用于燃烧过程的热量交换。炉膛下方的台秤用于记录秸秆捆燃烧过程中质量的变化情况，炉膛四周的热电偶通过插入不同的深度，对炉膛各个点位温度进行记录，烟气净化前、后的烟气管道上开有烟气检测口，用于烟气采样分析。控制系统能对配风系统进行控制，并实现数据的保存、查询与导出等功能。

基于秸秆捆烧平台，开展秸秆捆烧燃烧过程、多级配风、温度场及污染物排放特性等试验研究。试验以小方捆玉米秸秆为原料，尺寸为360mm×450mm×800mm，密度约为100kg/m³。试验中每次燃烧一捆原料，并记录试验过程中秸秆捆的质量、温度变化情况。其中，配风量根据参考文献设定为110m³/h，各级配风分别为70m³/h、30m³/h、10m³/h。利用炉膛后部的12个热电偶插入至相同深度时获得的温度数据，建立不同时刻秸秆捆截面的温度分布图，从而明确秸秆捆的燃烧过程，以及不同燃烧阶段的质量和温度变化。

7.2.2.2 秸秆捆燃烧过程分析

（1）失重分析

图7-6为秸秆捆烧过程中质量随时间变化趋势（左图）与失重速率曲线（右图）。根据秸秆捆的失重速率变化及燃烧特点，可将秸秆捆的燃烧分为4个过程：燃烧初期、挥发分燃烧期、焦炭燃烧期、燃烧后期，各阶段反应时长分别占整个燃烧过程的10%、15%、50%和25%。燃烧初期，秸秆捆失重速率由最大值快速减少；挥发分燃烧期，失重速率呈缓慢降低趋势；焦炭燃烧期，秸秆捆失重速率逐渐稳定；燃烧后期，秸秆捆失重速率最慢。因燃料表面干燥，秸秆捆由底部点燃后火势迅速蔓延至整捆的表面，故燃烧初期其失重速率最大。此时炉膛温度较低，燃烧产生的灰渣覆盖在燃料表面使进入燃料内部的氧气减少，阻碍了秸秆捆的快速燃烧，其失重速率开始逐渐降低。反应进入挥发分燃烧期后开始出现热解反应析出挥发分，这阶段其失重速率逐渐降低，主要是因为前阶段部分水分已蒸发，此阶段水分蒸发引起的失重量较少；当热解产生的焦炭达到着火点开始燃烧时，反应进入焦炭燃烧期。相较于散烧及成型燃料，打捆燃料的挥发分析出时间较长，此时期同时存在挥发分的析出和焦炭的燃烧。但因其失重速率并无明显升高趋势，可知此时期前阶段为挥发分的快速析出与焦炭的缓慢燃烧，后阶段为焦炭的快速燃烧及残余物的缓慢热解。燃烧后期燃料基本燃尽，失重速率最慢。

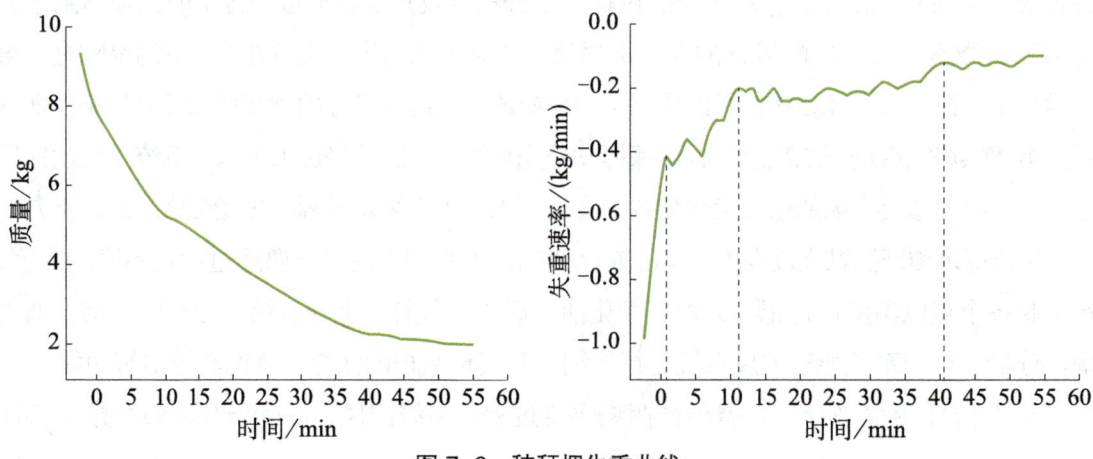

图7-6 秸秆捆失重曲线

（2）温度分布

不同燃烧时期的温度分布如图 7-7 所示，可以看出燃烧初期其传热方向主要由秸秆捆外向内，表面的升温速率大于内部升温速率。因为此阶段反应时间较短，产生的热量少，秸秆捆的整体温度均在 100℃ 以下；挥发分燃烧期处于均匀层燃状态，温度分布在 300℃ 左右，其主要传热方向逐渐变为由下向上，位于配风处的底层秸秆燃烧较为剧烈，其温度较高，上端秸秆温度与前阶段相比，外层温度明显升高，但较深处温度依然较低。结合其失重曲线可知，此阶段质量减少主要为水分的蒸发，仅有小部分原料发生热解反应。在该温度条件下，热解反应物主要为半纤维素和纤维素。随着燃烧反应的进行，热解产生的焦炭在内层进行积累，其温度逐渐升高，燃料下降过程中燃料表面燃尽的灰渣被一次风吹开，使内层高温的焦炭暴露并与氧接触后开始剧烈燃烧，放出大量热，燃烧反应进入焦炭燃烧期，炉膛温度将到达最大值。此阶段传热方向由下向上，并在高度为 30cm 处出现明显上下层温度分层现象，温度差达到 300℃ 以上。其主要原因为上层秸秆已燃尽，热量主要来源于底部焦炭的燃烧，呈温度逐渐下降的趋势。燃烧后期燃料基本燃尽，炉膛温度整体均开始下降，底部在配风作用下温度下降较快。

7.2.2.3　多级配风排放特性

不同配风条件对秸秆捆的燃烧过程及污染物形成过程有较大影响。为进一步明确不同配风量、配风比例对燃烧排放特性的影响规律，开展了不同的配风试验。参考相关秸秆捆烧的资料与文献，配风总量设置在 1.0～2.0，按照 0.2 递增。不同配风比例试验顺序如表 7-2 所示。利用自动烟气测试仪、烟气分析仪对排放烟气中气相、固相污染物进行采集分析。

表 7-2　不同配风比例试验系数

试验序号	总过量系数	一次风系数	二次风气系数	三次风系数
试验 1	1.8	1	0.5	0.3
试验 2	1.8	1	0.7	0.1
试验 3	1.8	1	0.3	0.5
试验 4	1.8	0.8	0.7	0.3
试验 5	1.8	0.8	0.5	0.5
试验 6	1.8	1.2	0.3	0.3
试验 7	1.8	1.2	0.5	0.1

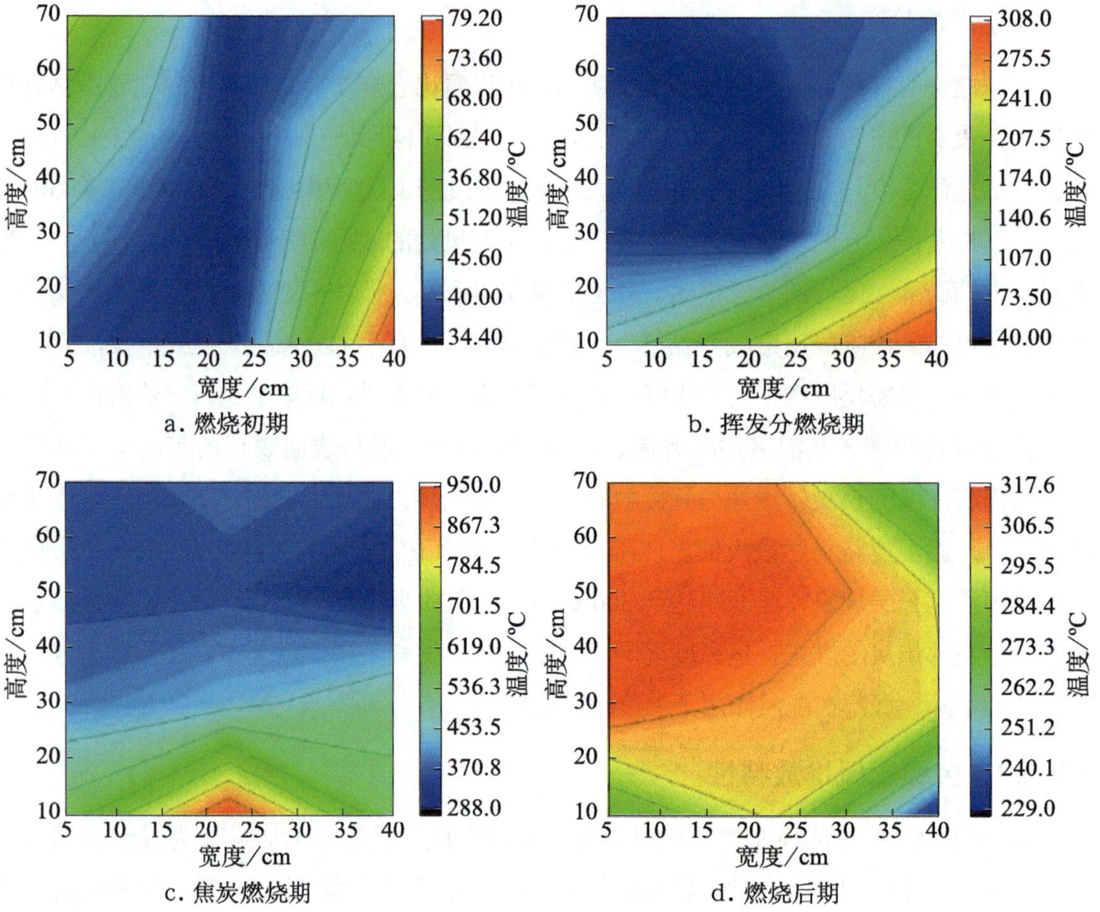

图 7-7 秸秆捆不同燃烧阶段温度分布

不同配风总量下的颗粒物质量浓度如图 7-8 所示。从图中可以看出，随着配风总量的增加，排放颗粒物质量浓度呈先减少后增加的趋势。在过量空气系数为 1.0 时浓度最高为 378mg/m³，1.8 时最低为 78mg/m³，颗粒物减少了 79.4%。在较低的过量空气系数下，秸秆捆燃烧状况较差，处于阴燃，炉内有机物含量高，将促进有机颗粒物的产生。故秸秆捆的最佳总过量空气系数为 1.8。

不同配风比例下 NO_x 和颗粒物质量分数如图 7-9 所示。随着配风比例的变化，NO_x 浓度变化较大，但对颗粒物浓度影响较小。试验 7 中 NO_x 浓度最低，为 119.4mg/m³，试验 1 中 NO_x 浓度最大，为 206.6mg/m³，改变配风比例使 NO_x 浓度减

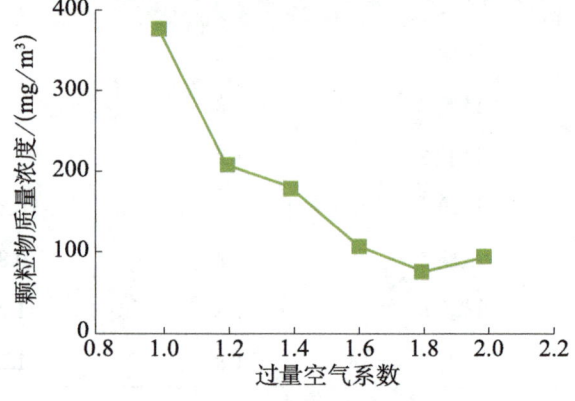

图 7-8 不同配风总量污染物质量浓度

少了 42.2%。试验 3 中颗粒物浓度最低，为 63.3mg/m³，试验 2 中颗粒物浓度最高，为 100.4mg/m³，通过改变配风比例能使颗粒物的生成量减小 37%。因颗粒物相较于 NO_x 易脱除，故选取较低 NO_x 排放的配风比例，即各级配风比例为 1.2∶0.5∶0.1，作为最佳配风比例开展不同总配风量的试验。

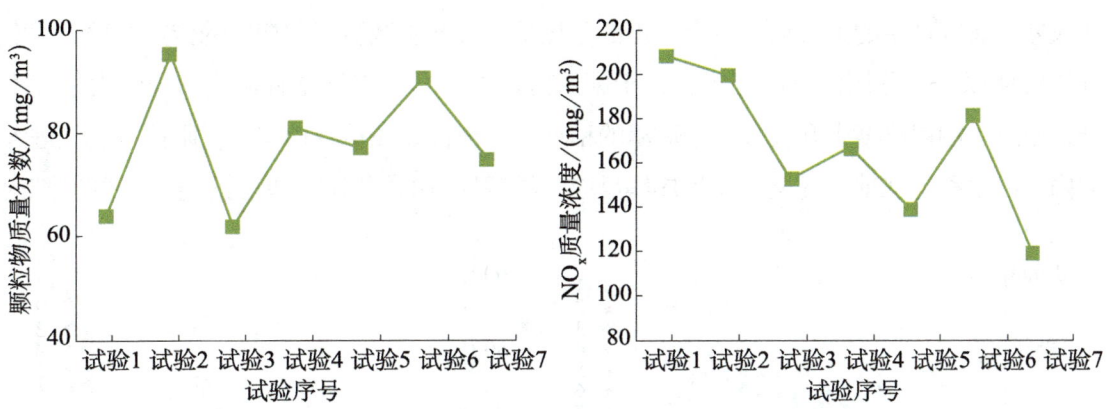

图 7-9　不同配风比例污染物质量浓度

7.2.2.4 捆烧温度场与排放特性研究

为进一步准确了解秸秆捆燃烧的温度分布情况，采用两侧面以及炉膛后部的多个热电偶，对燃烧过程的各个方向上的传热规律进行了分析。热电偶水平截面布置方式如图 7-10 所示，热电偶共分 4 层，第一、二、三、四层分别对应距秸秆捆底部高度为 10cm、30cm、50cm、70cm，每层设有 7 个不同插入深度的热电偶，插入深度由 1 号到 7 号依次为 2cm、4cm、6cm、8cm、10cm、12cm、14cm。总配风过量空气系数为 1.8，各级配风过量空气系数为 1.2、0.5、0.1。利用烟气分析仪、ELPI 分别对排放烟气中 NO_x 和颗粒物进行实时在线测试。

试验中根据温度变化规律，可将整个过程分为 4 个阶段：0～2min 为燃烧初期，2～7min 为挥发分燃烧期，7～18min 为焦炭燃烧期，18～24min 为燃烧后期。通过炉门上的观察孔可知，在第 5min、12min、17min 时，第四、三、二层秸秆燃尽，热电偶所测温度实际为炉膛温度。

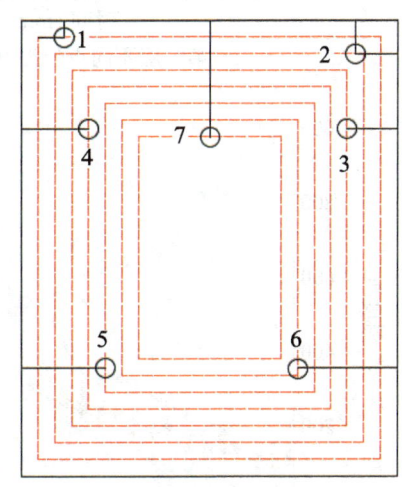

图 7-10　水平截面热电偶布置示意图

(1) 水平传热分析

各层秸秆捆内的温度随时间变化趋势如图 7-11 所示。燃烧初期，传热方向为由外向内，外部干燥的秸秆燃烧导致秸秆捆温度升高，但升高幅度较小，最高温度在 150℃ 左右。而内部的秸秆吸收热量进行水分干燥等过程，温度在 100℃ 左右。此时秸秆燃烧条件较差，焖烧产生的大量烟气也会带走部分热量，进一步减缓了向捆内的传热过程。挥发分燃烧期以挥发分燃烧反应为主，处于配风区域的第一、二层秸秆温度出现较大幅度上升，第三、四层温度上升较慢。未燃尽的秸秆、灰渣覆盖在秸秆捆表面，阻挡了氧气进入捆内，内层秸秆在缺氧环境下发生热解反应，热解反应的气相产物挥发分通过捆间间隙向

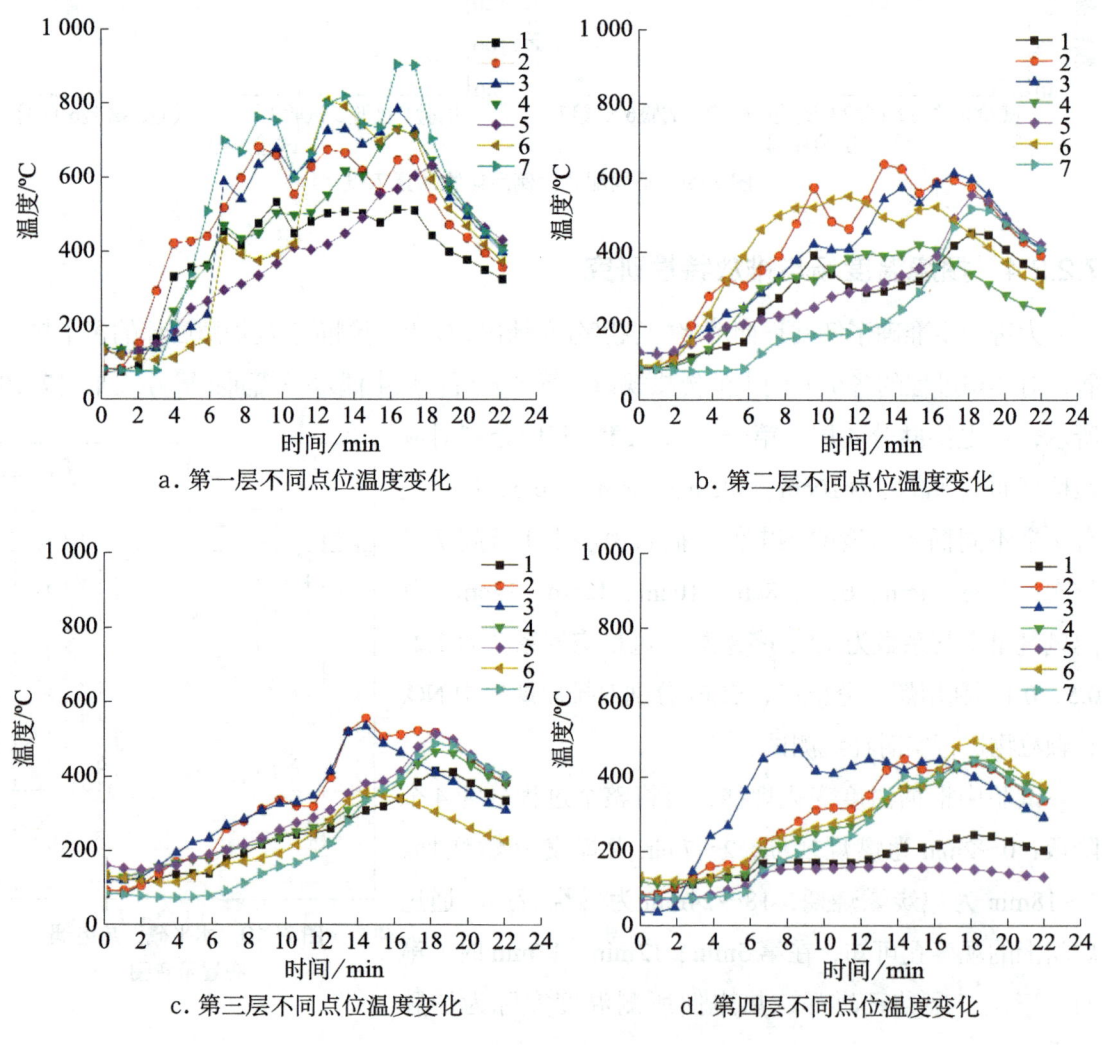

a. 第一层不同点位温度变化　　b. 第二层不同点位温度变化

c. 第三层不同点位温度变化　　d. 第四层不同点位温度变化

图 7-11　水平方向不同位置热电偶温度曲线图

捆外析出，在引风机的作用下大部分在底部的配风口处进行燃烧，故底部温度上升较快。而热解的固相产物焦炭则在内部缺氧条件下不断积累。此时，秸秆捆外部以燃烧的放热反应为主，内部以热解的吸热反应为主，从而出现外层温度高于内层的温度分布特点，传热方向仍由外向内。因燃料从底部进行点火，燃尽后的灰渣落入灰渣室，上层燃料在重力的作用下向下移动，在移动过程中其内部的焦炭不断吸收热量，温度逐渐升高，反应活性不断增强。焦炭燃烧期，秸秆捆温度进一步升高，但上升幅度小于挥发分燃烧期。上部热解产生焦炭下降到第一层时，在两侧配风口的高速气流作用下，覆盖在燃料表面的灰烬被吹落，具有较强反应活性的焦炭与氧气充分接触后剧烈燃烧，放出大量的热，在该燃烧期的末期，捆内温度将达到最大值。因持续供给，上层燃料充足，反应持续稳定进行，故燃烧温度始终处于较高值。此燃烧期，不同层燃料的温度分布具有一定差异性，第一层为芯部温度最高，向外逐渐降低，其他层为中部＞外部＞内部，没有燃料区域的温度分布为外部＞内部。燃烧后期，燃料基本燃尽，除第一层外其他层所测温度均为炉膛温度，都呈下降趋势，第一层在配风的冷却作用下，温度下降速率更快。

（2）垂直方向传热规律分析

不同层内部秸秆的温度如图 7-12 所示，燃烧初期各层温度基本相同。进入挥发分燃烧后期，第一、四层温度高于第二、三层，造成上述现象的主要原因是，试验平台的炉膛为反烧结构，配风口位于底部，挥发分均在底部配风口外燃烧故第一层温度最高。第四层秸秆因相对第二、三层秸秆更靠近燃料表面，以放热的燃烧反应为主，第二、三层主要为吸热反应，故第四层温度也较高，并且在第 5min 后第四层燃料燃尽，所测温度为炉膛温度，故温度始终高于第二、三层。焦炭燃烧阶段，第一层温度稳定在 800℃ 以上，而其他层温度呈缓慢增长趋势，最终温度在 400℃ 左右，与第一层温度相差较大。燃烧后期，秸秆捆与炉膛的温度均开始下降，第一层在配风的冷却作用下，温度下降速率明显高于其他层。在第 12min、18min 时，第二、三层温度存在两个分界点。第 6min 后第二层温度上升并逐渐高于第三层，但在第 8~12min 第二层温度基本不变。在第 12min 时两层温度基本相同，之后第二、三层温度继续升高，但第三层温升速率较快。第三层秸秆在第 12min 时已燃尽，所测温度实际为炉膛温度，不存在燃料热解的吸热反应而使其温升速率较快。因此，可以推测在整个燃烧过程中第二层高度处的秸秆均存在热解吸热反应。

结合秸秆捆在垂直与水平方向的温度分布与传热特点可知，秸秆捆燃烧过程为层燃递进燃烧模式，即具有一定厚度的燃料层，随着底部燃料消耗向下移动过程中，不断吸收热量发生干燥、热解、焦炭燃烧等不同的反应。但在固定炉膛高度的燃料层，所发生的反应是基本相同的,从下至上依次可划分为焦炭燃烧区、热解区和干燥区。因此,为实现多捆的连续、稳定燃烧,其实质为不同燃料层间的稳定、连续的过渡,当燃料因自身特性导致其燃烧特性发生变化时,可以通过在燃烧室内设置多个热电偶,监测秸秆捆温度,通过控制配风系统、进料系统等加快或减缓其燃烧进程,保证燃料层在到达同一炉膛位置时的温度基本一致,在到达燃烧区时发生固定的燃烧反应,从而实现连续式进料捆烧设备的多捆稳定燃烧。

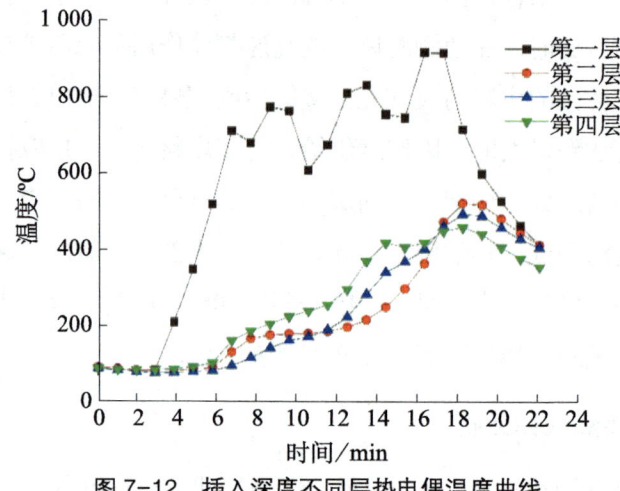

图 7-12 插入深度不同层热电偶温度曲线

（3）NO_x 排放特性

根据 NO_x 的生成机制,炉内 NO_x 生成与减少的简化反应式如下式所示。其中,NO_x 生成主要以反应式（7-1）为主,浓度减少主要以反应式（7-2）（7-3）为主。

$$NH_3 + O_2 \longrightarrow NO + H_2O \tag{7-1}$$

$$NO + CO \longrightarrow N_2 + CO_2 \tag{7-2}$$

$$NO + C \longrightarrow N_2 + CO \tag{7-3}$$

试验过程中燃烧温度、NO_x 排放浓度随时间变化趋势见图 7-13。整个试验过程炉膛温度均小于 1 300℃,NO_x（NO 占比 90%）主要来源于燃料 N 的转化及部分热力型 NO（小于 10%）。由图中可以看出,除燃烧初期 NO_x 排放量出现大幅度上升外,其他阶段基本稳定并逐渐减少。仅在第 4min、12min、23min 出现较大波动,结合其温度随时间变化图可知,秸秆捆处于各燃烧期的过渡阶段,该阶段部分区域温度会出现迅速增加而导致捆内温度差较大并引起 NO_x 突然上升。燃烧初期,秸秆捆的温度均在 130℃ 以下,NO_x 主要来源于秸秆捆表面干燥秸秆的迅速燃烧,固定在秸秆内的燃料 N 大量被氧化。此时炉内虽然 CO 含量较高，但秸秆捆温度较低，反应式（7-2）不会发生。挥发分燃烧期，表面秸秆燃烧速度减缓，挥发分内除含有可燃气体（CH_4、CO、H_2）外还有含氮化合物，NO_x 主要来源于挥发分燃烧，比第一阶段明显减少，这与 Mladenović 等（2018）研究结论一致，挥发分燃烧产生的 NO_x 较秸秆直接燃烧少。挥发分燃烧后期可以看到，炉膛底层开始出现温度较高点，NO_x 持续减少，结合 CO、O_2 排放可以看出，这一阶段 O_2 含量呈缓慢上升趋势，炉内燃烧环境较为稳定。炉内存在较多的 CO，以及热解后形成的多孔焦炭表面均提供了较好的还原环境，在该气氛下 NO_x 发生均相还原反应生成 N_2。由于大部分燃料 N 均在前阶段析出燃烧，燃料中 N 元素含量逐渐减少，进入燃烧后期燃烧速度也减缓，NO_x 逐渐趋于 0。

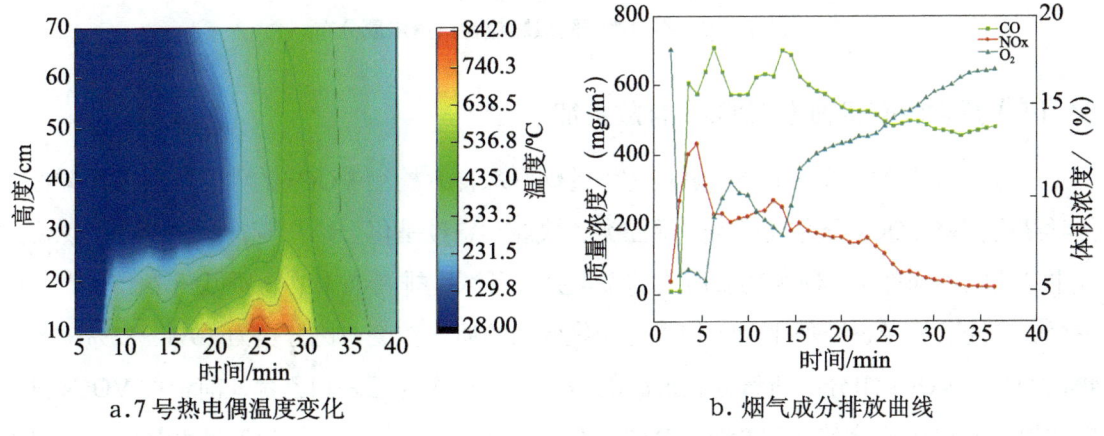

a. 7号热电偶温度变化　　　　b. 烟气成分排放曲线

图 7-13　温度与烟气成分对照

（4）颗粒物粒径分布特性

不同燃烧阶段的 3 类粒径颗粒物数量浓度分布见图 7-14，$PM_{0.1}$ 与 PM_{1-10} 均呈现逐渐减少趋势，而 $PM_{0.1-1}$ 先增加后减少，在挥发分燃烧阶段浓度最高。$PM_{0.1-1}$ 在挥发分燃烧阶段出现小幅上升，是因为此阶段秸秆捆开始析出挥发分，这些挥发分在较低温度下难以完全燃烧，未燃尽部分凝结成核从而引起亚微米颗粒物的增加。比较前 3 个阶段可知，温度较高的焦炭燃烧阶段各类粒径颗粒物数量浓度均为最低，这是因为温度的升高有利于碱金属的气态转化，同时冷凝速率也有所增强，环境中存在较多的细颗粒与气态的碱金属元素成核，凝结生成易在炉内沉降、粒径大于 10μm 的颗粒物，从而减少了排放颗粒物的数量。燃烧后期因燃料燃尽，燃烧速度较慢故颗粒物生成量最少。

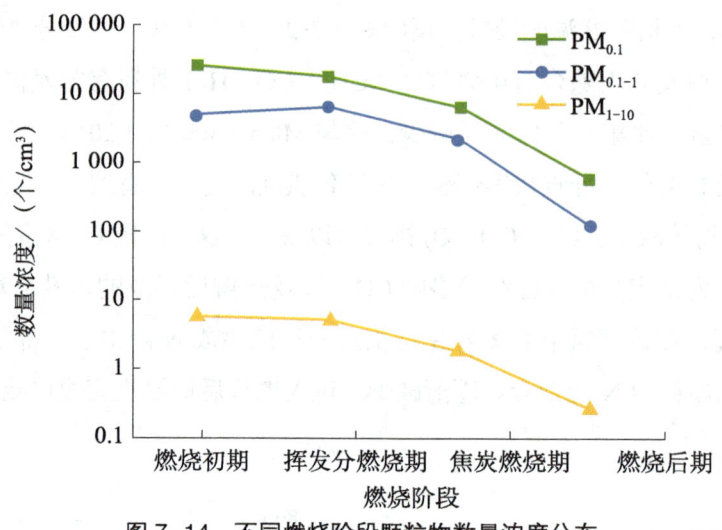

图 7-14　不同燃烧阶段颗粒物数量浓度分布

(5) 挥发性有机物 (VOCs) 排放特征

通过对最佳燃烧状态下整个燃烧过程的烟气取样，检测 VOCs 的种类及含量，并按照化学结构，将 VOCs 分为烷烃类、烯烃类、炔烃类、羰基化合物和芳香烃化合物，燃烧过程中排放的不同种类 VOCs 物质所占的质量分数及浓度排名前十的物质见图 7-15。烟气中烷烃、烯烃、炔烃、羰基化合物和芳香烃化合物的质量浓度占比分别为 10%、52%、28%、4% 和 6%，VOCs 组分中质量分数最高的是乙烯，其次为乙炔和乙烷，前十种 VOCs 排放物质相加所得质量分数达到 95%。BTEX（苯、甲苯、乙苯、二甲苯）是大气中最常见的 VOCs，B/T 和 X/E 常用于辨识不同的排放源。高的 B/T 值（>1）可能是来源于生物质燃料、木炭或煤燃烧，秸秆捆烧的 B/T 值为 3.45。

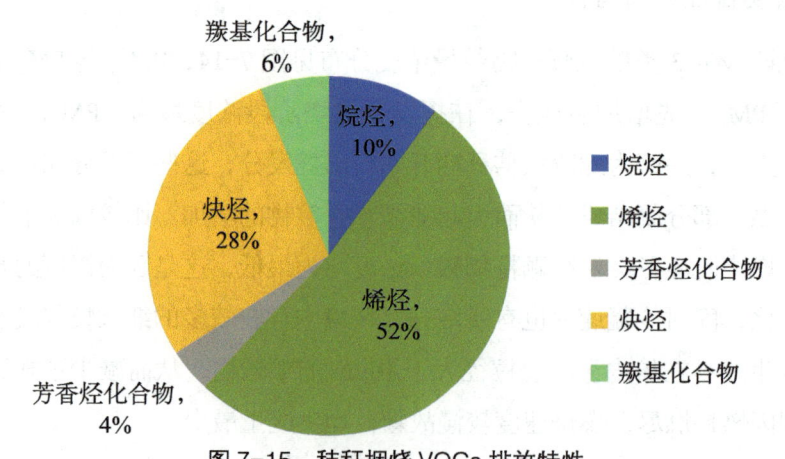

图 7-15　秸秆捆烧 VOCs 排放特性

7.3 秸秆捆烧锅炉

7.3.1 序批式捆烧锅炉

序批式秸秆捆烧锅炉的基本结构于 1979 年确立，Arno 针对秸秆捆烧锅炉燃烧效率、烟气排放不理想的问题，在炉膛上方增加了二次燃烧室，有效降低了污染物排放量。经过多年发展，序批式秸秆捆烧锅炉按照点火及燃烧方式的不同，可分为逆流式和顺流式捆烧锅炉。序批式捆烧锅炉受进料方式和配风形式的限制，额定热功率通常在 1.4MW 以下。

7.3.1.1 顺流式序批秸秆捆烧锅炉

顺流式序批捆烧是指烟气流动方向与着火锋面传递方向相同的一种层燃技术，其捆烧原理见图 7-16，顺流式燃烧技术一般在秸秆捆的下方点火并配风。燃料由底部点火开始燃烧，一次风位于底部，故燃烧区含氧量较高，燃料与氧气之间接触充分，因此剧烈燃烧并释放大量热量。在配风的影响下，热量的传递主要以对流传热为主，辐射和导热对传热的贡献率较小。因底部燃烧剧烈消耗较多氧气，上层燃料处于缺氧环境，上层秸秆捆吸收热量后，主要发生热解反应产生挥发分气体。随着高度的增加，秸秆吸收的热量逐渐减少，故形成由下而上的燃烧层、析出层、干燥层以及原料层。

技术特点：高温烟气通过对流的方式与原料层换热，有利于原料的干燥预处理，适合于含水率较多的燃料；燃烧后灰炭与原料层可以及时分离，有利于灰炭的二次配风燃烧，有效提高燃烧效率；易于实现连续化作业；上层在缺氧高温条件下产生较多的挥发分气体，挥发分气体热值较高；上层非燃烧区温度较低，挥发分降温后易产生较多的焦油，易堵塞后端管道；该类捆烧设备的配风方式、燃烧室结构的设计较为复杂。

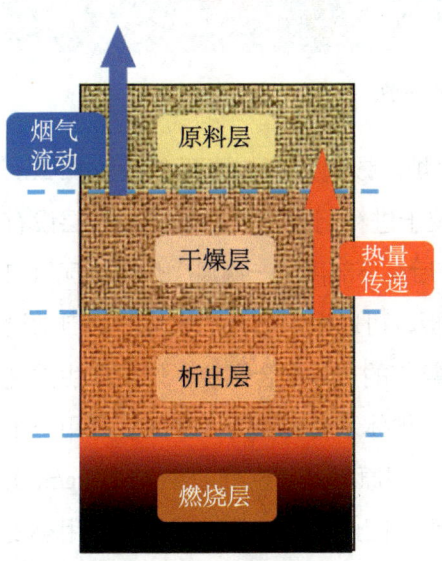

图 7-16 顺流式捆烧技术原理

图 7-17 为承德本特生态能源技术有限公司生产

的序批式捆烧锅炉。设备正常运行时，将打捆后的秸秆放置于一次燃烧炉腔中，炉腔内配备多点均布式的一次风，控制过量空气系数以保证打捆秸秆的半气化燃烧，燃烧过程中打捆秸秆依次经历水分蒸发、挥发分析出及焦炭形成等阶段；燃烧产生的挥发分与热烟气经后端引风机产生的负压，进入第二燃烧炉腔，通过第二炉腔的切向配风管结构，对烟气中的挥发分进行二次旋流燃烧，同时第二燃烧炉腔上设置的交叉挡板可以延长烟气停留时间，促进烟气中可燃气体的燃尽。燃烧过程中产生的热量经过炉腔的辐射换热和热烟气的对流换热后传递给循环水用于供暖，换热后的热烟气进入烟气净化除尘系统，保证捆烧烟气的达标排放。经检测，锅炉热效率达84.6%，烟尘排放平均质量浓度为19.8mg/m³，NO_x质量浓度为133.6mg/m³，SO_2质量浓度小于3mg/m³，达到《锅炉大气污染物排放标准》（GB 13271—2014）要求。

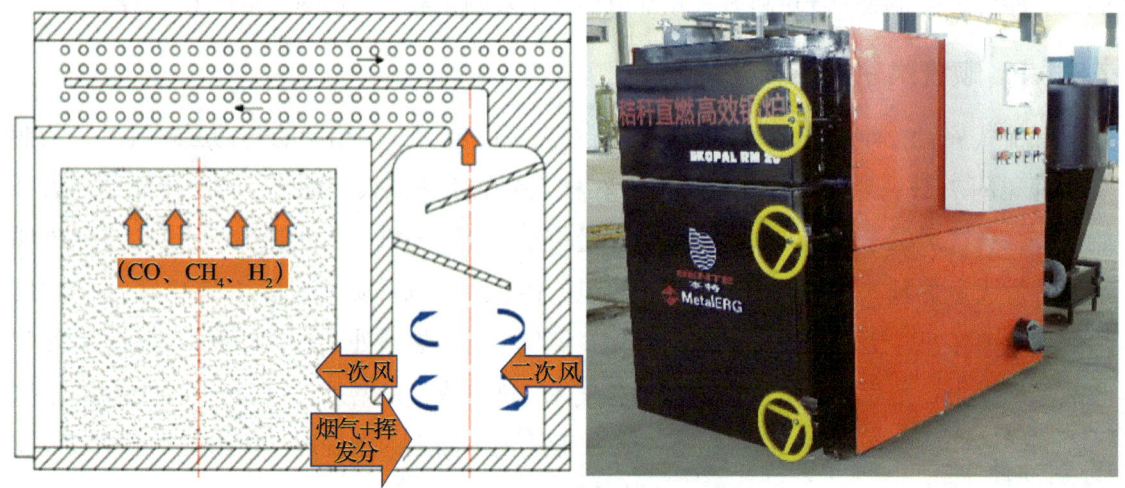

图7-17　承德本特RM系列锅炉

图7-18为英国FARM 2000生产的BB254/2捆烧锅炉。该锅炉可装填两个直径1.52m、长1.22m的圆捆，额定热功率为176kW。配风装置安装于进料门上及燃料底部。外层设有厚度为50mm的绝热层，燃料由人工从秸秆捆底部点着后，下部供给一次风、炉门上配风口供给二次风，炉门上的配风口装有可自动调节角度的挡板，可以根据燃料的燃烧时间自动调节其配风角度，保证配风始终位于燃烧区，保证燃料与氧气的充分混合燃烧。燃烧产生的高温烟气经过上端的换热器进行换热后进入烟气净化装置，炉体水套容量为3 500L。采用玉米秸秆捆和小麦秸秆捆在该款锅炉上分别开展了测试试验，因原料打捆密度较小（82.7kg/m³）、含水率相对较高（13.6%）、进料过程需开炉门热损失较大，因此所测热效率较低。使用小麦秸秆捆时的热效率约为68%，CO排放为2 210mg/m³，NO_x排放为40.4mg/m³。使用玉米秸秆

捆的热效率约为 40.8%，CO、NO_x、SO_2 725mg/m³、9.8mg/m³ 和 2.1mg/m³。

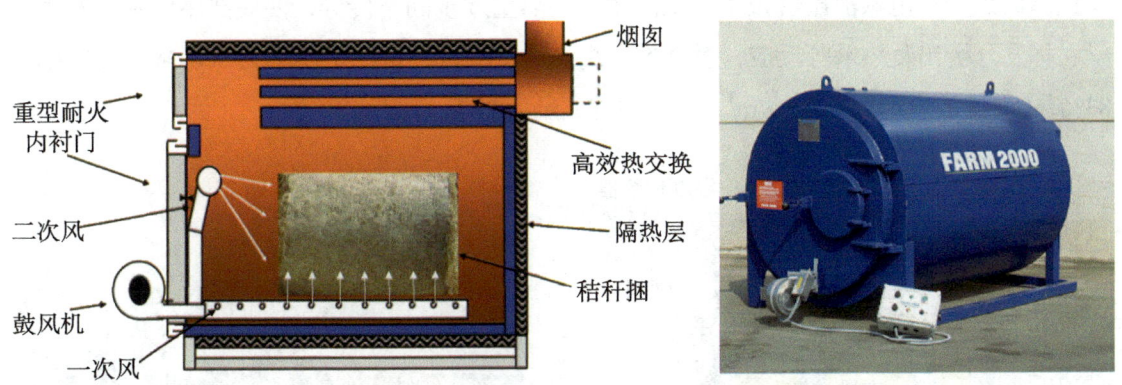

图 7-18　英国 FARM 2000 系列锅炉

7.3.1.2　逆流式序批秸秆捆烧设备

逆流式序批捆烧是指烟气流动方向与着火锋面传播方向相反的一种层燃技术，也被称为倒置层燃技术，其捆烧原理见图 7-19，该技术在秸秆捆的上方点火底部配风。燃料由上端点火燃烧后，主要以辐射传热和热传导的方式向下进行热量传递，对流换热对热传递贡献较小。下部燃料逐步发生干燥、挥发分析出及热解等反应，消耗较多的氧气，上端主燃烧区的氧气含量较少，抑制了焦炭的剧烈燃烧，有利于减缓其燃烧过程，从而使整个燃烧过程较为稳定。因吸收热量的不同导致各高度上发生的反应不同，形成由上而下的燃烧层、析出层、干燥层以及原料层。

该技术增加了未燃尽烟气的滞留时间，以及烟气与燃烧层的接触面，可以较大程度提高锅炉燃烧效率；高温烟气与原料层之间主要依靠热传导方式进行换热，对流换热较少，不利于原料的预热处理，适合于较干燥的秸秆捆原料以及带空气预热器的燃烧技术系统。

图 7-20 为丹麦奥胡斯大学与 Alcon A/S 公司研制的逆流秸秆捆烧锅炉。上端设置两个配风管作为秸秆燃烧主配风燃烧区，在上端的右侧设置一个配风管作为二次配风燃烧区，在主燃烧区发生逆流层燃的燃烧反应，上部燃烧产生的热量会逐步干燥底部燃料，达到预燃烧效果；右侧的二次风水平喷入主燃烧区上方，与烟气中的可燃成分发生二次燃烧反应，实现秸秆的充分燃烧。

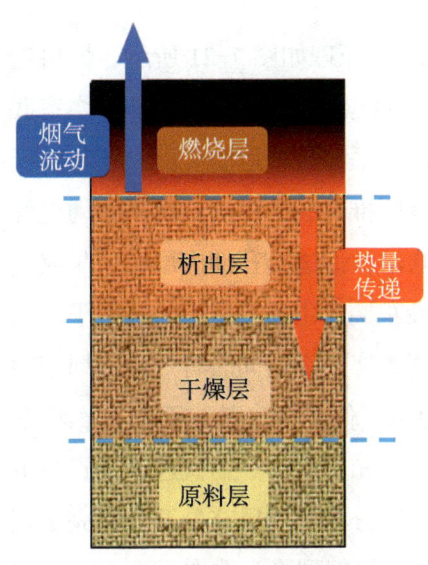

图 7-19　逆流式捆烧技术原理

两个配风管道流量均为自动反馈调控，通过烟气出口的温度传感器和 O_2 传感器控制炉内配风量。该锅炉采用顺流层燃技术，上面燃烧的热量逐步向下传导，使底部燃料逐步发生干燥、挥发分析出及热解等反应，燃烧效率高。经过测试，该锅炉功率为 500kW，热效率为 83%，CO 排放量约为 600mg/m³，颗粒物排放量为 283mg/m³。

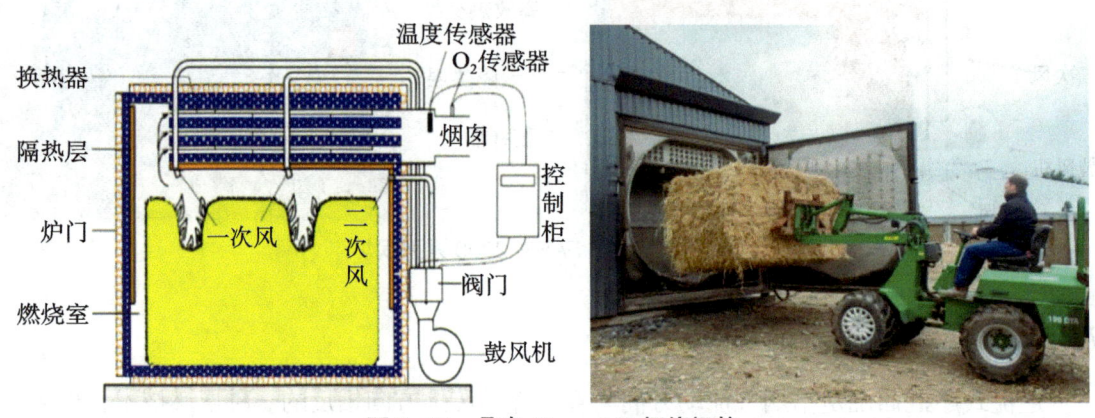

图 7-20　丹麦 Alcon A/S 捆烧锅炉

7.3.2　连续式捆烧锅炉

根据进料方式以及燃烧类型的不同，连续式秸秆捆烧技术可分为雪茄型连续捆烧和炉排型连续捆烧。连续式捆烧锅炉额定功率通常在 1.4MW 以上。

7.3.2.1　雪茄型连续捆烧锅炉

该类型捆烧锅炉结合了燃料层燃分级和配风分级技术，原理如图 7-21 所示。燃料通过液压推料装置将秸秆捆匀速推入炉膛，在秸秆捆的左侧被点着。一次风位于燃烧室底部，与进料方向垂直，二次配风装置呈圆盘状，可以进行水平和旋转运动。配风时与秸秆捆的燃烧面具有一定水平距离，其水平方向运动速度与液压推料装置相同，水平移动过程中同时进行旋转运动，通过旋转气流将燃料表面的灰渣吹落，促进秸秆捆内层燃料与氧气的接触、燃烧。在该配风与燃烧方式下，秸秆捆始终在最左端发生燃烧反应，并处于均匀层燃状态，避免了急剧燃烧引起的热应力集中，可在提高燃烧效率的同时有效降低烟气中 NO_x、CO 等污染物排放。热量传递以辐射传热和导热为主，传热方向从左至右，燃料在水平方向上出现分层现象，从左至右依次为燃烧层、热解层和干燥层。烟气通道设置有折流板，折流板末端配有与烟气流方向相反的三次风，使挥发分与三次风充分混合并完全燃尽。折流板可用于延长烟气在炉膛内的停留时间，并对颗粒物起到降尘的作用。

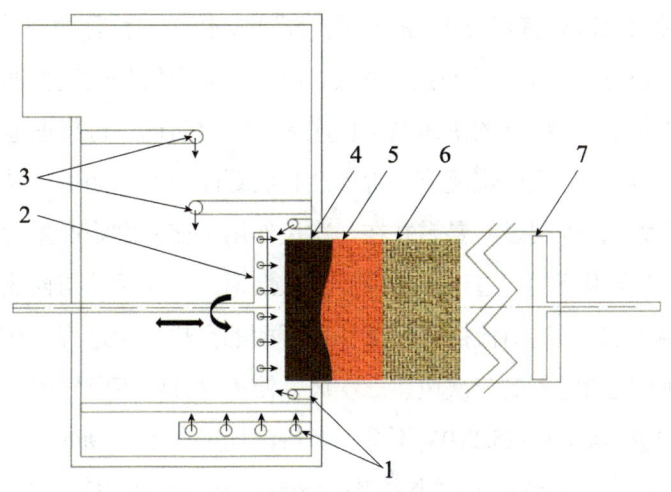

1—一次风；2—二次风；3—三次风；4—炭化燃烧层；
5—热解层和干燥层；6—原料层；7—推料装置。
图 7-21　雪茄型连续捆烧技术原理

图 7-22 为塞尔维亚 AGH 科技大学设计的捆烧锅炉，燃料主要为大豆秸秆。采用液压推杆上料，配风方式与上述雪茄型连续捆烧技术原理相同。但对二次配风装置进行改进，二次配风管能左右移动并可以 360° 旋转，可及时分离覆盖在燃料表面燃尽的灰渣，改善燃烧层燃料的燃烧效果。该锅炉功率为 1.5MW，燃料消耗量约为 400kg/h，进料大小为圆捆（φ1.80m×1.20m），方捆 [（0.80～1.20）m×0.70m×（1.50～2.50）m]，燃烧室尺寸为 0.7m×1.2m×2.7m。燃烧室的过量空气系数为 1.5，各级燃烧室配风量分别为 1 500m³/h、250m³/h、100m³/h，一、二次燃烧室燃烧温度分别为 850℃、900℃，设计排烟温度为 160℃。经检测，该锅炉 CO 排放量为 6 784mg/m³，NO_x 排放量为 314mg/m³。

图 7-22　捆烧锅炉

图 7-23 为铁岭众缘锅炉有限公司生产的连续式捆烧锅炉，秸秆捆通过液压推料装置，实现连续进料，燃料在炉膛外由人工点燃后进入炉膛，首先为较长的进料通道，燃料主要以内层秸秆预热干燥和外层干燥秸秆的快速燃烧反应为主，之后通过进料通道末端的阶梯凸起装置破捆后，掉入炉排内发生主燃烧反应。阶梯凸起装置能对秸秆捆进行破碎，使燃料掉入炉排时在撞击作用下散开，内层燃料暴露并在一次风作用下充分燃烧产生大量高温烟气。高温烟气在引风机的负压作用下，通过进料通道后进入烟道，并在后端与换热器换热后排出。高温烟气经过进料通道时，通过对流换热能加快秸秆捆的预热干燥过程。在进入换热器前，与水平方向呈一定角度反向射入的二次风、三次风，使挥发分中可燃气体在进料通道上部充分燃烧。该系列锅炉功率从 1.4~25.2MW 不等，燃料消耗量在 1.5~9t/h 内，燃烧圆包推荐单捆重量为 250kg，经相关机构检测，锅炉热效率为 80%，颗粒物排放浓度为 48mg/m³，SO_2 排放浓度为 7mg/m³，NO_x 排放浓度为 197mg/m³，烟气黑度（格林曼级）小于 1。

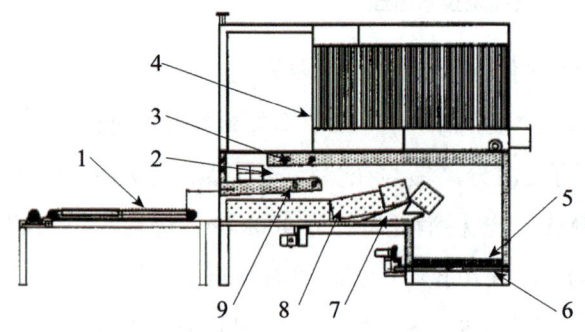

1—液压推料装置；2—烟道；3—三次风；4—换热器；5—炉排；6——次风；
7—阶梯凸起装置；8—秸秆捆；9—二次风。

图 7-23 连续式捆烧锅炉

7.3.2.2 炉排式连续捆烧锅炉

根据炉排形式不同，炉排式连续捆烧技术可分为往复炉排和链条炉排。往复炉排使燃料在进料过程中做前后往复运动，从而提高燃料的燃烧性能，适合燃烧品质较差的燃料。链条炉排阻力小、风量分布均匀，但着火条件较差，适合燃烧品质较好的燃料。因原料特性，秸秆捆烧锅炉以往复炉排式为主，其原理示意图见图 7-24。燃料在炉排的往复运动推动下不断向前，炉排自带拨火能力，能使燃料双面着火，燃料层在炉排的推动作用下结构变得疏松透气，燃烧条件得到改善。空气一次风从炉排下面分区送入燃烧室，与料层运动方向相交，完成主燃烧反应。在炉拱处配备二次风，将烟气中的可燃性气体与配风系统充分混合后发生二次燃烧反应，燃烧产生的热量通过气相导热换热、气固间的对流换热、气固辐射换热等方式传递给循环水，用于供暖。秸秆捆在炉排尾部燃尽，灰渣随炉排移动到后部落入灰渣斗中，由除渣机排出。

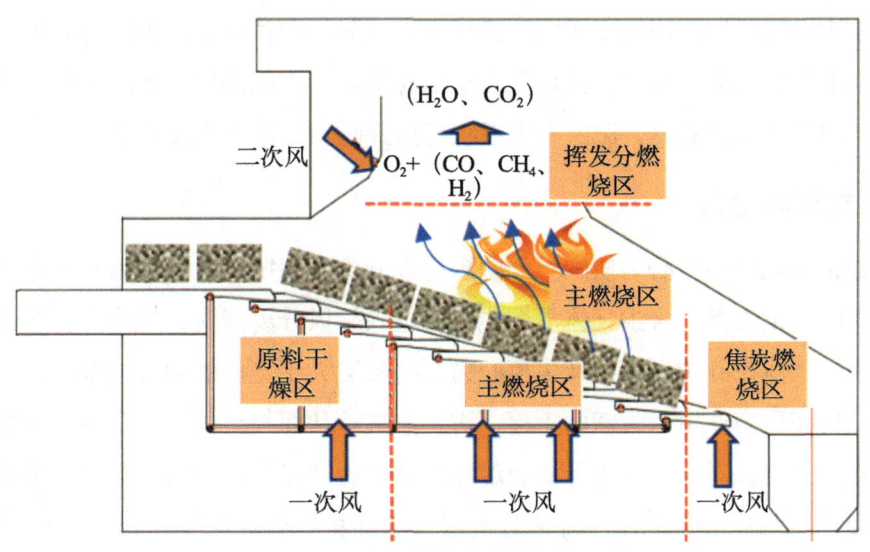

图7-24 往复炉排式连续捆烧原理

图7-25为河南四通生产的往复炉排式连续锅炉。该锅炉采用往复炉排实现秸秆捆连续进料，在往复推动下秸秆捆变得疏松更易燃烧，灰渣也更易脱落。采取推迟配风方式，风量配比为5%、5%、40%、40%、10%，各级配风的比例为6∶2∶2。前拱的设计倾角为50°后拱倾角为30°后拱的覆盖率为50%。以截面尺寸为360mm×360mm的小方捆为燃料，额定功率为0.7MW，燃料消耗量为208kg/h。经试验测试，燃烧玉米捆时锅炉热效率为80.6%，CO排放量约为292mg/m³，NO_x排放量为125.4mg/m³，颗粒物排放量为28.4mg/m³。燃烧小麦捆时锅炉热效率为81.6%，CO排放量为318mg/m³，NO_x排放量为125.4mg/m³。

图7-25 往复炉排式连续捆烧锅炉

7.3.3 烟气净化除尘设备

秸秆捆内硫含量较少，燃烧过程的污染物主要为 NO_x 与颗粒物。其中 NO_x 可通过高效的燃烧技术进行控制，捆烧设备烟气净化主要以脱除颗粒物的除尘设备为主。目前，有关秸秆捆烧锅炉的颗粒物净化方法可分为干法和湿法。干法净化包括旋风除尘器、干式静电除尘器、滤筒式除尘器等，湿法净化系统有湿式电除尘器、湿式洗涤塔等。

7.3.3.1 旋风除尘器

旋风除尘器是利用离心力使固-气两相得以分离的系统，也称为离心式除尘器，是一种较为经济的除尘设备。含尘气体沿切线方向进入旋风分离器时，气流由直线运动变为圆周运动，含尘气体在旋转过程中产生离心力，将密度大于气体的颗粒物甩向器壁，失去惯性力的颗粒物在重力作用下沿壁面下落，进入排灰管从而与气体分离。旋风除尘器通常被用作一级除尘系统，对颗粒物进行初级过滤，减轻后续设备的负荷，提高二次除尘系统的寿命，从而降低烟气净化成本。旋风分离器对于捕集、分离粒径在 $5\sim10\mu m$ 的颗粒物具有较高的净化效率，能达到 90% 以上。通过并联的多管旋风除尘装置对 $3\mu m$ 的颗粒物也具有 80%～85% 的除尘效果。

7.3.3.2 静电除尘器

静电除尘器（ESP）是一种利用电力将微粒从废气流中排出的微粒控制装置，利用静电吸附的原理进行除尘。静电除尘器主要由两个极性互异的电极构成，负电极为电晕电极，正电极称为集尘极。当在电晕极和集尘极之间分别通以直流电压时，会导致强烈的电晕现象发生，产生众多的正离子、自由电子。在电场力作用下，自由电子、负离子被驱往集尘极，正离子被驱往电晕极，自由电子与负离子便会与那些流过电场的气体中的气体溶胶粒子相撞击，并黏附在其上使之形成带负电的粒子。由于在静电场中作用于荷电尘粒上的电场力远远大于其自身重力，这些带负电的尘粒在电场力的作用下就被驱往集尘极，并沉积于集尘极表面。同样，经正离子与粉尘颗粒撞击而产生的正电尘粒则沉积于电晕极上，由于正离子与电晕极间的路径极短，因而参与碰撞的尘粒极少，只有极少数尘粒能够沉积于电晕极上。

7.3.3.3 喷淋塔

喷淋塔靠喷嘴产生的大量液滴来捕集粉尘，含尘气流向上运动，液体由喷嘴喷出而形成液滴向下运动，通过惯性碰撞、扩散、拦截等机理将尘粒捕捉，流入塔底。为了使气流在截面上分布均匀，喷淋塔中多设置空气分配格栅或多孔气流分布板。向上运动的气体可能带走部分液滴，因此在塔顶需安装除雾器。喷淋塔对于 10μm 左右的粉尘去除效率约为 70%，对小于 5μm 的粉尘去除效率较低。喷淋塔能耗较小，可以处理高浓度的含尘气体，耗水量小（0.4~2.7L/m³），在耗水量大时可采用循环水（为总水量的 30%~35%），因此其主要用于降低烟气温度和预除尘。

7.3.3.4 湿式静电除尘器

湿式静电除尘器是颗粒分离器中最有效的分离器之一，颗粒物在除尘器中经历荷电、收尘和清尘 3 个阶段。湿式静电除尘器采用喷嘴雾化方式形成水雾，金属放电线在直流高压电的作用下，将其周围气体电离，从而使水雾在极线尖端放电所形成的电晕场内荷电，并与同样带电的颗粒物相互作用凝并长大，荷电水雾运动到阳极板上形成水膜，在电场力的作用下，细颗粒物则在达到集尘极后被所形成的水膜捕集。与干式电除尘器的振打清灰相比，湿式电除尘器是通过集尘极上形成的连续水膜来实现高效清灰，不受粉尘比电阻影响，无反电晕及二次扬尘问题；且在高湿环境中，电场中存在大量荷电液滴，这大幅度提高了亚微米粒子荷电概率，从而有效提高了亚微米粒子的驱进速度，可适应较高的烟气流速下细颗粒物的脱出。湿式静电除尘器不仅可有效去除烟气中的烟尘微粒，同时可协同脱除 SO_2、NO_2 等酸性气体。

7.3.3.5 组合式除尘设备

组合式烟气净化除尘系统主要由烟气入口、旋风筒、鱼骨形电极、环形补水管、切向喷头、排污口、烟气出口、污水管道、污水净化装置和回流泵组成，该组合式除尘设备集静电除尘、旋风除尘和循环喷淋的一体化除尘装置和污水净化回用装置于一体，见图 7-26。筒底锥顶角为 21.2°。鱼骨型阴极线上相邻的鱼骨针呈 90° 或 60° 交错排列，相邻的间距为 80mm，静电场强度需根据筒体直径进行设计计算。烟气入口与旋风筒体切向连接，筒内悬挂鱼骨形阴极棒，旋风筒壁为阳极，形成高压静电场；筒体内壁固定环形布水管，布水管等间距布置 12 个水平切向的喷嘴，循环水喷出后在旋风筒内壁形成一层水膜。设备启动时，烟气进入净化除尘系统后，经历旋风除尘、静电除尘和喷淋除尘的组合除尘工艺。含颗粒的烟气由底部向上运动过程中，颗粒物受离心力和库仑力的作用向筒壁运动，由水膜不断冲刷到底部的排污口，将烟气中的灰尘颗粒集中到循环水中，再经历循环水箱的过滤除尘，保证捆烧烟气的达标排放。污水经过净化分离后，清洁的循环水再经循环泵输送至除尘器进行回流再利用。

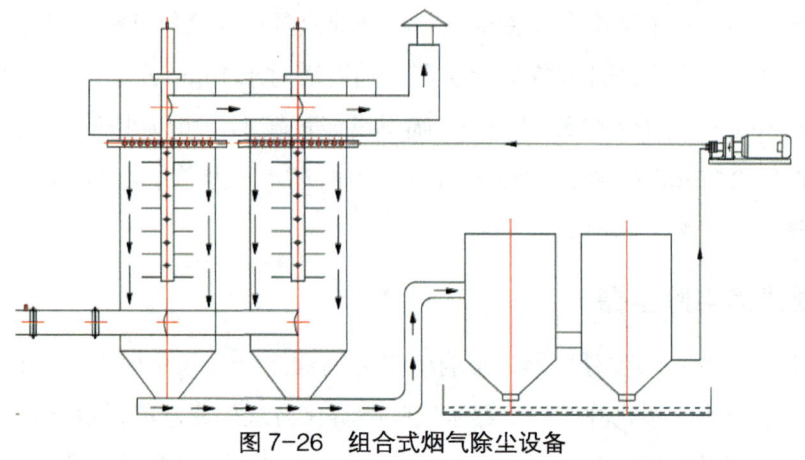

图 7-26　组合式烟气除尘设备

7.4　典型案例

7.4.1　连续式秸秆捆烧供暖工程

图 7-27 为塞尔维亚贝尔格莱德大学建立的 1.5MW 工业规模的捆烧供暖工程，该工程建于贝尔格莱德农业公司的农场，用于 $1hm^2$ 的蔬菜种植温室大棚供暖。该锅炉采用"Cigar"燃烧技术，其燃料来源于该农场种植的大豆秸秆及玉米秸秆，秸秆捆为尺寸 $0.7m\times1.2m\times2.0m$ 的方形捆。为了使锅炉的输出热能保持稳定，该锅炉装有容积为 $5m^3$ 的蓄热水箱，保证在为蔬菜大棚供暖时，即使进料速度、燃料质量发生变化，设备的输出温度始终能保持稳定。该锅炉的燃料消耗量约为 180kg/h，稳定燃烧时 NO_x 排放量为 $314mg/m^3$，低于塞尔维亚对排放污染物的限定值，锅炉热效率在 70% 左右。

图 7-27　工业规模的捆烧蔬菜大棚供暖工程（塞尔维亚贝尔格莱德）

图 7-28 为辽宁铁岭新台子镇捆烧锅炉供暖项目。该项目于 2016 年由铁岭顺意热力有限公司建设运营。供暖锅炉为 10t 秸秆直燃锅炉，供暖面积约为 7.3 万 m²，供暖对象是新台子镇盛世福城居民小区、新台子镇中心小学和新台子镇中学。当地农业合作社负责秸秆收储运，秸秆收集价格是每捆 4 元（15kg/捆），折合 260 元/t。供暖期全部费用约为 132 万元。该项目 2016 年整个供暖期的秸秆总用量约为 4 060t，大约可利用 8 000 亩玉米地产生的秸秆。

图 7-28　连续式捆烧供暖工程（辽宁铁岭）

图 7-29 为河南省太康县张集镇工业园区捆烧锅炉供暖工程，该示范工程采用 1t 小型生物质捆烧蒸汽锅炉，采用往复炉排的机构实现秸秆捆的连续送料，在炉排下端配备一次均匀风用于发生主燃烧反应，在炉拱处配备二次风将秸秆燃烧产生的挥发分进行二次充分燃烧，产生的烟气经过多管旋风除尘器和布袋除尘器净化后排放，可满足对大约 3 500m² 的生产车间进行供暖。

图 7-29　炉排式连续捆烧供暖工程（河南太康）

7.4.2 序批式秸秆捆烧供暖工程

图 7-30 为波兰瓦尔米亚-马祖里省 Karpowo 县家禽养殖场供热工程。该锅炉采用了二次逆流燃烧技术，设置了两个左右相对隔离的燃烧室，在第一燃烧室内营造缺氧环境，使秸秆半气化燃烧并析出大量可燃气体，在第二燃烧室供给足够氧气使可燃气体充分燃烧，其设计的倾角型喷嘴形状能在第二燃烧室内产生旋流流场，增加了空气与挥发分的接触时间，提高了挥发分中 CO 的氧化燃烧程度。该捆烧供暖工程锅炉功率为 1MW，燃料消耗量为 291kg/h，用于为养殖场供暖。

图 7-30　序批式捆烧供热工程（波兰瓦尔米亚-马祖里）

图 7-31 为辽宁朝阳建平县黑水镇中心小学供暖工程。该工程为学校教室供暖，锅炉功率 0.7MW，供暖面积 5 000m^2，年利用秸秆 750t，供暖温度 26℃，建设锅炉房，配备标准化储料间，可存储 3d 供暖所需秸秆捆。

图 7-31　序批式捆烧锅炉供暖工程（辽宁朝阳）

参考文献

邓云，姚宗路，梁栋，等，2020. 秸秆捆烧技术研究现状与展望 [J]. 现代化工，40（7）：55-59.

霍丽丽，赵立欣，姚宗路，等，2020. 秸秆捆烧清洁供暖技术评价 [J]. 农业工程学报，36（24）：218-226.

贾吉秀，姚宗路，赵立欣，等，2019. 秸秆捆烧锅炉设计及其排放特性研究 [J]. 农业工程学报，35（22）：148-153.

贾吉秀，赵立欣，姚宗路，等，2020. 秸秆捆烧技术及其排放特性研究进展 [J]. 农业工程学报，36（16）：222-230.

林宗虎，徐通模，1996. 应用锅炉手册 [M]. 北京：化学工业出版社.

刘恩海，刘圣勇，白冰，等，2013. 玉米秸秆打捆燃料燃烧动力学模型 [J]. 农业工程学报，29（24）：218-226.

刘含笑，朱少平，姚宇平，等，2014. 电荷法测试 WESP 进出口烟气中 $PM_{2.5}$ 的试验研究 [J]. 中国电力，47（12）：37-41.

刘圣勇，2016. 生物质燃烧装备理论与实践 [M]. 北京：科学出版社：5-8.

王炯，刘圣勇，张品，等，2018. 玉米秸秆打捆燃烧特性研究 [J]. 太阳能学报，39（12）：3499-3504.

王锡辉，2015. 高温线管式静电除尘器放电机理与除尘特性研究 [D]. 杭州：浙江大学.

王旭维，林剑锋，杨静，等，2018. 基于打捆秸秆为原料的清洁供暖新模式的应用与分析 [J]. 农业开发与装备（12）：102-103，135.

杨武英，王福源，2017. 带阶梯凸起装置的生物质锅炉：CN206207463U[P]，2017-05-31.

姚宗路，吴同杰，赵立欣，等，2015. 生物质成型燃料燃烧挥发性有机物排放特性试验 [J]. 农业机械学报，46（10）：235-240.

张鹤丰，2009. 中国农作物秸秆燃烧排放气态、颗粒态污染物排放特征的实验室模拟 [D]. 上海：复旦大学.

张品，2018. 秸秆打捆燃料清洁燃烧设备的数值模拟与优化设计 [D]. 郑州：河南农业大学.

张品，刘圣勇，王炯，2018. 打捆秸秆的燃烧特性和影响因素分析 [J]. 太阳能学报，39（12）：3466-3474.

BIANCO V，SZUBEL M，MATRAS B，et al，2021. CFD analysis and design optimization of an air manifold for a biomass boiler[J]. Renewable Energy，163：2018-2028.

ERIĆ A，NEMODA S，DAKIĆ D V，et al，2016. Experimental and numerical study on combustion of baled biomass in cigar burners and effects of flue gas re-circulation[J]. Thermal Science，20：S151-S165.

HOUSHFAR E，KHALIL R A，LØVÅS T，et al，2012. Enhanced NO_x reduction by combined staged air and flue gas recirculation in biomass grate combustion[J]. Energy & Fuels，26（5）：3003-3011.

KRISTENSEN E，KRISTENSEN J，RODRIGUES A，2017. Evaluation of a operation of burning of wheat straw batches in a pilot scale facility in Denmark[J]. Silva Lusitana，25（1）：1-19.

MLADENOVIĆ M，PAPRIKA M，MARINKOVIĆ A，2018. Denitrification techniques for biomass combustion[J]. Renewable and Sustainable Energy Reviews，82：3350-3364.

NUSSBAUMER T，HUSTAD J E，1997. Overview of Biomass Combustion[M]//Developments in thermochemical biomass conversion. Dordrecht：Springer：1229-1243.

REPIĆ B S，DAKIĆ D V，ERIĆ A M，et al，2013. Investigation of the cigar burner combustion system for baled biomass[J]. Biomass and bioenergy，58：10-19.

SINGH R, SHUKLA A, 2014. A review on methods of flue gas cleaning from combustion of biomass[J]. Renewable and Sustainable Energy Reviews, 29: 854-864.

SZUBEL M, FILIPOWICZ M, MATRAS B, et al, 2018. Air manifolds for straw-fired batch boilers–Experimental and numerical methods for improvement of selected operation parameters[J]. Energy, 162: 1003-1015.

WERTHER J, SAENGER M, HARTGE E U, et al, 2000. Combustion of agricultural residues[J]. Progress in Energy and Combustion Science, 26(1): 1-27.

第 8 章
成型与燃烧技术

8.1 概述

成型技术是将粉碎干燥后的秸秆等生物质通过专门设备压缩成特定形状，增加其密度形成成型燃料。燃料按形状分为颗粒状、压块和棒状，成型燃料经热处理后成为机制木炭（图 8-1），能源密度相当于中质烟煤。成型燃料与传统烟煤相比具有诸多优势，如燃烧效率高，易于点火，大大缩短火力启动时间，易燃尽，SO_2 零排放，CO、NO_x、颗粒物排放较低，有利于环境改善。

a.颗粒状　　　　　　b.块状　　　　　　c.棒状

图 8-1　秸秆固体成型燃料

8.1.1　成型原理

生物质压缩成型过程可分为松散压缩阶段和压紧阶段。压缩过程中，原料之间排列越来越紧密，当空气基本排净后，细小颗粒间相互紧密填充而互相啮合，产生桥接或架桥现象，进而发生弹性、塑性变形，使粒子紧密结合压缩成型。

成型的主要影响因素有原料种类、粒度、含水率、成型压力、成型孔形状等。生物质压缩成型过程中，原料含水率对成型过程和成型质量有很大的影响，当水分过高时，被挤出并分布在粒子层之间，使粒子不能紧密结合，不易成型，使成型燃料不易存放，很容易松散；当水分过低时，低粒子无法充分延展，压缩困难，且压缩过程中粉尘大，成型燃料易掉渣。成型压力对成型燃料的密度有很大影响，一定条件下，压缩比增大时，成型燃料的密度随之明显增大，当压力达到一定值时，燃料密度增大缓慢或几乎不变。

8.1.2 压缩黏弹性模型

8.1.2.1 压缩微观形貌

生物质压缩成颗粒燃料后,其基本组织扭曲变形严重,原有的基本组织形貌已不存在,粉碎的生物质散粒体已完全嵌合在一起。以农作物秸秆为例,散粒体结合形式从横截面看可分为三层,见图8-2,分别为中心层、过渡层、表层。中心层散粒体形貌清晰可见,散粒体呈"平铺"姿势,表层的散粒体呈"站立"姿势,过渡层散粒体严重变形扭曲,散粒体压缩示意图见图8-3。粉碎后的秸秆大多为片状或长条状,极少为粒状。压缩过程由于模具孔侧面的限制,随着挤压流动,靠近模具面的秸秆散粒体沿着侧壁向下运动,而中心散粒体由于上压力的作用被挤倒而平铺。成型过程中,秸秆散粒体仅形态等发生挤压变形,属于物理变化,没有明显的化学变化。

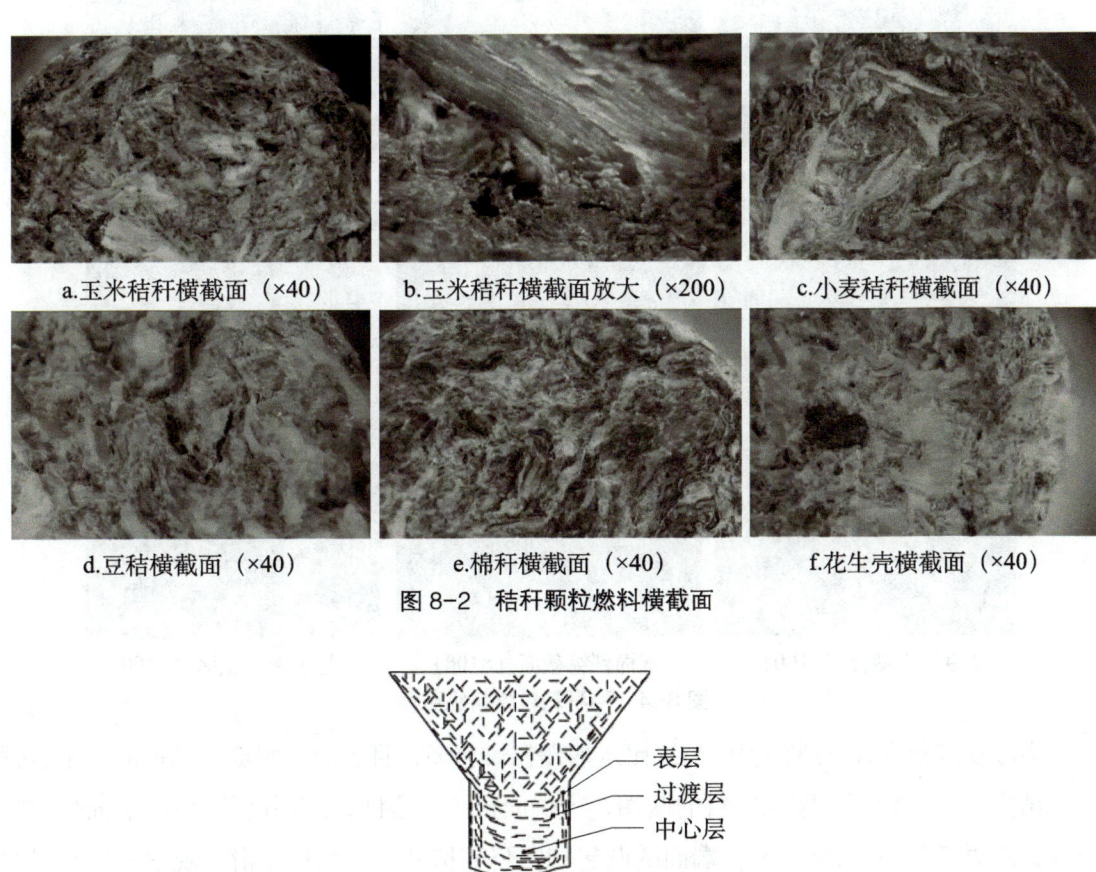

a.玉米秸秆横截面(×40)　　b.玉米秸秆横截面放大(×200)　　c.小麦秸秆横截面(×40)

d.豆秸横截面(×40)　　e.棉秆横截面(×40)　　f.花生壳横截面(×40)

图8-2　秸秆颗粒燃料横截面

图8-3　玉米秸秆散粒体压缩示意图

纵截面秸秆粉碎散粒体相互挤压，呈不规则的鳞片状，见图 8-4。由图可见两条清晰的裂痕，且间隙较大，两裂痕间距离约 40μm，断层可见秸秆散粒体的结构扭曲变形较严重，散粒体间完全交错糅合在一起。裂痕产生是由于压缩过程为间断性粉碎的秸秆散粒体一层一层被挤压成型，这符合环模成型机理。成型机通过模辊间的原料及其摩擦力使安装在环模内的压辊自转，将原料钳入、挤压，最后成圆柱状从环模孔中被连续挤出。

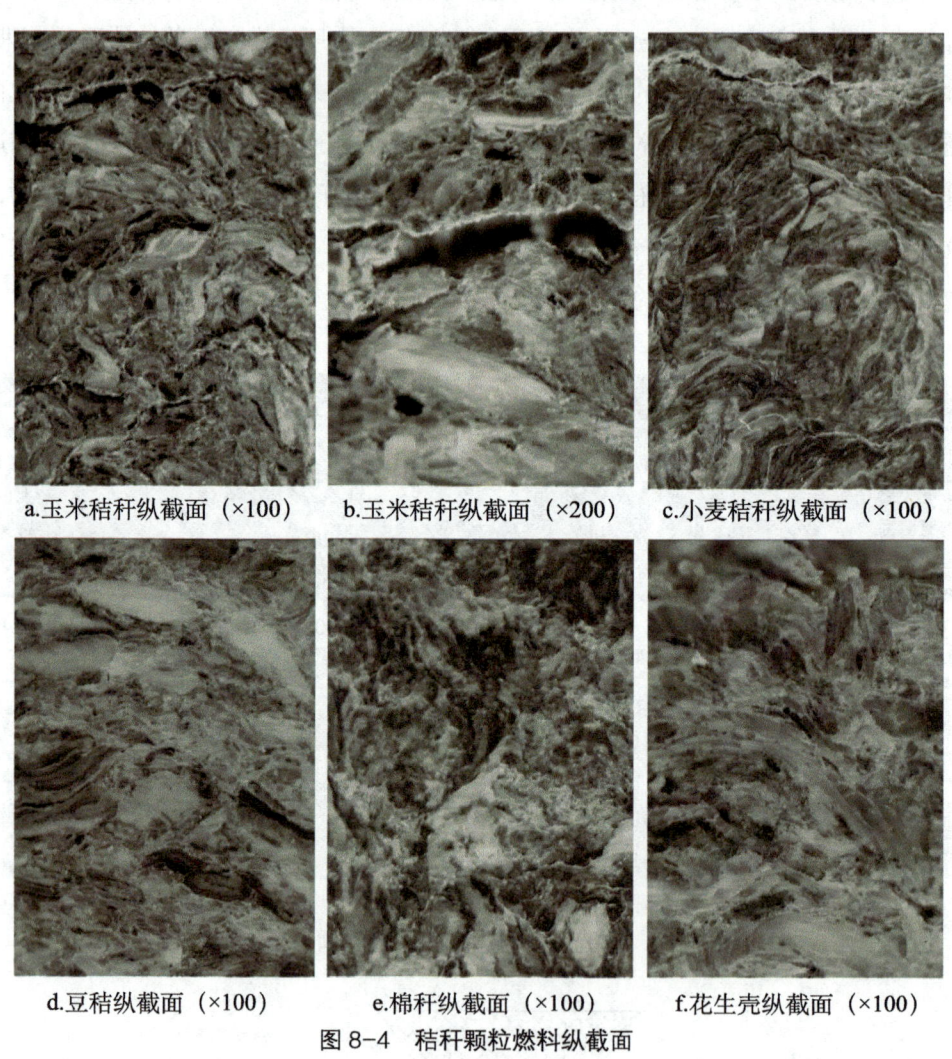

a.玉米秸秆纵截面（×100）　　b.玉米秸秆纵截面（×200）　　c.小麦秸秆纵截面（×100）

d.豆秸纵截面（×100）　　e.棉秆纵截面（×100）　　f.花生壳纵截面（×100）

图 8-4　秸秆颗粒燃料纵截面

肉眼观察秸秆颗粒燃料表面裂纹比木屑颗粒燃料多，且表面较粗糙，易掰断。木屑颗粒较结实，不易掰断。颗粒燃料的两端，一端面呈"中心低，四周高"，另一端面呈"中心高，四周低"，木屑颗粒燃料端面的凸起和凹陷较秸秆颗粒燃料光滑。观察颗粒燃料的横截面，发现其可分三层，中心层的散粒体"平铺"，表层的散粒体"直立"，过渡层散粒体变形严重。通过观察颗粒燃料纵截面发现，内部有裂缝存在，裂缝是导致生物质颗粒燃料易掰断的直接原因。不同原料裂纹的宽度不同，以秸秆为原料的颗粒燃料裂纹间距比以木屑为原料的颗粒燃料大，且裂缝间隙宽，因此，秸秆颗粒较木屑颗粒更易掰断。6 种类型秸秆颗粒燃料的压缩间距见表 8-1。秸秆颗粒燃料呈不规则鳞片状，木屑颗粒燃料呈层状，且中心凸起，散粒体分别向两边弯曲，原因是木屑散粒体比粉碎秸秆散粒体的粒度分布均匀，80% 以上为粒度小于 1mm 的散粒体，且粒度较小，压缩成型后的散粒体排列较整齐。

表 8-1　不同秸秆颗粒燃料压缩间距

项目	玉米秸秆	花生壳	小麦秸秆	豆秸	棉秆	木屑
模孔直径 /mm	8	8	8	8	8	8
平均单次压缩间距 /mm	3.0	2.7	3.1	2.7	2.6	2.5

8.1.2.2　黏弹性模型

生物质压缩过程可用黏弹性模型进行描述，其中压紧阶段可用麦克斯韦变化模型描述，压缩力卸载后可用伯格斯模型进行描述，见图 8-5。

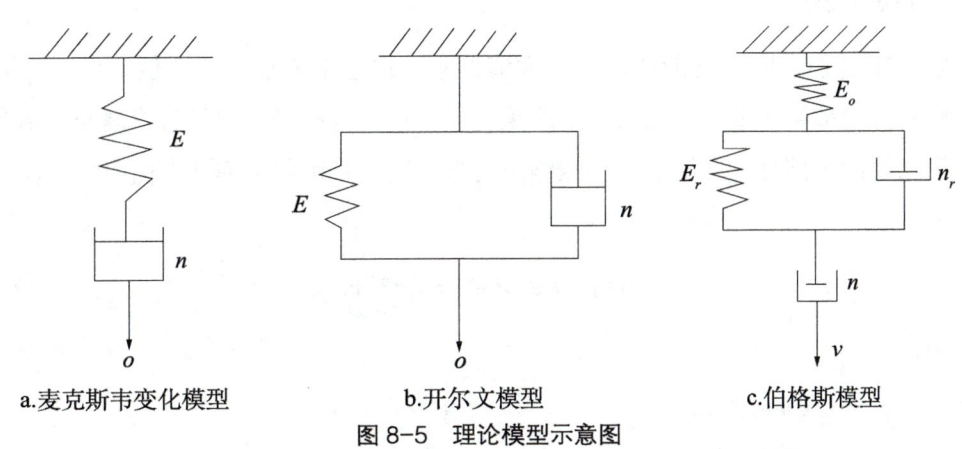

a. 麦克斯韦变化模型　　b. 开尔文模型　　c. 伯格斯模型

图 8-5　理论模型示意图

根据模辊式生物质颗粒燃料的成型机理，研究压缩过程应力与时间的关系，见图 8-6a，成型过程为间断性压缩，压缩为长 30mm 的生物质颗粒燃料，需要压缩 10 次左右。每次压缩过程可分为进料预压、致密成型、保压松弛、颗粒挤出 4 个阶段，见图 8-6b，其中致密成型阶段和应力松弛阶段可用黏弹性本构模型描述。

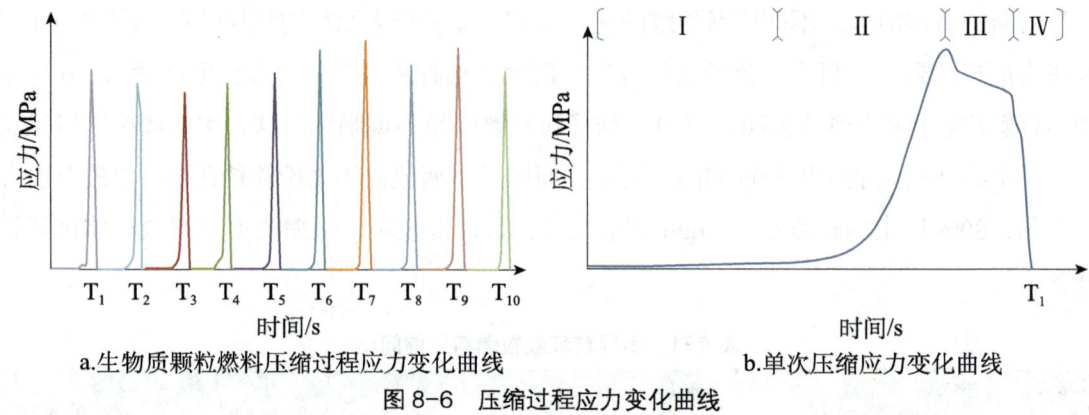

a.生物质颗粒燃料压缩过程应力变化曲线　　　　b.单次压缩应力变化曲线

图 8-6　压缩过程应力变化曲线

（1）进料预压

进料时原料为松散状态，随着应变的不断增加，原料不断被挤压，所受压力缓慢增大，但增加幅度不大，主要原因是生物质原料极松散，原料粒子间空隙较大。进入模孔时，储料室中的原料被挤入模孔的瞬间，原料所受压力有突增现象，而后下降到正常压缩状态。该阶段原料松散，原料粒子做无规则运动，应力变化较小，且无明显规律，这里不做建模讨论。

（2）致密成型

压紧致密过程，应力逐渐增加到最大值，应变也逐渐增加到最大值。此时，被挤入模孔的原料开始被挤压致密，原料粒子严重变形，粒子与粒子互相紧贴或镶嵌，粘在一起成为颗粒燃料的一部分，此阶段原料压缩应力与应变关系可用黏弹性本构模型表述，见式（8-1）。

$$\sigma(\varepsilon) = E\varepsilon + R_1 e^{n_1 \varepsilon} + R_2 e^{n_2 \varepsilon} + \sigma_{f1} \qquad (8\text{-}1)$$

式中：

$\sigma(\varepsilon)$　——压缩应力；

ε　——压缩应变；

E　——弹性模量；

R_1、R_2　——黏性系数；

n_1、n_2　——黏性指数；

σ_{f1}　——该状态下原料与模具摩擦的损耗应力。

（3）保压松弛

应力从最大值逐渐减小，应变基本保持不变，颗粒燃料逐渐保持稳定状态。该阶段颗粒产生应力松弛现象，应力在致密成型过程中达到最大值，而后发生突降现象，应力下降速度缓慢。该阶段应力的变化与存留在模具内的时间直接相关，参照伯格斯（四元件模型：弹簧、开尔文模型和阻尼器串联）模型中的应力松弛关系，见式（8-2）。

$$\sigma(t) = A\varepsilon'(t) + B\varepsilon''(t) + \sigma_{f2}$$
$$\sigma(t) = Ae^{-n_1 t} - B\varepsilon^{n_2 t} + \sigma_{f2} \qquad (8\text{-}2)$$

式中：

- $\sigma(t)$ ——松弛应力，应力松弛因子 $\varepsilon'(t) = e^{-n_1 t}$，应力松弛因子 $\varepsilon''(t) = e^{-n_2 t}$；
- A ——一阶应力松弛系数；
- B ——二阶应力松弛系数；
- σ_{f2} ——该状态下原料与模具摩擦的损耗应力。

（4）颗粒挤出

成型后的颗粒被挤出模孔外，所受压力迅速减小，最后降为零。

生物质压缩能耗可通过外力做功得出，压缩力与位移的变化曲线见图8-6。能耗模型见式（8-1），其中压缩力可通过成型过程的应力与应变函数推导得出，位移与应变呈线性函数关系，推导后可得式（8-3）。

$$\begin{aligned} W &= \sum_{i=1}^{n} F_i(L_i - L_{i-1}) \\ &= S\int_0^\varepsilon \sigma(\varepsilon)d[L(\varepsilon)] \\ &= CS\int_0^\varepsilon \sigma(\varepsilon)d\varepsilon \end{aligned} \qquad (8\text{-}3)$$

式中：

- W ——能耗；
- F_i ——瞬时压力；
- L_i ——瞬时压缩位移；
- S ——压缩模孔横截面积；
- C ——应变与压缩位移的线性系数。

$$W = 1.46[\frac{1}{2}E\varepsilon^2 + \frac{R_1}{n_1}(e^{n_1\varepsilon}-1) + \frac{R_2}{n_2}(e^{n_2\varepsilon}-1) + \sigma_{f1}\varepsilon] \qquad (8\text{-}4)$$

不同种类原料，在进料量相同情况下，棉秆和木屑的最大压缩应力较高，为 67～77MPa，玉米秸秆、花生壳、豆秸和小麦秸秆的最大应力为 45～55MPa。生物质颗粒燃料的颗粒密度越高，能耗越高，且能耗增加越快。木屑的压缩能耗最大，约为 44.1kWh/t，其次为棉秆和花生壳，分别为 25.4kWh/t 和 24.1kWh/t，豆秸、玉米秸秆和小麦秸秆的能耗最小，分别为 18.2kWh/t、15.6kWh/t、12.5kWh/t，见表 8-2。

表 8-2 生物质原料压缩能耗

项目	玉米秸秆	花生壳	小麦秸秆	豆秸	棉秆	木屑
能耗/（J/g）	56.2	86.9	45.1	65.5	91.4	158.8
能耗（单位换算）/（kWh/t）	15.6	24.1	12.5	18.2	25.4	44.1
颗粒密度/（kg/m³）	1 030	1 170	1 010	1 060	1 185	1 240

8.1.3 成型燃料产品特性

成型燃料产品质量特性包括物理机械特性、燃烧特性和环境影响等。

8.1.3.1 物理机械特性

（1）规格尺寸

生物质成型燃料与锅炉、壁炉、热风炉等配套使用，应用在取暖、炊事、供热等各个领域。为保证燃料储运方便，实现自动进料连续燃烧，避免搭桥、堵塞，并确保燃料适应各类锅炉，需规定其规格。颗粒燃料长度不宜过长，直径小于 8mm 时，长度应小于 40mm；直径为 12～25mm 时，长度应小于 50mm。

（2）全水分

生物质成型燃料的水分易受外界环境影响，易吸潮导致运输与贮存过程松散或变质，也会影响燃烧效果，水分高，热值低，导致起燃困难，水分蒸发吸热导致燃烧温度低，易引起设备腐蚀。生物质成型燃料全水分含量按国际 ISO 标准要求为：木质颗粒燃料 ≤10%、木质块（棒）状燃料 ≤15%、非木质燃料均 ≤15%。我国标准要求为：木质颗粒燃料 ≤12%、木质块（棒）状燃料 ≤15%、非木质燃料均 ≤16%。

（3）堆积密度/颗粒密度

密度可表征成型燃料的压实程度，密度越高抗磨损能力越强，使用和运输过程不易断裂。压缩后的成型燃料体积缩小6~8倍，大大减少了存储、运输以及燃烧设备的空间。颗粒燃料一般采用堆积密度表征，块（棒）状燃料可直接采用颗粒密度表征。颗粒燃料的堆积密度ISO标准要求为：木质≥600kg/m³、非木质≥550kg/m³；我国标准要求均≥550kg/m³。块（棒）状燃料的颗粒密度ISO标准要求为木质≥900kg/m³、非木质≥600kg/m³；我国标准要求均≥800kg/m³。

（4）机械耐久性

机械耐久性是指在装卸、输送和运输过程中保持完整个体的能力，由成型燃料的压缩条件及松弛密度所决定，表征成型燃料的黏结性能和不同使用性能、贮藏性能。ISO标准要求为：木质颗粒燃料机械耐久性≥96.5%、非木质颗粒燃料≥96.0%；我国标准要求均≥95.0%。

8.1.3.2 燃烧特性

（1）工业分析

工业分析指标包括一般样品水分、灰分、挥发分和固定碳。灰分反映成型燃料中矿物质含量，包括钙（Ca）、氯（Cl）、钾（K）、氮（N）、硫（S）、硅（Si）等元素，来源主要是生物质原料本身及收获、运输、加工和存储过程中带入的杂质。对于同一类生物质成型燃料，其发热量随灰分增加而减少，燃料含有较多矿物质时，矿物质会分解吸热，矿物质含量越高，所吸收的分解热越多，发热量越少。固定碳越高，发热量越高。相同灰分条件下，挥发分含量越高，固定碳含量越低，越易引燃，但热值相对较低；反之，挥发分含量越低，固定碳含量就会越高，燃料不易引燃，但热值较高。

灰分过高，燃烧室易产生结渣现象，导致燃烧设备损耗，因此，燃烧设备需耐腐蚀，燃烧过程中要控制燃烧温度，避免高温灰熔融后结焦；同时燃烧形成的飞灰通过烟囱排出，易污染大气环境。ISO标准要求木质颗粒燃料灰分含量≤2.0%、木质块（棒）状燃料≤3.0%、非木质燃料均≤10%。我国标准要求木质燃料灰分含量均≤6.0%、非木质燃料均≤15%。

（2）发热量

发热量是衡量生物质成型燃料质量优劣的重要指标之一，一般以低位发热量为基准。发热量差异取决于生物质原料自身组成，以及水分、灰分含量等。低位发热量ISO标准为：

木质颗粒燃料≥16.5MJ/kg、木质块（棒）状燃料≥14.9MJ/kg、非木质燃料≥14.5MJ/kg；我国标准为：木质类均≥14.6MJ/kg、非木质类均≥12.6MJ/kg。

（3）氯元素（Cl）

氯元素是影响燃烧结渣和腐蚀的重要元素之一，燃烧过程中Cl几乎完全蒸发，形成HCl、Cl_2和碱金属氯化物，只有极少部分Cl束缚在飞灰中，或以HCl的形式随烟气排放，碱土金属氯化物冷凝在飞灰颗粒或换热器表面上，造成积灰结渣问题，氯和碱土金属的结合可对燃烧单元造成严重危害。同时，Cl元素含量过高，在燃烧过程经过铜等金属离子的催化作用易生成二噁英，从而导致二噁英排放污染问题。

秸秆类成型燃料中Cl元素含量比木质类燃料高，多分布在0.01%~0.60%，个别秸秆的Cl含量可超过1%。ISO标准要求木质燃料Cl元素含量≤0.03%、非木质燃料≤0.30%，我国标准要求木质燃料≤0.03%、非木质燃料≤0.80%。

（4）结渣性与灰熔融点

生物质成型燃料的结渣性与燃烧温度、生物质中氯元素含量和碱土金属含量直接相关，通常燃烧温度越高越易结渣，Cl、K、Na元素含量越高，越易结渣。K是生物质成型燃料中含量最高的碱金属元素，大部分以无机钾离子形式存在于植物内，以K元素为主的碱金属会导致燃烧过程结渣、腐蚀和聚团等。在高温条件下，一部分K元素以气态形式释放，如气态KCl、气态K_2SO_4以及气态KOH；另一部分K元素固定在底灰中，如硅铝酸钾（$AlKO_6Si_2$）、硅酸钾（K_2SiO_3）、KCl和K_2SO_4。气态钾可经冷凝形成气溶胶黏附于飞灰上，或直接冷凝与硫酸盐化合到飞灰中，降低熔点，造成颗粒聚团和积灰。

结渣性一般用灰熔融点表征，包含变形温度、软化温度、半球温度、熔融温度等4个特征温度，结渣性随着软化温度的升高而降低。一般软化温度>1 390℃，燃料轻微结渣；软化温度在1 260~1390℃时，中等结渣；当软化温度<1 260℃时，严重结渣。ISO标准要求生物质成型燃料应给出灰熔融点的具体数值。生物质成型燃料灰熔融点软化温度一般为1 200~1 300℃。我国结渣特性除了采用灰熔融点表征外，还可参考煤炭采用结渣率指标表征，非木质燃料为中等结渣率，木质燃料为弱结渣率。

（5）添加剂

生物质成型燃料的添加剂能够缓解结渣问题，减少对燃烧设备腐蚀影响。研究发现：Al_2O_3对生物质燃料的结渣问题有抑制作用，认为Al_2O_3比SiO_2更容易与碱金属K元素结合生成高熔点的化合物$AlKO_6Si_2$，有效缓解碱金属K产生的结渣问题，添加剂中的Al元素与气态 KCl 反应，减少气态 KCl 的生成量。有研究将添加剂 Al_2O_3 和 $CaCO_3$ 加入流化床床料中，结果发现换热面上沉积现象减轻，并且沉积物中 KCl 的含量减少，从而使换热面的腐蚀程度降低。燃料质量要求添加剂需标明添加剂成分，ISO 标准要求木质燃料添加剂含量≤2%，非木质燃料≤5%，我国标准要求均≤2%。

8.1.3.3 环境影响

生物质成型燃料所含细颗粒物不仅污染大气，还会对人体健康造成一定危害。燃烧排放的污染物可分为两类：不完全燃烧产生的污染物和完全燃烧产生的污染物。不完全燃烧产生的污染物包括一氧化碳、焦油、多环芳烃、碳氢化合物和焦炭，这些污染物通常是由于燃烧温度过低、用于燃烧的空气在燃烧区与燃料混合不充分或者停留时间过短造成的。因此，需要使用生物质成型燃料专用燃烧设备，实现高效充分燃烧。生物质成型燃料完全燃烧，也会产生颗粒物、NO_x、SO_2，以及固体灰渣重金属污染等。生物质成型燃料中的细颗粒物含量，以及 N、S、重金属等元素会直接影响污染物含量。

（1）小于 3.15mm 细颗粒物

生物质燃料在运输过程中，其细颗粒物含量过高会增加爆炸风险，同时小粒径粉尘的吸入会影响人体健康。细小颗粒物燃烧易产生 PM_{10}、$PM_{2.5}$ 等。一般情况下，生物质成型燃料燃烧的颗粒物排放量远低于传统散煤燃烧，如松木和玉米秸秆燃烧颗粒物比传统煤燃烧减少 70%。但生物质成型燃料的 $PM_{2.5}$ 所占比重较大，这是因为生物质中的 K 等金属元素通过燃烧释放出来，大部分以无机盐形式凝结成渣，但也有一小部分以气溶胶形式进入环境，这是颗粒物形成的一个重要途径。根据 GB13271—2014《锅炉大气污染物排放标准》，燃煤锅炉的颗粒物排放限值为：在用锅炉 $80mg/m^3$、新建锅炉 $50mg/m^3$、重点地区 $30mg/m^3$。

（2）含 N 污染物

燃烧生成 NO_x 有 3 种途径，即热力型、瞬态型以及燃料型。生物质燃烧温度很难达到 1300℃以上，基本不产生热力型 NO_x，80% 的 NO_x 来自 800~1100℃时 N 的氧化（燃料型），也有少量是在特定条件下由空气中的 N 转化而成（瞬态型）。NO_x 排放量主要与生物质成型燃料中 N 元素含量相关。通常，生物质成型燃料中 N 含量越高、O/N 比值越大，燃烧后 NO_x 排放量也越高。瑞典学者的研究结果证实了这一点，NO_x 生成量与燃料中含氮量成明显的依赖关系，燃料中氮含量高，其 NO_x 生成量随之增大；不同燃烧方式可以改善 NO_x 排放，在循环流化床燃烧炉（CFB）中，NO_x 的整体排放量比固定床燃烧低得多（30～100mg/Nm³）。相比煤炭，生物质成型燃料中 N 含量较低，NO_x 排放较少，如玉米秸秆中 N 元素含量为 0.50%～0.67%，而煤中 N 元素含量为 0.52%～1.41%。ISO 标准和我国标准均要求木质燃料≤1.0%、非木质燃料≤2.0%。

（3）含 S 污染物

S 元素包括生物质机体结构中以有机硫和硫酸盐形式存在的无机硫。有机硫分解是硫析出的主要来源，燃烧时主要以 SO_2 和碱金属、碱土金属硫酸盐的形式存在，大部分 S 都在气相中释放，随着烟气的冷却，硫酸盐沉积在设备表面或附着在灰渣表面，SO_2 则在燃料挥发分的析出及燃烧阶段释放出来，且燃料中 80%～100% 的 S 转化成 SO_2。

SO_2 排放根据 GB13271—2014《锅炉大气污染物排放标准》燃煤锅炉的排放限值为：在用锅炉 400mg/m³、新建锅炉 300mg/m³、重点地区 200mg/m³。一般生物质成型燃料燃烧锅炉的 SO_2 均可达标排放。

ISO 标准要求的 S 元素含量：木质燃料≤0.05%、非木质燃料≤0.30%；我国标准要求：木质燃料≤0.10%、非木质燃料≤0.20%。生物质成型燃料中的 S 元素含量少，一般比煤炭低 2～10 个数量级。

GB/T 15224.2—2010《煤炭质量分级 第 2 部分：硫分》中，均可达到特低硫煤（≤0.30）煤炭的最优标准。

（4）重金属

重金属元素包括 As、Cu、Pb、Zn、Fe、Co、Ni、Cd、Hg 等。生物质成型燃料的燃烧过程中，极少部分重金属元素会随烟气中颗粒物排出，大部分存在于灰渣中。若重金属含量过高，其燃烧后灰渣回用会对土壤等造成污染，因此需严格限制重金属含量。

根据 GB/T 20475.3—2012《煤中有害元素含量分级 第 3 部分：砷》，特低砷煤≤4mg/kg、低砷煤＞4～25mg/kg、中砷煤＞25～80mg/kg、高砷煤＞80mg/kg，生物质成型燃料中的砷元素含量较低，基本在特低砷煤范围。根据 GB/T 20475.4—2012《煤中有害元素含量分级 第 43 部分：汞》，特低汞煤≤0.15mg/kg、低汞煤＞0.15～0.25mg/kg、中汞煤＞0.25～0.60mg/kg、高汞煤＞0.60mg/kg，生物质成型燃料中汞元素含量较低，基本在特低汞煤范围。

8.1.4 成型燃料质量要求

生物质成型燃料的质量分级具体要求详见表 8-3、表 8-4、表 8-5。其中，生物质成型燃料指标数量分别为颗粒燃料 21 项、块（棒）状燃料 20 项、热处理后的成型燃料 23 项。

表 8-3 颗粒燃料质量分级

指标	木质颗粒燃料 I	木质颗粒燃料 II	木质颗粒燃料 III	非木质颗粒燃料 I	非木质颗粒燃料 II	非木质颗粒燃料 III
规格	长度小于直径4倍【D6±1, 8±1; 3.15<L≤40】			长度小于直径4倍【D6~25±1; 3.15<L≤40(D6~10);3.15<L≤50(D12~25)】	长度小于直径5倍【D6~25±1; 3.15<L≤40(D6~10); 3.15<L≤50(D12~25)】	长度小于直径5倍【D6~25±1; 3.15<L≤40(D6~10); 3.15<L≤50(D12~25)】
水分/%	≤10【10】	≤10【10】	≤16【10】	≤10【12①】	≤12	≤16【15①、12④、10②③】
灰分/%	≤1.5【0.7】	≤3.0【1.2】	≤6.0【2.0】	≤6.0【6.0①】	≤8.0	≤12.0【10.0①、6.0②、4.0③、8.0④】
机械耐久性/%	≥97.5【97.5】	≥97.5【97.5】	≥96.5【95.0】	≥97.5【97.5①】	≥95.0	≥95.0【97.5②③、96.5④】
低位发热量/(MJ/kg)	≥16.9【16.5】	≥15.9【16.5】	≥14.6【16.5】	≥14.6【14.5①】	≥13.4	≥12.6【14.5①④,给出具体数值②③】
添加剂/%	≤2【≤2】				≤2【≤5①、需要具体说明②③④】	
小于3.15mm细粉尘/%	≤1.0【1.0】			≤1.0【2.0①】	≤1.0	≤1.0【3.0①、1.0②③④】
堆积密度/(kg/m³)	≥600【600】	≥500【600】	≥500【600】	≥600【600①】	≥500	≥500【600①②、580③、550④】
N/%	≤0.3【0.3】	≤0.5【0.5】	≤1.0【1.0】	≤1.0【1.5①】	≤1.5	≤2.0【2.0①④、0.7②、0.5③】
S/%	≤0.05【0.04】	≤0.08【0.05】	≤0.1【0.05】	≤0.1【0.2①】	≤0.2	≤0.2【0.3①、0.1②、0.05③】
Cl/%	≤0.03【0.02】	≤0.03【0.02】	≤0.03【0.03】	≤0.2【0.1①】	≤0.2	≤0.8【0.3①、0.1②④、0.08③】
As/(mg/kg)	【≤1】			【≤1】		
Cd/(mg/kg)	【≤0.5】			【≤0.5】		
Cr/(mg/kg)	【≤10】			【≤50】		
Cu/(mg/kg)	【≤10】			【≤20】		
Pb/(mg/kg)	【≤10】			【≤10】		
Hg/(mg/kg)	【≤0.1】			【≤0.1】		
Ni/(mg/kg)	【≤10】			【≤10】		
Zn/(mg/kg)	【≤100】			【≤100】		
灰熔融性/℃	【需要说明】			【需要说明】		
结渣性	弱结渣性	弱结渣性	弱结渣性	弱结渣性	弱结渣性	中等结渣性

注：Ⅰ、Ⅱ、Ⅲ分别为 NY/T 2909 中 A1~A3，B1~B3，下同。
【】外为 NY/T 2909 要求，【】内为 ISO 17225 要求。
①表示草本生物质、水果生物质、水生生物质及其混合物和混合物制得的颗粒燃料；
②表示谷物秸秆颗粒燃料；
③表示芒草颗粒燃料；
④表示芦苇金丝雀草颗粒燃料。

表 8-4 生物质块（棒）状燃料质量分级

指标	木质块【棒】状燃料			非木质块【棒】状燃料		
	I	II	III	I	II	III
规格	具体描述			具体描述		
水分 / %	≤10【10】	≤12	≤15【15】	≤10【12】	≤12	≤16【15】
灰分 / %	≤1.5【1.0】	≤3.0	≤6.0【3.0】	≤6.0【6.0】	≤10.0	≤15.0【10.0】
机械耐久性 / %	≥97.5	≥97.5	≥95.0	≥97.5	≥95.0	≥95.0
低位发热量 / (MJ/kg)	≥15.5【15.5】	≥15.3	≥14.6【14.6】	≥14.6【14.5】	≥13.4	≥12.6【14.5】
添加剂 / %	种类及数量需注明【≤2】			种类及数量需注明【≤5】		
颗粒密度 / (g/cm³)	≥1.1【1.1】	≥1.0	≥0.8【0.8】	≥1.1【0.9】	≥1.0	≥0.8【0.6】
N/%	≤0.3【0.3】	≤0.5	≤1.0【1.0】	≤1.0【1.5】	≤1.5	≤2.0【2.0】
S/%	≤0.05【0.04】	≤0.08	≤0.1【0.05】	≤0.1【0.2】	≤0.2	≤0.2【0.3】
Cl/%	≤0.03【0.02】	≤0.03	≤0.03【0.03】	≤0.2【0.1】	≤0.2	≤0.8【0.3】
As / (mg/kg)	【≤1】			【≤1】		
Cd / (mg/kg)	【≤0.5】			【≤0.5】		
Cr / (mg/kg)	【≤10】			【≤50】		
Cu / (mg/kg)	【≤10】			【≤20】		
Pb / (mg/kg)	【≤10】			【≤10】		
Hg / (mg/kg)	【≤0.1】			【≤0.1】		
Ni / (mg/kg)	【≤10】			【≤10】		
Zn / (mg/kg)	【≤100】			【≤100】		
灰熔融性 / ℃	【需要说明】			【需要说明】		
结渣性	弱结渣性			弱结渣性	弱结渣性	中等结渣性

注：【】外为 NY/T 2909 要求，【】内为 ISO 17225 要求。

表 8-5 热处理后的生物质成型燃料质量评价指标及要求

指标	热处理后的木质燃料						热处理后的非木质燃料		
	TW1H	TW1L	TW2H	TW2L	TW3H	TW3L	TA1	TA2	TA3
规格	D6±1，8±1；3.15<L≤40①		D6~25±1；3.15<L≤40(D6~10)，3.15<L≤50(D12~25)①		D6~25±1；3.15<L≤40(D6~10)，3.15<L≤50(D12~25)①		D6~25±1；3.15<L≤40(D6~10)，3.15<L≤50(D12~25)①		
水分/%	≤8① ≤10②	≤10	≤8① ≤10②	≤10	≤10		≤10		
灰分/%	≤1.2		≤3.0		≤5.0		≤5	≤10	需要说明
机械耐久性/%	≥97.5①		≥96.0①		≥95.0①		≥97.5①	≥96.0①	≥95.0①
低位发热量/(MJ/kg)	≥21.0		≥21.0		≥21.0		≥18.0	≥17.0	需要说明
小于3.15mm细粉尘/%	≤2.0①	≤1.0①	≤4.0①	≤2.0①	≤6.0①	≤3.0①	≤2.0①	≤2.0①	≤3.0①
添加剂/%	≤4 标明种类和数量		标明种类和数量		标明种类和数量		标明种类和数量		
堆积密度/(kg/m³)	≥650① ≥650②	≥700① ≥650②	≥650		≥550① ≥650②		≥600	≥600	≥550① ≥600②
颗粒密度/(g/cm³)	≥1.0②		—		—		≥1.0②	—	—
C/%	需要说明		需要说明		需要说明		需要说明		
N/%	≤0.4		≤0.4		≤1.0		≤1.5	2	≤2.5
S/%	≤0.04		≤0.05		≤0.1		≤0.1	≤0.2	≤0.3
Cl/%	≤0.03		≤0.05		≤0.1		≤0.1	≤0.2	≤0.3
As/(mg/kg)	≤1		≤2		≤2		≤2	≤2	需要说明
Cd/(mg/kg)	≤0.5		≤1		≤2		≤1	≤1	需要说明
Cr/(mg/kg)	≤10		≤15		≤15		≤50	≤50	需要说明
Cu/(mg/kg)	≤10		≤20		≤20		≤20	≤20	需要说明
Pb/(mg/kg)	≤10		≤10		≤10		≤10	≤10	需要说明
Hg/(mg/kg)	≤0.1		≤0.1		≤0.1		≤0.1	≤0.1	需要说明
Ni/(mg/kg)	≤10		≤10		≤10		≤10	≤10	需要说明
Zn/(mg/kg)	≤100		≤100		≤100		≤200	≤200	需要说明
挥发性物质/%	需要说明		需要说明		需要说明		需要说明		
灰熔融性/℃	需要说明		需要说明		需要说明		需要说明		

注：①表示仅为颗粒燃料要求；
②表示仅为块（棒）状燃料要求 TW1H-TW3H、TW1L-TW3L、TA1-TA3 为参考 ISO 17225 中的分级。

根据 GB/T 15224.3—2010《煤炭质量分级 第 3 部分：发热量》，热处理后的生物质成型燃料、木质颗粒燃料一级可达到中低发热量煤（16.7～21.3MJ/kg）标准，其他均在低发热量煤（≤16.7MJ/kg）范围。

根据 GB 34169—2017《商品煤质量 民用散煤》要求，无烟 1 号和烟煤 1 号的灰分含量≤16%，无烟 2 号和烟煤 2 号的灰分含量≤25%，生物质成型燃料灰分含量可到达民用散煤的最优标准要求。

根据 GB/T 20475.2—2006《煤中有害元素含量分级 第 2 部分：氯》，特低氯煤≤0.05%、低氯煤＞0.05～0.15%、中氯煤＞0.15～0.30%、高氯煤＞0.30%，民用散煤的 Cl 含量要求≤0.15%。木质成型燃料中 Cl 含量≤0.03%，在特低氯煤范围内；非木质成型燃料的第Ⅲ级质量要求在高 Cl 煤范围，其他质量要求等级均在低氯煤和中氯煤范围内。非木质成型燃料中氯含量偏高，部分燃料超过民用散煤 Cl 含量的质量要求。根据生物质成型燃料 ISO 国际标准要求，木质类成型燃料和非木质类Ⅰ级成型燃料均符合民用散煤 Cl 含量的质量要求。

与煤炭相比，生物质成型燃料发热量低，但灰分含量低，S 含量以及 As 和 Hg 等重金属含量极低，环境效益较优，对保护大气及人居环境具有重要作用，见表 8-6。

表 8-6 生物质成型燃料与煤炭质量比较

类别	民用散煤				生物质成型燃料			
	无烟煤 1 号	无烟煤 2 号	烟煤 1 号	烟煤 2 号	木质成型燃料	非木质成型燃料	热处理后木质成型燃料	热处理后非木质成型燃料
标准依据	GB 34169—2017				NY/T 2909 和 ISO 17225		ISO 17225	
挥发分/%	≤12.00	≤12.00	≤37.00	≤37.00	—	—	—	—
S/%	≤0.50	≤1.00	≤0.50	≤1.00	≤0.1【0.05】	≤0.2【0.3】	≤0.1	≤0.3
灰分/%	≤16.00	≤30.00	≤16.00	≤30.00	≤6.0【2.0】	≤15.0【12.0】	≤5.0	
P/%		≤0.100			—	—		
Cl/%		≤0.150			≤0.03【0.03】	≤0.8【0.3】	≤0.1	≤0.3
As/(mg/kg)		≤20			≤【1.0】	≤【1.0】	≤0.2	≤0.2
Hg/(mg/kg)		≤0.250			≤【0.1】	≤【0.1】	≤0.1	≤0.1
F/(mg/kg)		≤200			—	—		

注：【 】内为 ISO 17225 要求。

民用散煤的 S 元素含量要求：无烟 1 号和烟煤 1 号≤0.50%，无烟 2 号和烟煤 2 号≤1.00%，生物质成型燃料 S 含量可达到最优标准要求。

民用散煤要求 As 元素含量≤20mg/kg，Hg 元素含量≤0.25mg/kg，F 含量≤200mg/kg。生物质成型燃料中砷和汞元素含量要求是民用散煤要求的 1/20 和 1/5。且生物质成型燃料中氟含量极低，能够满足民用散煤要求。

8.2 成型工艺

8.2.1 典型技术工艺

8.2.1.1 工段组成

成型过程主要包括原料粉碎、干燥、输送、混配、喂料、成型、切断、冷却、计量包装等工序，整体上可分为 3 个工段，即原料预处理工段、成型工段、辅助配套工段，具体工段如下。

（1）原料预处理工段

原料预处理工段包括原料接收、粉碎、干燥、混配等工序。

原料接收：生物质原料自堆料场转运至投料棚，沿着喂料输送带方向顺序堆放，准备投料。同时，暂存部分原料，以保证原料在一个班次连续足量供应。

粗粉碎：由于秸秆等生物质原料尺寸较大，不能直接用于成型加工，粗粉碎工序的主要任务是将尺寸较大的原料粉碎成短而细的颗粒状原料，以备二次精细粉碎。

精细粉碎：将原料由粉碎工序输送到精细粉碎机，经二次粉碎后，粒度小于 5mm，输送至原料仓，同时还可对原料进行自然烘干。

提升与混配：用提升机将原料暂时储存在原料仓内，在仓内安装抄板，对原料进行搅拌与混合，保证喂料顺畅，成型连续生产。

螺旋输送：保证实现连续、均匀喂料。

（2）成型工段

成型工段包括调质喂料、成型加工、切断等工序。

调质喂料：将原料仓的粉料调质混合，连续稳定地输送至成型设备。

成型加工：由成型机将原料挤压成型。

切断：在成型机内装有可调节间隙的切刀，根据用户需求将挤压出的燃料切断，便于包装贮运。

（3）辅助配套工段

辅助配套工段包括冷却、除尘、添水、计量包装等工序。

冷却：从成型机刚出来的成型燃料温度为 75～85℃，这种状态易破碎，不宜贮运。冷却工序是将加工成型后的高温燃料进行降温，使其温度能够达到包装储存条件。整个工艺流程中配套组合冷却机，通过冷却工序，带走成型燃料热量和水分。

除尘：采用旋风分离、脉冲除尘清除生产加工过程中的粉尘，达到国家规定标准。

添水：根据原料的特性及含水率情况，适当添加水分进行调湿，满足成型要求。

计量包装：对成品进行计量，实现机器包装。

8.2.1.2 工艺流程

成型燃料加工工艺流程见图 8-7。工作时，原料接收后进入粉碎工序加工，通过刮板输送、螺旋输送装置连续输送，保证原料充分混合，调质均匀，水分一致。同时，根据喂料速度以及成型速度的要求，用原料揉搓粉碎装置调制主原料，根据主原料的特性和成型要求，在调制剂添加装置中添加调剂原料，如粉碎后的秸秆含水量较高，则要加入花生壳，这将有利于成型。所有原料经刮板输送装置提升到原料混合仓进行混合。工艺中专门设计压块燃料和颗粒燃料切换工序，可根据生产计划实现两种类型燃料生产切换。当转换到压块工段时，原料将被输送至压块喂料装置，而后喂入压块机，成型后的压块燃料经过冷却进入计量包装装置打包入库；当转换到颗粒成型工段时，物料进入二次粉碎装置进行精细粉碎，通过输送装置进入强制喂料器，喂入颗粒成型机加工成颗粒燃料。由于从颗粒成型机中出来的颗粒燃料温度较高，需强制冷却后，再进入颗粒燃料筛选装置，经过筛选，未成型或者成型不合格的颗粒将进入二次粉碎装置，再进行成型；合格的颗粒燃料经过计量包装装置，称重包装入库。

根据原料含水率情况，适当添加水分进行调湿，满足成型要求；此外，在原料接收端和原料混合系统均增加高效除铁装置，以保护成型机的关键部件，提高使用寿命。在粉碎阶段、成型阶段和冷却阶段均装有除尘装置，减少粉尘污染，保证生产安全。

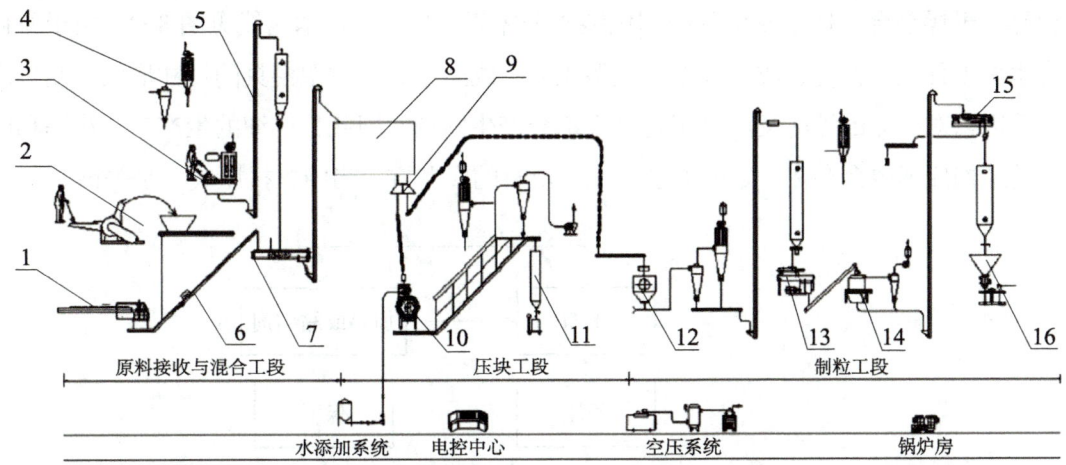

1—原料接收输送带；2—揉搓粉碎机；3—调制剂添加装置；4—除尘器；5—刮板输送器；
6—螺旋输送带；7—原料混合装置；8—原料仓；9—气动三通；10—块状成型机；
11—块状燃料冷却计量包装装置；12—二次粉碎设备；13—颗粒成型机；14—颗粒燃料冷却装置；
15—颗粒燃料筛选装置；16—颗粒燃料计量包装装置。

图8-7 成型燃料加工工艺流程

工艺路线的特点如下。

a. 采用连续喂料和调制喂料相结合的混配工艺。将整个生产线输送、喂料等工序设计为连续喂料系统和调制喂料系统，主要生物质原料采用连续输送系统，将需要调节的部分主原料或者调制剂原料采用调制喂料系统。

b. 在原料预处理工段选用刮板输送，在成型工段选用螺旋输送，提高了原料输送效率。

c. 对成型机前端的喂料结构采用变频喂料和调质喂料整体合一，针对秸秆、林业剩余物等增加强制喂料机构。

d. 采用二次粉碎，先对生物质原料进行粗粉碎，进入喂料系统后进行二次精细粉碎。二次粉碎能够将物料进行细粉，提高了生产率，同时在一次粉碎后经过输送混配，能够保证生物质原料有相同的湿度，有利于成型，解决了生物质原料复杂多样的问题。

8.2.2 成型工艺类型

成型工艺按照工艺特征的不同大致分为3类：热压成型工艺、常温成型工艺及炭化成型工艺。

8.2.2.1 热压成型工艺

热压成型工艺是目前普遍采用的生物质成型工艺。一般可将热压成型工艺过程分为原料粉碎、干燥混合、挤压成型及冷却包装4个环节，其工艺技术路线见图8-8。由于原料的含水率、种类、粒度、成型温度、成型压力、成型方式、成型模具的尺寸形状以及生产规模等因素对产品的性能及成型工艺过程都会产生影响，因此，详细的生产工艺流程和成型机的结构原理也会存在一定的差别，但在所有的成型方式当中，挤压成型是关键。

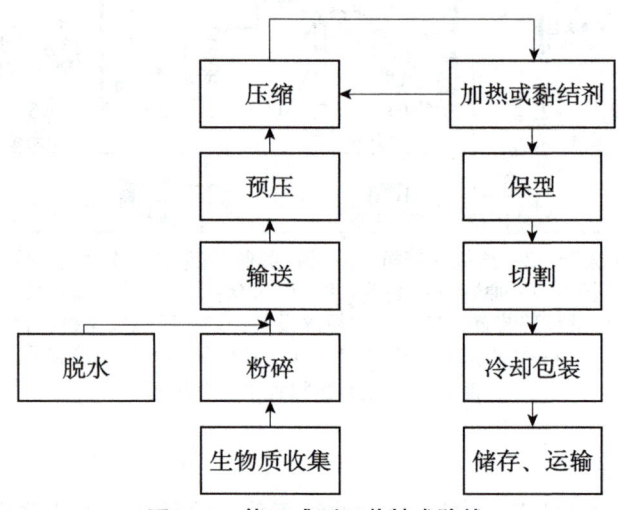

图8-8 热压成型工艺技术路线

目前热压成型技术已形成了多种成型工艺，按照对生物质进行加热部位的不同，可将其分为两种：一种是只在成型部位对生物质进行加热，即非预热型热压成型工艺；另一种是在进入压缩装置之前及成型部位均对生物质进行加热，即预热型热压成型工艺。在实际应用中，非预热型热压成型工艺占主导地位。

8.2.2.2 常温成型工艺

常温成型工艺即将生物质在常温下进行挤压成型的过程，其成型过程与热压成型的不同之处在于成型之前不需要将生物质加热到一定的温度，其余过程则大致相同。一般情况下，常温成型工艺需要的成型压力较大，为了减小成型压力，可在成型过程中添加一些黏结剂，黏结剂种类的选择会对成型燃料的性能造成影响。木质素是存在于生物质内部的一类高分子化合物，在一定温度及压力下会发生软化，生物质在常温成型的过程中因受到挤压及摩擦的作用会产生热量，当达到木质素软化所需要的温度及压力时，软化的木质素就会把周边的纤维素进行黏结，最终形成成型燃料，因此，在整个常温成型过程中木质素起到了黏结剂的作用。常温成型工艺技术路线见图8-9。

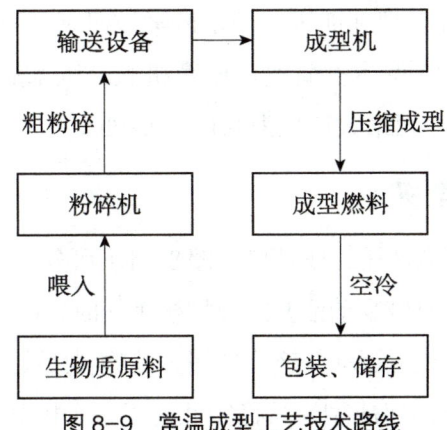

图 8-9 常温成型工艺技术路线

8.2.2.3 炭化成型工艺

炭化成型工艺即先将生物质进行炭化，再在粉粒状碳化物中添加一定量的黏结剂，将其挤压成具有一定形状及规格的成型木炭的过程。由于炭化过程中生物质的纤维结构遭到破坏，高分子组分发生热裂解形成炭，在此过程中释放出挥发分焦油、木醋液等。黏结剂的添加减少了成型过程中物料对部件的磨损，大大改善了加工性能，功率消耗也明显降低。但炭化成型也存在一些问题，如成型后的制品在储存和运输过程中易出现破碎、开裂等。

8.3 成型设备

8.3.1 典型成型设备

成型机作为生物质成型的主要设备，主要有螺旋挤压、活塞冲压、压辊等类型。

8.3.1.1 螺旋挤压成型机

根据黏结机理不同，螺旋挤压成型机（图 8-10）可分为不加热和加热两种类型。不加热型是先在原料中加入黏结剂，通过螺旋输送器输送并挤压，在黏结剂的作用下成型。加热型是在外部安装电加热装置，利用原料中的木质素受热塑化的黏结性成型。螺旋挤压成型机适于压制木屑、稻壳、棉秆等木质生物质原料，其原料粒度一般要求为 1~10mm，其中粒度在 4~6mm 以上原料的比例不超过 10%，否则不易压紧；原料含水率不得超过 12%，否则挤压时容易产生"放炮"现象，不能压实。为延长螺旋片工作寿命，在工作数小时后，需进行堆焊处理。螺旋加压成型是最早被研制开发的成型设备。2006年辽宁省能源研究所研制的BIO-15型生物质致密成型机组，以木屑、秸秆、稻壳为原料生产50mm六棱中空棒状燃料，单机最大产量为0.15～0.2t/h。

8.3.1.2　活塞冲压式成型机

按驱动动力的不同，活塞冲压式成型机（图8-11）可分为机械驱动活塞式成型机和液压驱动活塞式成型机两类。机械驱动活塞式成型机工作时，电机带动飞轮转动，借助曲柄连杆机构，带动活塞做高速往返运动，产生冲压力使物料成型。冲头是成型部件的关键部分，在压力作用下直接冲击原料成型，其稳定性对于整个机器运转的可靠性有重要影响。液压驱动活塞式成型机则是利用液压油缸提供的压力，带动冲压活塞使原料冲压成型，其运行稳定性得到极大的改善，且噪声小，明显改善了操作环境，但活塞的运动速度较机械驱动时低，所以其产能受到一定程度的影响。活塞冲压式成型机的设备生产成本低，各种农作物秸秆均可被压制成型，可加工不易成型的麦草和稻壳等，对原料粉碎粒度要求低，一般在1～100mm，压缩比为14～18，该类设备可生产大块或棒状燃料，适合农村和小型锅炉应用。但是该类型设备间歇成型，占地面积大，噪声大，润滑污染较严重，产品质量不稳定。1997年河南农业大学研制的活塞冲压式成型机，用于生产直径约为100mm、密度为$1～1.2g/m^3$的棒状燃料，经过10年的试验研究，已改进4代机型。但由于生产效率不高，仅进行了小规模应用。

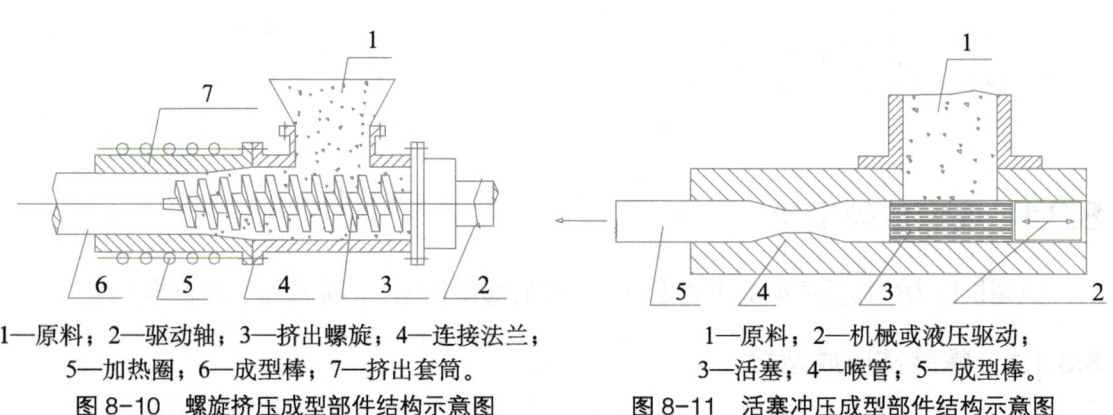

1—原料；2—驱动轴；3—挤出螺旋；4—连接法兰；
5—加热圈；6—成型棒；7—挤出套筒。
图8-10　螺旋挤压成型部件结构示意图

1—原料；2—机械或液压驱动；
3—活塞；4—喉管；5—成型棒。
图8-11　活塞冲压成型部件结构示意图

8.3.1.3　压辊式成型机

压辊式成型机分为环模成型机（图8-12）和平模成型机（图8-13）。主要工作部件是压模与压辊，物料在压制室中的压模与压辊挤压下通过模孔而成形，可用于颗粒或块状成型燃料生产，原料适应范围广泛，可用于加工木屑、秸秆、稻壳等纤维较长的原料，一般不用加热，颗粒燃料为直径 6～12mm 的圆柱状，块状燃料约为 32mm×32mm 的块状。可根据需要调整模孔尺寸，改变成型产品的形状和大小。环模成型机充分借鉴了饲料颗粒的生产工艺，其自动化程度高，单机产量大，适于规模化生产。农业农村部规划设计研究院研究开发的"生物质固体成型燃料加工工艺与成套设备"于 2007 年在北京市礼贤镇建成投产，设备生产能力为 1.5～2t/h，生产状态良好。模辊式成型机设备自动化程度高，生产技术已经成熟，是目前应用的主流机型。

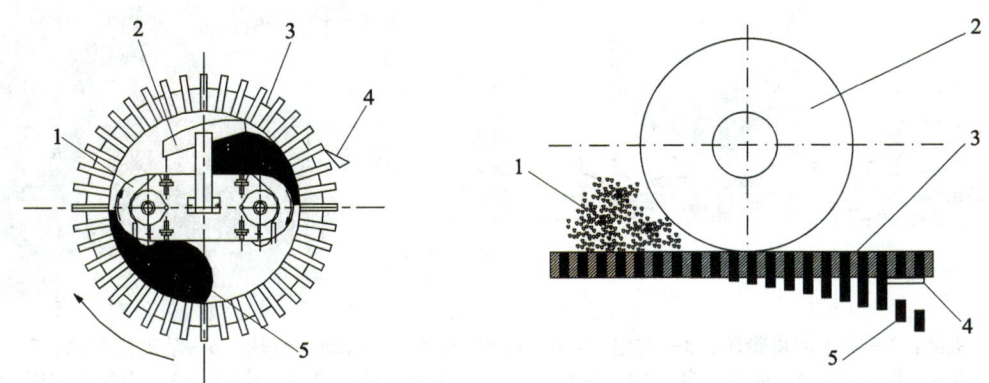

1—压辊；2—进料刮板；3—环模；4—切刀；5—原料。　　1—原料；2—压辊；3—平模；4—切刀；5—成型颗粒。

图 8-12　环模成型机结构示意图　　　　　　　图 8-13　平模成型机结构示意图

图 8-14 为 HM485 型卧式颗粒燃料成型机。其特点是采用变频调速喂料，确保喂料均匀，原料容易成型，表面光滑。环模主机采用齿轮传动，主机功率为 110kW，成型压力大于 50MPa，产量达到 2.0t/h。该设备采用双区段过渡组合式与直-锥过渡组合孔结构颗粒机环模，环模进料口处应加工倒角，倒角取值范围为 45°～60°。

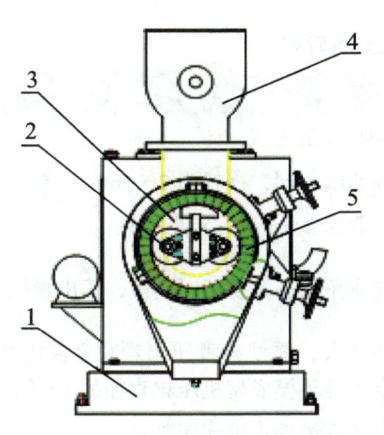 

1—机体；2—压辊；3—工作室；4—喂料装置；5—环模。

图 8-14　HM485 型卧式颗粒燃料成型机示意图与实物图

图 8-15 为立式环模生物质块状燃料成型机。其特点是环模块上不仅设有放置加热电阻丝的凹槽，而且环模孔的一边与环模圆周的径向平行，另一边与径向成 8° 夹角，由此形成入口大出口小的环模孔，不仅有利于原料进入环模孔，而且有利于块状燃料的成型。另外，压轮由压轮环、偏心压轮轴和压轮轴承座三部分组成，表面以耐磨焊条进行填充，当压轮环表面磨损失效时，只需对其表面进行堆焊修补，不仅降低成本，还可以避免因更换压轮导致的停机，提高效率。

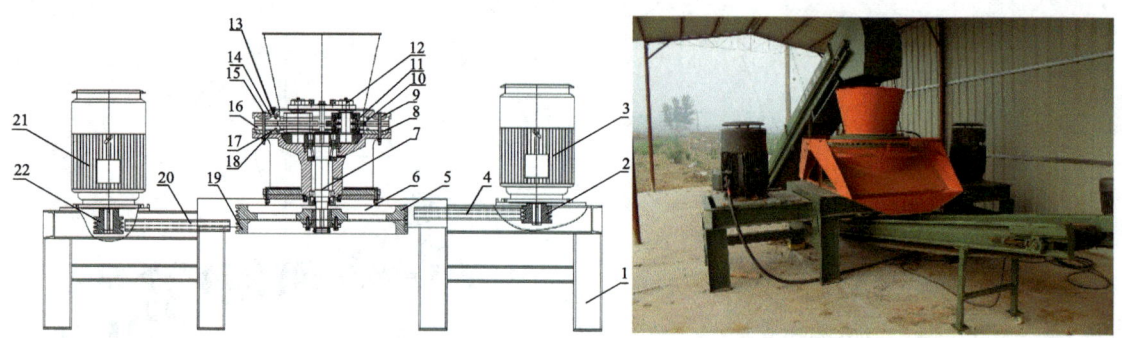

1—机架；2—右主动皮带轮；3—右电机；4—右皮带；5—上从动皮带轮；6—从动皮带轮；7—主轴；8—环模托盘；9—环模压盘；10—压轮；11—压轮轴承座；12—压轮轴；13—上加热电阻丝；14—上降温水道；15—螺栓；16—环模；17—下降温水道；18—下加热电阻丝；19—下从动皮带轮；20—左皮带；21—左电机；22—左主动皮带轮。

图 8-15 立式环模生物质块状燃料成型机结构与实物图

平模成型机对原料水分适应性强，含水率一般在 15%～25%，结构简单，成本较低，但产量普遍偏低，一般不超过 0.5t/h，适于农村小规模使用。2010 年吉林省华光生态工程技术研究所生产的平模成型机，投资小，结构简单，但产量较低。

两种压辊式成型机特点见表 8-7。

表 8-7 两种压辊式成型机异同点

	指标	环模成型机	平模成型机
相同点		供料器、调质器等结构基本相同，均采用挤压的方式	
不同点	线速度	线速度相同，一般为 4～8m/s	线速度不同，一般为 2～5m/s
	压辊数	一般为 2～3 只，2 只压辊为最佳	一般为 2～5 只，常见 2 只
	攫取角	攫取角较大，挤压时间长，压出颗粒密度大	攫取角较小，挤压时间短，压出颗粒密度小
	功耗	功耗小，压出的颗粒质量好	功耗大，要使两者压出颗粒坚实度相当，压辊直径是环模成型机压辊直径的 1.6 倍
	喂料方式	采用机械强迫进料	自身重量垂直进入压制室
	模具	模具只能用 1 次	模具正反面都可用
	应用	易于规模化生产，产量大	多为小型平模，产量小

8.3.2 成型设备性能对比

螺旋挤压成型机和活塞冲压式成型机主要用于棒状成型燃料生产,两种机型生产率均不高,能耗大,主要压缩部件易磨损,运行不稳定,设备配套性差,管理自动化程度较低,并且成型产品尺寸大,使用时需要手工进行加料,不易实现自动化运行,目前两种成型机尚未实现批量化生产。压辊式成型加工方法可实现工业化自动上料,且环模成型机以其生产率高、成型好等优势被生产企业青睐,所以压辊式成型机具有较大的发展潜力。几种成型方式性能特点见表 8-8。

表 8-8 成型设备性能特点

项目	活塞冲压	螺旋挤压	环模成型	平模成型
原料含水率/%	8～18	6～12	8～30	15～25
接触部位磨损	撞头和模子部位轻微磨损	螺旋头严重磨损	环模与压辊之间磨损较严重	平模与压辊之间磨损较严重
关键部件寿命/h	200	60	>400	>200
输出形式	间断	连续	连续	连续
成型燃料密度/(g/m³)	0.8～1.1	1～1.4	0.8～1.2	0.8～1.0
维修费	高	较低	高	较高
成型燃料的燃烧性能	一般	较好	好	好
炭化	不可以	能制很好的炭	一般不做碳化	一般不做碳化
气化适宜性	不适宜	适宜	一般不做气化	一般不做气化
成型燃料质量均匀性	较均匀	较均匀	非常均匀	较均匀
单机产量/(kg/h)	50～500	150～200	1000～2000	100～500
能耗/(kWh/t)	70	100～125	60～110	30～100

8.4 燃烧设备

生物质成型燃料可以作为供热燃料,其燃烧特性与煤相比有较大差别。生物质具有较高的挥发分含量,农作物秸秆的挥发分一般在 76%～86%,其存储了超过 2/3 的热量,且一般在 200～300℃ 时开始析出,如果此时无法提供足够的助燃空气,则未燃尽的挥发分被气流带出,形成黑烟,传统的燃煤锅炉设计方法和操作规程不适合于生物质成型燃料。

由于秸秆类生物质中的灰分含量通常较高,因此,秸秆类颗粒燃料的灰分沉积速度一般大大超过煤的燃烧,有的甚至超出煤炭大约一个数量级。此外,积灰中通常存在大量的 KCl 等氯化物,这是由于秸秆生长过程中会吸收一定含量的碱金属元素(包括 K、Na、Cl、S、Ca、Si、P 等),并以盐或者氧化物的形式存在于生物质机体内部,此外杂质中也会带入一些氯化物。当秸秆类成型燃料燃烧温度达到 800~900℃ 时,锅炉炉底的秸秆灰开始软化,温度进一步升高时,灰分会全部或者部分发生熔化,导致结渣,试验表明玉米秸秆颗粒燃料的结渣率在 50% 以上。因此,生物质成型燃料需采用专用锅炉或炉具进行燃烧。本章节主要介绍生物质锅炉,生物质炉具内容见第 9 章清洁炉灶章节。

8.4.1 燃烧特性

8.4.1.1 结渣特性

秸秆等生物质成型燃料,特别是秸秆成型燃料中含有 Si、K、Na、Cl、S、P 等元素,是生物质燃烧利用过程中导致结渣、积灰的主要原因。Mg、Ca、Al 等元素可以改善生物质燃料的燃烧性能,在燃烧时能与引起结渣的主要碱金属元素生成高熔点化合物从而抗结渣。

选取 $MgCO_3$、$CaCO_3$、Al_2O_3、高岭土 $[Al_2Si_2O_5(OH)_4]$ 等 4 种添加剂,以添加 3% 的质量分数进行抗结渣试验。玉米秸秆颗粒燃料空白对照组的灰渣颜色呈黑褐色,且渣块坚硬、尺寸大,平均尺寸可达 25mm×45mm。分别添加 3% 的 $MgCO_3$、$CaCO_3$、Al_2O_3 添加剂后,燃料结渣情况大为改善,其中添加 3%$MgCO_3$ 添加剂的生物质颗粒燃料,燃烧后的灰渣松散呈灰白色,为细小颗粒状(1mm×2mm),基本不成渣;添加 3%$CaCO_3$ 添加剂的生物质颗粒燃料,燃烧后的灰渣松散呈灰白略带红色,灰渣为细小颗粒状(3mm×5mm),且易破碎,几乎不成渣;添加 3% Al_2O_3 添加剂的生物质颗粒燃料燃烧后灰渣呈灰色,渣块为小尺寸颗粒状(10mm×13mm),但渣块尺寸明显变小且相对易破碎,见表 8-9。抗结渣效果 Mg>Ca>Al 元素。

表 8-9 灰渣特性

指标	空白组	3%$MgCO_3$	3%$CaCO_3$	3%Al_2O_3
灰渣颜色	黑褐色	灰白色	灰白色(略微发红)	灰色
灰渣形状	坚硬块状	小颗粒状	小颗粒状	颗粒状
平均灰渣尺寸	25mm×45mm	1mm×2mm	3mm×5mm	10mm×13mm
大于 6mm 比例	36.80%	0	2.25%	11.56%

通过扫描电子显微镜（SEM）进一步观察不同对照组的灰渣形貌，在倍数100×（宏观）和2 000×（微观）2种放大倍数的电子显微镜下，灰渣形貌见图8-16、图8-17。从图8-16中倍数100×（宏观）观察，生物质颗粒燃料空白对照组渣块尺寸大很多，渣块表面光滑，孔洞很少，表明其很坚硬难于破碎。同时渣块左上方呈白色部分表示该区域导电性很差，电子显微镜无法导电扫描。添加3%$MgCO_3$添加剂的渣块尺寸很小，为细小颗粒状。添加3%$CaCO_3$添加剂的生物质颗粒燃料燃烧后灰渣尺寸也较小，但是较3%$MgCO_3$添加剂的大一些。添加3%Al_2O_3添加剂的颗粒燃料燃烧后灰渣尺寸较大，表面较光滑，孔洞也较少。

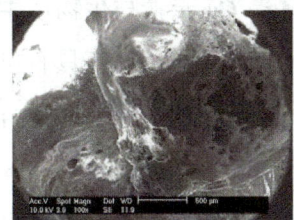   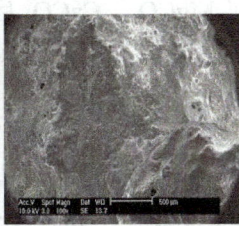

a.空白组　　　　b.3%$MgCO_3$+生物质　　c.3%$CaCO_3$+生物质　　d.3%Al_2O_3+生物质

图8-16　灰渣在不同放大倍数下的形貌（倍数100×）

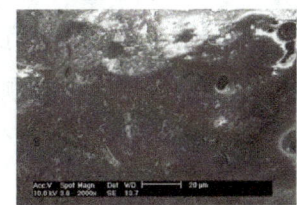   

a.空白组　　　　b.3%$MgCO_3$+生物质　　c.3%$CaCO_3$+生物质　　d.3%Al_2O_3+生物质

图8-17　灰渣在不同放大倍数下的形貌（倍数2 000×）

灰渣化合物组成分析。秸秆类生物质本身所固有的碱金属元素，无论是以单质还是化合物形式存在，在燃烧过程中，大部分都将与Si元素或者其氧化物结合生成低熔点的共晶体。由图8-17可以看出，空白组颗粒燃料燃烧灰渣中的主要化合物为富含Si元素的SiS_2/SiO_2，其次为CaO、$Ca(MgFeAl)(SiAl)_2O_6$、$Al_{0.296}Na_{0.12}Si_{15.9}O_{32.25}$等各种碱金属（Ca、Mg、Fe、Al、Na）与Si元素反应形成的硅酸盐类，另外还有K元素与Fe等元素生成的$KFeSiO_3O_8$，Na元素与Fe等元素生成的$Na_{31}Fe_8O_{29}$，可以看出，灰渣中影响结渣的主要碱金属元素为Si、K、Na元素。

添加添加剂后的颗粒燃料燃烧后灰渣的主要化合物成分发生了变化。添加3%$MgCO_3$添加剂的颗粒燃料燃烧过程中，Mg元素与Si、K、Na等多种元素反应，生成了新的化合物$K_2Mg(SO_4)_2$、$(MgFe)_2SiO_4$、$(FeMg)_2SiO_4$；添加3%$CaCO_3$添加剂的燃料燃烧过程中，

Ca 元素主要与 Si 元素发生反应生成了 Ca_2SiO_4，同时主要生成化合物中还有 CaO，这是空白组中相对含量较高的化合物，CaO 是否对成渣有影响、有何影响有待进一步研究；添加 3% Al_2O_3 添加剂的燃料燃烧过程中，Al 元素与多种元素包括 Si、K、Na 等发生了反应，生成了 $KAlSiO_4$、$Al_2O_{3.4}SiO_{21.38}Na_2O$、$KAlSi_2O_6$，同时，可以看出生成化合物中还含有 SiO_2，因此其抗结渣效果不如 3%$MgCO_3$ 和 3%$CaCO_3$ 添加剂。

玉米秸秆颗粒燃料中，添加比例为 3% 的 $MgCO_3$、$CaCO_3$、Al_2O_3 均可有效地抗结渣。其中，添加 3%$MgCO_3$ 的抗结渣效果最好，结渣率基本为零；添加 3%$CaCO_3$ 的结渣率低于 2.25%，抗结渣效果显著，添加 3%Al_2O_3 的结渣率为 11.56%，抗结渣效果较好。添加了 $MgCO_3$、$CaCO_3$ 后，主要是因为在燃烧过程中，添加剂中的 Mg、Ca 元素与生物质中固有的、能引起结渣的 Si、K、Na 等元素发生了反应，生成了新的化合物而使其具有抗结渣性能。其中，Mg 与 Si、K、Na 反应生成 $K_2Mg(SO_4)_2$、$(MgFe)_2SiO_4$、$(FeMg)_2SiO_4$ 等；Ca 元素与 Si 元素反应形成 Ca_2SiO_4 等，添加抗结渣剂的成型燃料结渣强度位于弱结渣区。

8.4.1.2　污染物和颗粒物排放特性

采用 ELPI 系统（电子低压冲击计）、SEMTECH 系统（污染物测试排放系统）测试燃烧过程中的污染物、颗粒物排放特性，研究了相同燃烧温度条件下烟气中的 PM_{10}、$PM_{2.5}$ 质量分数和体积分数，对比了对颗粒物排放的影响，研究不同结构的燃烧器、燃烧器运行参数和空气系数、成型燃料内碱金属及硅化物（SiO_2），以及燃烧的不同阶段等因素对颗粒物排放特性的影响规律，摸清燃料燃烧特性与颗粒排放特性的内在规律。

玉米秸秆、棉秆、木质 3 种成型燃料在不同功率下颗粒物数量浓度分布见图 8-18。随着功率的加大，颗粒物的总数量都是先减小后增大。颗粒物分布的峰值向大粒径方向移动，表明进料量越多、功率越大，燃料燃烧后产生相对更大粒径颗粒。

玉米秸秆在不同功率下颗粒物数量浓度见图 8-18a，功率为 10kW 时，颗粒物数量浓度峰值在第 5 级。功率为 12kW 时，颗粒物分布的各级别数量降低，峰值出现在第 6 级。当功率为 14kW 时，颗粒物数量进一步减少，呈双峰分布，峰值在第 3 级和第 6 级。功率提高到 16kW、18kW 时，数量峰值仍为第 6 级。对于棉秆成型燃料在不同功率下颗粒物数量浓度见图 8-18b，10kW、12kW、14kW 功率下颗粒物数量浓度都呈双峰分布状态，在第 4 级和第 6 级达到 2 个峰值。虽然随着功率增加颗粒物排放数量减少，但是总体数量分布趋势没有过多变化。功率为 16kW、18kW 时，分布峰值在第 6 级，说明颗粒物粒径变大。木质燃料在不同功率下颗粒物数量浓度见图 8-18c，前 3 种工况下，分布成双峰状态，在第 1 级和第 5 级颗粒出现峰值，功率增加，数量分布有向大粒径方向转移趋势。当功率提高到 16kW、18kW 时，3 种燃料的颗粒物总数量急剧增多，颗粒物数量的峰值都转

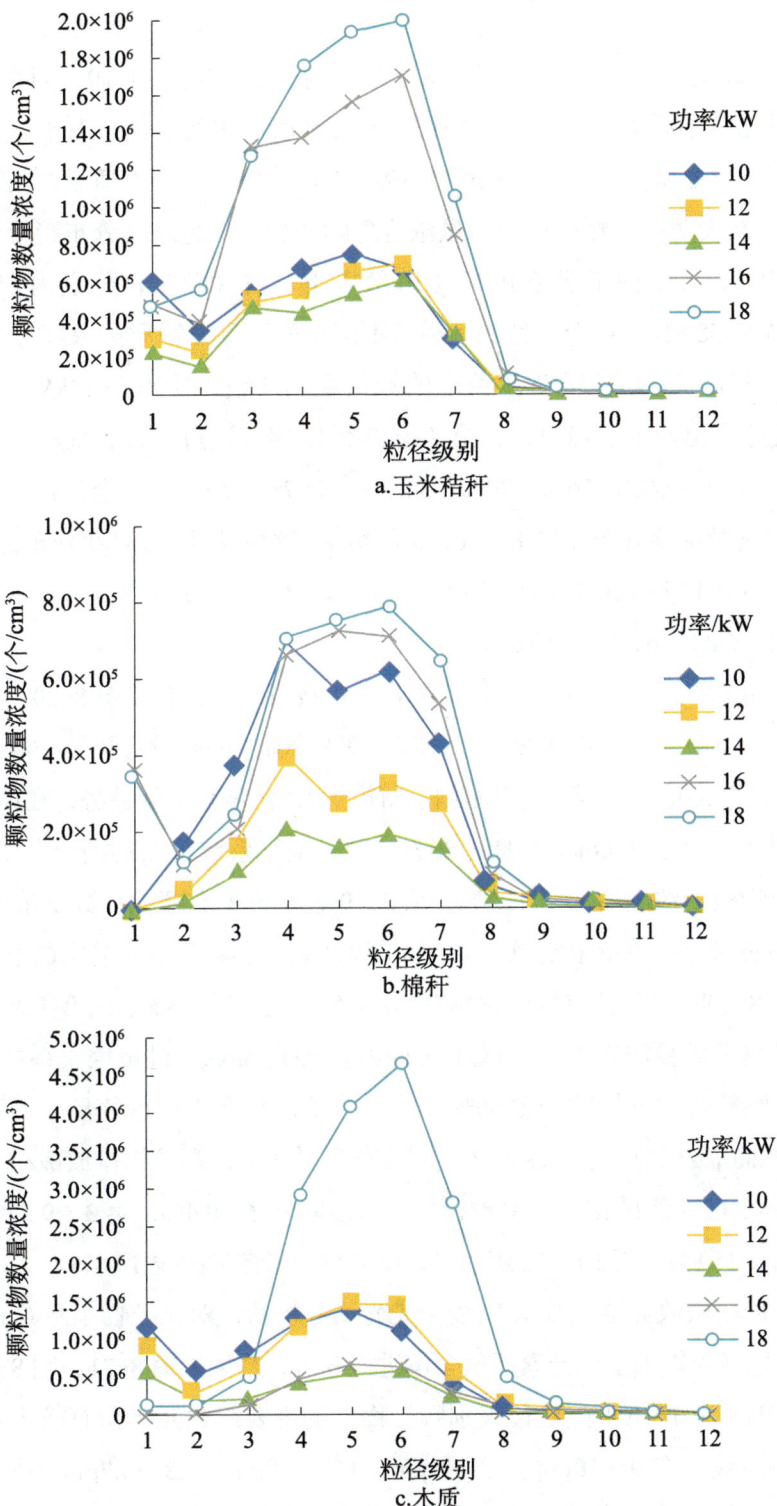

图8-18 3种原料成型燃料颗粒物数量浓度分布

变为第 6 级。

3 种原料的成型燃料在不同功率下颗粒物质量浓度分布见图 8-19。随着功率增加，颗粒物的总质量先减小后增大，但大粒径颗粒物质量所占比例增加。对于玉米秸秆成型燃料不同功率下颗粒物质量浓度分布见图 8-19a，5 种功率下颗粒物质量峰值分别是第 7 级和第 12 级。虽然大功率下颗粒物的质量浓度急剧增加，但是总体分布趋势没有发生太大变化。通过计算，在 5 种工况下 $PM_{2.5}$（10 级以下）占总颗粒物分别为 65.6%、68.8%、68.7%、62.2% 和 58.8%。对于棉秆成型燃料不同功率下颗粒物质量浓度分布见图 8-19b，10kW、12kW 功率下，颗粒物质量浓度的峰值在第 7 级，功率在 14kW、16kW、18kW 时，质量浓度分布出现了双峰值，为第 7 级和第 12 级。通过计算，棉秆燃料在 5 种工况下 $PM_{2.5}$ 分别占总颗粒物的 76%、70%、54.7%、52.7%、55.6%。对于木质成型燃料不同功率下颗粒物质量浓度分布见图 8-19c，5 种功率下颗粒物质量浓度分布都呈双峰分布，分别在第 7 级和第 12 级颗粒物出现峰值。计算后，$PM_{2.5}$ 在 5 种工况下分别占总颗粒物的 71.3%、67.7%、64%、61.3%、59.5%。

3 种原料的成型燃料在不同进气量下的颗粒物数量浓度分布见图 8-20。玉米秸秆成型燃料在不同进气量下的颗粒物数量浓度分布见图 8-20a，进风量对颗粒物数量分布趋势无影响，峰值都是第 3 级和第 6 级，但颗粒物总体的数量浓度呈下降趋势，在风速为 8m/s 时，颗粒物总量最小。风速从 6m/s 增加到 8m/s，过量空气系数从 1.3 提高到 1.7，第 1、2 级的核模态颗粒物数量浓度增加了 11.8%，第 3~9 级积聚模态颗粒物数量浓度减少 13.2%，10~12 级粗模态颗粒物数量浓度减少 12.7%。棉秆成型燃料在不同进风量下的颗粒物数量浓度分布见图 8-20b，空气量对颗粒物数量分布趋势无影响，峰值在第 4 级和第 6 级，风速增加，颗粒物总数量浓度下降。风速从 6m/s 增加到 8m/s，过量空气系数从 1.1 提高到 1.5，3 种模态颗粒物数量都减少了 50% 左右。木质燃料在不同进气量下的颗粒物数量浓度分布见图 8-20c，在风速为 7m/s 时（过量空气系数 1.3），颗粒物排放最小。风速从 6m/s 增加到 7m/s，第 1、2 级的核模态颗粒物数量浓度降低了 30.4%，第 3~9 级积聚模态颗粒物数量浓度减少 15.8%，第 10~12 级粗模态颗粒物数量浓度减少 14.8%。

通过 ICP 原子吸收光谱法与 X 射线荧光光谱分析法，对颗粒物中除 C、H、N、O 外的不同粒径级别颗粒物中主要元素质量含量进行分析，结果见图 8-21、图 8-22、图 8-23。分析发现，同种燃料产生不同粒径级别颗粒物中的主要组成元素量有较大不同，木质颗粒燃烧产生颗粒物，在 9~10μm、5.8~9μm、4.7~5.8μm、3.3~4.7μm 不同粒径级别中，含量最多的 3 种主要元素依次为 Na、K、Ca；2.1~3.3μm、1.1~2.1μm、0.7~1.1μm、0.4~0.7μm 不同粒径级别中，含量最多的 3 种主要元素依次为 Na、K、Ca；玉米秸秆颗

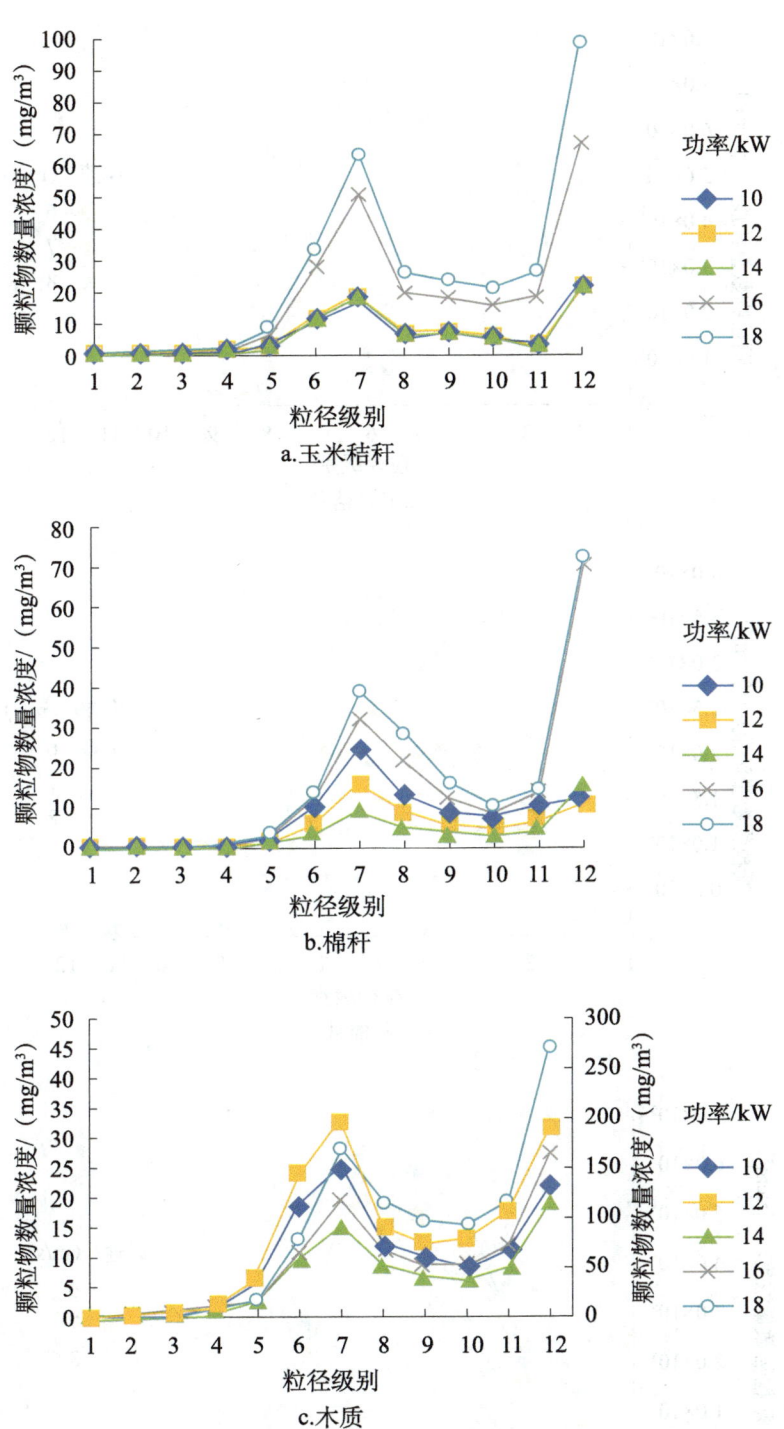

图 8-19　3 种原料成型燃料颗粒物质量浓度分布

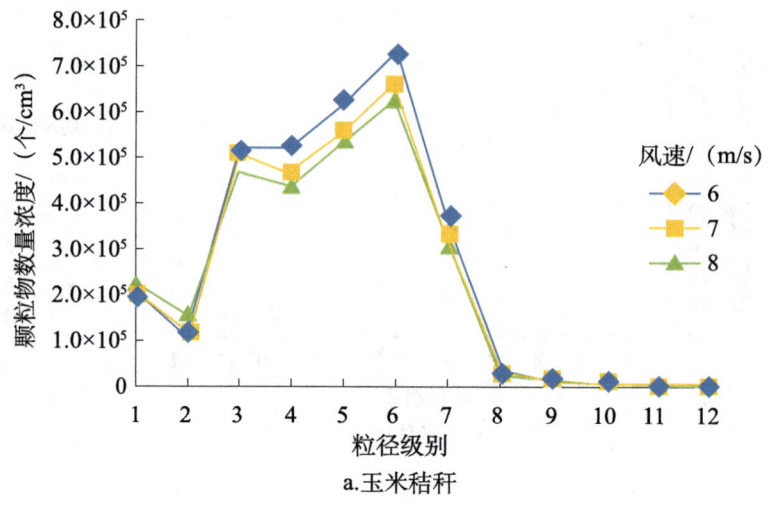

a.玉米秸秆

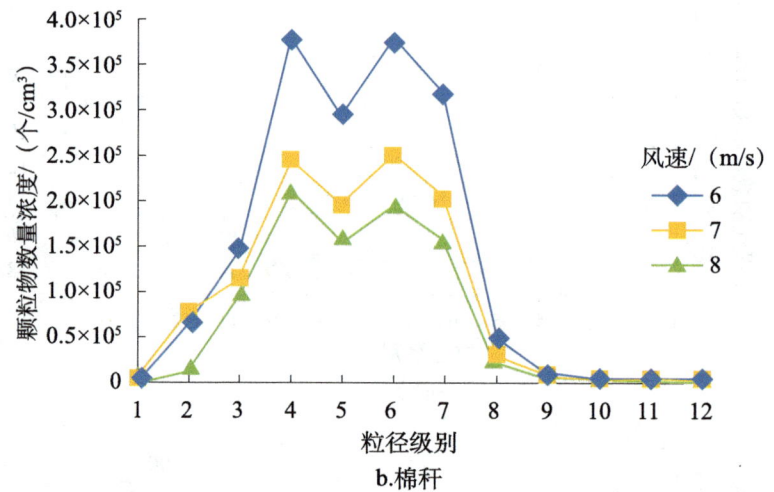

b.棉秆

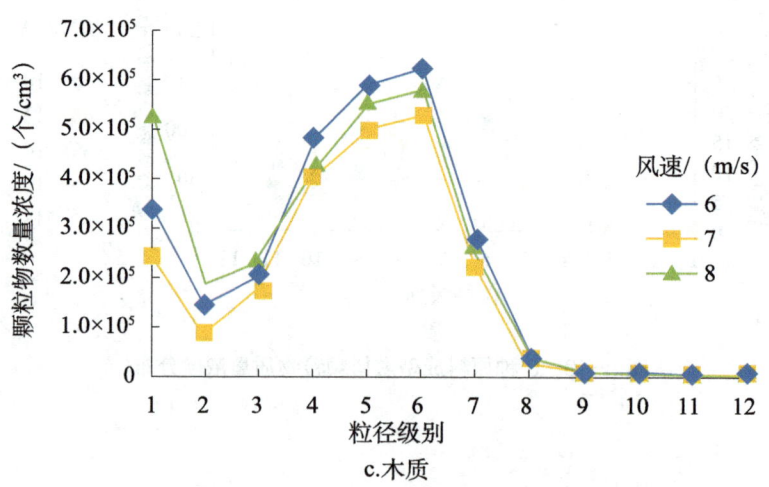

c.木质

图 8-20 进风量对 3 种原料成型燃料颗粒物数量浓度影响

粒燃烧产生颗粒物，在9～10μm、5.8～9μm、4.7～5.8μm不同粒径级别中，含量最多的3种主要元素依次为Na、K、Ca；3.3～4.7μm、2.1～3.3μm、1.1～2.1μm、0.7～1.1μm、0.4～0.7μm 5粒径级别中，含量最多的3种主要元素依次为Cl、K、Na；棉秆颗粒燃烧产生颗粒物，在9～10μm、5.8～9μm、4.7～5.8μm、3.3～4.7μm不同粒径级别中，含量最多的3种主要元素依次为Na、Cl、Ca；2.1～3.3μm、1.1～2.1μm、0.7～1.1μm、0.4～0.7μm 4种粒径级别中，含量最多的3种主要元素依次为Cl、K、Na；木质燃料比秸秆燃料燃烧产生颗粒物Ca元素高30%～40%，其主要原因是木质成型燃料燃烧时，燃烧室温度高于秸秆成型燃料燃烧室的温度，烟气中含钙化合物相变量大，烟气中冷凝的大气颗粒物中的含钙化合物含量比秸秆成型燃料燃烧产生含钙化合物量多，故木质燃料燃烧产生烟气颗粒物中，含钙元素量比秸秆燃料燃烧产生烟气中颗粒物钙元素含量高。

研究发现木质燃料燃烧排放颗粒物中主要元素的EF由大到小依次为K、Na、Ca、Mg、S、Al、P、Fe，其中K、Na、S元素在粒径在0.4～2.1μm的颗粒物的EF远大于粒径在2.1～10μm的颗粒物的EF；玉米秸秆燃料燃烧排放颗粒物中，主要元素的EF由大到小依次为K、Na、S、Ca、Mg、Al、P、Fe、Ti，其中K、Na、S元素在粒径在0.4～2.1μm的颗粒物的EF远大于粒径在2.1～10μm的颗粒物的EF，Ti元素的EF在颗粒物粒径在1.1～2.1μm间达到10以上；木质燃料燃烧排放颗粒物中主要元素的EF由大到小依次为K、Na、Ca、S、Mg、Al、P、Ti、Fe，其中K、Na、S元素在粒径在0.4～2.1μm的颗粒物的EF远大于粒径在2.1～10μm的颗粒物的富集因子，Ti元素的EF在颗粒物粒径在0.4～1.1μm间达到10以上。研究发现3种生物质燃烧排放不同粒径级别颗粒物中K、Na、Ca、S、Mg、Al、P、Ti、Fe等元素的EF值均大于10，且K、Na、S等元素的EF值在粒径2.1μm以下颗粒物中富集程度更高，Na、Mg、Al、Si、K、Ca、Fe、Mn和Ti等9种元素属于地壳元素，具有毒性的重金属元素（As、Gd、Cr、Co、Zn、Pb等）的EF均低于10。

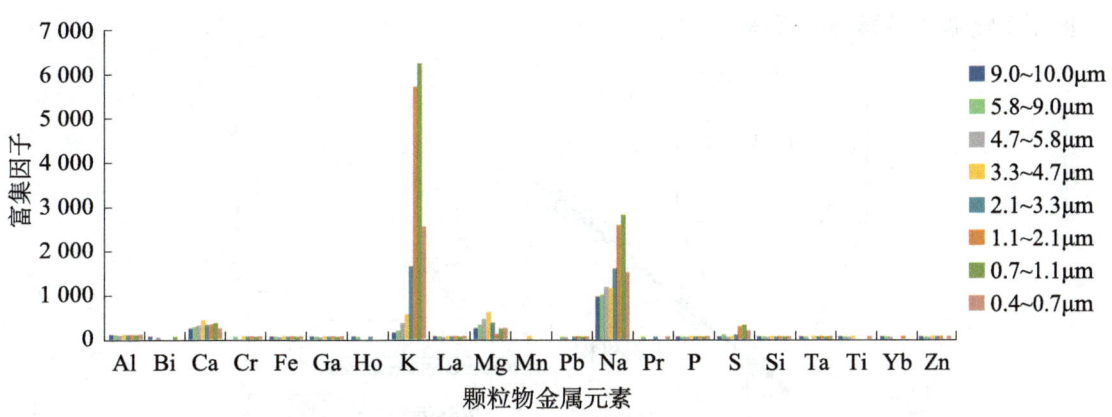

图8-21 木质颗粒燃料燃烧排放颗粒物元素的富集因子分布

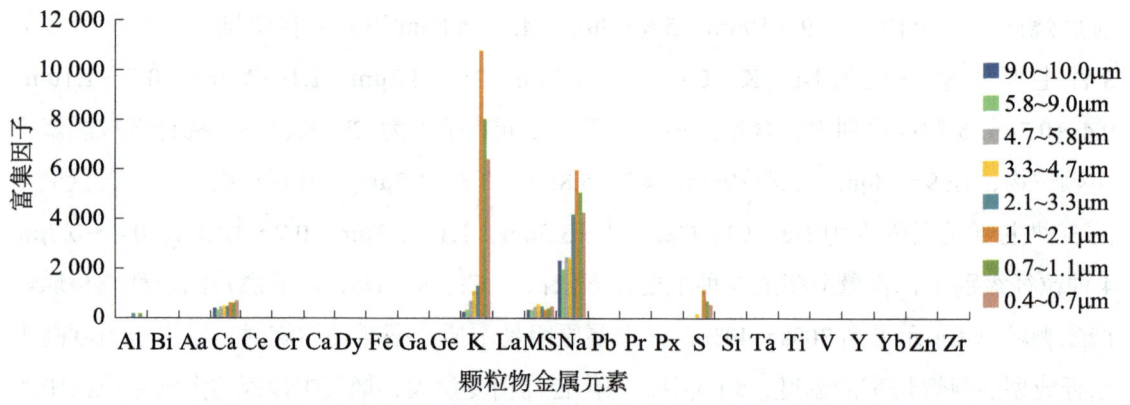

图 8-22 玉米秸秆颗粒燃料燃烧排放颗粒物元素的富集因子分布

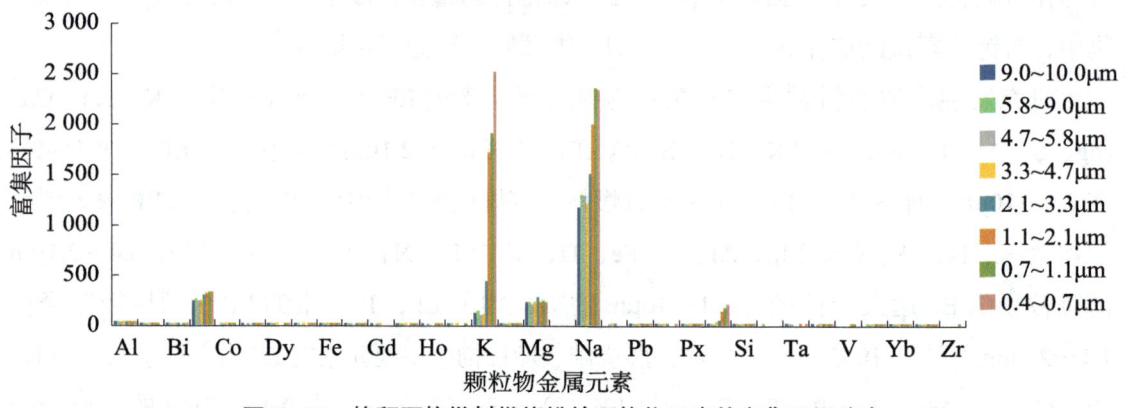

图 8-23 棉秆颗粒燃料燃烧排放颗粒物元素的富集因子分布

8.4.2 燃烧器

生物质颗粒燃烧器是一种高效燃烧设备,使用的燃料尺寸较为单一、均匀,因此可以实现连续自动燃烧,燃烧效率通常能达到 86% 以上。通过与不同用途的设备(例如锅炉、壁炉、热风炉等)配套使用,燃烧器可以应用到取暖、炊事、干燥等各个领域。图 8-24 为典型生物质颗粒燃烧的系统示意图。

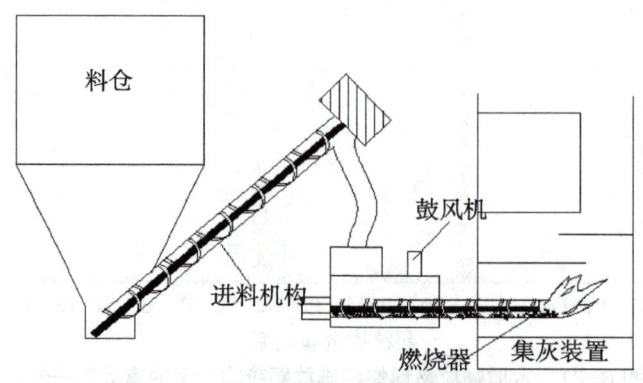

图 8-24 典型生物质颗粒燃烧器示意图

8.4.2.1 燃烧器分类

生物质颗粒燃烧器的形式较多，分类方式也有多种。根据喂料方式不同，颗粒燃烧器主要可以分为 3 种类型：上进料式、底部进料式和水平进料式，见图 8-25。3 种类型燃烧器优缺点对比见表 8-10。

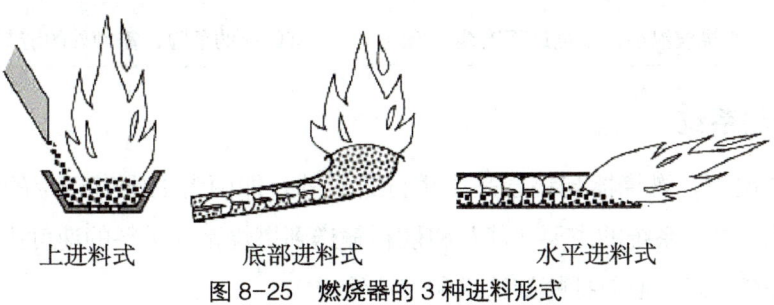

图 8-25　燃烧器的 3 种进料形式

（1）上进料式

目前，上进料式燃烧器在世界各国中使用最为广泛，如瑞典、意大利等国。此类燃烧器通常用于锅炉或炉具中。绝大多数上进料式颗粒燃烧设备壁上会设有落料通道，颗粒燃料由此落入燃烧室进行燃烧；一次空气和自动点火所需的热空气由燃烧室底部进入，二次空气由燃烧室壁上的小孔进入。常采用鼓风机提供助燃空气并促进炉具与周围空气的热交换。为简化清灰过程，炉排常设计为手动或自动移动式，以便灰分随炉排移动掉落到集灰装置中。

（2）底部进料式

底部进料式燃烧器最初设计用于木片的燃烧设备，后来逐渐发展用于颗粒燃料。颗粒燃料在进料装置的作用下，由燃烧器底下的管道中进入燃烧床进行燃烧。一次空气由进料装置或燃烧床上的小孔进入，二次空气由燃烧床上方的气孔进入。此类燃烧器不需要单独的集灰装置，燃烧后的灰分被新进燃烧的颗粒挤落，逐步掉入下方的集灰装置或灰分传送系统中。

（3）水平进料式

水平进料式燃烧器的原理与底部进料式基本相同，唯一的区别在于燃烧床的形式不同，以及水平进料式常需要额外的集灰装置。

表 8-10　不同燃烧器的比较

类型	优点	缺点
上进料式	燃烧器与料仓分离，回火危险小；可根据功率要求保证精确定量进料	颗粒下落时对燃烧层不利，可能导致不完全燃烧颗粒增加，引起不稳定的燃烧行为
底部进料式	燃烧波浪小，燃烧过程连续、稳定	后期燃烧时间长，有回火的危险
水平进料式	燃烧波浪小，燃烧过程连续、稳定	有回火的危险，需额外的清灰装置

8.4.2.2　进料系统

在多数情况下，燃烧器与料仓是采用分置式的，即两者之间有一定的距离，这就需要有进料系统。进料系统的主要功能是将燃料输送到燃烧室，进料的速度主要与热需求有关。常见的进料方式主要包括螺旋输送和气流输送。

（1）螺旋输送机

这是最常见的进料装置，它具有结构简单耐久、体积小而紧凑、操作管理方便、使用安全可靠、密闭性好、价格相对低廉等优点，适用于短距离输送，应用在颗粒燃烧器中十分合适。但其消耗功率相对较高，对燃料中金属和矿物杂质等敏感，要求喂料均匀，因此输送的生物质颗粒燃料应相对较细、清洁且符合规定的粒度。

（2）气流输送系统

当燃烧器与料仓的距离较大时，建议采用气流输送系统，此输送方式类似于真空吸尘器，颗粒在气动装置的强大吸力下，沿着管道进入燃烧器的燃烧室中。气流输送系统可实现小颗粒及小块状物料的长距离连续输送，能水平、倾斜输送，设备结构简单、密封性能好、安装维修方便、可改善工作条件。其缺点是速度控制不便，不易获得均匀恒定的输送速度，排气噪音较大，价格相对较高。

8.4.2.3　燃烧器的控制

（1）点火

点火方式常用的有两种：一是采用电子点火装置，二是使用引燃火焰。通常采用电子点火，其比使用引燃火焰的污染物排放量要低，且控制简单。点火控制常使用火焰传感器进行监控。

（2）运行

为了保证清洁排放，运行时需尽可能减少辅助过程，如避免多次启动或使用引燃火焰等，同时还需保证稳定的燃烧条件。设计良好的燃烧器其额定热输出时效率能达到 90% 以上，当运行在低负荷和负荷发生变化时，效率会有所下降，但一般也在 86% 以上。

一般来说，燃烧器应根据热量需求精确控制进料，通过调整助燃空气量控制燃烧过程。根据热需求，颗粒燃烧器通常设定几个不同的固定热输出档，当输出热量低于设定值时，燃烧器会自动启动运行，直至达到要求的热输出。常采用温度传感器来对热输出进行监控。助燃空气由鼓风机供给，且分一次空气和二次空气，通过 λ 传感器来监测和控制，保证高效清洁燃烧。小型燃烧设备常通过开/关自动调温器来控制热输出，而大型燃烧设备则使用更复杂的控制方式。

目前常见的运行模式大体可分为两类：一类以瑞典为代表，燃烧器为一个独立的单元，常与标准锅炉匹配，进料、点火和燃烧均为自动化，但其热输出不可控或只有两种选择，即全输出（100%）和半输出（50%），此类可称为半自动工作系统；另一类以奥地利为代表，燃烧器从进料到点火、燃烧甚至清灰系统都实现了自动化，其热输出可在某一范围内进行自行调节（如 30%～100%），使用极为方便，但价格也相对较高，要比前者高出 50% 左右。

8.4.2.4 清灰装置

清灰装置一般采用机械刮除式或机械振动式，也有其他的方式。有些燃烧器中还配有灰分压缩机，以满足长时间自动运行的需求。设计良好的燃烧器所需的维护和保养很少，目前大多数燃烧器的清灰装置均能满足燃烧器运行一周以上的时间才需清灰一次的要求。

8.4.2.5 污染物排放

生物质颗粒燃烧器的烟气中，污染物主要包括不完全燃烧颗粒 C_xH_y 和有害气体 CO，它们主要是由燃烧不充分引起的，也与颗粒燃料的组成有关。燃烧器的烟气排放量通常非常低，尤其是在配有进风及排风装置的燃烧器中。此外，NO_x 主要是由燃料中的 N 元素氧化而来，由于颗粒燃料中 N 含量比较低，因此其排放量比煤要低，但是当 C_xH_y 减少时，NO_x 含量通常会增加，因此，需要综合平衡 NO_x 和 C_xH_y 排放量之间的关系。生物质中的 S 含量一般都很低，且燃料中 S 不会全部转化为 SO_x，有部分会束缚在灰分中，因此烟气

中的 SO_x 含量很少。

8.4.2.6 典型燃烧器

国外具有代表性的燃烧器生产厂商有 ULMA AB、Janfire AB、PELLTECH LTD 等，这些燃烧器主要以 Φ6～8mm 的木质颗粒为燃料，其输出功率为 12～80kW，平均燃烧效率大于 85%。

PellX 燃烧器的主要部件包括下料管、燃烧外筒、内胆、后风箱、电子组件安装盒、鼓风机、风机支架、外壳等，见图 8-26a。而对于产品来说，PellX 燃烧器还配有用于一个进料的螺旋输送器、用于控制的控制盒以及相关的线缆，见图 8-26b。

螺旋输送器用于将颗粒燃料从料仓输送至燃烧器中，保证燃烧的连续、自动进行。控制系统（控制盒）包含一个微处理器系统，用于监控和调节燃烧，其中的温度传感器根据锅炉的温度来自动地启动和停止燃烧器。

燃烧器可以设定 4 个不同的启动 - 停止温度，即 10℃、15℃、20℃ 及 25℃。两个高值 20℃ 和 25℃ 有即时启动的功能，即当炉具温度低于停止温度 10℃，且以 0.5℃/min 的速度下降时燃烧器将自动开始运行。在整个工作过程中，控制器可以监控电源断电及扰动。断电后，燃烧器将对照预设条件进行自检，随后重新启动；发生扰动时，燃烧器将进入"临时安全运行模式"，如果有安全危险，燃烧器将关闭。

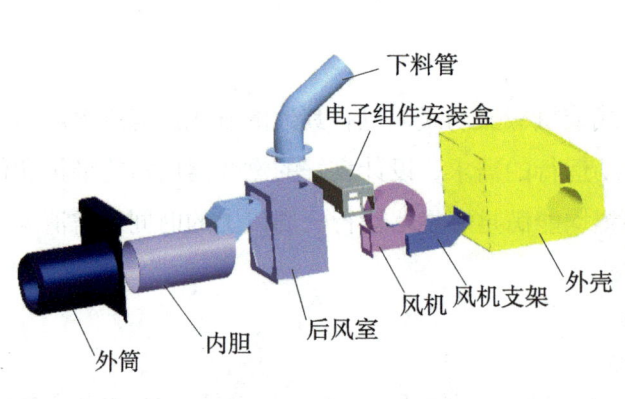

a. 燃烧器结构示意图　　　　　　　　　　b. 燃烧器实物图

图 8-26　PellX 典型燃烧器

PellX 燃烧器可使用绝大多数纯净木质颗粒，推荐使用直径为 Φ6mm 或 Φ8mm 的颗粒，水分含量不超过 10%，灰分含量不超过 1%，灰熔融温度应大于 1 300℃；其输出功率可根据用户的需要在 13～25kW 进行调节，主要的技术参数见表 8-11。

表 8-11 燃烧器的主要技术参数

项目	技术参数		尺寸
燃料	直径 d 为 Φ6mm 或 Φ8mm；最大长度不超过 4d		
热输出	高挡：20～25kW 低挡：13～15kW（高档的65%）	燃烧器 （锅炉外面部分）	长：390～460mm 宽：285mm 高：520mm
燃烧效率	约 90%		
空气消耗量	30～40m³/h		
电源	230V，50Hz		
功率消耗	点火：400W 运行：40W	燃烧室 （推荐尺寸）	长：345mm 宽：255mm 高：255mm
重量	约 15.7kg		

8.4.3 供暖锅炉

8.4.3.1 一体化生物质供暖锅炉

图 8-27 为一体化生物质供暖锅炉，在一次燃烧室，一次风通过一次风机在炉排底部供给，生物质在炉排上干燥、热解，以及固定碳最后燃烧。可燃气的主要成分为 CO、H_2、C_xH_y、H_2O 和 N_2。其中，可燃气中包括 NH_3、HCN 及 NO 对于脱硝是有益的。此外，由于一次风对于完全燃烧供给不足，炉排表面的温度较低，从而抑制了结渣现象的出现。在炉拱上部，二次风通过二次风机供给，与生物质热解产生的挥发分等在二次燃烧室进行混合并燃烧，确保完全燃烧并降低因不完全燃烧产生的污染物。采用前后拱对吹的方式，增

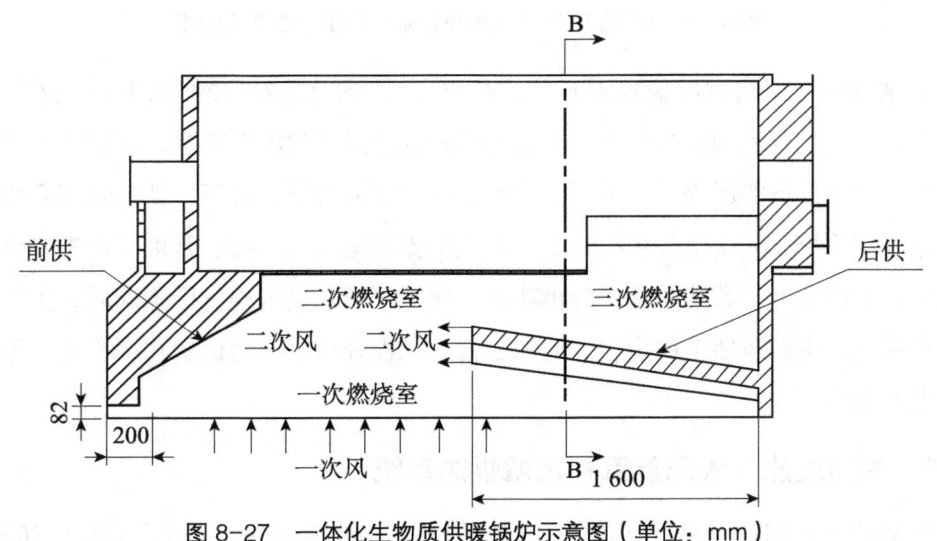

图 8-27 一体化生物质供暖锅炉示意图（单位：mm）

加扰动，可有效地改善可燃气与二级空气混合均匀度，减少对二级空气的需求，提高燃烧温度，降低整体过量空气系数。随着温度的升高，基本反应速度加快，改进燃气混合，也缩短了可燃气和二级空气的混合时间。因此，减少了不完全燃烧产生的污染物。最后，未燃尽的成分在三次燃烧室燃尽。针对生物质燃料挥发分高、燃点低、点火速度快等特点，采用加高前拱，减短后拱，既扩大了炉膛有效容积，保证挥发分有足够大的空间充分燃烧，又可保证固定碳在后拱区有一定的燃烧时间，以提高锅炉燃烧效率。

图 8-28 为 CDZL0.7—T 生物质供暖锅炉，采用单锅筒纵置式卧式水火管热水锅炉，燃烧设备为链条炉排。炉膛左右两侧水冷壁为辐射受热面，炉膛两翼为对流受热面，锅炉主机外侧为立体形护板外壳。与燃煤锅炉结构不同，此生物质燃料锅炉通过在炉膛内设计布置的二次风，扰动烟气动力工况，及时补充氧气燃尽挥发分，提高热效率并减少排放。生物质锅炉的燃料实用性广，可使用木质、花生壳、棉秆等生物质颗粒燃料。采用一次配风抑制结渣、二次配风对流扰动原理，增设了三级燃烧室，设计了异形炉拱，这种热水锅炉适应我国多种秸秆原料特性，主要由锅炉主机、鼓风机、二次风机、上料机、出渣机等组成。

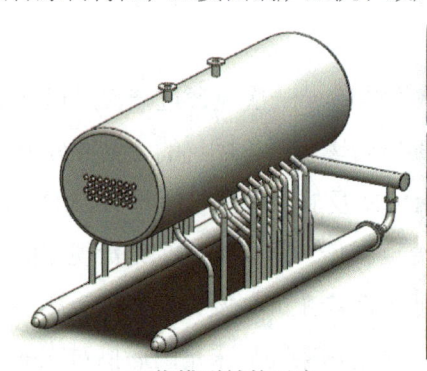 

a.三位模型结构示意　　　　　　　b.锅炉实物图

图 8-28　CDZL0.7—T 生物质锅炉结构示意图及实物图

针对秸秆颗粒原料供应信息不对称，颗粒燃料锅炉智能化操作水平低、运行管理困难等问题，通过物联网 NB-IoT 技术与云端服务器进行实时数据交互，开发了可集成周边地区半气化燃烧设备的远程监控平台，实现运行情况的智能化管理，智慧管理系统主要由前端数据采集系统、云端服务系统和交互式人机界面组组成。智能管理平台主要用于控制信息集成、用户交互、数据保存与分析功能，便于管理人员远程管理不同区域生物质供热锅炉运行状况，主要包括工程列表、通知公告、工程分布、报警记录和巡检记录等交互功能，见图 8-29。

8.4.3.2　生物质能-太阳能互补区域供热系统

生物质能-太阳能互补区域供热系统，简称"生光互补供热系统"（图 8-30），是充

图 8-29 交互式人机系统部分界面

分利用生物质能和太阳能各自优势,在阳光充足时,仅靠太阳能就可以提供足够热量;在太阳光不足时,生物质锅炉运行系统主要包括生物质锅炉、太阳能集热器、蓄热水箱及生物质锅炉循环水泵、太阳能循环水泵、供暖循环水泵以及定压膨胀罐等。太阳能集热器为生光互补系统提供部分所需热量,是系统的辅助热源,可以减少生物质颗粒燃料的消耗,降低运行成本;蓄热水箱是连接生物质锅炉、太阳能集热器和供热终端的媒介,既要通过换热接收并存储来自生物质锅炉和太阳能的热量,又要通过换热将热量输出给供热终端,是系统换热的中转站。

图 8-30 生光互补供热系统实物图

生光互补系统的设计要满足以下要求:可在采暖季安全稳定地为建筑物提供采暖所需热负荷,保证生活用热水的水量和水质,提高太阳能热利用效率,降低初投资和运行成本,系统结构简单紧凑。基于以上设计要求有如下 3 种方案。

（1）方案一

第一种方案流程见图 8-31，蓄热水箱是连接太阳能集热器、生物质颗粒燃烧器和供热采暖的唯一媒介。

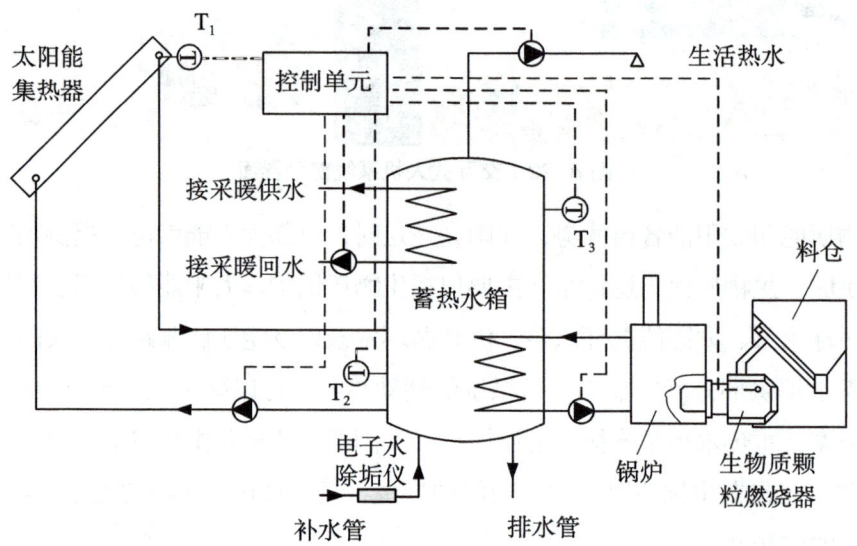

图 8-31　生物质能－太阳能互补供热系统流程图（一）

（2）方案二

第二种方案流程见图 8-32，该方案蓄热水箱中的水只用来供给生活热水，生物质锅炉和太阳能集热器可以直接与采暖终端连接。

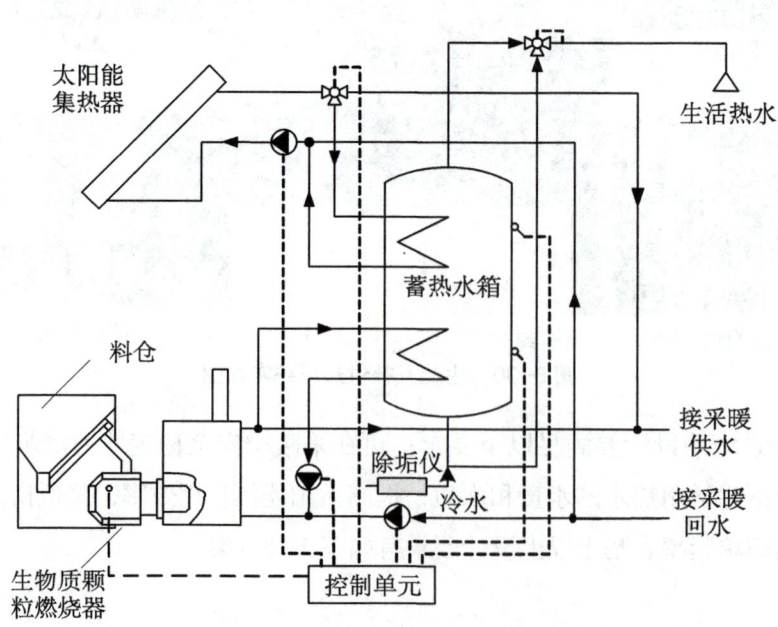

图 8-32　生物质能－太阳能互补供热系统流程图（二）

（3）方案三

第三种方案流程见图 8-33，该方案中蓄热水箱和生物质颗粒燃烧器为一体。

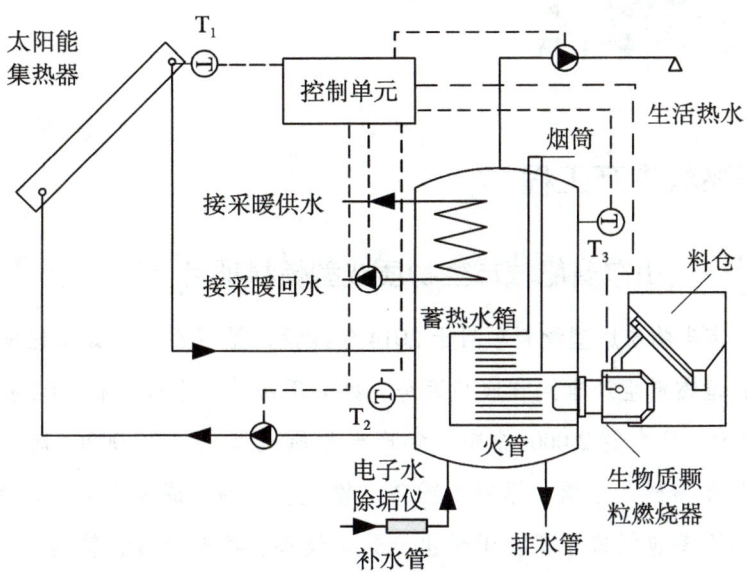

图 8-33　生物质能－太阳能互补供热系统流程图（三）

以上 3 种方案的优缺点见表 8-12。从系统投资成本、操作难易程度以及供热性能来比较，方案一具有控制简单、成本低等优点，较适合中小用户。

表 8-12　生物质能－太阳能互补供热系统方案分析

方案	特点	优点	缺点
方案一	（1）蓄热水箱是连接供热设备和供热终端的唯一媒介。供热设备先通过换热器和蓄热水箱中的水进行热量交换，然后再通过换热装置将热量传递给供热终端 （2）供热循环用水在循环过程中可添加防腐去垢剂，不能用于生活用水。生活用热水直接来自蓄热设备，不参与供热循环，水质和水量都可以得到保证	控制方式简单；可以在已有的锅炉和水箱的基础上进行改造，成本低；能满足供热采暖要求	占用的空间大；中间经过二次换热，热损失大
方案二	（1）太阳能集热器和生物质锅炉可以直接进行供暖 （2）蓄热水箱仅用来储存热水，并提供生活用热水 （3）供热循环用水在循环过程中可添加防腐去垢剂，不能用于生活用水。生活用热水直接来自蓄热设备，不参与供热循环，水质和水量都可以得到保证	可以在已有的锅炉和水箱的基础上进行改造，成本低；能满足供热采暖要求	占用的空间大；控制方式复杂；管路稍微复杂
方案三	（1）蓄热水箱是连接供热设备和供热终端的唯一媒介。供热设备先通过换热器和蓄热水箱中的水进行热量交换，然后再通过换热装置将热量传递给供热终端 （2）太阳能集热器直接和生物质锅炉相连接 （3）供热循环用水在循环过程中可添加防腐去垢剂，不能用于生活用水。生活用热水直接来自蓄热设备，不参与供热循环，水质和水量都可以得到保证	控制方式简单；热损失小；结构紧凑	生物质锅炉内部结构复杂，需要针对生物质颗粒燃烧器单独开发，制造成本高

8.5 典型案例

8.5.1 成型燃料生产工程

典型案例 1 山东省肥城市生物质成型燃料项目

山东省肥城市生物质成型燃料项目于 2014 年建设，见图 8-34。该工程总面积 50 亩，包括原料堆场、成型燃料生产车间和成品库房、办公用房等，占地面积 7 000m²，其中原料堆料场占地 4 000m²，可存储 2 000t 原料。年产生物质成型燃料 20 000t（时产 5t/h），生产工艺流程包括原料粗粉碎、干燥、原料细粉碎、输送、喂料、成型、除尘、冷却、筛分、计量包装等，主要设备包括成型机、干燥机、除尘设备、冷却装置、输送设备。集成连续喂料、调质喂料、余料回流等生产技术工艺，能够适应多种原料，可同时生产生物质颗粒和压块成型燃料，实现全程实时监控，高效除尘系统采用微负压控制，生产过程清洁、无飞尘。

图 8-34 山东肥城生物质成型燃料项目

典型案例 2 黑龙江省肇东市秸秆压块成型燃料加工站

黑龙江省肇东市黎明镇珊树村 2018 年建设秸秆压块成型燃料加工站 1 处，见图 8-35，总投资 300 万元，2017 年生产压块成型燃料 2 500t，供 350 户农户使用，供热面积 2.8 万 m²。采用的立式环模压块机适应于各种生物质原料的成型，秸秆长度从粉状至 60mm，含水率 5%～20%，都能加工成型。秸秆压块机主要流程为：物料收集→铡切→回性→上料自动去金属→高温熟化→压制→成型→输出→除温除湿→标包→运输。秸秆压块机配备全自动电加热装置,可调节物料的干湿度,解决物料堵塞、不成型的难题。具有压轮自动调节功能,利用推力轴承双向旋转的原理自动调节压力角度,使物料不挤团、不闷机,保证出料成型的稳定。

图 8-35 黑龙江省肇东市黎明镇珊树村压块成型燃料加工站

8.5.2 成型燃料供热工程

典型案例 1 山东省肥城市生物质成型燃料供热示范工程

山东省肥城市六和经纬有限公司于2015年建成生物质供热系统,包括CDZL0.7—85/60—T生物质锅炉700kW、自动上料机构、料仓等设备,见图8-36,供暖面积6 000m²,燃烧设备能够有效减少结渣现象,燃烧后的灰渣能够快速排出防止黏结,燃烧效率显著提升,污染物排放量少,能够实现自动上料、自动运行。供热示范工程包括3个部分:生物质锅炉系统、上料系统(包括控制系统)以及烟气净化系统。供热工程的布局模型见图8-36。生物质锅炉采用水平链条炉排的结构设计,进料全部实现自动控制和远程监控。在配风方面设有一次风机和二次风机,使燃料燃烧更加充分。水平送料和炉排的运行速度可根据实际需要进行调节;料仓储料量可供系统连续运行4d左右,料仓装料配备斗式提升机,实现自动进料;料仓底部配置自动上料机构,为燃烧机自动输送燃料。

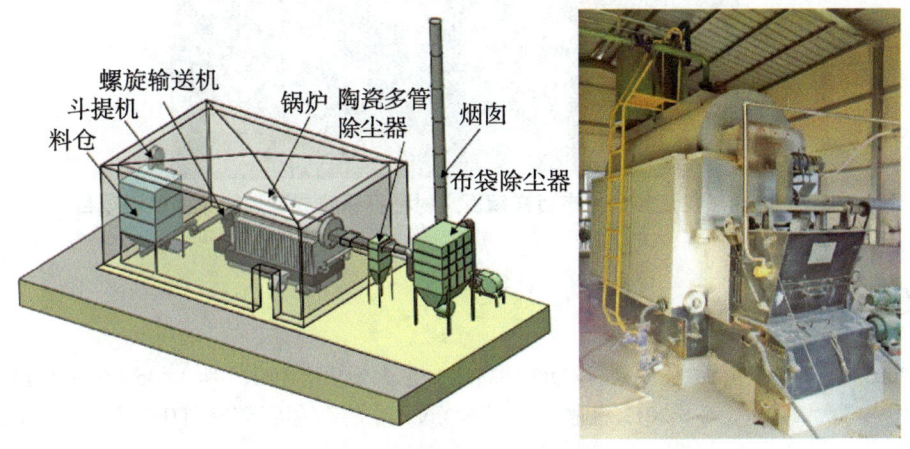

图 8-36 山东肥城生物质成型燃料供热示范工程

典型案例 2 黑龙江省海伦市百祥镇百义村秸秆颗粒成型燃料集中供暖项目

黑龙江省海伦市百祥镇百义村于 2016 年建设了秸秆颗粒成型燃料集中供暖项目，建有年产 10 000t 秸秆颗粒成型燃料生产线，2 台 2t 生物质锅炉，供热面积 17 000m²，其中，商服面积 3 900m²，农户面积 13 100m²（图 8-37）。生物质供热锅采用炉卧式单锅筒纵置式水火管正逆向燃烧锅炉、锅炉由锅炉本体、炉墙、支架、外包皮、前后烟箱、管道阀门仪表、炉排等组成。锅炉本体由锅壳、拱型管板、螺纹烟管、水冷炉排、水冷壁等组成。采用了水冷炉排正逆向燃烧技术，消烟除尘效果显著，节省燃料，热效率高，降低了灰渣中的含碳量，减少了对环境的污染，结构紧凑，占地面积小，快装出厂，运输方便，节省安装费用。项目总投资 700 万元。2017 年，使用颗粒成型燃料 1 400t，燃料生产成本 430 元/t（秸秆原料免费），支出 60.2 万元，与使用燃煤锅炉相比节约 3.6 万元（煤炭需 750t，支出 63.8 万元）。此外，加工厂以 650/t 元的价格外销 8 600t 秸秆颗粒成型燃料，销售利润 189.2 万元。从采暖效果来说，生物质锅炉不冒烟，比燃煤锅炉方便干净，上火快，比燃煤锅炉取暖时的室内温度更舒适。

图 8-37 黑龙江省海伦市百祥镇百义村秸秆颗粒成型燃料集中供暖项目

参考文献

董玉平，2005. 秸秆类生物质固化成型有限元模拟 [J]. 山东大学学报（工学版），35（5）：9-13.
付成果，侯书林，田宜水，等，2013. 生物质层燃燃烧过程中的影响因素分析 [J]. 可再生能源，31（10）：120-125.

何晓峰，雷廷宙，李在峰，等，2006. 生物质颗粒燃料冷成型技术试验研究 [J]. 太阳能学报，27（9）：937-941.

霍丽丽，侯书林，田宜水，等，2010. 生物质固体燃料成型机压辊磨损失效分析 [J]. 农业工程学报，26（7）：102-106.

霍丽丽，侯书林，赵立欣，等，2009. 生物质固体成型燃料技术及设备研究进展 [J]. 安全与环境学报，9（6）：27-31.

霍丽丽，孟海波，田宜水，等，2011. 秸秆固体成型燃料与颗粒饲料的对比 [J]. 中国农学通报，27（8）：328-333.

霍丽丽，田宜水，孟海波，等，2010. 模辊式生物质颗粒燃料成型机性能试验 [J]. 农业机械学报，41（12）：121-125.

霍丽丽，田宜水，孟海波，等，2011. 生物质固体成型燃料全生命周期评价 [J]. 太阳能学报，32（12）：1875-1880.

霍丽丽，田宜水，孟海波，等，2011. 生物质颗粒燃料微观成型机理 [J]. 农业工程学报，27（S1）：21-25.

霍丽丽，赵立欣，郝彦辉，等，2020. 国内外生物质成型燃料质量标准现状 [J]. 农业工程学报，36（9）：245-254.

霍丽丽，赵立欣，田宜水，等，2013. 生物质颗粒燃料成型的黏弹性本构模型 [J]. 农业工程学报，29（9）：200-206.

霍丽丽，赵立欣，姚宗路，等，2020. 秸秆捆烧清洁供暖技术评价 [J]. 农业工程学报，36（24）：218-226.

贾吉秀，赵立欣，姚宗路，等，2020. 秸秆捆烧技术及其排放特性研究进展 [J]. 农业工程学报，36（16）：222-230.

刘俊红，王革华，张百良，2006. 生物质成型燃料产业化的理性思考 [J]. 农业工程学报，22：138-141.

刘圣勇，杨国峰，苏超杰，等，2009. 玉米秸秆成型燃料的微观结构观察与分析 [J]. 热科学与技术，8（3）：277-282.

罗娟，侯书林，赵立欣，等，2009. 生物质颗粒燃料燃烧设备的研究进展 [J]. 可再生能源，27（6）：90-95.

盛奎川，吴杰，2004. 生物质成型燃料的物理品质和成型机理的研究进展 [J]. 农业工程学报，20（2）：242-244.

肖宏儒，陈永生，宋卫东，2006. 秸秆成型燃料加工技术发展趋势 [J]. 农业装备技术，32（2）：11-13.

谢腾，王雅君，丛宏斌，等，2020. 玉米秸秆炭和典型农业废弃物混合成型与燃烧特性试验 [J]. 农业工程学报，36（15）：227-234.

徐飞，赵立欣，孟海波，等，2011. 生物质颗粒燃料热风点火性能的试验研究 [J]. 农业工程学报，27（7）：288-294.

姚宗路，孟海波，田宜水，等，2010. 抗结渣生物质固体颗粒燃料燃烧器研究 [J]. 农业机械学报，41（11）：89-93，137.

姚宗路，田宜水，孟海波，等，2010. 生物质固体成型燃料加工生产线及配套设备 [J]. 农业工程学报，26（9）：280-285.

姚宗路，吴同杰，赵立欣，等，2015. 生物质成型燃料燃烧挥发性有机物排放特性试验 [J]. 农业机械学报，46（10）：235-240.

张百良，王许涛，杨世关，2008. 秸秆成型燃料生产应用的关键问题探讨 [J]. 农业工程学报，24（7）：296-299.

张学敏，张永亮，姚宗路，等，2014. 不同进料方式燃烧器对生物质燃料颗粒物排放特性的影响 [J]. 农业工程学报，30（12）：200-207.

张永亮，赵立欣，姚宗路，等，2013. 生物质固体成型燃料燃烧颗粒物的数量和质量分布特性[J]. 农业工程学报，29（19）：185-192.

赵立欣，孟海波，姚宗路，等，2011. 中国生物质固体成型燃料技术和产业[J]. 中国工程科学，13（2）：78-82.

HAYKM-ACMA H，2003. Combustion characteristics of different biomass materials[J]. Energy Convers Vaction Manage mentc，44（1）：155-162.

INGWALD O，GEROLD T，2004. Physical characterization and chemical composition of densified biomass fuels with regard to their combustion behavior [J]. Biomass and Bioenergy，27：653–669.

LINDLEY J A，Vossoughi M，1989. Physical properties of biomass briquettes [J].Transactions of the ASAE，32（2）：361-366.

KALIYAN N，MOREY R V，2010. Natural binders and solid bridge type binding mechanisms in briquettes and pellets made from corn stover and switchgrass[J]. Bioresource Technology，101（3）：1082-1090.

RAGLAND K W，AERTS D J，BAKERA J，1991. Properties of wood for combustion analysis [J]. Bioresource Technology，37（2）：161-168.

第 9 章
清洁炉具技术

9.1 生物质清洁炉具

生物质清洁炉具是指使用生物质成型燃料或散料，热效率及大气污染物排放符合相关标准要求的炉具。该炉具与传统炉具相比，具有热效率高、燃烧完全、污染排放低等优势。生物质清洁炉具可使用成型燃料和生物质型炭等作为燃料。

9.1.1 主要类型

常见的户用生物质清洁炉具可分为纯炊事炉、采暖炉、炊事采暖多功能炉等，用户可以根据需求进行选择。

9.1.1.1 炊事炉

（1）纯炊事炉

纯炊事炉是单纯用于做饭，有烟囱，放在室内的炉具。大部分靠烟囱自然抽风，小部分使用小风机强制通风，使用风机时火力大小可调，使用方便。不同的炉型适宜不同燃料，如薪柴、玉米芯、生物质块状、粒状成型燃料。另一种不带烟囱的强制通风炊事炉，宜放置在室外使用，适宜烧颗粒燃料或果壳。如图9-1所示。

（2）炊事热水炉

相对于单纯炊事炉具，炊事热水炉在炉内安装了水箱，做饭的同时可以提供热水，综合热效率比单纯炊事炉高。如图9-2所示。

图9-1　纯炊事炉　　图9-2　炊事热水炉

（3）炊事烤火炉

炊事烤火炉是在做饭的同时可以通过炉体和烟囱烤火、取暖的炉具。目前有两种形式，一种是炉具台面做成大桌面，用于冬季烤火，炉体温度在100℃以上，如图9-3所示；另一种是在藏区农牧民使用的"藏炉"，一般都有主、副锅，或一个主锅两个副锅，有的附带烤箱，藏式烤火炉如图9-4所示。由于这些地区海拔高、气候寒冷、采暖期长达半年以上，主要以冬季烤火取暖为主，要求炉体温度在170℃以上，做饭为辅。

图9-3 炊事烤火炉

图9-4 藏式炊事烤火炉

9.1.1.2 采暖炉

（1）采暖炉

采暖炉是能够满足人们采暖需求的一种常压锅炉，属于民用热水锅炉范畴。目前常见的采暖炉大多为自然水循环采暖炉，通过管道与散热器（暖气片）相连接，向室内供暖。可以燃烧切碎的薪柴、成型燃料等，在北方农户使用范围很广。采暖炉外观如图9-5所示。

采暖炉不能安装在卧室或者和卧室直接相通的房间，以防止煤气中毒；采暖系统中需要安装

图9-5 生物质采暖炉

膨胀水箱，水箱高度应为系统中最高点250mm以上，水箱进出水口采用活接连接，便于维修；型煤炉的烟囱高度应在2m以上，散煤炉必须使用直径120mm的烟囱，高度应在4m以上；供暖系统干管的斜度在水平情况下应为1%～3%，利于排气；严禁在减压管、

排气管、补水箱上安装阀门；暖气片中心高度应高于炉体进出口中心 **300mm** 及以上。

采暖炉广泛适用于家庭，以及工厂、宾馆、医院、办公楼、学校、洗浴中心、浴池等企事业单位。采暖系统安装方式见图9-6。

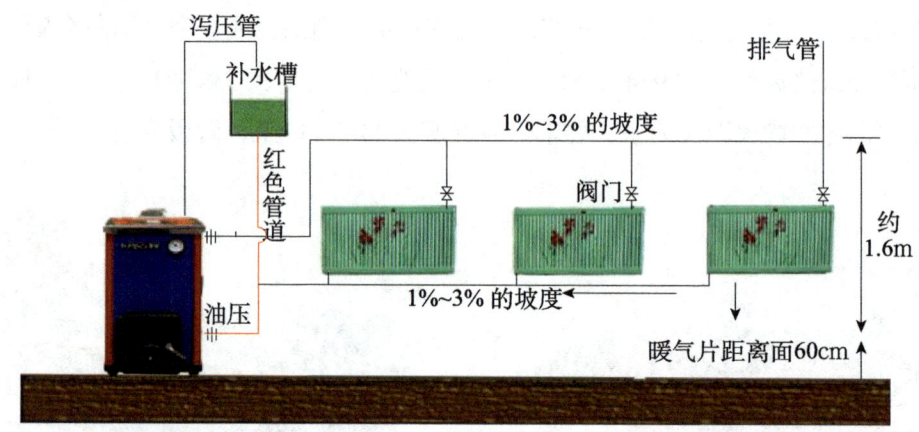

图 9-6　农村户用采暖炉安装示意图

（2）炊事采暖炉

炊事采暖炉是在炊事同时兼有采暖功能的炉具。在炉具燃烧室或受热面内设置吸热水套，通过管道与散热器相连接，可以烧切碎的薪柴、生物质成型燃料等，在我国北方的农户使用较广，如图9-7所示。

图 9-7　炊事采暖炉

9.1.1.3　炊事采暖多功能炉

（1）炊事、烤火、烤箱多功能炉

多功能炉具在为室内供暖的同时，还可以兼顾炊事、烧水、烤箱等功能，很受消费者欢迎，如图9-8所示。

第9章 清洁炉具技术

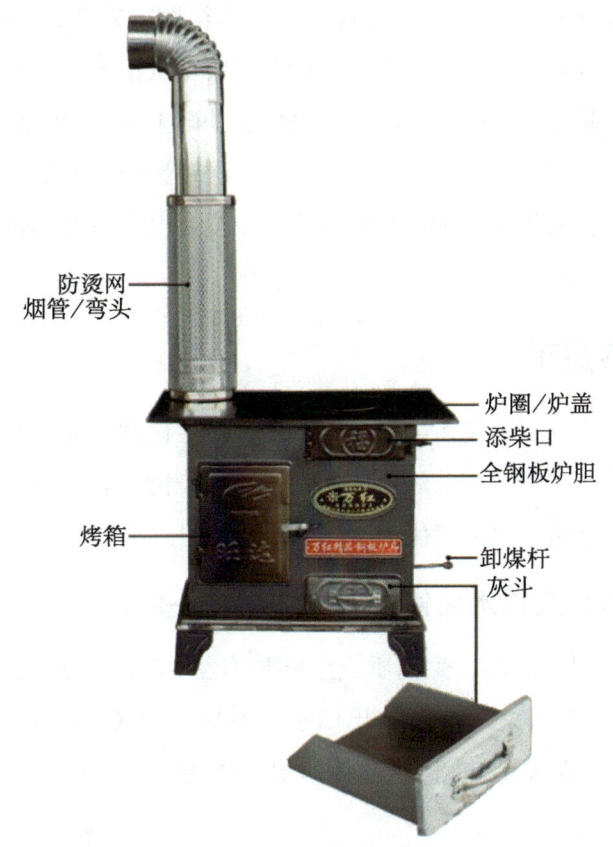

防烫网
烟管/弯头
炉圈/炉盖
添柴口
全钢板炉胆
烤箱
卸煤杆
灰斗

图9-8 多功能炊事炉

（2）炊事、采暖、连炕三用炉

炊事、采暖、连炕炉具可以实现在炊事的同时对房间和炕进行供暖。这种炉具有两种通风类型：一是依靠自然通风，燃用切短的薪柴和块状生物质；另一种是有强制通风系统，燃用生物质颗粒燃料，燃烧器设计独特，炉具配有自动控制装置，具有自动喂料和除渣功能。

（3）成型颗粒燃料壁炉

成型燃料壁炉在欧美比较普遍，目前国内炉具企业也开发出壁炉新产品，通过热风给室内供暖，如图9-9所示。壁炉整体保温，体积

图9-9 成型颗粒燃料壁炉

249

小巧、无须架设高大烟囱；炉内结构设计简单、燃料燃烧完全、气化效果好，可达到无烟、无尘、无味的燃烧效果。燃料完全燃烧后仅残留少量粉末，配置抽屉式灰斗，干净卫生、操作简便。成型颗粒燃料自控采暖炉在壁炉的基础上配用瞬时高温点火装置和自动上料装置等，可实现自动点火，自动控制出水温度、进料量和进风量，自动除渣，自动化程度高、燃烧效果好。将采暖炉与暖风空调相连接，适合仅需白天供暖的中小学校教室、办公室、中小型餐饮业使用。

9.1.2 炉具标准要求

无论是在热效率方面，还是污染物排放方面，对生物质清洁炉具的要求都高于传统炉具。通过标准的实施，可以对清洁炉具的热效率和污染物排放有明确、统一的要求，有利于清洁炉具产品向标准化、可持续化的方向高质量发展。

9.1.2.1 清洁采暖炉具技术条件（NB/T 34006—2020）

该标准适用于燃用清洁煤、生物质成型燃料（含块状薪柴），以水为传热介质，额定供热量小于50kW，工作压力为常压，出口水温不高于85℃的采暖炉具和兼有炊事功能的采暖炉具。烟囱通炕的炉具也可参考使用。炉具综合热效率和大气污染物排放指标及分级见表9-1。

表9-1 综合热效率和大气污染物排放指标及分级

分级	综合热效率/%	颗粒物/(mg/m³)	一氧化碳/%	氮氧化物/(mg/m³)	二氧化硫/(mg/m³)	烟气黑度/级
1级	>75	<30	<0.10	<150	<20	≤1
2级	65～75	30～50	0.10～0.20	150～250	20～30	≤1
3级	<65	>50	>0.20	>250	>30	>1

注：大气污染物排放指标指炉具在高功率和低功率两个工况条件下的基准氧含量平均排放浓度值，按照NB/T 34010—2020的规定进行测试和计算。

9.1.2.2 生物质清洁炊事炉具（GB/T 35564—2017）

该标准适用于燃用生物质及其成型燃料的炊事炉具，热效率和大气污染物排放指标及分级见表9-2。

表 9-2　热效率和大气污染物排放指标及分级

分级	炊事热效率（η）/%	$PM_{2.5}$/（mg/MJ）	CO/（g/MJ）
不合格	<30	>250	>12
合格	30~40	100~250	8~12
优秀	>40	<100	<8

9.1.2.3　生物质炊事采暖炉具通用技术条件（NB/T34007—2012）

该标准适用于燃用生物质及其成型燃料，以水为介质，额定供热量水于50kW，额定工作压力为常压，循环系统最高高度不超过10m，出口水温不高于85℃的生物质炊事采暖炉具。

（1）热性能指标

热效率，η≥65%；炊事火力强度，P≥1.5kW；封火时间应大于8h。

（2）烟气污染物排放指标

炉具烟气污染物排放指标见表9-3。

表 9-3　炉具烟气污染物排放指标

烟气污染物	排放指标
烟尘/（mg/m³）	≤50
二氧化硫/（mg/m³）	≤30
氮氧化物/（mg/m³）	≤150
一氧化碳/%	≤0.2
林格曼烟气黑度/级	1

9.1.2.4　小型生物质锅炉技术条件（NB/T 34035—2020）

该标准适用于燃用生物质成型燃料，以水为介质，额定热功率不小于0.05MW且不大于0.7MW，出口水温不高于85℃。

（1）热性能指标

制造单位应保证锅炉在额定参数下的额定热功率，并提供锅炉的经济运行负荷调节范围。

在使用燃料满足设计或订货合同要求，设备状况良好并按照要求正确运行操作的情况下，锅炉额定工况下的热效率应符合表9-4的规定。

表 9-4　锅炉热效率　　　　　　　　　　　　　　　　　　　　　　　　　单位：%

来源	锅炉热效率	
	目标值	限定值
林业生物质	≥80	≥74
农业生物质或混合生物质	≥77	≥71

（2）大气污染物排放指标

锅炉大气污染物排放限值应符合表9-5的要求。

表 9-5　锅炉大气污染物排放限值

污染物项目	限值	污染物排放监控位置
颗粒物 / (mg/m^3)	50	烟囱或烟道
二氧化硫 / (mg/m^3)	50	烟囱或烟道
氮氧化物 / (mg/m^3)	300	烟囱或烟道
林格曼烟气黑度 / 级	≤1	烟囱排放口

（3）重点地区锅炉大气污染物排放指标

重点地区锅炉大气污染物特别排放限值执行表9-6的规定。

表 9-6　重点地区锅炉大气污染物特别排放限值

污染物项目	限值	污染物排放监控位置
颗粒物 / (mg/m^3)	30	烟囱或烟道
二氧化硫 / (mg/m^3)	30	烟囱或烟道
氮氧化物 / (mg/m^3)	200	烟囱或烟道
林格曼烟气黑度 / 级	1	烟囱排放口

注：执行大气污染物特别排放限值的地域范围、时间，由国务院环境保护主管部门或省级人民政府规定。

9.1.2.5　小型生物质热风炉技术条件（NB/T 34040—2017）

（1）热性能指标要求

供热功率、输出热风温度不应小于标称值。热效率不应小于70%。

（2）大气污染物排放指标要求

大气的污染物排放指标见表 9-7。

表 9-7　大气的污染物排放指标

大气污染物	排放指标
颗粒物 /（mg/m^3）	≤50
二氧化硫 /（mg/m^3）	≤30
氮氧化物 /（mg/m^3）	≤150
林格曼烟气黑度 / 级	1

9.1.3　典型案例

典型案例 1　生物质能炊事采暖

2018 年，山东省阳信县在人口居住分散、不宜铺设燃气管网的农村地区，为农户提供生物质燃料＋专用炉具，进行分散式取暖。每台炉具 3 800 元，政府补贴 2 000 元 / 台。每天使用 25kg 左右生物质燃料，政府补贴 0.5 元 / kg。见图 9-10。

图 9-10　生物质能炊事采暖炉具农户应用实例

典型案例 2　户用生物质炊事采暖炉具

黑龙江省海伦市采用半气化燃烧户用生物质炊事采暖炉具为农户供暖。炉具功率为 10~23kW，燃料为生物质成型燃料或玉米芯，与原燃煤锅炉相比，燃烧及换热效率提高，单位热量的燃料用量降低，见图 9-11。按供暖面积 100m^2 计，每户每年燃料用量为 2.09t，供暖成本 1 254 元 / 年。与燃煤相比可节省供暖成本。

图 9-11　农村户用小型生物质锅炉

9.2 省柴节煤灶

农村省柴节煤灶，是相对于农村传统的旧式灶而言，优化了灶膛、锅壁与灶膛之间相对距离与吊火高度、烟道和通风等的设计，并增设保温措施和余热回收利用装置，大大提高了热能的转换效率，同时改善燃烧条件，使燃烧更充分，减少了排放，使用更卫生、方便、安全的炉灶。

9.2.1 基本结构

9.2.1.1 主要类型

在我国农村，各地根据当地生活习惯、传统文化和经济条件，有许多种类型的省柴节煤灶。按不同标准可分为以下几类。

按燃料类型可分为生物质和燃煤两种；按建造方式，可分为手工砌筑灶和商品化灶，其中商品化灶一般带有水箱和烟管，可供热水；按通风助燃方式，可分为自拉风灶和强制通风灶（带风箱或风机）；按烟囱和灶门相对位置的不同，可分为前拉风灶（即烟囱口和灶门在同侧）和后拉风灶（即烟囱口和灶门在对侧）；按锅的数目，分为单灶、双灶和多锅灶。

9.2.1.2 基本结构

旧式柴灶的热损失主要有排烟热损失、不完全燃烧热损失、灰渣带走的热损失以及灶体、锅体的蓄热损失等。省柴灶的通风系统完整，燃料能够得到较充分的燃烧。同时因设置了保温层，增加了拦火圈，延长了高温烟气流在灶膛里的回旋路程和时间，从而使热损失减少，热效率提高，既省柴又省时间，并且安全卫生，使用方便。其结构原理见图9-12，外形见图9-13。

省柴灶基本结构包括：灶体灶膛、通风道、灶箅、烟囱等。主要性能特点包括点火容易起火快、持续加热效能高且温度可调，省柴灶的热效率要求在25%以上，而新建的省柴灶则要求热效率要高于30%。

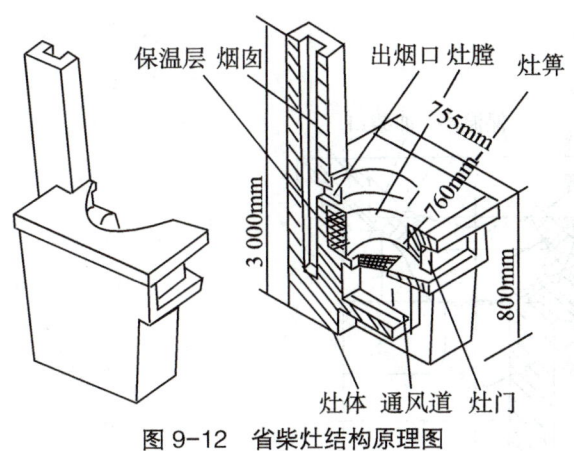

图 9-12 省柴灶结构原理图

图 9-13 省柴灶外形实体图

9.2.2 节能原理

从热力学原理看，省柴灶基本达到了节能的 3 个条件：一是能将燃料充分燃烧，使燃料中的化学能比较完全地转化为热能；二是传热保温效果好，有效利用的热值较大，散热较少；三是能较好利用余热，尽可能减少排烟余热和其他热损失。这就是省柴灶能够节能的重要原因。

对传统灶进行工艺和技术改造，对炉膛进行科学设计并增加炉箅保温等，可有效节省能源消耗。

增加炉箅可提供燃料燃烧时所需的空气，空气从炉箅底部进入燃料层，起到助燃作用，提高灶膛温度，一般炉箅位置在锅底的下部，如图 9-14 所示。为增加进风面积，便于清除灰渣和防止未燃尽燃料落入灰室，一般采用如图 9-14 所示的炉箅结构，并适当缩小灶门，以免过多的冷空气进入灶膛，保持燃烧室的高效率燃烧。灶门的主要作用是添加燃料和控制温度。灶门大小应该与吊火高度相匹配，灶门下边应该与炉箅平齐，上边应该与锅底平齐。

灶膛设计的好坏直接影响燃烧效率和燃烧火力强度。灶膛形状通常以弧形燃烧性能最好；灶膛上口径为锅上直径的 **60%～70%**，灶膛高度主要根据所使用柴草的尺寸而定，高度过高燃料利用率降低，高度过低燃料添加量少，使用不方便。

吊火高度是指锅底与炉箅之间的距离。吊火高度对柴火灶的综合性能有很大影响，吊火高度过高，火焰接触锅底的面积较小，需要较多柴草产生较长的火焰才能够快速升温；如果吊火过低，灶膛内只能加入少量的柴草，频繁添加柴草不利于升温；大灶膛虽然可以放入较多的柴草，但火焰不集中，锅底受热不均匀；锅越大，锅底越深，需要的火焰越长，吊火高度需要适当增高才能保证整个锅底都有火焰。

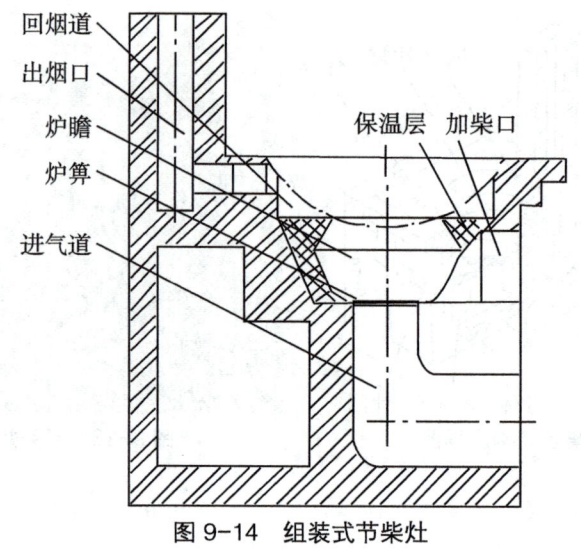

图 9-14 组装式节柴灶

增加回烟道可以使热烟气在灶内循环，提高热能利用率。

烟囱设计也至关重要，设计时应注意烟囱的通风面积和烟囱高度，炉灶产生的烟量应小于或等于烟囱排出的烟量，同时要注意密封问题。

9.2.3 施工与应用

省柴灶的改造施工分以下几部分。

9.2.3.1 进风道改造

风道的高度和宽度均可取锅径的 1/4，纵深与炉箅里端平齐。风道底部大多砌成斜坡式，以增强引风效果。进风道应砌得坚固耐用，内壁平滑无缝，以减少进风阻力。

9.2.3.2 炉箅安装

炉箅安装前，先在进风道上量出锅底中心线，以此为基础确定炉箅的偏移量和倾斜度。后拉风灶的炉箅安装位置以锅脐为中心，炉箅总长的 1/5～1/3 朝向烟囱，2/3～4/5 背向烟囱，炉箅的安装角度由外向里倾斜 12°。前拉风灶的炉箅可以平放。烧柴草的炉箅要横放于灶膛，可以减少柴草的不完全燃烧损失。烧煤灶的炉箅可顺放，以便于清除灰渣。

9.2.3.3 填加保温材料

炉箅放置好后，在其周边填加配制好的保温材料，材料一般选用草木灰、锯末、煤灰等，有条件的可选用矿渣棉和珍珠岩等。

9.2.3.4　燃烧室抹制

燃烧室是指炉箅上方与拦火圈之间的空间，宽 120～140mm，高 60～80mm，其上口内缘与锅底之间留出 50～60mm 间隙。砌筑燃烧室除可用珍珠岩等商品材料外，一般宜用红砖、蓝瓦、混合泥等。应将燃烧室的底面制作与炉箅安装结合起来，以便施工。

9.2.3.5　砌拦火圈

拦火圈是燃烧室上部和锅壁之间的部位，其作用是调整火焰和烟气的流动方向，合理控制流速，以提高热效率。拦火圈是在砌好灶体、抹制好燃烧室、充填保温层到燃烧室上端，并将填料压实抹平之后进行。拦火圈可用黏土掺麻头等材料制作，如煤灰 50%、黄泥 25%、水泥 5%、头发或麻头 20%，加食盐水少许混合。将拌合好的硬泥抹成锅底或台阶形成初坯，其厚度不得少于 4cm。把铁锅放上去用力压实。并旋转，取出铁锅，对初坯进行修整。拦火圈与锅底的间隙要严格控制。在靠出烟口方向留 0.5～1cm，然后向两侧逐渐将间隙加大，到出烟口对面为 2～4cm。

9.2.3.6　砌回烟道和出烟口

回烟道的主要作用是增加高温烟气在锅底周围回旋的路程和时间。回烟道有两种：一种是明烟道，即在拦火圈外壁与灶体内壁间砌成深 3～4cm、宽 5～8cm 的烟道；另一种是暗烟道，砌在灶膛外面与灶体之间，深 12cm、宽 13～14cm。出烟口面积大于或等于炉箅有效通风面积。经验尺寸是：宽等于或稍大于灶门的宽度，高约等于或略大于灶门宽度的一半。出烟口应位于灶膛的最高处，其上沿低于锅台面 3～4cm。

9.2.3.7　试烧和调整

对于施工完成的省柴灶要进行试烧，调整吊火高度、密封、锅底受热均匀度等，使省柴灶达到最佳效果。

9.3　高效节能炕

中国北方几千年传统的固定式火炕，经过不断的改革，从结构复杂的落地式，发展到组装式高效节能炕。

9.3.1 主要类型

常见的节能炕有吊炕、预制架空炕连灶和水暖炕等,可根据用户经济条件和生活习惯进行选择。

9.3.1.1 吊炕

吊炕由灶、进烟口、隔墙、炕面板、面板支柱、炕底板、底板支柱、灶门、烟插板、阻烟板等组成,其结构见图9-15。通过底板支柱支撑架空炕底板,实现双层、多面散热。灶门和烟插板可有效减缓热气流速、流量,延长炕热时间。阻烟墙设为"人"字形,可提高热气传播速度和均匀度。

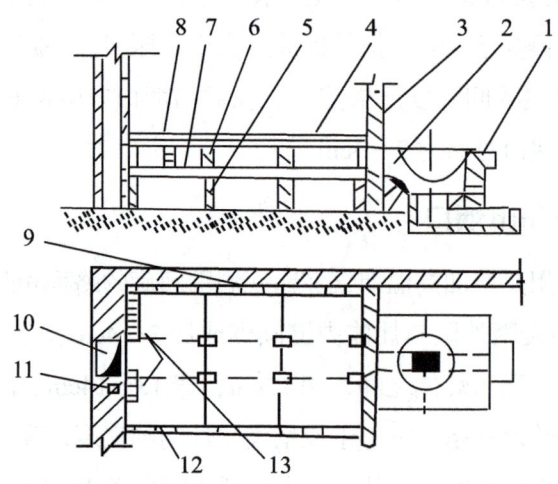

1—灶;2—进烟口;3—隔墙;4—炕面板;5—底板支柱;6—面板支柱;7—炕底板;
8—抹面泥;9—保温层;10—烟囱;11—烟插板;12—前炕沿;13—阻烟板。

图9-15 节能环保吊炕示意图

经过科学设计,吊炕具有四大特点:一是炕体热能利用面积大、传热迅速;二是散热均匀、热度适宜、均温性能好,炕上、炕下、炕头、炕梢温度均匀;三是散热时间延长,保温、蓄热能力增强;四是节能环保,经济效益和生态效益显著,吊炕消耗的燃料和排放的烟尘明显比火炕减少,大大降低了大气污染,有效保护了农业环境。

9.3.1.2 高效预制组装架空炕连灶

高效预制组装架空炕连灶是辽宁省农村能源科技人员在"七五""八五"期间研制成功的,灶的热效率由过去的14%~18%提高到25%~35%,炕灶综合热效率由过去的45%左右提高到70%以上。炕内结构合理;排烟通畅,炕温能按季节调解,温度适宜;外形美观，型为床式，污染小、低排放，深受广大农民群众的欢迎，被称为农民家中的"席梦思"，如图 9-16 所示。

9.3.1.3 水暖炕

水暖炕的组成部分一般有水暖炕板、温控器、支撑面、地板革等。可利用太阳能、电机炉具等多种热源加热水后，由泵循环至炕板管路，通过控制水的温度达到炕板调温效果。水暖炕具有安装方便、安全舒适的优点，有利于农村地区清洁供暖、节能取暖，如图 9-17 所示。

图 9-16　预制组装架空炕连灶结构实物图

图 9-17　水暖炕

9.3.2 节能原理

9.3.2.1 增加散热面积

从结构上看，节能炕底部有 4 个 30cm 左右的柱子作为支撑，使炕完全悬在半空中，底部、上表面和侧面可以同时散热，增大了散热面积。

9.3.2.2 增加烟气流道面积

节能炕由于采用较大面积炕板，炕内只有几个支撑点，取消了前分烟和落灰膛，使烟气流道截面积增加 30% 以上，有效降低了烟气流速。实测表明，灶内烟气进入一个大空间急速扩散，烟气流速急剧下降，当烟气进入炕体距进烟口 1~1.5m 处，流速可降至 0.1m/s。由于烟气在无阻挡和无分烟阻隔情况下，迅速扩散到整个炕体内部并与炕体进行热交换，保证了足够的换热时间，也使炕体受热均匀。

9.3.2.3 保温蓄热

节能炕不但要有一定的升温性能及均温性能，同时还要有一定的保温性能，以保证节能炕热的时间长且降温慢。在灶门和排烟口处均设置插板，并在停火时及时关闭，使整个炕体形成一个封闭的热力系统。同时，还可以通过炕面材料厚度调节热容量大小，从而达到保温和蓄热。

9.3.2.4 合理调控烟温

进炕烟温直接影响炕体温度，而排烟温度直接影响炕灶综合热效率。实测表明，排烟温度每增加10℃，炕灶综合热效率约降低1%。架空火炕要求适当减小灶的拦火强度以保证进炕烟温在400~500℃，控制排烟温度在50~80℃，以使炕体获得足够热量。

9.3.3 施工与应用

9.3.3.1 施工方法

节能吊炕的施工按《高效预制组装架空炕连灶施工工艺规程》（NY/T 1636—2008）的要求执行。

（1）吊炕基础

吊炕底部是由几个立柱支撑水泥预制板而成，如地面处理不实，局部出现下沉，会使整个炕体或局部出现裂缝，甚至造成烟气外泄，影响火炕使用。因此，必须将基础处理好，预留锅灶排烟口和烟囱进烟口后方可搭炕。

（2）吊炕底板支柱的放线与砌筑方法

1）放线方法

在砌筑吊炕时，首先要按事先准备好的吊炕的炕板大小确定放线位置。操作顺序：用尺子量出每块炕板的长、宽尺寸，然后在吊炕下地面上用笔打出每块炕板的位置的格，使9块炕底板位置清楚、准确，每个立柱要求正好砌在炕板交叉点的中心位置上。

2）砌筑要求

砌筑吊炕底板支柱时，其底板与底板的缝隙应对准立柱的中心线，中间支柱平面1/4的正好担在底板角上。砌筑时要拉线，炕梢和炕上的灰口可稍大一些，炕头和炕下的灰口可稍小一些，使炕梢稍高于炕头，炕上稍高于炕下，高低差为20~30mm。底板支柱为120mm×120mm×（350~370）mm（长×宽×高）。

3）吊炕板的摆法与密封处理

在安放吊炕底板时，要先选好块边直棱角齐全的水泥炕板放在外侧，安放时要稳拿稳放，先从里角开始，待平稳牢固后再放下一块。全部放完后测量炕头、炕梢宽度是否一致，炕墙处外口水泥炕板要用线将底角拉直，为砌炕墙和抹面打好基础，整个炕底板安装后不得有不平稳和撬动现象。架空炕底板安放完后，用1∶2的水泥砂浆将底板的缝隙抹严。然后，再用和好的草砂泥，按5∶1比例合成，在底板上层抹平，厚度为10mm；然后再用筛好的干细炉渣放在上面刮平、踩实，达到严密、平整、保温的效果。

（3）炕墙的砌筑要求

吊炕炕墙砌筑类型分平板式、上下出沿中间缩进等。砌炕墙必须拉线砌，可用1∶2的水泥砂浆坐口，立砖砌筑，炕墙的砌筑高度为：炕梢240mm，炕头260mm；砌筑时要事先将红砖浸湿，确定类型、高度；镶瓷砖要事先选好瓷砖的尺寸，使之符合炕体的要求。

（4）炕内支柱砖的布局与要求

炕内支柱砖的多少取决于炕面板的大小。在摆炕内支柱砖前，也可先在炕底板上层放上一层干细炉渣灰。用筛子筛好找平后再摆炕面支柱砖。炕内中间的支柱砖可比上炕下两侧的支柱砖稍低10~15mm。同时在冷墙体的里壁或其他墙体处砌出炕内围墙，既做炕面板支柱，又做冷墙体的保温墙体。

（5）炕内冷墙部分墙体的保温处理

吊炕炕内接触的外墙体为冷墙，对这部分墙体要采取保温处理。砌筑炕内这部分围墙时，要用立砖、坐灰口、横向砌筑，并与冷墙内壁留出50mm宽的缝隙，里面放入珍珠岩或干细炉渣灰等保温耐火材料并捣实，上面再用细草砂泥抹严。

（6）炕内后阻烟墙

吊炕炕梢增设后阻烟墙，采用炕梢缓流式人字分烟墙的结构。这种分烟处理可使炕梢烟气不能直接进入烟囱内，使炕梢烟气，尤其是烟囱进口的烟气由急流变成缓流，延长了炕梢烟气的散热时间，降低了排烟温度，也排除了炕梢上下两个不热的死角。炕梢人字阻烟墙可做成预制水泥件，也可用红砖砌成。人字阻烟墙尺寸为420mm×160mm×50mm，内角为150°左右，阻烟墙的两端距炕梢墙体，可按烟囱抽力的大小确定为270mm×340mm。阻烟墙的顶面与炕面接触的部分要用灰浆密封，不得出现跑烟现象。

(7) 炕梢出烟口处烟插板的安装要求

烟插板安装操作方法：首先将选好和开关灵活的烟插板放在火炕出烟口处，底部用水泥砂灰垫平，待砌两边炕内围墙时用砖轻轻挤住，烟插板的顶部高度不得高于两边围墙高度，可略低于5mm，烟插板的拉杆可从炕墙处引到外侧，要求两头的接触点必须水平，在炕梢炕墙外侧可做成环形或丁字形，以便开和推方便。安装完成后，不要乱动，避免松动，影响水泥凝固效果。

9.3.3.2 运行测试

新建或改建的节能炕完成后需要对其热性能和烟气排放等参数进行测试，可以参照《民用火炕性能试验方法》(NY/T 58—2009) 标准要求执行。

(1) 炕炉性能测试

生物质炊事采暖炕炉属于燃烧设备领域，该炉体右侧壁上部固定有水箱，水箱的前部是通炕烟道，炉体从下至上依次分为出灰室、炉膛和燃烧室3个部分。炉膛的侧壁上设有进料口，其特征在于所述燃烧室的侧壁上设有二次进风口，使在炉膛内的烟气充分燃烧，产生极少烟灰，清洁干净。燃烧室内中心处设有筒状炉芯，其侧壁上设有与二次进风口连通的孔。炉芯的上方设有上下开口的分火圈（上开口大于下开口），分火圈的侧壁均布有分火孔。水箱的内部设有装水的管道，管道的两端口分别与侧壁的进水管和水箱上表面的出水管相连，管道外侧的空腔将燃烧室和炕道相连。出灰室和炉膛通过炉灰板分割，炉灰板的旋转轴与位于炉体外壁的清灰杆相连。炉膛的侧壁、进水口的上方均设有防爆阀。

《生物质炕炉试验方法》(NB/T 34016—2014) 标准规定了生物质炕炉的热性能试验方法和烟气排放的污染物检测方法。主要测试内容包括如下几个方面。

①炊事功率（kW）＞1.0；
②供热功率（kW）≥标称值；
③进炕烟气温度（排烟温度）（℃）≥300，≤360；
④CO 折算浓度（%）≤0.2；
⑤SO_2 折算浓度（mg/m^3）≤30；
⑥NO_x 折算浓度（mg/m^3）≤150；
⑦颗粒物折算浓度（mg/m^3）≤50；
⑧林格曼烟气黑度（级）≤1。

(2) 炕性能测试

炕与常规的采暖设备不同，其热工性能只能采用现场检测。由于运行人员水平的差异，同一铺火炕由不同人员运行，运行结果不同。

《民用火炕性能试验方法》(NY/T58—2009)标准规定了民用火炕的热性能和环保性能试验方法。主要测试内容包括：

①炕综合热效率(%)，同一时间内火炕有效利用热量与输入热量的百分比；

②炕面瞬时平均温度(℃)，火炕升温阶段，某一时刻炕面各测温点温度的算术平均值；

③炕面平均温度(℃)，火炕升温阶段，炕面各瞬时平均温度的算术平均值；

④炕面平均升温速度(℃)，火炕升温阶段，单位时间炕面平均温度与炕面初始平均温度之差；

⑤炕面温度不均匀度(℃)，火炕升温阶段，所有各次炕面温度测量时炕面各测温点的最高温度与最低温度之差的算术平均值；

⑥炕面降温速度(℃)，停火后单位时间内，升温阶段结束时刻的炕面瞬时平均温度与降温阶段结束时刻的炕面瞬时平均温度之差；

⑦烟尘折算排放浓度(mg/m^3)；

⑧CO折算排放浓度(%)；

⑨林格曼烟气黑度(级)；

⑩可吸入颗粒物PM_{10}(mg/m^3)；

⑪CO折算浓度(mg/m^3)。

参考文献

陈晓夫，刘广青，王晓君，2012. 全球清洁炉灶发展及与中国的合作[J]. 可再生能源，30(6)，124-126.
程阿继，2018. 庄浪县农村节能技术开发研究与示范[J]. 农业科技与信息(14)：64-65.
郭继业，2010. 高效预制组装架空炕连灶[J]. 农业工程技术(新能源产业)(1)：1-5.
国家能源局，2012. 生物质炊事采暖炉具：NB/T 34007—2012[S]. 北京：中国农业出版社.
国家能源局，2017. 生物质清洁炊事炉具：GB/T 35564—2017[S]. 北京：中国农业出版社.
国家能源局，2017. 小型生物质热风炉技术条件：NB/T 34040—2017[S]. 北京：中国农业出版社.
国家能源局，2020. 清洁采暖炉具技术条件：NB/T 34006—2020[S]. 北京：中国农业出版社.
国家能源局，2020. 小型生物质锅炉技术条件：NB/T 34035—2020[S]. 北京：中国农业出版社.
郝芳洲，2010. 农户室内空气质量与生物质炉具[J]. 江苏农机化(5)：8-9.
李贵富，2015. 推广农村吊炕促进节能减排[J]. 农业工程技术(6)：32-33.

刘悦，2011. 生物质炉的优点及安装使用注意事项 [J]. 农村新技术（17）：33.
佟圣胤，2013. 生物质炊事采暖炉应用 [J]. 新农业（3）：53-54.
夏元钧，2019. 天水市农村冬季清洁取暖现状及对策 [J]. 农业科技与信息（8）：27-28.
张文廷，李闯，叶堃，等，2020. 生物质炉具现场测试污染物排放特征及减排效果评估 [J]. 农业工程学报，36（12）：229-235.
张越，陈晓夫，薛春瑜，等，2016. 生物质炊事炉具性能国内外测试方法评价及建议 [J]. 可再生能源，34（12）：1864-1867.
周伯瑜，2009. 生物质户用炊事炉具技术研究 [J]. 农业工程技术（新能源产业）（8）：22-23.

第 10 章
太阳能热利用技术

10.1 基本情况

太阳能热利用是用太阳能集热器将太阳辐射能收集起来，通过与物质的相互作用转换成热能加以利用。按利用温度不同分为太阳能低温（<100℃）利用、中温（100~500℃）利用和高温（>500℃）利用。

10.1.1 资源分布情况

根据国家气象局风能太阳能评估中心划分标准，我国不同地区太阳能资源分为四类，如表10-1所示。

一类地区（资源丰富带）：全年辐射量在6 700~8 370MJ/m²，相当于230kgce燃烧所发出的热量。

二类地区（资源较富带）：全年辐射量在5 400~6 700MJ/m²，相当于180~230kgce燃烧所发出的热量。

三类地区（资源一般带）：全年辐射量在4 200~5 400MJ/m²。相当于140~180kgce燃烧所发出的热量。

四类地区：全年辐射量在4 200MJ/m²以下。

表10-1 我国太阳能资源类别划分表

区域	全年辐射量/（MJ/m²）	备注
一类地区	6 700~8 370	主要包括青藏高原、甘肃北部、宁夏北部、新疆南部、河北西北部、山西北部、内蒙古南部、宁夏南部、甘肃中部、青海东部、西藏东南部等地
二类地区	5 400~6 700	主要包括山东、河南、河北东南部、山西南部、新疆北部、吉林、辽宁、云南、陕西北部、甘肃东南部、广东南部、福建南部、江苏中北部和安徽北部等地
三类地区	4 200~5 400	主要是长江中下游、福建、浙江和广东的一部分地区，春夏多阴雨，秋冬季太阳能资源较丰富
四类地区	≤4 200	四川、贵州两省。此区是我国太阳能资源最少的地区

10.1.2 太阳能光热技术类型

太阳能利用的基本方式可分为光-热利用、光-电利用、光-化学利用、光-生物利用四类。在四类太阳能利用方式中，光-热转换的技术最成熟，产品也最多，成本相对较低，如太阳能热水器、干燥器、太阳灶、太阳能温室、太阳房、太阳能海水淡化装置以及太阳能采暖和制冷器等。在光热转换中，当前应用范围最广、技术最成熟、经济性最好的是太阳能热水器的应用。常见太阳能光热利用技术见表10-2。

表10-2 太阳能光热利用技术

光热利用形式	主要技术种类	技术特点	利用方式
热水器	平板式	平板式太阳能热水器可分为管板式、翼管式、蛇管式、扁盒式、圆管式和热管式。其优点：整体性好、寿命长、故障少、安全隐患低、能承压运行、安全可靠、吸热体面积大、易于与建筑相结合、耐无水空晒性强等，其热性能也很稳定	把太阳光能转化为热能，将水从低温度加热到高温度，以满足人们在生活、生产中的热水使用。目前真空管式太阳能热水器为主，占据国内95%的市场份额
	真空管式	真空管式家用太阳能热水器是由集热管、储水箱及支架等相关零配件组成，把太阳能转换成热能主要依靠真空集热管，利用热水上浮冷水下沉的原理，使水产生微循环而达到所需热水	
太阳房	被动式	被动式太阳房是根据传热学原理，通过建筑物朝向、结构、建筑材料等合理选择，进行吸热、隔热、保温、通风等，以自然热交换方式，来达到冬暖夏凉的目的	在农村地区利用太阳能对居住房屋进行采暖，深受农户欢迎
	主动式	是在被动式太阳房的基础上以太阳能集热器代替常规锅炉作为热源的一种环保型节能建筑	
太阳灶	聚光式	聚光式太阳灶的表面形状为旋转抛物面凹面，上面为反光材料，太阳光经其反射均通过其焦点，在这里形成太阳光线的高密集区，达到加热炊具的目的	太阳灶是利用太阳能进行炊事、烹饪食品的装置，属于太阳能中、高温利用的设备。太阳灶主要有两种类型：闷晒式太阳灶（又称热箱式太阳灶）和聚光式太阳灶。目前应用于生活中的主要为聚光式太阳灶
	闷晒式	闷晒式太阳灶的工作原理是太阳光透过透光率很高的平板玻璃后进入保温箱体，被太阳辐射吸收层吸收转变为热，箱内温度上升达到加热目的	

10.1.3 太阳能光热转化材料

光热转换效应（Locailzed Surface Plasmon Resonance，LSPR）是通过材料吸收光能引

起表面局部区域等离子体共振效应，光能转化为电子或空穴谐振的动能，或者电子跃迁能量，通过晶格散射的振动能使周围环境温度提高的现象。不同光热转换材料的原理不同。比如贵金属纳米粒子（如 AuNCs、PdNCs、AgNCs 等）吸收辐射后，表面电子振荡增强，主要以热能形式释放；具有 LSPR 的半导体纳米晶（如金属氧硫族、钨基纳米晶等）材料，通过表面等离子体共振效应，实现光热转换；碳材料（如碳纳米管、石墨烯及碳基复合材料）由于其结构的特殊性能够在近红外光区有很强的吸收，实现光热转换。由此说明，材料的光热转换性能主要与材料吸收外来辐射和产生能量的强弱有关。

10.1.3.1 贵金属

贵金属中具有光热效应的材料主要包括金、银、铂和钯等贵金属纳米粒子。这些贵金属纳米材料均有较强的局部 LSPR 效应，调控贵金属纳米粒子的粒径大小、形貌，使得材料的等离子体共振峰延伸到近红外区域，从而提高光热转换效率。

10.1.3.2 有机聚合物类

有机聚合物光热转换材料主要有小分子染料类、超分子类、共轭聚合物类。小分子染料类中具有光热效应的还有吲哚花青绿、噻二唑衍生物、咪喹莫特等。

10.1.3.3 碳基及其复合纳米材料

碳基纳米材料由于其特殊的材料结构在可见-近红外区具有较强的光吸收，能将光能快速转化为热能，具有显著的光热效应，主要包括碳纳米管、碳纳米棒、石墨烯、石墨烯氧化物。

10.1.3.4 磁性纳米材料和半导体

磁性纳米材料主要有 Fe_3O_4 纳米颗粒、磁性脂质体、磁流体、铁磁微晶、铁碳复合物和超顺磁性氧化铁。半导体纳米材料目前成为研究者广泛关注的一类光热转换材料，其中过渡金属氧硫族光热转换试剂扮演着重要的角色。

10.1.3.5 液态金属材料

液态金属具有优良的热物性，可以在工业热管理和太阳能发电中实现高效传热。通过成分的改变和物理或化学处理，合成一系列具有不同熔点、热导率和导电率的低熔点合金，即液态金属。根据不同的应用方向，液态金属材料可分为三类，即液态金属流体、液态金属热界面材料和液态金属相变材料。

液态金属以其较高的导热系数、较好的耐温性、较低热容等特点。保证在足够的体积流量下，其在处理高热流密度时可以提供更好的对流性能。低熔点液态金属材料由于其优异的热物理性能，在提高太阳能发电效率方面有着广阔的应用前景。

10.2 主要技术

10.2.1 太阳能热水器

太阳能热水器是利用太阳光将水加热的装置。太阳能热水器分为真空管式太阳能热水器和平板式太阳能热水器，目前真空管式太阳能热水器大约占据国内 95% 的市场份额。农村用户广泛应用的太阳能热水供应模式如图 10-1 所示。

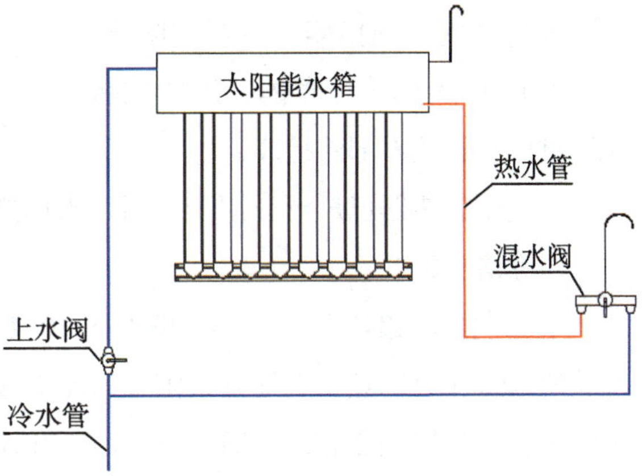

10.2.1.1 平板式太阳能热水器

图 10-1 太阳能热水器热水供应模式示意图

平板太阳能热水器主要由平板型集热器、水箱、支架等部件组成（图 10-2），根据安装方式的不同，又分平顶型紧凑式平板太阳能热水器和坡顶型紧凑式平板太阳能热水器两类。平板型太阳能热水器主要是根据热虹吸现象，当太阳光照射时，集热器温度迅速升高，流道内的介质受热膨胀，密度变小，自然上升，循环到水箱换热器中，将水箱内的水加热。而相对低温的水（或介质）密度较大，回流到集热器的底部，在吸收了热能之后，再膨胀上升，形成持续热虹吸自然循环，使水箱水温不断升高。集热器外形如图 10-3 所示。平板式太阳能热水器适用于非冰冻地区，可用于高层、别墅、小高层住宅，其水箱放置在阳台、屋顶、墙壁等，集热器放置在建筑栏里面阳台、窗户、屋顶、墙壁上，不受位置限制，达到了与高层建筑及环境一体化的完美结合。一台

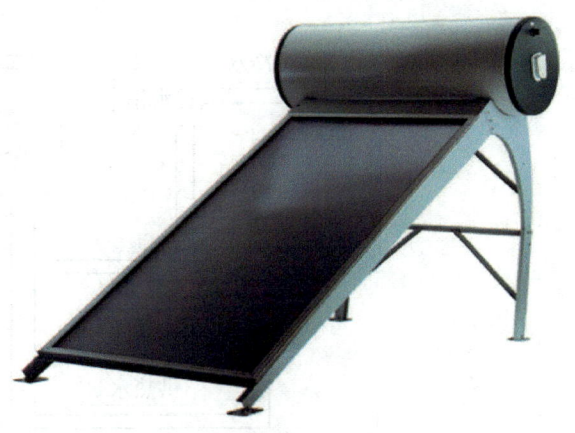

图 10-2 一体式平板太阳能热水器

（组）平板式太阳能热水器可满足多个浴室用水需要，适合家庭和小型集体的使用。有的配置了电辅助加热装置，可以实现一年四季全天候运行。

集热器是平板太阳能热水器的核心部件，也是太阳能光热转换部件。集热器吸收太阳辐射能量向工质传递热量，是一种特殊的热交换器。平板太阳能集热器是由吸热板芯、壳体、透明盖板、保温材料及有关零部件组成。

图 10-3　集热器外形

平板型集热器已广泛应用于生活用水加热、游泳池加热、工业用水加热、建筑物采暖与空调等诸多领域。

平板太阳能集热器的工作原理如图 10-4 所示。阳光透过透明盖板照射到表面涂有吸收层的吸热体上，其中大部分太阳辐射能被吸收体所吸收，转变为热能，并传向流体通道中的工质。从集热器底部入口的冷工质，在流体通道中被太阳能加热，温度逐渐升高，加热后的热工质，带着热能从集热器的上端出口，蓄入贮水箱中待用。与此同时，由于吸热体温度升高，通过透明盖板和外壳向环境散失热量，构成平板太阳集热器的各种热损失。

一般太阳能热水器由集热器、储热水箱、循环水泵和控制系统等主要部件组成，集热器和储热水箱合二为一的称为一体式或闷晒式热水器，反之称为分体式或分立式热水器。分体式平板太阳能热水器实体外观如图 10-5 所示，工作原理如图 10-6 所示。按热水流动方式，太阳能热水器可以分为自然循环式热水器、强制循环式热水器和直流式热水器 3 类。

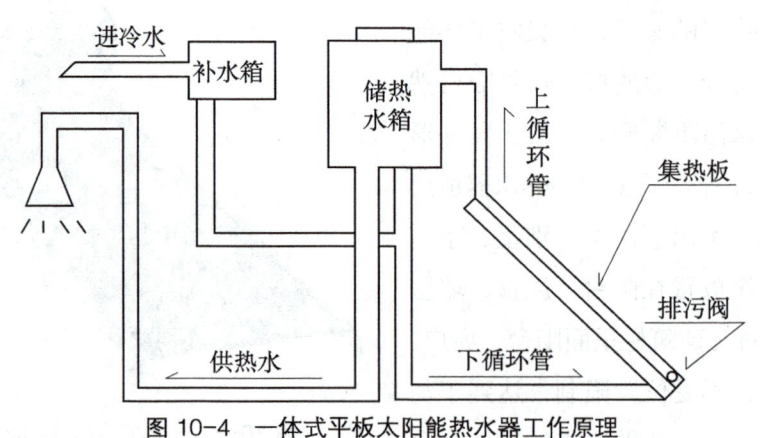

图 10-4　一体式平板太阳能热水器工作原理

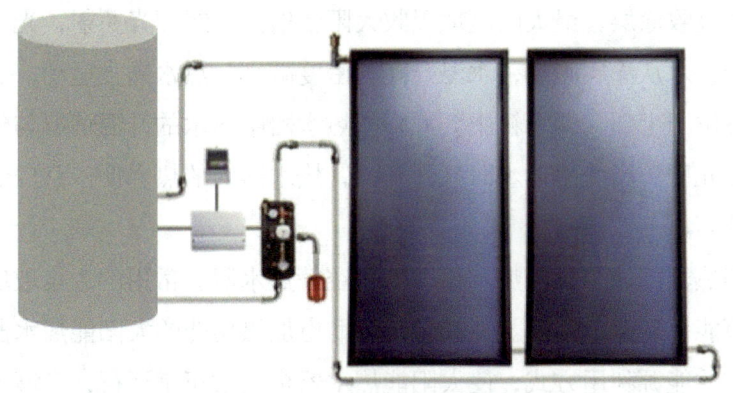

图 10-5 分体式平板太阳能热水器

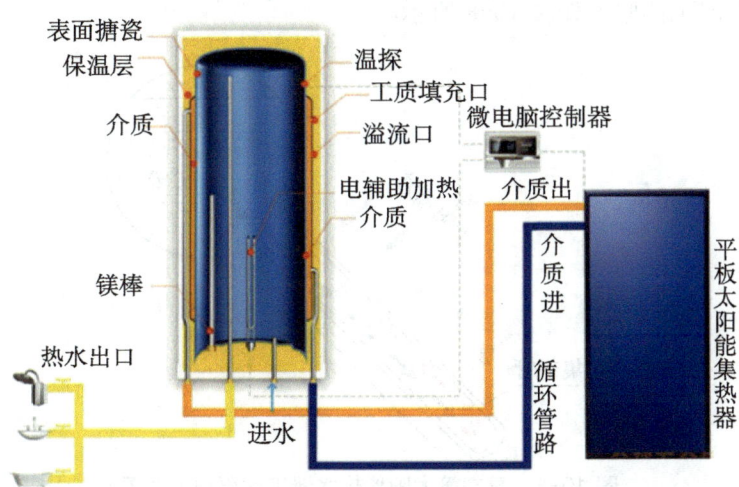

图 10-6 分体式平板太阳能热水系统工作原理

10.2.1.2 真空管太阳能热水器

真空管式家用太阳能热水器是由集热管、储水箱及支架等相关部分组成,把太阳能转换成热能主要依靠真空集热管,真空集热管利用热水上浮冷水下沉的原理,使水产生微循环而得到所需热水。真空管太阳能热水器外观如图10-7所示。

真空管是太阳能热水器的核心,结构如同一个拉长的暖瓶胆,内外层之间为真空。在内玻璃管的表面上利用特种工艺

图 10-7 真空管太阳能热水器外观

涂有光谱选择性吸收涂层,最大限度地吸收太阳辐射能。经阳光照射,光子撞击涂层,太阳能转化成热能,水从涂层吸热,水温升高,密度减小,热水向上运动,而比重大的冷水下降。热水始终位于上部,即水箱中。太阳能热水器中热水的升温情况与外界温度关系不大,主要取决于光照。当使用热水时打开开关,热水器内的热水便依靠自然落差流出,落差越大,水压越高。

用真空管集热器部件组成的热水器即为真空管热水器。常用的为全玻璃真空管式,其优点是安全、节能、环保、经济。尤其是带辅助电加热功能的太阳能热水器,它以太阳能为主、电能为辅的能源利用方式,使太阳能热水器全天候正常运行,环境温度低时效率仍然比较高。其缺点是体积比较庞大、玻璃管易碎、管中容易集结水垢、不能承压运行。真空管太阳能热水器工作原理如图 10-8 所示。

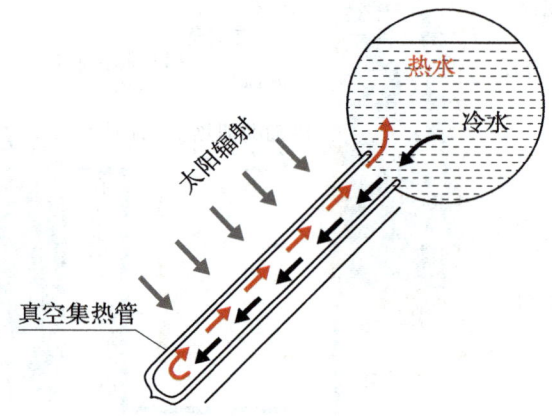

图 10-8　真空管太阳能热水器工作原理示意图

10.2.1.3　热管式真空管太阳能热水器

热管式真空管太阳能热水器主要由热管、吸热板、玻璃管、金属端盖和消气剂等部件组成,其使用广泛,不受安装条件限制,无论是平房用户还是高层楼房用户,均可安装使用。管式太阳能热水器外观如图 10-9 所示。热管式真空管是我国自主研发的一种金属吸热体真空管,于 20 世纪 90 年代中期投入市场。

热管式真空管综合应用了真空技术、热管技术、玻璃-金属封接技术和磁控溅射涂层技术,不仅使太阳能集热器能够全年运行,而且提高了

图 10-9　热管式太阳能热水器

工作温度、承压能力和系统可靠性，使太阳能热利用进入中高温领域，如图 10-10 所示。这种形式的热水器的特点是将太阳光的集热部分安装在真空玻璃管内，玻璃管内具有一定的真空度，因此可以利用真空隔热有效减少热管蒸发段向外界的散热损失。真空管内的闷晒温度可达到 250℃，在 -25℃ 的环境温度下不会被冻坏。热管真空管式太阳能热水器又可分为聚光式和非聚光式两种类型。

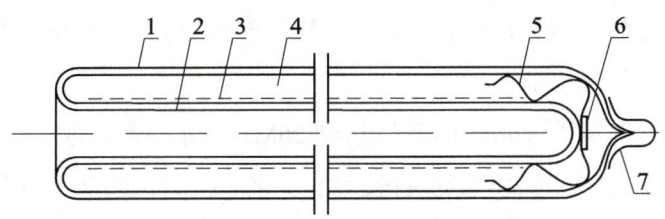

1—外玻璃管；2—内玻璃管；3—选择性吸收涂层；4—真空；
5—弹簧支架；6—消气剂；7—保护帽。
图 10-10　热管式玻璃真空管

10.2.2　太阳能热水与供暖系统

利用太能能集热器系统可为居民提供热水及供暖，如图 10-11 所示。集热器种类较多，各种集热器的工作原理不同，能够提供的热力温度也不同。空气集热器、真空管集热器、平板集热器的工作温度均在 150℃ 以下，可提供低温热力。槽式集热器和菲涅尔集热器可提供中温甚至高温的热力。

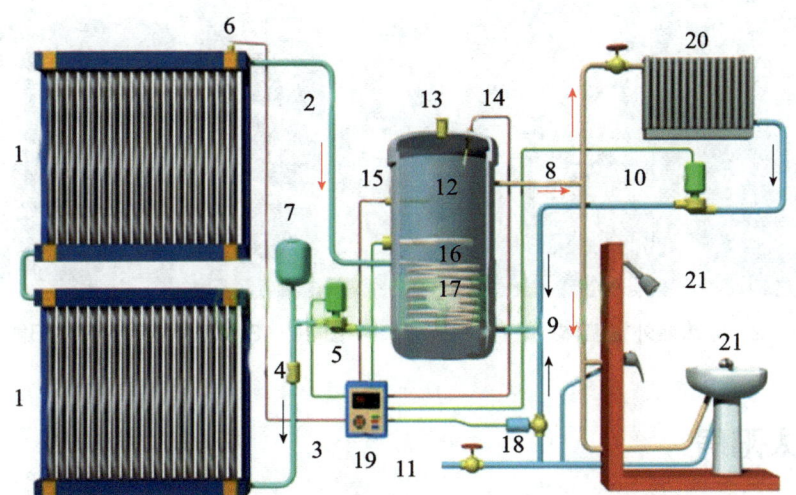

1—太阳能真空管集热器；2—集热器热水输出管；3—集热器回水管；4—止回阀；
5—集热器循环泵；6—集热器温度传感器；7—膨胀罐；8—水箱热水输出管；
9—水箱冷水输入管；10—暖气回水泵；11—供水入口；12—储水箱；13—安全阀；
14—水箱水位传感器；15—水箱温度传感器；16—电加热器；17—热交换器；
18—水箱给水电动阀；19—控制器；20—暖气片；21—使用热水。
图 10-11　太阳能热水与供暖系统

太阳能热水与供暖系统一般采用温差来控制循环水泵的运转，贮水箱通常置于室内（底层或地下室）。冬季白天，在有足够的太阳辐照时，温差控制器开启循环水泵，集热器可以正常运行；夜晚或阴天，在太阳辐照不足时，温差控制器关闭循环水泵，这时集热器和管路中的水由于重力作用全部回流到贮水箱中，避免因集热器和管路中的水结冰而损坏；次日白天或太阳辐照再次足够时，温差控制器再次开启循环水泵，将贮水箱内的水重新泵入暖气片中，系统可以继续运行。这种防冻系统简单可靠，不需增设其他设备，但系统中的循环水泵要有较高的扬程。

太阳辐射具有不确定性，晴天时可以达到 20MJ/（d·m²），阴雨天时不足晴天时的 20%，另随着季节变化，太阳辐射量也有较大的变化。因此，通常采用太阳能与其他辅助能源或蓄热装置联合的方法，优先利用太阳能产生的热水，当太阳能不足时，再利用辅助能源补充。

为使太阳能热水器与建筑完美结合，许多厂商设计出不同形状、不同颜色的集热器，集热器布置到屋面或者做成弧面，如图 10-12 所示，高层建筑可充分利用阳台实现太阳能集热器的安装，如图 10-13 所示。既保证了使用效果，又与建筑较好地结合。

图 10-12　集热器外挂墙体

图 10-13　利用阳台安装太阳能集热器

10.2.3　太阳房

太阳房利用的物理原理是温室效应，就是波长较短的太阳辐射能顺利透过，而波长较长的热辐射被阻挡或吸收的现象，玻璃和某些透明材料以及二氧化碳、甲烷等气体就具有这种效应。因此可以用玻璃等透明材料为顶做成温室，让属于短波辐射的太阳光透过而阻挡室内的长波辐射，这样进入室内的能量就大于向室外散发的能量，室内温度也就大于室外温度。太阳房一般分为被动式太阳房和主动式太阳房，被动式太阳房不需要安装复杂的太阳能集热器，更不用循环动力设备，完全依靠建筑结构造成的吸热、隔热、保温、通风等特性来达到冬暖夏凉的目的。

10.2.3.1 被动式太阳房

被动式太阳房是根据当地气象条件，依据传热学原理，通过建筑物朝向和周围环境的合理布置，内部空间和外部形体的巧妙处理，以及建筑材料、节点构造的恰当选择，以自然热交换方式，在冬季集取、保持、储存、分布太阳热能，解决采暖问题的建筑，通常把获得的太阳能达到建筑采暖所需能量的一半以上时的建筑物称为被动式太阳房。被动式太阳房利用方式如图 10-14 所示。

图 10-14　被动式太阳房利用示意图

（1）被动式太阳房分类

被动式太阳房大致分为下列 5 种典型形式。

①利用南窗直接接受太阳辐射能的被动式太阳房（直接受益式）（图 10-15a，b）；

②利用南墙进行集热和蓄热的被动式太阳房（集热蓄热墙式）（图 10-15c，d）；

③混合式被动太阳房（组合式）（图 10-15e，f）；

④利用屋顶进行集热和蓄热的被动式太阳房（屋顶集热蓄热式）（图 10-15g）；

⑤利用热虹吸作用（自然循环）的被动式太阳房（对流环路式或集热墙式）（图 10-15h）。

被动式太阳房目前主要用来解决冬季的采暖问题，只有第四种利用屋顶进行集热蓄热的形式，在采取一定的措施后，可以起到降温作用，以解决夏季降温问题。

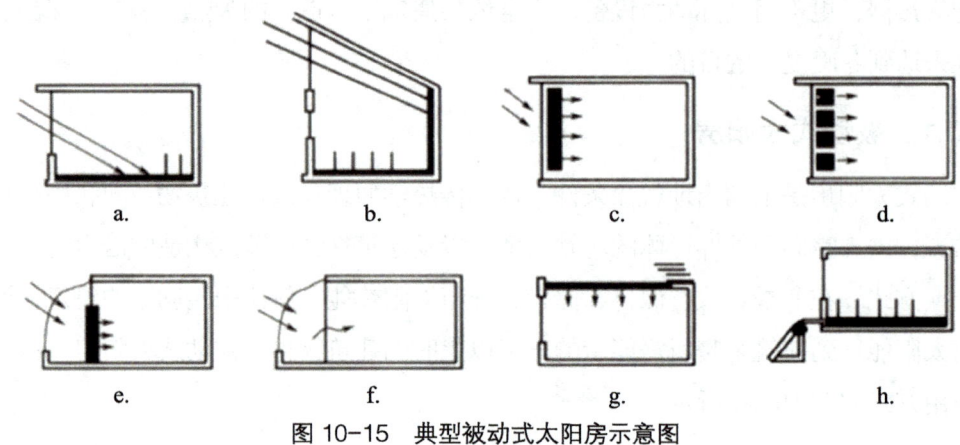

图 10-15　典型被动式太阳房示意图

（2）工作原理

1）直接受益式

直接受益式太阳房是让太阳光通过透光材料直接进入室内的采暖形式，是被动式太阳能采暖中和普通房差别最小的一种太阳房。该类太阳房升温快、构造简单、热效率较高、造价低且管理方便。但如果设计不当，很容易引起室温日波动大，白天温度较高，晚上较低，舒适性差，辅助能耗增多；此外，白天室内的眩光问题不容易解决，仅适用于综合气象因数值 SDM 大于 20、气候比较温和的地区，寒冷地区效果较差。

2）集热蓄热墙式

集热蓄热墙又叫特伦布墙，英文名称 Trombe wall，简称集热墙，是集热蓄热墙式被动式太阳房的最典型构件。实质上它是直接附设在房间墙面上，且通常设在南向外墙上的一种太阳能集热器。典型的集热墙，是由窗、空气夹层和墙体几部分组成。针对不同需要，集热墙可分为多种类型，如开孔和不开孔（开孔形式又可分为内开孔和外开孔），还有一些通过在空气夹层加入透明隔热材料或部件改进的集热墙，如实体式、花格式、水墙式、相变材料式、百叶式、多孔式、热管式等。

实体式集热蓄热墙式与直接受益式相比具有较好的蓄热能力。花格式集热蓄热墙和实体式集热蓄热墙的主要区别是前者墙体上遍布了通风孔。水墙式集热蓄热墙运行管理相对麻烦，我国较少采用。相变材料蓄热墙式与水墙式的结构形式相似，只是蓄热物质采用的是相变材料而不是水，目前的主要问题是相变材料的相变温度和相变时间难以随房间采暖需要进行有效控制，技术未完全成熟，而且施工较复杂，造价较高，目前国内还很少应用。

采用集热蓄热墙式被动式太阳房室内温度波动小，居住舒适，但热效率较低，常和其他形式配合使用，可以调整集热蓄热墙的面积，满足各种房间对蓄热的不同要求，但结构复杂，玻璃夹层中间易积灰，不好清理，影响集热效果，且成本高，立面颜色较深，外形不太美观，推广有一定的局限性。原理如图 10-16 所示。

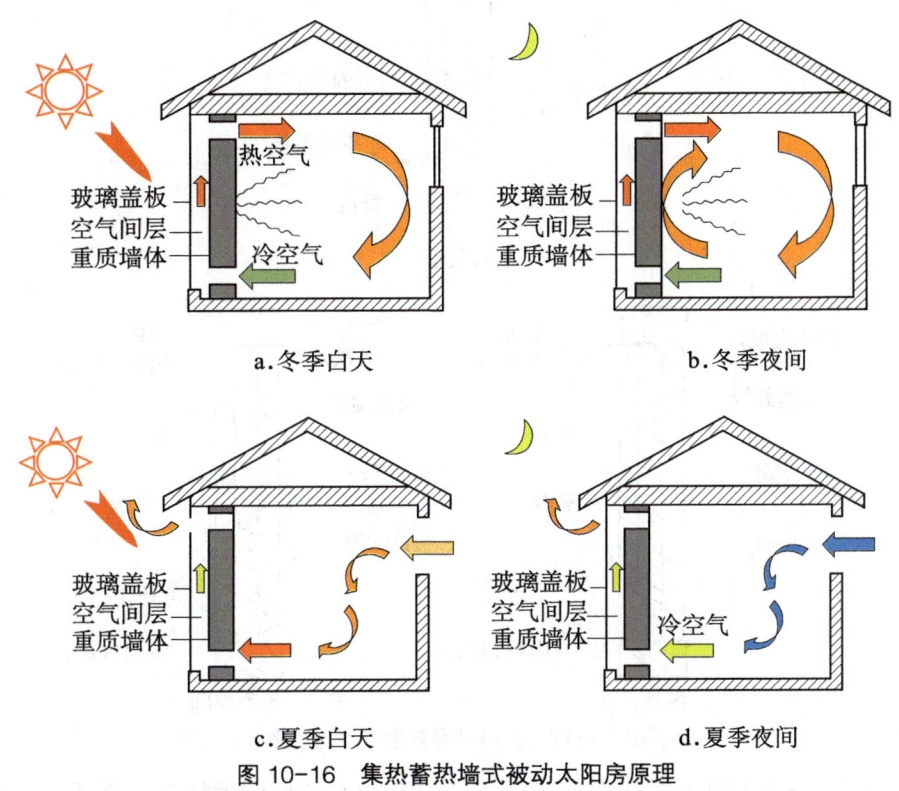

图 10-16　集热蓄热墙式被动太阳房原理

目前，集热蓄热墙式被动太阳能建筑的研究热点主要集中在百叶式集热蓄热墙、多孔式集热蓄热墙、热管式集热蓄热墙和花格式集热蓄热墙等类型。

百叶式集热蓄热墙是在传统 Trombe 墙的空气夹层悬挂可翻转的百叶窗帘，如图 10-17 所示。窗帘的叶片一面涂有高吸收率涂层，一面涂有高反射率涂层。视觉效果上，百叶式集热蓄热墙使建筑外墙更加美观，同时，任意角度翻转可提高墙体的集热效果。在夏季，关闭室内出风口，开启室内进风口和室外出风口，将涂有高反射率涂层的百叶窗帘叶片外翻，提高可见光的反射率，减少南墙得热量，防止室内温度过高，如图 10-17a 所示；在冬季白天，关闭室外出风口，开启室内进风口和出风口，将涂有高吸收率涂层的叶片外翻，提高太阳辐射吸收率，通过对流和导热的方式将热量传送至室内，提高室内温度，如图 10-17b 所示；在冬季夜间，关闭室内进、出风口，闭合的百叶帘将空气夹层分为两个空气窄层，抑制对流，增加墙体热阻，降低室内向室外环境损失的热量，减少室内温度下降速率，如图 10-17c 所示。

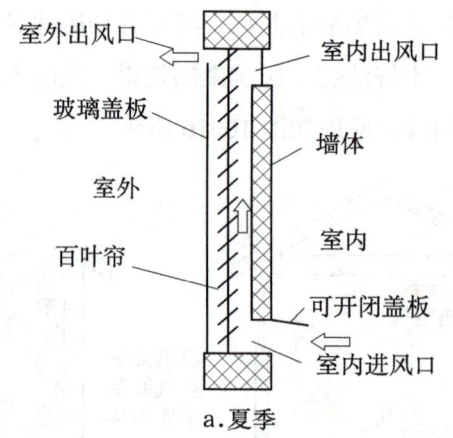

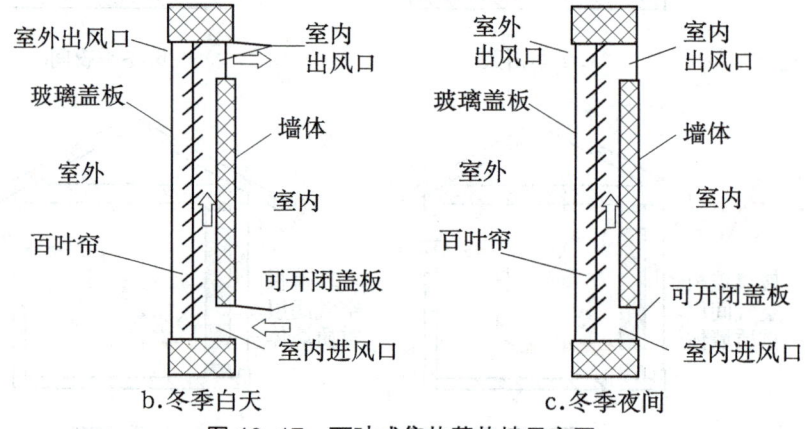

图 10-17 百叶式集热蓄热墙示意图

多孔式集热蓄热墙主要有两种形式：一是在集热蓄热墙内添加多孔介质；二是在南墙外表面安装涂有选择性涂层的多孔金属板。多孔式集热蓄热墙能够最大限度地将太阳能转化为热能，加热后的空气在浮升力和风机作用下流入室内，提高室内温度，同时置换室内空气，起到通风换气的作用。多孔式集热蓄热墙见图 10-18。

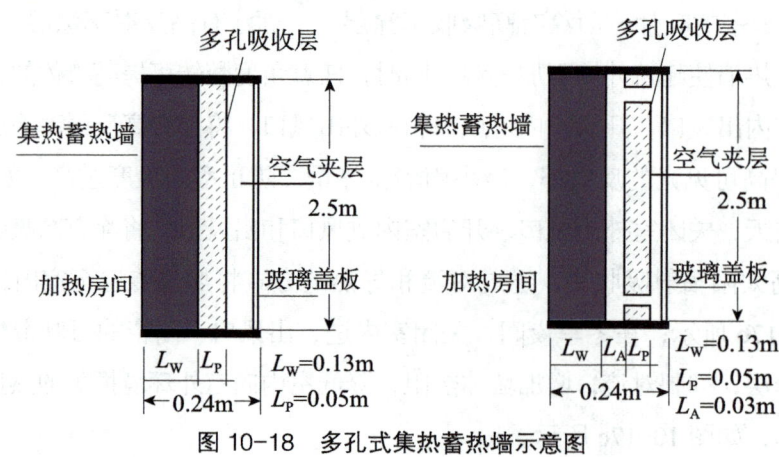

图 10-18 多孔式集热蓄热墙示意图

热管式集热蓄热墙是将热管布置在被动式太阳能墙体中用于供暖,具有传热速度快、热能利用率高等特点。其工作原理为:在蒸发段,工作液吸热后由液态转为蒸汽态,在压力差作用下通过内腔进入冷凝段,将热量传递给冷源,并凝固为液态;在重力作用下工作液回流至蒸发段,进而完成热量的传递。热管式集热蓄热墙如图 10-19 所示。

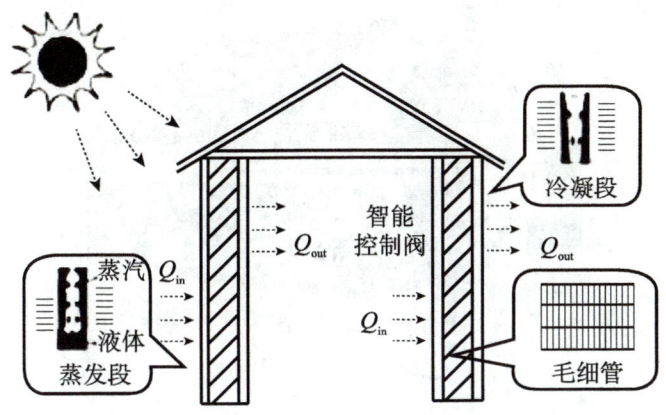

图 10-19 热管式集热蓄热墙示意图

屋顶集热蓄热式有两种设计方案,即使用充满水的塑料袋或相变储热材料。这种太阳房在冬季采暖负荷不高而夏季又需要降温的情况下使用比较适宜。但由于屋顶需要有较强的承载能力,隔热盖的操作也比较麻烦,目前实际中应用较少。屋顶太阳房传热进程如图 10-20 所示。

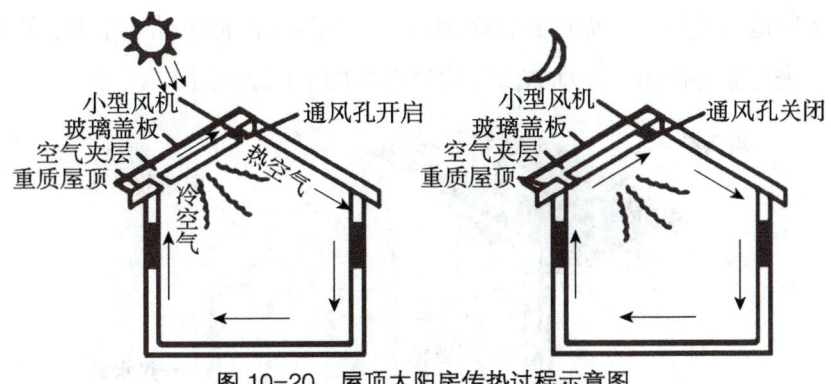

图 10-20 屋顶太阳房传热过程示意图

10.2.3.2 主动式太阳房

主动式太阳房是指用水泵或风机把经太阳能加热过的水或空气送入室内,达到采暖目的。这种太阳房的造价较高,但室内温能主动控制。主动式太阳房由集热器、传热流体、蓄热器、控制系统及热交换器、水泵、风机、电源等辅助系统构成。

太阳房可以节约 **75%~90%** 的能耗，在太阳房技术和应用方面欧洲处于领先地位，特别是在玻璃涂层、窗技术、透明隔热材料等方面居世界领先。日本已利用这种技术建成了上万套太阳房，节能幼儿园、节能办公室、节能医院也在大力推广。太阳能房的利用、推广可以解决农村分散住户取暖供热问题，农村住宅太阳房综合利用如图 10-21 所示。

图 10-21 农村住宅太阳房综合利用示意图

（1）工作原理

太阳能－热能－供热系统－配热，多余热量储存在水箱，热量不足时，辅助热源供热。太阳房采暖主要利用南坡屋面的集热器吸收太阳能，加热太阳能集热管内部水温度升高，经过热水回流，高温水储存在储热水箱。高温水可用于洗澡、散热等生活用水。高温水经过散热器给房间进行换热，从而达到取暖的效果。低温水回流至储热水箱，再泵送至集热器进行加热，进行循环使用，主动式太阳房原理如图 10-22 所示。

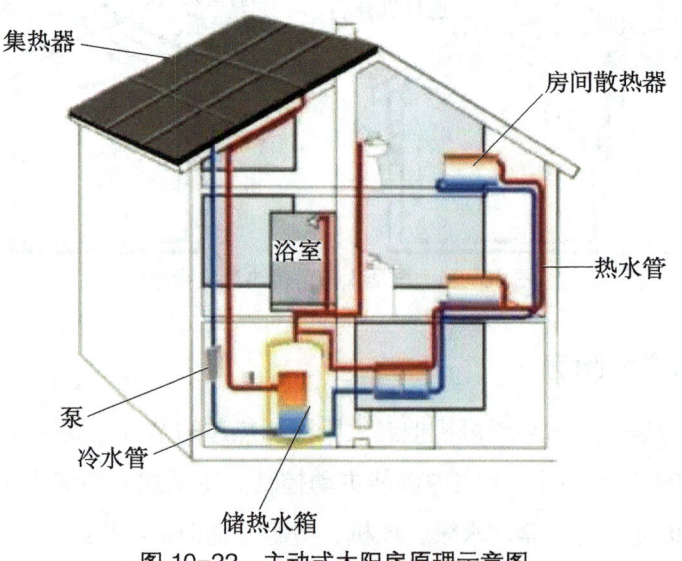

图 10-22 主动式太阳房原理示意图

太阳房是直接利用太阳辐射能的重要方式，把房屋看作一个集热器，通过建筑设计把高效隔热材料、透光材料、储能材料等有机地集成在一起，采暖主要利用南坡屋面的铁板吸收太阳能，加热从屋外引进的冷空气，当通过屋顶最高处的玻璃板时，空气温度被大幅度提升，将通气层内的热空气吸收聚集到热气通道里，然后通过控制箱送到地板下面贮存，并从靠墙的地板风口流出，太阳下山后风扇会自动停止转动，控制箱内的风门会自动关闭，避免室外的冷空气流入室内，贮存在地板下的热量也慢慢释放出来，使室温下降速度减慢，使房屋尽可能多地吸收并保存太阳能，从而达到取暖的效果。

从理论上讲，温度高的物体都会向温度低的物体或空间辐射热。夏天夜晚，室外的气温一般在25～30℃，而晴朗的高空温度则只有 -60～-40℃，屋顶的铁板不断向高空辐射热量，一般情况下，比外界气温低 2～4℃，这时采取与冬季取暖相同的方式引进室外空气，屋顶通气层内的空气被铁板降温，流入屋内。除了利用冷辐射原理降温外，这种太阳房还在地下 1.5m 深处铺设塑料管道，将地下的凉气以 $1m^3/s$ 的流量送入室内，从而达到取凉的目的。太阳房的屋面由吸热铁板、太阳能电池板、集热空气层、集热气通道和隔热层组成，无须任何大型机器，完全靠巧妙的建筑构造来利用太阳能。

利用这种技术建成的太阳房虽然比普通住宅投资增加 10%～20%，但节能效率高达33%，而且利用屋顶装有的太阳能电池板完全可以满足一个普通家庭的用电，还可以将剩余电能并入电网，最大限度节约了能源。

（2）存在的不足

太阳能作为能源利用时，虽然有清洁、可再生、无限量等优点，但也存在以下缺点。

1）分散性

到达地球表面的太阳辐射的总量尽管很大，但能流密度很低。北回归线附近，夏季在天气较为晴朗情况下，正午时太阳辐射的辐照度最大，在垂直于太阳光方向 $1m^2$ 面积上接收到的太阳能平均为 1 000W 左右；若按全年日夜平均，则只有 200W 左右。而在冬季大致只有一半，阴天一般只有 1/5 左右。因此，在利用太阳能时，需要相当大面积的收集和转换设备才能满足所需功率，因此造价较高，加之太阳能利用装置的转化效率偏低，经济型受制约。

2）不稳定性

由于受到昼夜、季节、地理纬度和海拔高度等自然条件的限制以及晴、阴、云、雨等随机因素的影响，到达某一地面的太阳辐照度既是间断的又是极不稳定的。为使太阳能成为连续、稳定的能源,就必须解决好蓄能问题,但蓄能也是太阳能利用中较为薄弱的环节之一。

10.2.4 太阳能制冷技术

太阳能制冷的应用主要有两种:一是将太阳能经光电转化,再以电能制冷;二是将太阳能经光热转化,再以热能制冷。由于第一种方法成本过高且利用率不高,所以应用较少,目前较为普遍的是以热制冷的方法。太阳能以热制冷研究主要包括三个方面,分别为太阳能吸收式制冷、太阳能吸附式制冷和太阳能喷射式制冷。其中,太阳能吸收式制冷的优势为维修周期长,制冷工况连续;劣势为需水泵提供动力,对外界电能依赖性强。太阳能吸附式制冷具有热源供热温度低于吸收式,无须冷却塔系统,也不需要对化学溶液进行管理的优点;但其提供的冷量有限,且长时间使用容易出现老化现象。喷射式制冷具有非常低的安装和运行成本,且无冷却塔系统;但其制冷性能差,难以在环境温度变化大的情况下高性能工作。

针对太阳能制冷,当前主流的制冷机为吸收式和吸附式制冷机,台湾大学、加拿大的 CANNET 公司在太阳能喷射式制冷方面做了很多研究;中国科学院广州能源研究所、北京市太阳能研究所有限公司、上海交通大学及香港大学等机构所做的研究大多集中在吸收式制冷方面,其他方面的技术仍需进一步研究。

10.2.5 太阳能热电技术

太阳能热发电技术是通过辐射能－热能－电能的转化实现的,其原理是利用集热器收集太阳辐射中的热量,将收集到的热量加热工质进而送入汽轮机中,利用工质所蕴含的能量带动汽轮机转动,进而发电。但由于其整个系统成本较高,一般在大型的太阳能发电厂才会使用此项技术。

10.3 典型案例

10.3.1 农村太阳能采暖示范工程

河北省固安县马庆村被誉为"太阳能采暖第一村",马庆村位于河北省廊坊市固安县知子营乡东1.5km，紧邻廊涿高速固安东出口。全村共有118户，427人，耕地464亩，果园300亩，林地200亩。2015年建成百余户农村太阳能采暖示范工程。系统主要包括太阳能集热单元（含管路、配件）、热能补充单元（生物质炉或燃气炉）、室内散热单元（地埋管或风机盘管）、自动控制循环单元、房屋外墙保温与门窗保温单元、防雷避雷单元等6个部分（图10-23）。施工按照相关国标或建筑行业标准执行，使用年限达到15年以上。

以建筑面积100m²的太阳能采暖房计算，整套系统需资金4万元。每个采暖期太阳能采暖房比传统采暖炉可节煤3.28t，太阳能暖房四季提供的炊事、洗浴用热水可节煤3.12t，两项合计每年可节标煤6.4t。每年减少排放CO_2 16.64t、减少排放二氧化硫54.4kg、减少排放氮氧化物47.36kg、减少排放粉尘416kg、减少排放炉渣1.84t。

图10-23　农村太阳能采暖示范工程

10.3.2　太阳房

2015年8月，河北省高碑店国家建筑节能技术国际创新园，建成了建筑面积8 016m²，地下一层、地上九层的太阳房。房屋的供暖和制冷完全依靠太阳能，取消了传统的供暖与制冷系统，通过全热交换中央（除霾）新风一体机进行空气净化与热交换。节能率达91%，每年节约标煤87.92t，减少CO_2排放234t。

参考文献

蔡世杰，2018. 太阳能利用技术研究现状及发展前景[J]. 中国高新科技（21）：50-52.
房庆圆，2020. 浅谈太阳能光伏发电材料的研究进展及发展前景[J]. 当代化工研究（17）：12-13.
顾黎昊，2019. 民用建筑太阳能热利用现状分析[J]. 科技资讯，17（30）：61-63. DOI：10.16661/j.cnki.1672-3791.2019.30.061.

刘舰，2019. 民用建筑太阳能热利用现状 分析与探讨 [J]. 山西建筑，45（3）：184-185.

石文奇，田宏，陆玉新，等，2021. 金属卤化物钙钛矿纳米光电材料的研究进展 [J]. 物理学报，70（8）：087303-087318.

王子平，王静慧，孙丹卉，等，2019. 光热转化纳米材料体系及其应用研究进展 [J]. 内蒙古民族大学学报，34（3）：201-205.

武威，吴松海，常泽，等，2019. 基于主被动协同的辽宁地区太阳能农村住宅研究 [J]. 建筑学报（S2）：122-125.

张婧，侯党社，鲍艳，2020. 太阳能电池材料环境毒性研究进展 [J]. 化工新型材料，48（8）：6-11.

DENG Y G，JIANG Y，LIU J，2021. Liquid metal technology in solar power generation: Basics and applications[J]. Solar Energy Materials and Solar Cells，222：110925.

战略篇

第 11 章
农村可再生能源发展预测

11.1 温室气体减排量计算方法

开展农村能源温室气体排放量研究，可为碳中和目标下农村能源的未来发展规划提供数据支撑。根据《2006年IPCC国家温室气体清单指南》，温室气体主要包括二氧化碳（CO_2）、甲烷（CH_4）、氧化亚氮（N_2O）、氢氟碳化物（HFCs）、全氟碳化（PFCs）、六氟化硫（SF_6）、三氟化氮（NF_3）、五氟化硫三氟化碳（SF_5CF_3）、卤化醚（如 $C_4F_9OC_2H_5$、$CHF_2OCF_2OC_2F_4OCHF_2$、$CHF_2OCF_2OCHF_2$），以及《蒙特利尔议定书》未涵盖的其他卤烃，包括 CF_3I、CH_2Br_2、$CHCl_3$、CH_3Cl、CH_2Cl_2 等。2019年清单指南仍沿用，未作修改。参考《IPCC第四次评估报告》100年时间尺度下 CO_2、CH_4、N_2O 的全球增温潜势（GWP）分别为 1、21 和 310。

11.1.1 计算方法学

目前农村可再生能源技术的温室气体减排量测算方法，主要包括全生命周期评价（Life Cycle Assessment，LCA）的碳足迹、清洁发展机制（Clean Development Mechanism，CDM）方法学等。

全生命周期评价是一种"从摇篮到坟墓"（Cradle to Grave）的污染物排放评价方法，主要面向产品和服务的环境影响评价。温室气体是所有排放物中的一部分，因而碳足迹是生命周期评价的一个子集，是对生命周期评价的所有排放物中某一种或几种温室气体排放量的测算。评价范围包括产品的生产、使用和废弃阶段，包括直接排放（现场的、内生的排放）和间接排放（非现场的、外部的、内嵌的、上游的、下游的排放）。

清洁发展机制CDM方法学是审查CDM项目合格性以及估算/计算项目减排量的技术标准/基础，包括基准线方法学和检测方法学。基准线方法学为确定基准线情景、项目额外性、计算项目减排量（基准线排放－项目排放－泄漏）的方法依据；检测方法学为确定计算基准线排放、项目排放所需监测的数据/信息和相关的方法。清洁发展机制CDM项目设计文件一般包括项目活动性的一般性说明、基准线方法学和检测方法学的应用、环境影响、利害相关方的评价，附件包括项目活动参与方的信息、公共资金的信息、基准线信息、监测计划。目前适于农村能源的小型CDM项目主要包括：供热锅炉使用生物质废弃物替代化石燃料；家庭小型用户应用沼气生物质产热；以家庭或机构为对象的生物质炉具和/或加热器的发放;用户使用的热能,包括或不包括电能;生物质燃气的生产和销售方法学。

LCA 方法和 CDM 方法学计算碳排放特点及适用性如表 11-1 所示,LCA 的碳足迹方法学适用于国家(区域)层面、项目(产品系统)层面的温室气体排放核算。CDM 方法学更适用于项目(产品系统)层面的温室气体排放核算。LCA 方法可从生物质原料的产生、能源加工转化、能源与副产物利用等全过程进行系统核算,考虑其核算的全面性,本研究选择 LCA 方法对生物质能的碳减排因子进行研究。

表 11-1　LCA 方法和 CDM 方法学计算碳排放特点及适用性

参考指标	LCA 方法	CDM 方法学	适用性
计算所需数据	需要大量直接的碳排放清单数据	除直接数据外,各类碳排放的缺省值为计算提供方便	LCA 的清单数据较为复杂,CDM 方法数据估算较为简单
生物质能转化利用过程计算模型合理性	整体生命周期考虑在内,计算较为全面合理	只计算生物质转化利用本身碳排放,在全生命周期过程上有遗漏	LCA 可为 CDM 方法学提供缺省值及对现有缺省值进行修正和完善
对环境综合影响评价	提供多项指标进行评价,如生态毒性、富营养化等	仅碳排放	LCA 优势较为明显,可综合评价

11.1.1.1　项目边界及排放源

农村可再生能源技术温室气体减排量需明确评价边界范围,分析全生命周期内的温室气体排放源。以供热锅炉使用生物质废弃物替代化石燃料为例,详见表 11-2。

计算范围包括以下几个阶段。

①原料运输阶段:原料运输至能源产品转化工厂;

②产品生产阶段:指在可再生能源产品工厂所进行的生产作业;

③产品运输和储存阶段:可再生能源产品运输至混配站或者销售点储存;

④产品应用阶段:可再生能源产品使用过程。

项目排放源包括以下几个方面。

①化石燃料和电力消耗产生的 CO_2 排放。包括用于生物质废弃物现场运输或预处理的化石燃料或电力消耗产生的 CO_2 排放,例如粉碎机或其他加工设备的运行,但不包括供热设备中混燃的化石燃料的 CO_2 排放;

②把生物质废弃物从其他地方运输至项目现场所产生的 CO_2 排放。

为了确定基准线，须将被生物质废弃物替代的化石燃料供热所产生的 CO_2 排放核算在内。

表 11-2　项目边界内排放源和温室气体汇总及说明（以生物质燃烧供热为例）

来源	气体	是否包括	理由/解释
化石燃料供热（基准线）	CO_2	是	主要排放源
	CH_4	否	因简化而排除。这是保守的
	N_2O	否	因简化而排除。这是保守的
可再生能源转化过程化石燃料及电力消耗	CO_2	是	主要排放源
	CH_4	否	因简化而排除。该排放源被认为是非常小
	N_2O	否	因简化而排除。该排放源被认为是非常小
生物质场外收储运	CO_2	是	主要排放源
	CH_4	否	因简化而排除。该排放源被认为是非常小
	N_2O	否	因简化而排除。该排放源被认为是非常小
生物质供热	CO_2	否	假定多余的生物质废弃物的 CO_2 排放不会导致土地利用、土地利用变化和林业部门碳库的变化
	CH_4	取决于项目选择	如果项目参与方决定在基准线情景下包括因生物质废弃物的无控燃烧或腐烂所产生的 CH_4 排放，那么就必须包括此排放源
	N_2O	否	因简化而排除。该排放源被认为是非常小
生物质堆放	CO_2	否	假定多余的生物质废弃物的 CO_2 排放不会导致土地利用、土地利用变化和林业部门碳库的变化
	CH_4	否	因简化而排除。由于生物质废弃物存储时间不超过一年，该排放源被认为是非常小
	N_2O	否	因简化而排除。该排放源被认为是非常小

11.1.1.2　温室气体减排核算

农村可再生能源减排按照替代化石能源并扣除在可再生能源转化利用过程中消耗能源的排放量，通过基准线排放、可再生能源利用过程排放进行核算，见式（11-1）、（11-2）和（11-3）。其中，基准线排放考虑在没有可再生能源使用情况下的化石燃料温室气体排放，以及秸秆等农业废弃物被闲置丢弃的无控状态下的温室气体排放；农村可再生能源转化利用过程排放应考虑农业农村废弃物从收储运输、能源转化及能源使用全过程的化石能源、电力、化学品，以及设施设备等消耗产生的温室气体排放。

（1）温室气体减排量核算

$$GF = CF - HF + CH \tag{11-1}$$

式中：

GF ——农业生物质能温室气体减排量；

CF ——替代化石能源温室气体减排量；

HF ——农业生物质能加工转化与利用过程温室气体排放量；

CH ——副产物还田碳汇减排量。

（2）废弃物转化与利用过程温室气体排放

主要包括 CO_2、CH_4、N_2O 3 类排放源，CO_2 当量为 3 类温室气体排放量与增温潜力系数乘积之和。

$$HF = \sum[HE_i \times \lambda_j \times (W_{jCO_2} + GWP_{CH_4} \times W_{jCH_4} + GWP_{N_2O} \times W_{jN_2O})] \qquad (11\text{-}2)$$

式中：

HE_i ——第 i 类二次能源（含电力）或化学品生产所消耗的能源量；

λ_j ——二次能源（含电力）或化学品生产第 j 类能源消耗占总能源消耗的比例；

W_{jCO_2} ——第 j 类能源 CO_2 排放系数；

W_{jCH_4} ——第 j 类能源 CH_4 排放系数；

W_{jN_2O} ——第 j 类能源 N_2O 排放系数；

i ——生物质废弃物从收储运输、能源转化及能源使用全过程的能源或化学品的类型；

j ——各类物质消耗的能源类型。

（3）副产物还田碳汇

$$CH = \sum(C_{org,k} \times \eta_k) \times 44/12 \qquad (11\text{-}3)$$

式中：

$C_{org,k}$ ——第 k 类副产物的总有机碳含量；

η_k ——第 k 类副产物的有机碳固定在土壤中的比例；

44/12——CO_2 分子式 / C 元素分子式。

（4）农村可再生能源共生产品核算

将过程或产品系统中的输入和输出流划分到所研究的产品系统以及 1 个或更多的其他产品系统中。在可再生能源生命周期温室气体排放核算中，需要根据一定的分配方法将生命周期单元过程的物质流、能量流以及相应的温室气体排放分配到副产品中。常用的副产品分配方法包括质量分配法、能量分配法、市场价值分配法和替代法等，如表 11-3 所示。本研究采用能量分配法测算。

表 11-3　可再生能源共生产品分配方法的比较

分配方法	定义	缺点
质量分配法	根据质量在可再生能源产品及其共生产品之间进行分配	当共生产品的产量较高时，会导致共生产品分配较高的温室气体排放量。如在生产燃料丁醇的过程中，共生产品丙酮占丁醇产量的 50% 以上
能量分配法	基于能量含量对可再生能源产品和共生产品之间进行分配	对于非燃料产品，较难进行量化分配。例如食物，其能量通常用于表征其营养价值，与燃料热值有一定差别
市场价值分配法	利用可再生能源产品及其共生产品的相对市场价值进行分配	会受市场价格波动的影响
替代法	根据与共生产品功能相当的替代产品全生命周期的化石能耗来进行分配	替代法具有不确定性和复杂性，共生产品的利用方式不同，共生产品所替代的产品也会不同

11.1.2　温室气体减排系数

本研究基于全生命周期方法，核算农村可再生能源的温室气体减排系数。生物质废弃物燃烧过程 CO_2 的排放与生物质生长过程所吸收的 CO_2 相抵消，生物质能在燃烧利用过程中产生的 CO_2 不计入温室气体排放中。农业生物质能的温室气体源主要包括农业废弃物能源转化与利用过程所消耗外部能源的排放、抵扣化石能源减排、副产物土壤碳汇等 3 个部分。排放源主要考虑从农业废弃物原料收储、加工转化到能源产品终端应用，以及副产物利用等全链条外部能源消耗产生的温室气体排放；替代化石能源主要考虑替代煤炭等化石能源的温室气体排放；副产物土壤碳汇主要是炭气联产、沼气等技术的副产物（如生物炭、沼渣沼液）还田产生的有机碳固碳碳汇。太阳能热水器核算范围主要考虑替代煤炭等化石能源温室气体排放。

替代化石能源采用抵扣煤炭（折合标准煤）的热量计算，基于原煤的 CO_2 排放因子测算，单位热值含碳量为 26.37t/TJ，碳氧化率为 0.94。基于《2006 年 IPCC 国家温室气体清单指南》，参考《中国发电企业温室气体排放测算方法与报告指南（试行）》中煤炭排放因子的相关测算方法，原煤的 CO_2 排放系数为 90.89gCO_2/MJ，CH_4 和 N_2O 排放量较小，忽略不计；1tce 单位热量为 29 307.6MJ，折合 2.663 7tCO_2e/tce 排放。

农业生物质能利用技术主要包括成型燃料、捆烧供暖、户用沼气、规模化沼气 / 生物天然气、热解气化或炭化、生物质发电等。相关文献已分析不同技术温室气体排放量，但由于核算边界不统一、输入排放参数不一致等，导致其能源转化与利用过程的排放量差别较大。为统一核算数据，基于全生命周期评价方法，采用前期研究建立的评价模型，评价不同生物质能利用技术的温室气体排放量。生物质能源加工转化与利用过程考虑了从农业废弃物的收储运、能源加工转化和利用，以及副产物堆肥还田全生命周期阶段直接使用的能源（煤炭、石油、电力等）开采与生产过程的温室气体排放。研究未考虑土地利用变化、作物种植、畜牧养殖过程的能耗、能源转化及利用的厂房建设与设备加工制造的能耗、供暖供气管网和用户用能设施加工及安装的能耗，以及用户使用损失的能量。基于2019年已有规模和技术水平测算，不同技术的温室气体排放因子有差异，成型燃料、捆烧供暖、炭化燃料、生物质发电、沼气/生物天然气、热解炭气联产技术的能源转化与利用过程的温室气体排放量分别为 $6.19gCO_2e/MJ$、$2.86gCO_2e/MJ$、$8.52gCO_2e/MJ$、$2.98gCO_2e/MJ$、$9.49gCO_2e/MJ$ 和 $10.0gCO_2e/MJ$。此外，由于规模化沼气/生物天然气和热解炭气联产的副产物沼渣沼液、生物炭具有还田固碳能力，2项技术的温室气体减排潜力相比其他技术优势明显。太阳能热水器运行能耗较低，忽略不计。不同类别的农业可再生能源技术温室气体排放因子详见表11-4。

表 11-4　农村可再生能源技术的温室气体排放因子

技术类别	能源产品的低位发热量	能源转化与利用过程的温室气体排放量 / (gCO_2e/MJ)	替代化石能源	土壤碳汇 / (gCO_2e/MJ)	温室气体排放因子 / (tCO_2e/tce)
成型燃料	14.6MJ/kg	6.19	0.45kgce/kg	—	-2.57
打捆供暖	12.6MJ/kg	2.86	0.35kgce/kg	—	-2.63
户用沼气	21.0MJ/m³	34.0	0.714kgce/m³	—	-1.95
规模化沼气/生物天然气	21.0MJ/m³	9.49	0.714kgce/m³	16.07	-3.20
热解气化	18.0MJ/m³	10.0	0.621kgce/m³	55.03	-3.47
炭化	21.0MJ/kg	8.52	0.714kgce/kg	—	-2.48
生物质发电	3.6MJ/kWh	2.98	0.1229kgce/kWh	—	-2.58
太阳能热水器	—	—	—	—	-2.66

11.2 农村可再生能源减排现状

11.2.1 农村用能需求预测

随着城镇化建设的不断推进和经济的快速发展，农村人口总量逐年降低，农村居民生活能源消费总量逐年升高，现阶段农村能源供应呈现多元化，清洁能源普及率稳步上升，供电质量显著提高，主要家用电器广泛普及，农村居民人均生活能源消费量呈现增加趋势。《中国能源统计年鉴》显示，2010—2019 年，我国农村居民生活能源消费总量由 1.52×10^8 tce 上升至 2.45×10^8 tce，如表 11-5 所示。我国农村常住人口总数逐年降低，2019 年农村总人口 5.5 亿人，人均生活能源消费量折合标准煤为 **444kgce**。农村生活用能结构以煤炭和生物质能为主，两者之和占比接近 **70%**，电力占为 **26.5%**，如图 11-1 所示。各能源类型占比由大到小依次是煤炭、生物质能、电力等，燃油、燃气、沼气和太阳能消费比例较低。

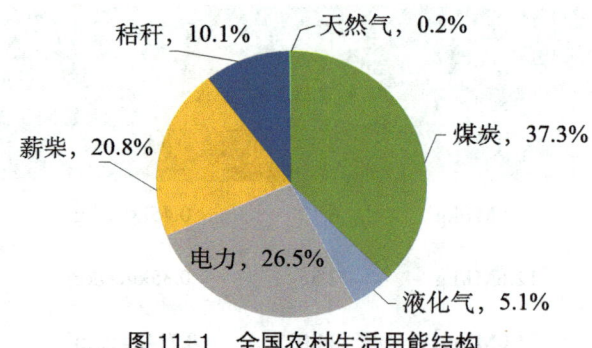

图 11-1　全国农村生活用能结构

根据第七次全国人口普查结果，2020 年我国总人口 14.12 亿，常住人口城镇化率为 63.89%。中国社会科学院城市发展与环境研究所和社会科学文献出版社共同发布的《城市蓝皮书：中国城市发展报告 No.12》预测，2030 年我国常住人口城镇化率约为 70%，2050 年约为 80%。2030 年我国人口约为 14.38 亿人，2050 年约为 13.61 亿人；由此计算出 2030 年、2050 农村人口约为 4.31 亿和 2.72 亿人。到 2060 年我国人口约为 13 亿人，城镇化率将达到发达国家同等水平，以美国城镇化率 82.7% 计，到 2060 年我国农村人口约为 2.25 亿人。

基于 2010—2019 年农村生活能源消费数据预测，2030 年和 2060 年农村居民人均能耗分别为 518.51kgce 和 567.58kgce，仍低于欧盟 28 国人均生活能源的 776.83kgce（2018年数据），农村居民生活能源消费总量分别为 2.28×10^8 tce 和 1.28×10^8 tce。

表 11-5　农村生活能源消费量

年份	农村居民生活能源消费总量 / tce	农村人口总数 / （$\times 10^4$ 人）	农村居民人均生活能源消费总量 / kgce
2010	1.52×10^8	67 113	227
2011	1.69×10^8	65 656	257
2012	1.80×10^8	64 222	280
2013	1.96×10^8	62 961	311
2014	2.01×10^8	61 866	325
2015	2.15×10^8	60 346	356
2016	2.31×10^8	58 973	392
2017	2.40×10^8	57 661	417
2018	2.45×10^8	56 401	434
2019	2.45×10^8	55 162	444

11.2.2　温室气体减排贡献

农村可再生能源主要以生物质能和太阳能利用为主，主要包括成型燃料、打捆供暖、沼气、热解气化、炭化、生物质发电、太阳能热水器等，利用现状见表 11-6。农业生物质能规模现状如图 11-2 所示。自 2012 年以来，农村可再生能源消费利用规模总量呈现缓慢增加趋势，折合标煤量从 2012 年的 $2\,551 \times 10^4$ tce 增加到 2019 年的 $3\,001 \times 10^4$ tce，增加比例约 17.6%。

与 2019 年相比，2012 年农村可再生能源总量增加幅度虽不大，但能源结构发生了较大变化，从农村户用向规模化应用转变，户用数量显著减少，规模化应用逐渐增加。大型规模化沼气/生物天然气、生物质发电和成型燃料规模显著增长，户用沼气、中小型沼气工程，以及传统热解气化工程逐渐减少。规模化沼气/生物天然气使用量占农业生物质能源的比例，从 2012 年的 4.6% 增加到 2019 年的 7.5%，生物质成型燃料能源占比从 6.7% 增加到 17.8%，生物质发电能源占比从 3.7% 增加到 10.2%。秸秆炭化等技术应用规模略有增加；而户用沼气能源占比从 43.6% 降低到 16.0%。此外，中国农村地区仍有大量秸秆直接作为家庭生活能源使用，是传统的农村能源利用方式之一。

表 11-6 农业生物质能消费利用现状

技术类别/单位	2015 年	2017 年	2019 年
成型燃料/($\times 10^4$t)	493.49	573.89	1 095
打捆供暖/($\times 10^4$t)	0	0.1	0.2
户用沼气/($\times 10^8 m^3$)	123.4	97.6	33.8
规模化沼气/生物天然气/($\times 10^8 m^3$)	22.5	23.7	96.2
热解气化/($\times 10^4 m^3$)	12.34	7.68	15.36
炭化/($\times 10^4$t)	16.28	30	34
生物质发电/($\times 10^8$kWh)	133.8	198.7	230.9
太阳能热水器/($\times 10^4 m^2$)	8 233	8 723.5	8 476.7

注：1. 成型燃料、生物质发电的产业规模仅以秸秆等农业废弃物为原料，不含林业剩余物为原料规模；规模化沼气/生物天然气按沼气量计，$1m^3$ 生物天然气折合 $1.69m^3$ 沼气；下同。

2. 成型燃料、打捆供暖、规模化沼气/生物天然气、炭化燃料数据来源于农业农村部门全国农村可再生能源统计，生物质发电数据来源于国家能源部门公开报道数据。

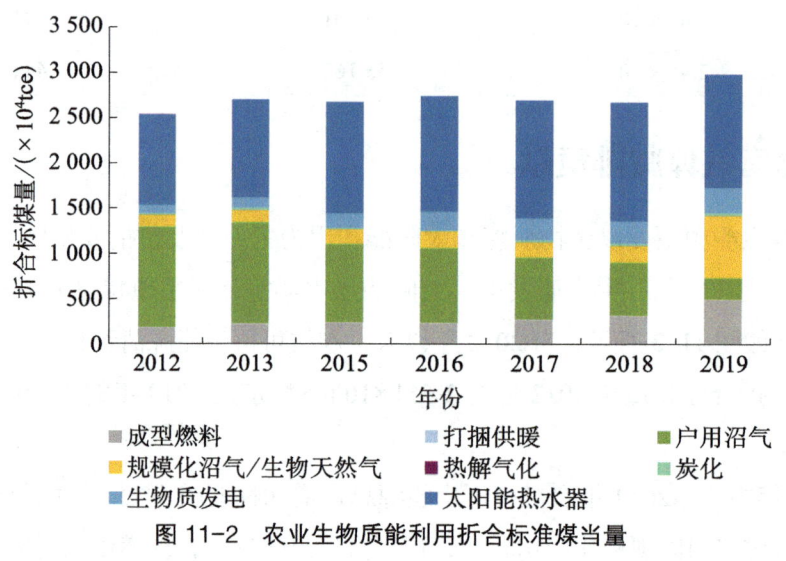

图 11-2 农业生物质能利用折合标准煤当量

生物质成型燃料技术稳步发展，自 2007 年建设第一个自动化秸秆成型燃料示范工程以来，河南、山东、辽宁、黑龙江、吉林、安徽、河北、广东等地推广建立多处生产基地，秸秆成型燃料产量显著增长，产量从 2010 年的 300×10^4t 提高到 2019 年的 $1\ 095.19 \times 10^4$t。截至 2019 年底，我国秸秆成型燃料加工点共 2 360 处，主要用于中小型锅炉供热、发电和村镇炊事取暖用能等。近年来秸秆捆烧直燃供暖技术应用逐渐增加，截至 2019 年，已经在辽宁、黑龙江、河北、山西、吉林等省份建成秸秆打捆直燃供暖试点 178 处，供暖户数 7.89×10^4 户，供暖面积 $701.95 \times 10^4 m^2$，为乡镇机关单位、农村社区、学校、相关企业等实现集中供暖。

沼气技术不断进步，2019年，全国户用沼气池数量3 380.27×10⁴户；沼气工程10.265×10⁴处，总池容2 197.81×10⁴m³，供气户数917.21×10⁴户，装机容量341 476.8kW。其中，生物天然气工程44处，总池容104.67×10⁴m³，年产生物天然气19 649.44×10⁴m³，进入管网2 894.14×10⁴m³，进入加气站5 755×10⁴m³。农村沼气工程主要以小型项目为主，且多以农村户用或小规模集中供气等非赢利模式运行，大型沼气工程所占比例较小，单项池容在1 000m³以上的畜禽养殖场沼气工程仅占全国规模化沼气工程总量的5%左右。

生物质热解气化技术始于20世纪80年代初期，近年来技术水平不断提升并逐渐显现出优势，热解气热值比传统气化燃气高4~5倍，固态生物生物炭还可以还田固碳、改善土壤质量。2019年，全国热解气化集中供气工程376处，运行数量196处，供气户数1.85×10⁴户；热解炭化工程91处，年产生物炭34.28×10⁴t。

生物质发电以直燃发电为主，主要包括农林生物质发电、垃圾焚烧发电和沼气发电。2019年，我国农林生物质发电装机容量为1 107×10⁴kW，占发电装机总容量的46%。农林生物质发电量约占生物质发电总量的38.5%，农林生物质发电原料中秸秆等农业废弃物约占一半。

太阳能热水器使用量逐年增加，从2012年的39.5%增加到2019年的45.8%。2019年农村太阳能用量为8 476.65×10⁴m²，如图11-3所示。

2019年农村可再生能源的温室气体减排量为8 109.8×10⁴tCO₂e，与2012年相比增加2 083.7×10⁴tCO₂e，增加了34.6%。其中，成型燃料、生物质能发电、规模化沼气/生物天然气、户用沼气和太阳能热水器减排量分别为1 266.37×10⁴tCO₂e、732.2×10⁴tCO₂e、2 198.0×10⁴tCO₂e、470.6×10⁴tCO₂e和3 382.2×10⁴tCO₂e，分别占总温室气体减排量的15.6%、9.0%、27.1%、5.8%和41.7%，如图11-4所示。

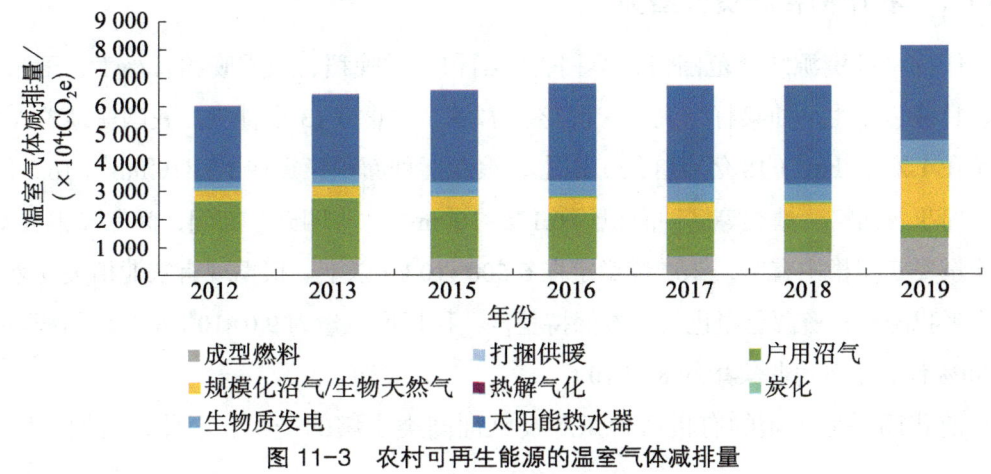

图11-3　农村可再生能源的温室气体减排量

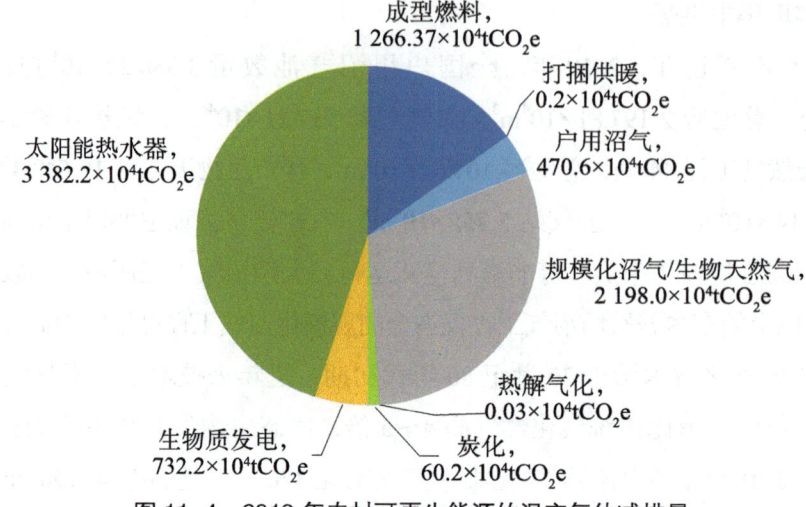

图 11-4 2019 年农村可再生能源的温室气体减排量

11.3 农村可再生能源利用预测

11.3.1 农作物秸秆及畜禽粪污资源潜力

农村可再生能源主要是将农业废弃物和太阳能光热资源转化为生物质能和太阳能，农业废弃物资源主要包括农作物秸秆、畜禽粪污、蔬菜废弃物、果树剪枝、农业加工剩余物等，本研究重点针对农村资源量较大的农作物秸秆、畜禽粪污两类农业生物质能资源，分析其可能源化利用的资源潜力。

11.3.1.1 农作物秸秆资源潜力

农作物秸秆资源统计范围包含早稻、中稻和一季晚稻、双季晚稻、小麦、玉米、马铃薯、甘薯、花生、油菜籽、大豆、棉花、木薯、甘蔗等 13 个种类。我国耕地总面积基本稳定在 $1.2×10^8 hm^2$（18 亿亩红线）以上，粮食播种面积稳定在 $1.1×10^8 hm^2$（16.5 亿亩）以上，棉花、油料、糖类等播种面积约 $0.178×10^8 hm^2$。"十四五"期间，为保障粮食安全，粮食产量要实现稳中有增，年产量稳定在 $6 500×10^8 kg$ 以上。根据现有农业相关规划和政策，未来我国秸秆资源总量也将基本保持稳定，秸秆产生量为 $9.0×10^8 t$ 左右。秸秆可收集率按 90% 计，秸秆可收集量约 $8.1×10^8 t$。

目前我国耕地土壤的有机质含量不及欧洲同类土壤的一半。因此，增加土壤有机质含量,提高土壤质量对于保持我国农业可持续生产,增加农作物单位产量具有十分重要的意义。农作物秸秆还田具有改良土壤、培肥地力、蓄水保墒、调节地温、抑制杂草生长的作用,能够取得较好的增产效果。此外,秸秆还田还能改善作物生长的农田生态环境。为保证粮食稳产增产,保障耕地土壤肥力,我国不同区域应保证适宜数量的秸秆还田。现有研究表明,综合考虑水稻产量和氮吸收利用效率,发现在辽宁省中晚熟荒漠土、滨海盐土和棕壤土稻区,秸秆还田量以 50%、50% 和 70% 较为适宜。在秦岭-淮河一线南北地区秸秆还田的最佳条件为实行免耕与翻耕交替耕作方式,采用玉米秸秆半量还田(还田比例为秸秆产生量的 50% 计)方法可满足作物需求。据专家研究表明,在土壤有机质含量仅为 1%、年矿化率 2%、腐殖化系数 20% 的情况下,每年需给土壤补充干秸秆 3 750~7 500kg/hm^2,可维持和逐步提高土壤有机质平衡。不同地区秸秆的还田比例占秸秆产生量的 50%~70% 较为适宜,不同作物、不同土壤类型的秸秆还田量有一定差异,根据不同区域还田需求进行测算,不同地区的秸秆适宜还田量分别为华北区 500kg/亩、长江中下游区 436kg/亩、东北区 410kg/亩、西北区 400kg/亩、华南区 315kg/亩、西南区 230kg/亩。因此,预计全国秸秆肥料化利用总量不低于 $4.9×10^8$t。

不同区域秸秆饲料化利用差异也很大,西北区秸秆饲料化比例最高,约占秸秆可收集资源量的 33.6%;东北和西南区秸秆饲料化利用占比分别为 21.7% 和 20.5%;华北、华南和长江中下游区秸秆饲料化利用占比分别为 8.7%、8.0% 和 7.6%。预计"十四五"期间,随着肉蛋奶等消费需求的增加,秸秆饲料化利用量仍将持续增加,基于中国农业科学院农业经济与发展研究所与国际食物政策研究所(IFPRI)共同开发的中国农业产业模型(China Agriculture Sector Model,CASM)预测的草食畜产品增长率,按照等比例增长方式进行测算,预计秸秆饲料化利用量约为 $1.4×10^8$t。

近年来,全国秸秆集中供暖等规模化能源利用量逐渐增加,直接作为户用薪柴使用量逐年降低,在满足肥料、饲料农用需求基础上,基料化和原料化稳定不变情况下,基于不同区域的经济发展水平和用能习惯,以及现有秸秆能源化技术成熟度和应用规模增长情况预测,秸秆能源化利用潜力总量约 $1.2×10^8$t。

11.3.1.2 畜禽粪污资源潜力

根据第二次全国污染普查获得的产排污系数测算,2015 年我国主要畜禽的畜禽粪尿产生量约为 $17.1×10^8$t,其中生猪、奶牛、肉牛、蛋鸡、肉鸡和羊的粪尿产生量分别为 $6.32×10^8$t、$1.84×10^8$t、$4.90×10^8$t、$0.91×10^8$t、$1.77×10^8$t 和 $1.36×10^8$t。

基于中国农业产业模型(CASM)预测畜禽农产品增长率变化,中国畜产品总产量在 2020—2060 年呈增加趋势。2020—2060 年，猪肉年均产量增长 0.9%，牛肉、羊肉和禽肉年均增长率为 1.1%，禽蛋、奶和水产品年均增长率分别为 0.5%、1.5% 和 0.7%，据此预测，我国畜禽粪污资源量到 2025 年可达 $17.91×10^8$ t，2030 年为 $18.94×10^8$ t，2060 年为 $22.16×10^8$ t。

2015—2019 年，我国畜禽粪污利用率从 60% 增加到 75%，能源化利用量为 $4\,000×10^4$~$5\,000×10^4$ t。根据《国务院办公厅关于促进畜牧业高质量发展的意见》（国办发〔2020〕31号）发展目标，到 2025 年畜禽粪污利用率将超过 80%。基于畜禽养殖规模、农业面源污染防治、种养循环利用及生物天然气发展等相关政策措施预测，到 2025 年，畜禽粪污能源化利用量约为 $1.1×10^8$ t，约占总资源量的 6.1%；到 2030 年，畜禽粪污能源化利用量 $2.12×10^8$ t，约占总资源量的 11.2%；到 2060 年，畜禽粪污能源化利用量为 $3.27×10^8$ t，约占总资源量的 15.3%。

农业废弃物能源化利用量变化如图 11-5 所示。

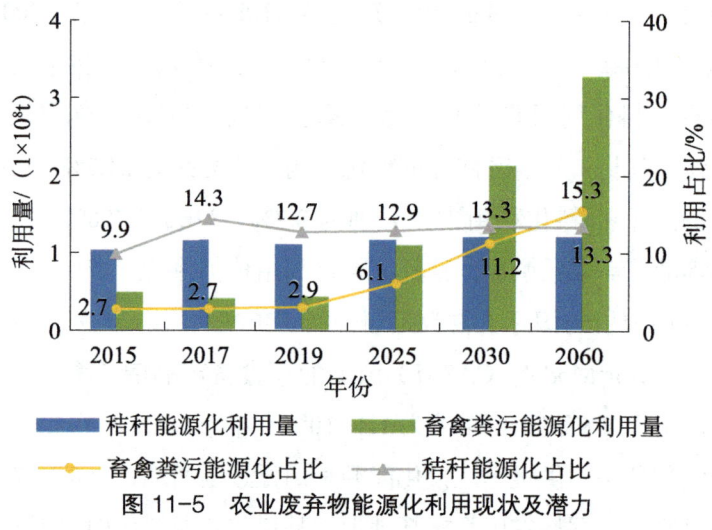

图 11-5　农业废弃物能源化利用现状及潜力

11.3.2　农村可再生能源利用技术预测

考虑政策导向、技术提升和能源需求变化等的影响，本研究以固碳减排为目标，设置了 3 个情景对农村可再生能源技术进行预测。

情景一：基于现有政策及规划情景，即基线情景。基于农业废弃物资源现状与潜力，以及 2015—2019 年农村可再生能源增速及有关政策及规划，分析预测未来农村可再生能源的规模潜力，生物质能技术规模增加到农业废弃物能源化利用潜力的最大值，且后续年份保持规模稳定。

情景二：基于技术水平提升。在 2015—2019 年农村可再生能源增速及有关政策和规划基础上，各类生物质能技术水平也将提升，随着生物质能规模化利用，成型燃料/打捆供暖的能源转化效率将进一步提升，沼气/生物天然气将从低浓度厌氧发酵向高浓度或干法发酵转变，生物质发电将从发电向热电联产转变，热解气化将从传统低值气化向炭气联产转变。太阳能热水器技术目前已达到标准化应用，因此假设能量转换率稳定不变。研究假设农业废弃物从原料收储、能源加工转化与应用全链条的净能量转化率到 2025 年可提升 3%~6%，到 2030 年可提升 5%~10%，到 2060 年可提升 10%~20%。

情景三：基于技术水平提升及能源需求结构变化。考虑了生物质能技术水平提升，同时基于不同生物质能技术成熟度，考虑了在碳达峰碳中和目标下未来能源结构的需求，生物质能技术仍然呈现多元化发展，在非电领域应用将进一步增强，将从传统的固体燃料向清洁燃气和液体燃料转变。

11.3.2.1　情景一：基线情景

情景一基于 2015—2019 年农村可再生能源增速及现有政策或规划进行预测。成型燃料、打捆直燃供暖，以及直燃发电技术目前已得到规模化应用，基于秸秆综合利用及生物质发电项目运行方案等现行相关激励政策，按照到 2028 年可实现秸秆清洁能源化利用量达 1.2×10^8 t 进行预测，预计到 2025 年成型燃料和打捆直燃供暖用量将达到 $1\,501 \times 10^4$ t，农业生物质发电量将达到 541.5×10^8 kWh；基于秸秆资源量限制，到 2030 年成型燃料和打捆直燃供暖规模将达到 $1\,810 \times 10^4$ t 左右，农业生物质发电将达到 600×10^8 kWh 左右。

沼气技术正在逐步向生物天然气、沼气发电等大型工程及特大型沼气工程应用转变，户用沼气使用量持续下降，户用沼气量逐步萎缩，年均减少 18.2%，根据我国不同区域气候特征、养殖习惯、户用沼气适宜性及使用寿命，全国户用沼气将呈显著下降趋势，西南地区户用沼气仍有一定存量，其他地区户用沼气量将进一步下降，预计到 2025 年沼气产量将减少到 17×10^8 m³，到 2030 年将减少到 6×10^8 m³。根据《关于促进生物天然气产业化发展的指导意见》（发改能源规〔2019〕1895 号）规划，到 2025 年生物天然气产量将达到 100×10^8 m³，到 2030 年将达到 200×10^8 m³。基于沼气发电上网标杆电价和上网电量全额保障性收购政策下，沼气发电年均增长速度为 72.6%，根据该增长速度测算，到 2025 年沼气量将达到 143×10^8 m³，到 2030 年将达到 286×10^8 m³。根据现有规模预测，未来大型沼气工程年均增长比例约 5%。本研究基于上述依据进行预测，采用沼气量测算，预计到 2025 年沼气产量将达到 332×10^8 m³，到 2030 年将达到 650×10^8 m³。

热解气化和炭化技术正在逐渐从单项产品技术转向炭气联产技术，转化效率和产品质量得到显著提升，出台了《关于开展秸秆气化清洁能源利用工程建设的指导意见》，产业规模正在逐步扩大。2019 年热解气化工程产气量约 $15.36\times10^4m^3$，比 2015 年增加约 15%，年均增速约 6.1%，根据该增长速度测算，预计到 2025 年热解气产量将达到 $22\times10^4m^3$，到 2030 年将达到 $30\times10^4m^3$。

2019 年农村太阳能热水器保有量为 $4\ 703.86\times10^4$ 台（农村人口 5.52 亿人，折合每 11.73 人拥有 1 台热水器），集热器面积 $8\ 476.7m^2$，比 2012 年增加 925×10^4 台，年均增加 132.1×10^4 台，年均增长率为 3.5%。到 2030 年，预计我国的城镇化率将达 70%，农村人口 4.21 亿人，农村地区对太阳能热水器的需求量仍然较大。预计到 2030 年，太阳能集热器面积将达到 $11\ 740\times10^4m^2$。

根据农业废弃物资源情况，假设 2060 年农业废弃物资源基本实现全量利用。假设成型燃料/打捆供暖规模不变，其他技术类别基于 2030 年规模按线性比例增加，直至农业废弃物能源化利用达到预测量。以秸秆为原料的生物质能利用量将保持在 1.2×10^8t 左右；以畜禽粪污为原料的生物质能增长率约 54%，畜禽粪污能源化利用量将从 2030 年的 2.12×10^8t 增加到 3.27×10^8t。成型燃料/打捆供暖规模约 $1\ 800\times10^4t$，沼气/生物天然气规模将增加到 $1\ 000\times10^8m^3$，热解气化/炭气联产生产热解气将达到 $35\times10^4m^3$，生物质发电量将达到 690×10^8kWh。随着城镇化率提高，农村人口减少，2030—2060 年太阳能热水器数量将不再增加，假设集热器面积将稳定在 $9\ 196\times10^8m^2$。

2025 年、2030 年、2060 年农村可再生能源发展情况预测见表 11-7。

表 11-7　农村可再生能源规模预测（情景一：基线情景）

技术类别	2015 年	2025 年	2030 年	2060 年
成型燃料/（$\times10^4t$）	493.5	1 500	1 800	1 800
打捆供暖/（$\times10^4t$）	0.0	1	10	10
户用沼气/（$\times10^8m^3$）	123.4	17	6	0
沼气/生物天然气/（$\times10^8m^3$）	22.5	332	650	1 000
秸秆热解气化/（$\times10^4m^3$）	12.3	22	30	35
炭化燃料/（$\times10^4t$）	16.3	0	0	0
生物质发电/（$\times10^8kWh$）	133.8	541.5	600	690
太阳能热水器/（$\times10^4m^2$）	8 233	8 863	9 196	9 196

情景一替代化石能源潜力预测：2025 年为 0.53×10^8tce，2030 年为 0.78×10^8tce，2060 年为 1.03×10^8tce；比 2015 年分别增加 0.36×10^8tce、0.51×10^8tce 和 0.76×10^8tce。

农村可再生能源的温室气体减排潜力预测：2025 年为 1.53×10^8tCO_2e，2030 年为

$2.31×10^8tCO_2e$，2060 年为 $3.13×10^8tCO_2e$；减排量比 2015 年基线分别增加 $0.87×10^8tCO_2e$、$1.63×10^8tCO_2e$、$2.31×10^8tCO_2e$。

11.3.2.2 情景二：技术水平提升情景

情景二基于情景一的技术水平提升情景下，通过提升秸秆、粪污等原料的存储过程质量、减少收储过程能耗、提升能源加工转化及利用效率等途径，生物质能的净能量转化率将不断增加，基于现有技术水平及前沿技术进展，设定了不同技术的净能量转化率增量，详见表 11-8。情景二替代化石能源潜力预测：2025 年、2030 年和 2060 年农村可再生能源替代化石能源潜力分别为 $0.54×10^8tce$、$0.82×10^8tce$ 和 $1.18×10^8tce$；比 2015 年分别增加 $0.27×10^8tce$、$0.56×10^8tce$ 和 $0.92×10^8tce$。

表 11-8 农业生物质能技术净能量转化率增量

技术类别	现状		能量转化率增量		
	原料用量	能量转化率	2025 年	2030 年	2060 年
成型燃料	1.1kg/kg	78.0%	3%	5%	10%
打捆供暖	1.1kg/kg	67.4%	6%	10%	15%
户用沼气	2.34kg/m³	25.0%	—	—	—
规模化沼气/生物天然气	3.45kg/m³	35.8%	6%	10%	20%
热解气化	3.33kg/m³	31.8%	6%	10%	15%
生物质发电	1.23kg/kWh	17.2%	3%	5%	10%

情景二农村可再生能源的温室气体减排潜力预测（表 11-9）：2025 年为 $1.55×10^8tCO_2e$，2030 年为 $2.45×10^8tCO_2e$，2060 年为 $3.60×10^8tCO_2e$；减排量比 2015 年基线分别增加 $0.89×10^8tCO_2e$、$1.77×10^8tCO_2e$、$2.79×10^8tCO_2e$。

表 11-9 农村可再生能源规模预测（情景二）

技术类别	2015 年	2025 年	2030 年	2060 年
成型燃料/($×10^4$t)	493.5	695.25	850.50	891.00
打捆供暖/($×10^4$t)	0.0	0.37	3.82	4.00
户用沼气/($×10^8$m³)	123.4	121.38	42.84	0.00
沼气/生物天然气/($×10^8$m³)	22.5	2 512.71	5 105.10	8 568.00
秸秆热解气化/($×10^4$m³)	12.3	0.01	0.02	0.02
炭化燃料/($×10^4$t)	16.3	0.00	0.00	0.00
生物质发电/($×10^8$kWh)	133.8	685.47	774.27	932.81
太阳能热水器/($×10^4$m²)	8 233	1 369.33	1 448.37	1 448.37

11.3.2.3 情景三：技术水平提升及能源结构优化

情景三基于情景二生物质能技术水平提升、能源结构变化情景下，结合"双碳"目标，预测生物质能将逐步向气体燃料、液体燃料转化应用，如表 11-10、图 11-6。情景三替代化石能源潜力预测：2025 年、2030 年和 2060 年农村可再生能源替代化石能源潜力分别为 0.55×10^8tce、0.89×10^8tce 和 1.19×10^8tce；比 2015 年分别增加 0.29×10^8tce、0.62×10^8tce、0.92×10^8tce。

情景三农村可再生能源利用的温室气体减排潜力预测：2025 年为 1.59×10^8tCO$_2$e，2030 年为 2.69×10^8tCO$_2$e，2060 年为 3.64×10^8tCO$_2$e；减排量比 2015 年基线分别增加 0.94×10^8tCO$_2$e、2.00×10^8tCO$_2$e、2.83×10^8tCO$_2$e。

表 11-10 农村可再生能源规模预测（情景三）

技术类别	2015 年	2025 年	2030 年	2060 年
成型燃料/($\times10^4$t)	493.5	695.25	692.55	287.10
打捆供暖/($\times10^4$t)	0.0	0.37	3.82	4.00
户用沼气/($\times10^8$m^3)	123.4	121.38	42.84	0.00
沼气/生物天然气/($\times10^8$m^3)	22.5	2 655.51	5 926.20	9 182.04
秸秆热解气化/($\times10^4$m^3)	12.3	0.01	0.37	0.74
炭化燃料/($\times10^4$t)	16.3	0.00	0.00	0.00
生物质发电/($\times10^8$kWh)	133.8	685.47	774.27	932.81
太阳能热水器/($\times10^4$m^2)	8 233	1 369.33	1 448.37	1 448.37

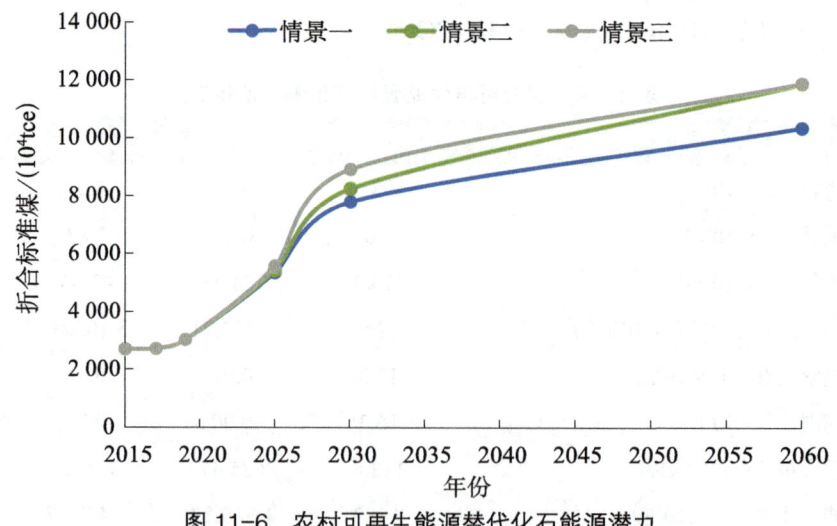

图 11-6 农村可再生能源替代化石能源潜力

11.3.3 综合评价分析

2019年，全国农村居民生活能源消费总量 $2.45×10^8$ tce，其中，农村可再生能源利用量约为 $0.30×10^8$ tce，约占农村居民生活能源消费总量的12.2%，替代化石能源减排温室气体总量为 $0.81×10^8$ tCO_2e。预计到2030年全国农村居民生活能源消费总量为 $2.28×10^8$ tce，其中，农村可再生能源量为 $(0.78\sim0.89)×10^8$ tce，约占农村居民生活能源消费总量的34%~39%，替代化石能源减排温室气体总量为 $(2.31\sim2.67)×10^8$ tCO_2e。到2060年全国农村居民生活能源消费总量为 $1.28×10^8$ tce，其中，农村可再生能源利用量为 $(1.03\sim1.19)×10^8$ tce，占农村居民生活能源消费总量的80%~93%，替代化石能源减排温室气体总量为 $(3.13\sim3.64)×10^8$ tCO_2e。

2019年，农村可再生能源中固体类燃料用于取暖炊事热能约占17.2%、气体燃料占30.9%、电力能源占9.5%、太阳能热水占42.4%。基于情景一预测（图11-7），2030年农村可再生能源中固体类燃料用于取暖炊事热能约占10.5%、气体燃料占62.2%、电力能源占9.5%、太阳能热水占17.8%，到2060年，分别占7.8%、70.5%、8.2%和13.4%。基于情景三预测（图11-8），2030年农村可再生能源结构分别为：固体类燃料用于取暖炊事热能约占7.8%、气体燃料占67.2%、电力能源占8.7%、太阳能热水占16.3%。到2060年，固体燃料占比将显著降低，固体类燃料用于取暖炊事热能约占2.4%、气体燃料占77.5%、电力能源占7.9%、太阳能热水占12.2%。

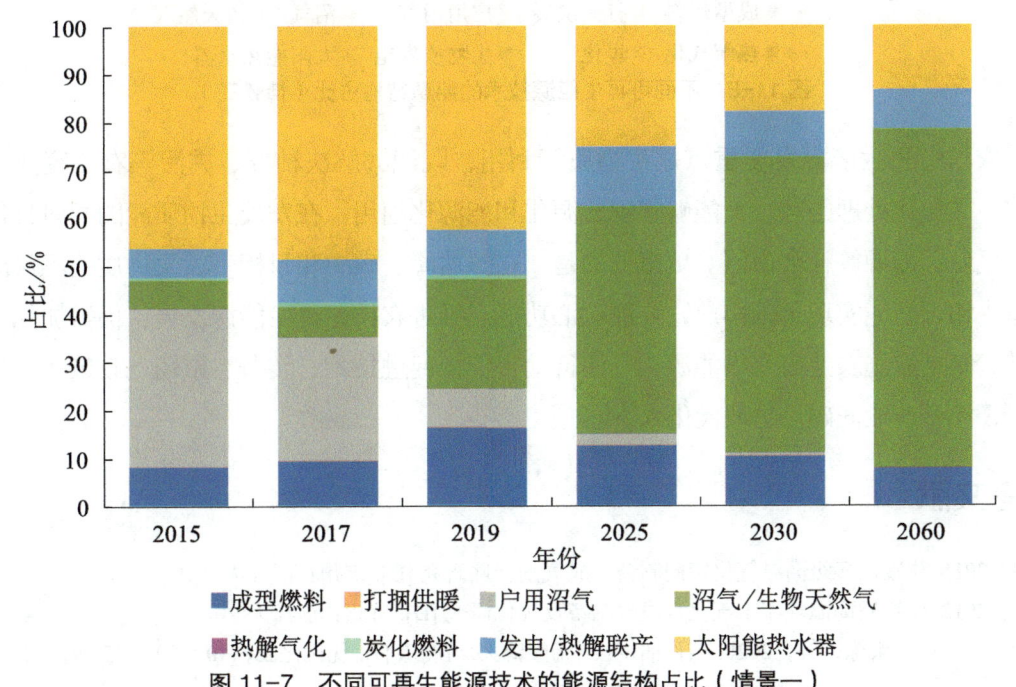

图11-7 不同可再生能源技术的能源结构占比（情景一）

未来农村可再生能源中沼气/生物天然气等清洁燃气类产品将占主导地位,基于情景三预测2025年、2030年、2060年清洁燃气分别为2 777×10⁴tce、5 969×10⁴tce、9 182×10⁴tce,分别是2015年的2.7倍、6.9倍、9.9倍。生物质发电规模显著增加,2025年、2030年、2060年分别为685.5×10⁴tce、774.3×10⁴tce、932.8×10⁴tce,分别是2015年的4.2倍、4.7倍、5.7倍。太阳能热水器规模略有增加,2025年、2030年、2060年分别为1 369×10⁴tce、1 448×10⁴tce、1 448×10⁴tce,分别是2015年的1.1倍、1.2倍、1.2倍。固体类燃料呈先增后减的趋势,2025年、2030年、2060年分别为695.6×10⁴tce、692×10⁴tce、287×10⁴tce,分别是2015年的3.0倍、3.0倍、1.2倍。

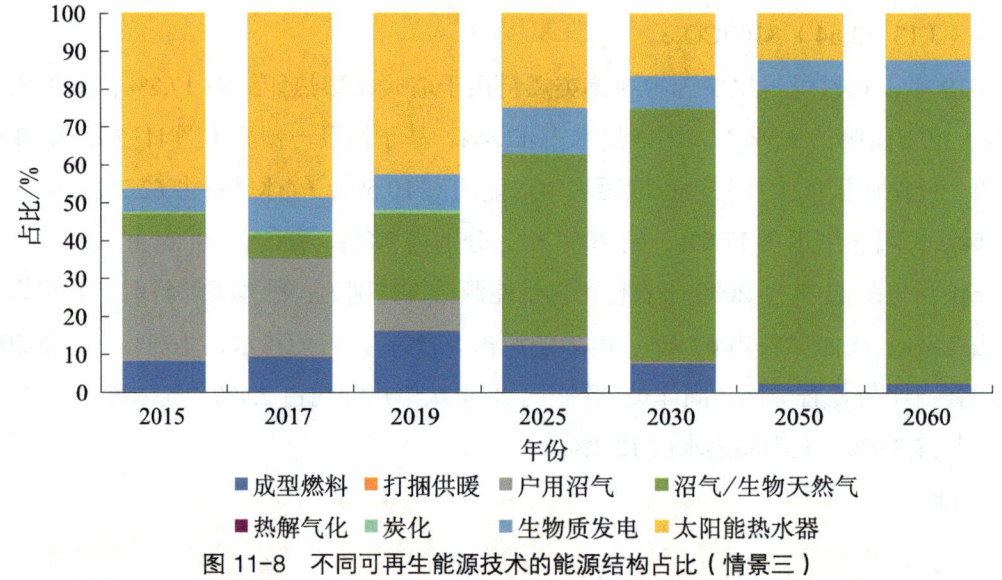

图 11-8　不同可再生能源技术的能源结构占比(情景三)

农村可再生能源发展重点是生物质能利用,既能够解决秸秆、粪污等农业废弃物无害化、减量化处理问题,又能够实现资源化和能源化利用,在发展生物质能的同时具备环境、民生、能源等社会价值。更重要的是,在碳达峰、碳中和目标下,生物质能不仅能实现碳中和,还能实现负碳排放,增加碳汇功能。推进农村可再生能源发展,仍需加强顶层设计,制定实施农业废弃物能源化利用行动目标,促进技术、装备、市场、政策、金融等创新,提升产业低碳化、现代化水平。

参考文献

陈超, 2015. 生物质多级高温气化定向制备合成气的特性研究 [D]. 杭州:浙江大学.
陈青, 2012. 生物质高温气流床气化合成气制备及优化研究 [D]. 杭州:浙江大学.
邓云, 姚宗路, 梁栋, 等, 2020. 秸秆捆烧技术研究现状与展望 [J]. 现代化工, 40(7):55-59, 64.

董红敏，2019. 畜禽养殖业粪便污染监测核算方法与产排污系数手册 [M]. 北京：科学出版社.

付萌，常世彦，2020. 适用于可持续认证的生物质能温室气体排放核算方法 [J]. 科技导报，38（11）：51-59.

国家发展改革委，国家能源局，2016. 能源生产和消费革命战略（2016—2030）[DB/OL]. http://www.gov.cn/xinwen/ 2017- 04/25/5230568/files/286514af354e41578c57ca38d5c4935b.pdf. 2016.12.29/2021.07.10.

国家可再生能源中心，国家发改委能源研究所，中国产业发展促进会生物质能产业分会，2018. 生物质电价政策研究报告 [R]. https://news.bjx.com.cn/html/20181108/940 341.shtml.

国家统计局，2021. 中国统计年鉴 2020[DB/OL]. http://www.stats. gov.cn/tjsj /ndsj /2020/indexch.htm. /2021.07. 10.

霍丽丽，田宜水，孟海波，等，2011. 生物质固体成型燃料全生命周期评价 [J]. 太阳能学报，32（12）：1875-1880.

霍丽丽，赵立欣，郝彦辉，等，2020. 国内外生物质成型燃料质量标准现状 [J]. 农业工程学报，36（9）：245-254.

霍丽丽，赵立欣，孟海波，等，2016. 秸秆类生物质气炭联产全生命周期评价 [J]. 农业工程学报，32（S1）：261-266.

霍丽丽，赵立欣，孟海波，等，2019. 中国农作物秸秆综合利用潜力研究 [J]. 农业工程学报，35（13）：218-224.

霍丽丽，赵立欣，姚宗路，等，2020. 秸秆捆烧清洁供暖技术评价 [J]. 农业工程学报，36（24）：218-226.

贾吉秀，赵立欣，姚宗路，等，2020. 秸秆捆烧技术及其排放特性研究进展 [J]. 农业工程学报，36（16）：222-230.

刘华财，吴创之，谢建军，等，2019. 生物质气化技术及产业发展分析 [J]. 新能源进展，7（1）：1-12.

刘桐利，赵立欣，孟海波，等，2020. 秸秆能源化利用技术评价方法探究与优化 [J]. 环境工程，38（8）：195-200.

马隆龙，唐志华，汪丛伟，等，2019. 生物质能研究现状及未来发展策略 [J]. 中国科学院院刊，34（4）：434-442.

王波，于光林，王超，等，2020. 中国生物质供热市场评估及发展政策建议 [J]. 中国能源，42（12）：21-24，31.

王茜，2017. 秸秆成型燃料提质及清洁燃烧特性研究 [D]. 济南：山东大学.

解文孝，李建国，刘军，等，2021. 不同土壤背景下秸秆还田量对水稻产量构成及氮吸收利用的影响 [J]. 中国土壤与肥料（2）：248-255.

张文廷，2020. 民用生物质炉具排放影响因素及减排效果研究 [D]. 北京：北京化工大学.

中国农业绿色发展研究会，中国农业科学院农业资源与农业区划研究所，2021. 中国农业绿色发展报告 2020[M]. 北京：中国农业出版社.

周延辉，朱新开，郭文善，等，2019. 中国地区小麦产量及产量要素对秸秆还田响应的整合分析 [J]. 核农学报，33（1）：129-137.

ABID M, WU J, SEYEDSALEHI M, et al, 2021. Novel insights of impacts of solid content on high solid anaerobic digestion of cow manure：Kinetics and microbial community dynamics[J]. Bioresource Technology, 333：125205.

IPCC, 2014. Climate Change 2014：Synthesis Report[R]. IPCC, Geneva, Switzerland, 151pp. https://www.ipcc.ch/report /ar5/syr/.

ISO 14040:2006. Environmental management-Life cycle assessment-Principles and framework[S].2006.7.

PARITOSH K,YADAV M,KESHARWANI N,et al,2021. Strategies to improve solid state anaerobic bioconversion of lignocellulosic biomass: An overview[J]. Bioresource Technology,331:125036.

Li Y Y,Qi C R,Zhang Y R,et al,2021. Anaerobic digestion of agricultural wastes from liquid to solid state: Performance and environ-economic comparison[J]. Bioresource Technology,332:125080.

第 12 章
碳中和背景下农村可再生能源发展战略

12.1 战略方针

我国提出碳达峰、碳中和的目标和愿景，迫切需要加快推进能源供给侧改革与创新，提高清洁能源占比。农村可再生能源具有绿色、低碳、清洁、可再生等特点，在解决农村用能供需矛盾、应对全球气候变化、保护生态环境等方面发挥着重要作用。习近平总书记关于能源生产和消费革命的重要论述指出，要推动能源供给革命，建立多元供应体系。按照习总书记重要指示精神，结合我国农业农村实际，提出我国农村可再生能源发展的战略方针："绿色低碳、生态循环，因地制宜、多能互补，创新驱动、加快发展"。根据生态文明建设、乡村振兴战略和能源安全新战略的总体要求，聚焦推进农业农村碳达峰、碳中和，大力发展生物质能，有效利用太阳能、风能、地热能等，改善和优化农村能源结构，形成以可再生能源为基础的农村清洁能源体系，以应对气候变化和满足农民对美好生活的新期待。

12.1.1 绿色低碳 生态循环

我国在联合国气候雄心峰会上宣布，2030年非化石能源占一次能源消费比重将达到25%左右。开发利用可再生能源是生态文明建设的必然要求，也是提高清洁能源和非化石能源消费比重、推进能源绿色低碳转型的主要途径。农村可再生能源具有重要的生态环境效应和广泛应用前景，清洁能源替代作用日益突显。要坚持清洁低碳发展方向，充分利用农作物秸秆、畜禽粪污、有机垃圾和生活污水等农业农村有机废弃物，将其转化成高品质的生物质燃气、成型燃料、液体燃料等清洁可再生能源，推动能源绿色生产和消费，大幅降低二氧化碳排放强度和污染物排放水平，推动能源绿色低碳转型；治理农业农村污染，改善农村人居环境，助力生态循环，加快发展可再生能源产业，可以促进区域产业结构升级，服务乡村振兴战略。

12.1.2 因地制宜 多能互补

在尊重农民意愿基础上，从农村实际出发，坚持因地制宜、分类施策，根据区域资源禀赋、生产规模、产业基础、经营方式、生态功能等差异，推广多种农村可再生能源技术，拓宽生物燃气、成型燃料、液体燃料等产品应用渠道，形成多能互补的农村分布式低碳能源多元化发展格局，构建环境影响最小、资源效率最大、经济成本最优的农村可再生能源系统。立足资源禀赋、农村清洁能源产业特点和农业农村多样化用能需求，优化小水电、太阳能、风能、沼气、地热和生物质能等组合发展模式，开发电、气、热、燃料等多元化能源产品，推动农村可再生能源的循环梯级利用，形成优化收集资源、按需能效转化、就近消费的分布式开发利用模式，提高能源利用效率，打造具有我国农村特色的多能互补、协调发展的农村可再生能源格局，有效缓解农村地区供气、供热、供暖等清洁能源供应矛盾。

12.1.3　创新驱动　加快发展

面向国家碳达峰、碳中和重大需求和世界科技前沿，充分发挥科技创新对实现双碳目标的支撑和引领作用，突破农村可再生能源领域的技术瓶颈，打造绿色低碳战略科技力量和科技创新服务平台，充分激发各类创新主体活力，以科技创新驱动农村可再生能源产业高质量发展。支持科研院所和企业开展科技创新、产品研发和技术攻关，提升清洁低碳的农村能源技术研发能力和装备制造水平，加快构建沼气/生物天然气、秸秆打捆直燃、生物质固化成型、生物质热解炭化、太阳能、风能和地热能等技术体系，加快成熟适用新技术、新产品的示范、推广和应用，切实提高农村可再生能源设施的运行效益。建立健全农村可再生能源行业技术标准体系，制定实施覆盖技术工艺、工程设计、施工建设、运行管理、污染物排放、设备制造等产业链各个环节的行业标准。强化政府引导作用，加强政策扶持和公共服务，积极引导社会资本投资，调动社会资本进入农村可再生能源领域积极性，鼓励风险投资、产业基金以多种形式参与农村可再生能源产业创新，探索PPP、BT和BOT等商业模式创新，培育壮大农村可再生能源产业。

12.2　战略目标

推动农村可再生能源发展，采用多能互补的能源利用形式，替代散烧煤等化石能源使用，减少秸秆等直接燃烧，提高资源利用效率；充分利用农村地区的生物质能、太阳能、风能和地热能等可再生能源资源，实现人畜粪污和农作物秸秆资源化、农民生活用能清洁低碳化、农村生活污水无害化，推动农村能源低碳、经济、高效转型，支撑乡村振兴战略，助力实现碳达峰、碳中和双碳目标。根据我国农村地区能源生产、消费以及区域经济社会发展趋势的总体判断，综合考虑资源、环境、技术、经济等因素，提出农村可再生能源建设在"十四五"全面建设期、高质量发展期、可持续发展期的发展目标。

12.2.1 全面建设期（2021—2025年）

"十四五"期间，我国现代化建设将迈上新征程，经济发展将进入"双循环"新发展格局，保守估计，至"十四五"末期我国人均国民收入有望超过 14 000 美元。我国社会经济发展将进入资源能源消耗路径的调整过渡阶段，可再生能源发展将进入一个新阶段，呈现大规模发展、高比例发展、市场化发展和高质量发展等特征，可再生能源在一次能源消费增量中的比重将超过 50%。在农村可再生能源方面，随着农村居民对生态环境的要求进一步提高和农业农村碳达峰、碳中和目标的不断推进，我国将因地制宜地大力开发农村可再生能源，继续支持脱贫地区优先布局建设一批能源补短板重大工程，构建功能齐全、上下联动、自我发展的农村能源服务体系，形成分布式的低碳农村能源网络，建设生态宜居的美丽乡村。

到 2025 年，农村可再生能源绿色低碳发展取得显著成效，探索形成一批具有区域特点的农村可再生能源开发利用机制模式，初步健全农村可再生能源政策体系和技术标准体系。农村可再生能源生产环节持续降碳提效，能源低碳消费新模式新业态加快发展。农村能源消费增量的 50% 以上由优质低碳能源满足；农村秸秆、薪柴散烧等低效燃烧的替代率达到 70% 以上；农作物秸秆综合利用率稳定在 86% 以上，畜禽粪污综合利用率达到 80%，农业农村有机废弃物资源高效利用的发展模式基本形成。

12.2.2 高质量发展期（2026—2030年）

这一时期，社会经济发展进入稳定时期，2030 年我国总人口将基本达到 14.5 亿人左右的峰值，常住人口城镇化率达到 70%。能源消耗与社会经济发展水平基本实现平衡，进入高质量发展期。这一时期，我国能源需求仍将保持持续增长，新一代信息技术、新材料技术为可再生能源高效发展提供有力支撑。作为农业农村领域碳减排的重要举措，我国农村可再生能源将加快步入跃升发展新阶段，实现对农业生产、农村生活的化石能源的加速替代，农村可再生能源发展处于大有可为的战略机遇期。

到 2030 年，农村清洁低碳安全高效的能源体系初步建成，农村能源消费二氧化碳排放达峰。具有区域特点的农村能源开发利用和运行模式成熟，农村能源消费新模式新业态蓬勃发展，绿色低碳能源技术的竞争优势显著增强。农村能源消费增量的 60% 以上由优质低碳能源满足，农村生活用能对传统化石能源的依赖进一步降低；农村秸秆、薪柴散烧等生物质低效燃烧的替代率达 90% 以上；农业农村主要固体废弃物资源化利用率达到 90% 以上，农村能源利用水平进一步提高，能源利用效率和区域生态环境得到根本改善。

12.2.3　可持续发展期（2031—2035 年）

《中共中央关于制定国民经济和社会发展第十四个五年规划和二〇三五年远景目标的建议》明确提出，到 2035 年基本实现社会主义现代化。我国经济实力、科技实力、综合国力将大幅跃升，经济总量和城乡居民人均收入将再迈上新台阶，基本实现新型工业化、信息化、城镇化、农业现代化，广泛形成绿色生产生活方式，碳排放达峰后稳中有降，生态环境根本好转，美丽中国建设目标基本实现，城乡区域发展差距和居民生活水平差距显著缩小。煤炭作为主体能源的份额进一步下降，非化石能源在我国整个能源结构的占比不断提高，可再生能源全面规模化替代化石能源，农村可再生能源技术的商业化迎来大发展。

到 2035 年，农村可再生能源技术及配套储能调峰体系基本成熟，农村能源互联网、多能互补应用场景普遍推动，能源资源协同效率明显提升。农村能源开发利用模式运行更加成熟，农村能源利用水平、效率和区域环境得到进一步提升；农业农村有机废弃物资源化利用率进一步提高。可再生能源发挥主导作用的清洁低碳、安全高效的现代能源体系基本建成。

12.3　技术路线

以全面推广分布式低碳能源网络为重点，因地制宜地开发农村可再生能源，进一步缓解农村地区清洁能源供需的矛盾，实现多元可再生能源协调发展。充分利用生物质能、风能、太阳能、地热能等清洁能源替代传统化石能源。采用多能互补开发模式，推动生物质发电、太阳能发电和风能发电等新能源发电融合发展。推进农村可再生能源基地建设，优化生物质发电开发布局，因地制宜推进农业生物质发电和沼气发电；加快生物质发电向热电联产转型升级，为农村居民供暖、为中小工业园区集中供热。根据区域特点，因地制宜积极发展生物质清洁供暖，鼓励为人口聚集的农村地区进行区域集中供暖；在分散供暖的农村地区，因地制宜推广户用成型燃料炉具供暖。加快发展生物天然气，在粮食主产区、畜禽养殖集中区等种植养殖大县，积极开展生物天然气示范，形成生物天然气并入天然气管网、车辆加气、锅炉燃料、发电等多元化利用模式。积极推进太阳能在农村生活热水、采暖等方面的利用。

大力推进农村能源革命向纵深发展，以储能技术、智能电网、能源互联网、多能互补体系、分布式低碳用能系统等新技术、新模式推广应用为重点，加快分布式能源系统和能源互联网建设。大力发展农村可再生能源产业，普及高效节能技术，持续推广共享模式，提高农业农村有机废弃物的资源利用率，建立高效、低成本、低排放的可再生能源体系，解决农村地区的清洁能源供需矛盾。引导与推动电力、天然气、热力与互联网运营商构建互惠共赢能源互联网生态圈，创新管理体制，以共享经济、平台经济的发展模式创新能源系统运营机制，打破由于技术、机制等原因造成的异质能系统间及多元主体间行业壁垒与技术壁垒，推动实现更大范围内的资源优化配置。

农村可再生能源发展技术路线如图12-1所示。

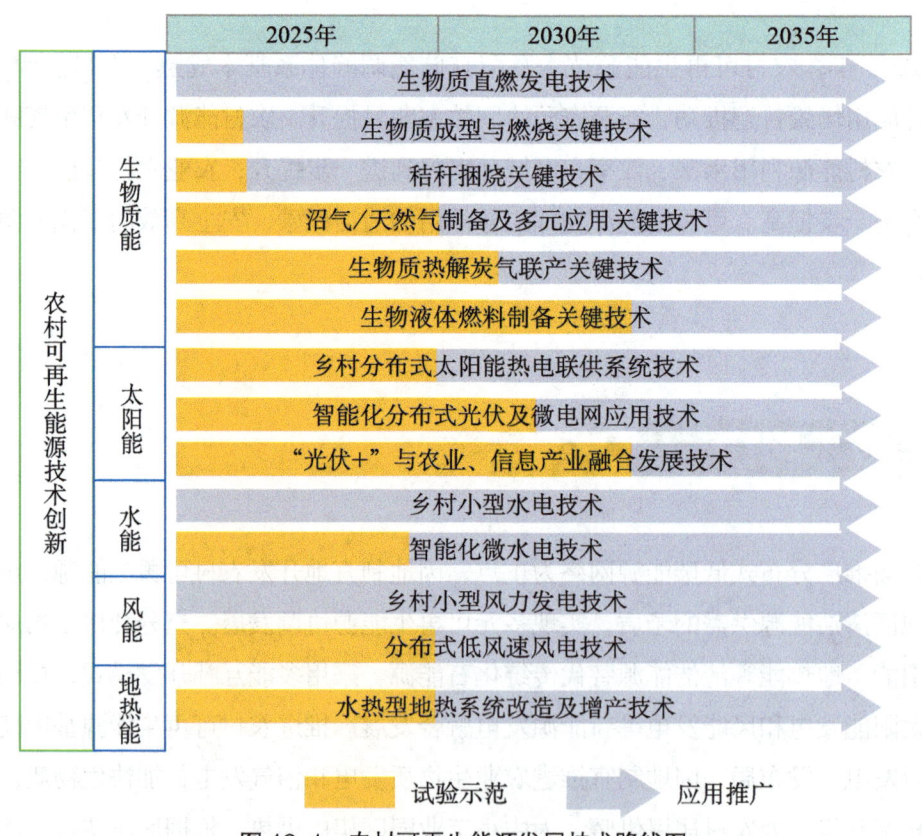

图12-1 农村可再生能源发展技术路线图

12.4 重大任务

12.4.1 加快农村生物质能开发利用

"十四五"期间我国可再生能源利用将持续增长，进入增量主体阶段。发展农村可再生能源，要以生物质能资源的能源化循环利用和清洁利用为重点，坚持因地制宜、多元发展，宜电则电、宜热则热、宜气则气，推动生物质能资源规模化和市场化开发，扩大直接投资、鼓励和引导社会资金，加大农村生物质能的开发和利用，提高综合利用水平和效益。一是加快生物天然气工程建设。选择秸秆、畜禽粪污等有机废弃物资源丰富的种植养殖大县，以县为单元建立产业体系，开展生物天然气示范县建设，推动沼气与农村天然气管网互联互通，推进生物天然气技术进步和工程建设现代化。建立原料收集保障和沼液沼渣有机肥利用体系，建立生物天然气输配体系，形成并入常规天然气管网、车辆加气、发电、锅炉燃料等多元化消费模式。二是稳步推进生物质发电项目。在农作物秸秆资源丰富地区，科学规划布局秸秆直燃发电项目；在农村电力紧张地区发展分布式生物质燃气发电，推动生物质发电与农村电网的互联互通。三是积极推进北方农村地区生物质能清洁供暖。以保障北方地区广大群众温暖过冬、减少大气污染为立足点，大力支持和推广生物质成型燃料、秸秆捆烧等清洁供暖技术应用，积极探索秸秆能源化利用新技术、新模式，在北方农村地区因地制宜开展清洁取暖。在人口相对密集的农村地区，推进秸秆捆烧等集中供热；在人口分散的农村地区，全面推广户用成型燃料，解决户用炊事及采暖用能问题。

12.4.2 构建多元化可再生能源供应体系

立足基本国情和发展阶段，确立绿色低碳、生态优先的发展导向，坚持在保护中发展、在发展中保护，深化能源供给侧结构性改革，充分开发利用农村能源资源，因地制宜发展太阳能、小型风能、省柴节煤炉灶炕等，优先发展可再生能源，促进农村多能互补协调发展。一是加快完善农村能源基础设施。推进农村电网改造升级，着力补齐农村电网发展短板。实施小城镇中心村农网改造升级、平原农村地区机井通电和偏远乡村通动力电专项工程。在天然气管网未覆盖的地区，因地制宜开发利用农村可再生能源，改善农村供能条件。二是推进分布式光伏和"光伏+"综合利用工程。以太阳能光热利用为重点，针对农户的洗浴、照明、取暖等需求，大力推广太阳能热水器、太阳能灯、太阳能节能建筑。

积极推进太阳能供暖、制冷技术发展，实现太阳能热水、采暖、制冷系统的规模化利用，促进太阳能与其他能源的互补应用。结合土地综合利用，依托农业种植、渔业养殖、林业栽培等，因地制宜创新各类"光伏+"综合利用模式，促进光伏与其他产业有机融合；创新光伏的分布利用模式，在有条件的地区，开展示范工程，建设光伏小镇和光伏新村。三是积极开展水能、风能和地热能利用。在牧区、山区、渔区等偏远缺电地区，积极推广小风电、风光互补等新型技术。在水能资源丰富、开发潜力大的地区，积极发展小水电。在地热能资源丰富的农村地区，推广地热能集中供暖。四是农村分布式能源供应体系。按照"政府扶持、企业主体、市场化运作"的原则，全面推进农村成型燃料、燃气、发电、液体燃料等多种利用方式并举的开发利用模式，发展农村可再生能源集中供气、采暖制冷、生活热水、电力多能联供系统，就近开发、就近利用，为周边居民和用户供应绿色能源，改善生产生活水平。推动开展多能互补的清洁能源示范工程建设，推动"地热能－太阳能－生物质能""风能－光能""光能－生物质能"等综合利用系统示范村建设，全面提升农村能源的供给能力，提高可再生能源的科学开发和综合利用水平。

12.4.3 推进农村可再生能源服务体系建设

农村可再生能源工程的管理和服务是产业健康发展的保证，要建管并重，把服务体系建设摆在更加突出的位置，推进农村可再生能源综合服务体系建设。一是充分发挥政府的主导作用。发挥政府在规划、资源配置、公共服务等方面的主导作用，统筹农村可再生能源综合服务体系建设，以"政府引导、市场机制、整合资源、城乡统筹"的原则，充分调动社会各方面的积极性，推动农村可再生能源建设和生态环境建设，形成整体合力。加强和提高政府在能源服务领域的监督与监管作用，积极推动可再生能源开发利用装置及设备安装、维修和服务城乡一体化，建立长效发展机制，加强农村可再生能源开发利用技术的培训和指导。二是加强服务体系自身建设。完善服务功能，从单一服务形式向多元化服务转变，使服务体系具有技术培训、规划设计、物资采购、建筑安装、质量监督、建设后服务等多重功能，力争实现农村可再生能源建设专业化、能源管理专业化、服务社会化。三是培育经营主体。建立健全政府引导、市场主体、多方参与的产业化发展机制，吸引社会资本投入，培育壮大一批市场化运营的农村可再生能源产业经营主体。健全以市场化为导向的长效机制和政策扶持体系，推动农村可再生能源产业结构优化、提质增效。四是培育新型社会化服务主体。加快培育农村可再生能源专业化人才队伍和社会化服务组织，根据区域产业布局和资源分布特点，完善激励措施，建立健全区域范围内全覆盖的服务网络体系，开展原料收储运、生产加工、建设施工、设备安装、运营维护等社会化服务。

12.5 保障措施

12.5.1 强化顶层设计 谋划重大工程

发挥我国规划体系制度优势,加快制定"十四五"农村可再生能源发展规划,将农村可再生能源纳入国家生态文明建设及能源生产消费战略,纳入国家能源行业综合管理体系,提前谋划、统筹,系统性地指导农村可再生能源发展,改变我国一直以来农村可再生能源领域缺乏专门发展规划的局面。按照党的十九届五中全会要求,规划编制既要做好顶层设计,又要接地气。从促进"碳减排"和"碳中和"的战略高度,统筹规划、分步实施,对农村能源状况进行调查摸底,开展农村可利用能源资源状况调查和评价工作,制定不同阶段农村能源的发展总体目标及各时期重点任务,提出不同地区的农村可再生能源建设重点,明确传统商品化能源供应体系向农村地区延伸及农村低碳能源应用路径,指导各地加强农村可再生能源建设,将农村可再生能源设施建设纳入城镇化发展建设规划。

在推进农村可再生能源发展的过程中,瞄准碳达峰、碳中和目标要求,发挥生物质"零碳"和"负碳",特别是减少甲烷排放的优势,在关键领域部署支撑农村能源清洁低碳发展的重大工程;瞄准影响农村居民切身利益的"关键小事",结合农村当地经济发展状况、资源条件、农民生活习惯,因地制宜谋划、推广、示范一批点多面广的低碳农业、零碳农业项目。制定农村新能源行动方案,加快各类技术推广应用,强化对农村可再生能源工作的指导。统筹相关主管部门的政策资源,综合考虑农村适宜能源技术成熟度及农民取暖、炊事等各类用能需求,因地制宜制定太阳能、地热能、生物质能等新兴低碳能源技术,以及节能建筑、高效节能炉具等各项节能技术的推广应用实施方案,推进农村高效、清洁能源的多能互补协调发展。创新指导方式,上下协同联动,定期召开全国或区域农村能源工作会议,部署农村能源工作重点,明确各地农村能源建设方向,及时沟通各地建设进展,加强经验交流。

12.5.2 加大扶持力度 形成发展合力

农村可再生能源的发展,需要建立多渠道、多元化投融资机制。国家设立农村可再生能源专项基金,或明确可再生能源发展基金中用于农村可再生能源建设资金的份额;各级政府要把农村可再生能源建设纳入经济建设计划和财政计划，增加建设投入，落实专项资金予以扶持。制定宽松的发展环境和奖励制度，利用可再生能源发电的企业，应按照国家有关规定优先审批、上网，并给予补贴。对投资开发沼气等农村可再生能源的企业，在建设和运营过程中，按规定减免相关的行政事业性收费；建设可再生能源工程用地，可优先办理建设用地使用审批手续。广辟筹资渠道，引导农民、企业和其他社会资金积极投资农村可再生能源建设，逐步形成"政府投资为引导、企业投资为主体、社会广泛参与"的多元化投资机制，确保农村可再生能源建设扎实推进。

整合各方资源，加快推进农村可再生能源建设。创新投入机制，将农村可再生能源建设工作与畜禽粪污资源化利用整县推进、秸秆综合利用、农村人居环境整治等工作相结合，积极优化、整合相关资源和资金，统筹推进农村可再生能源建设工作。制定合理的价格核定体系，充分反映能源资源稀缺程度、市场供求关系、生态环境价值和代际补偿成本，充分体现清洁能源的环境外部性效益，从而发挥价格杠杆调节作用，改善农村可再生能源的经济性和市场竞争力，扩大利用空间。建立支持农村可再生能源发展的财税优惠政策。建立对用户终端用能产品的分类补贴制度，引导鼓励农民使用清洁能源产品；对农村清洁能源设备制造和运营服务企业给予税收优惠，减少农村能源服务企业税负。积极实施政府和社会资本合作PPP等新的融资经营模式，将PPP模式引入农村可再生能源建设体系。

12.5.3 深化技术创新 培育企业主体

加强产学研协同创新，支持龙头企业、科研院所、高校协同开展以应用为导向的基础研究，突破关键核心技术，加强原始创新，重点解决制约农村可再生能源开发应用中的关键技术问题，进一步提高农村可再生能源开发利用自主创新能力，加快农村可再生能源的利用和推广步伐。支持产学研合作建设创新基地、组织实施重大科技项目，加快重大科技成果落地转化，以技术突破引领新兴产业集群发展。打通高校院所和企业科技成果转移转化通道，探索科技成果转移转化的有效机制与模式，开展从项目发现、技术评估到孵化、投资的全过程服务，提升综合服务水平和市场化运营能力，着重解决科技成果转化"最后一公里"问题，鼓励农村可再生能源新技术、新产品和新模式试点，推动原始创新和科研成果落地转化，不断提高科技开发水平。

打造强大的企业创新主体，进一步强化企业在技术创新决策、研发投入、科研组织和成果转化等方面的主导作用。加强企业主导的创新组织建设，支持企业主导建立基础前沿研究机构，开展应用基础研究和前沿技术开发；推动企业建设高水平研发机构，支持领军企业建立国家重点实验室、国家级企业技术中心，依托企业建设工程（技术）研究中心，完善由企业牵头实施应用性重大科技项目的机制。支持企业开展科技成果转化应用,推动企业联合高校、科研院所,建设研发和技术转移机构,加强研发创新成果应用与推广、标准研制等;推进科技园区、经济技术开发区等重点功能区与高校院所建立长效对接机制,加强联系交流,打通企业承接转化重大创新项目的通道,加快形成新产品和新业务增长点,带动产业链上下游企业协同创新,打造区域经济新增长极。支持大企业整合行业创新资源,主导建设开放式创新服务平台,面向中小企业开放产业资源、应用场景和研发需求,开展专业孵化服务,推进合作研发。

12.5.4 加强队伍建设 完善服务体系

紧密围绕农村能源发展的需要,从提高农村能源建设队伍的基本职业技能出发,多层次、全方位地开展培训工作。加大对技术培训机构等能力建设的支持力度,将农村能源人才培养纳入国家基础教育和技能教育培训计划。将农村能源业务培训与农村党支部书记培训、新型经营主体培训等培训有机结合起来,在相关培训中安排农村能源业务专题内容,切实提高农村能源建设队伍的人员素质和技术水平。建立人才投入机制,设立农村能源实用人才专项资金。鼓励支持村、合作社和农村各种专业合作经济组织建立农村能源人才培育的自我投入机制,上级财政可按其投入的一定比例适当予以补贴。加快农村能源专业技术人才培养,在全国范围内重点培育一批农村能源产业发展所急需的高级复合型人才、高级技术研发人才和熟练技术工人。选择有长期从事农村新能源意愿、有提高自身素质积极性、有相应科学文化素质的人群进行重点培养,为推进农村能源革命打下坚实的人力资源基础。

进一步加强农村可再生能源管理与服务组织建设,提升农村能源运维服务能力,强化"全生命周期"治理运维意识。充实基层农村能源管理与推广机构的人员队伍,安排专人负责农村可再生能源技术服务工作。充分发挥基层农村能源站点的人才和技术优势,指导农民建立农村能源服务组织。培育有质量保障、长期经营能力强的能源建设和服务企业,通过特许经营、招标或其他竞争性比选方式,实行市场化运作,统一负责农村可再生能源建设、运营管理和技术服务等事务。鼓励农民广泛开展农村可再生能源综合利用,兴办各种形式的技术服务组织。积极开展农村可再生能源生产和运维职业技能培训,面向广大农民普及宣传农村能源科学知识,提高节能环保意识。逐步建立完善的市场化服务体系,大力开展各种形式的社会化服务,实现产业化发展、物业化管理和社会化服务。

附表

附表1 国内外生物质成型燃料相关标准名录

标准类别	国际	中国
术语定义	ISO 16559	NY/T 1915；NB/T 3406
规格和等级	ISO 17225-1~8；ISO 17225-9*	NB/T 34024；NY/T 2909
采样与制备	ISO 18135；ISO 21945*（Simplified）；ISO 14780	GB/T 28730；NY/T 1879；NY/T 1880
全水分	ISO 18134-1；ISO 18134-2	GB/T 28733；NY/T 1881.2
一般样品水分	ISO 18134-3	GB/T 28731；NY/T 1881.3
灰分	ISO 18122	GB/T 28731；NY/T 1881.5
挥发分	ISO 18123	NY/T 1881.4
低位发热量	ISO 18125	GB/T 30727
堆积密度	ISO 17828	NY/T 1881.6
颗粒密度	ISO 18847	NY/T 1881.7
长度和直径	ISO 17829	
粒度分布	ISO 17827-1；ISO 17827-2	
细颗粒物含量	ISO 18846；ISO 18846-2*	
机械耐久性	ISO 17831-1；ISO 17831-2；ISO 23343-1*（吸水性）	NY/T 1881.8
>3.15mm 重质杂质含量	ISO 19743	
碎料粒度分布	ISO 17830	
耐磨性（热处理后燃料）	ISO 21596*	
灰熔融性	ISO 21404*	GB/T 30726
全C、全H	ISO 16948	GB/T 28734
全N	ISO 16948	GB/T 30729
可溶性氯化物、Na、K	ISO 16995	
全S	ISO 16994	GB/T 28732

续表

标准类别	国际	中国
全氯	ISO 16994	GB/T 30729
Al、Ca、Fe、Mg、P、K、Si、Na、Ti	ISO 16993；ISO 16996（X-rayfluorescence）	NB/T 42116
As、Cd、Co、Cr、Cu、Hg、Mn、Mo、Ni、Pb、Sb、V、Zn	ISO 16968；ISO 16996（X-rayfluorescence）	
结果基准转换	ISO 16993	GB/T 21923；NY/T 1881.1（含相关内容）
质量保证	ISO 17588；ISO 17589	
燃料安全存储	ISO20023（住宅）；ISO 20024*（工业）	NB/T 34061
燃料存储自然发热	ISO 20049*	
架桥行为（散装燃料）	ISO 23437*	
燃料排放检测标准	ISO 20048-1*；ISO 20048-2*	
燃料灰成分		GB/T 30725

注：*为在编标准。

附表2 现行成型燃料技术相关标准名录

标准编号	标准名称
GB/T 30366—2013	生物质术语
GB/T 21923—2008	固体生物质燃料检验通则
GB/T 28730—2012	固体生物质燃料样品制备方法
GB/T 28731—2012	固体生物质燃料工业分析方法
GB/T 28732—2012	固体生物质燃料全硫测定方法
GB/T 28733—2012	固体生物质燃料全水分测定方法
GB/T 28734—2012	固体生物质燃料中碳氢测定方法
GB/T 30725—2014	固体生物质燃料灰成分测定方法
GB/T 30726—2014	固体生物质燃料灰熔融性的测定方法
GB/T 30727—2014	固体生物质燃料发热量测定方法
GB/T 30728—2014	固体生物质燃料中氮的测定方法
GB/T 30729—2014	固体生物质燃料中氯的测定方法
GB/T 35564—2017	生物质清洁炊事炉具
NY/T 12—1985	生物质燃料发热量测试方法
NY/T 1878—2010	生物质固体成型燃料技术条件
NY/T 1879—2010	生物质固体成型燃料采样方法
NY/T 1880—2010	生物质固体成型燃料样品制备方法
NY/T 1881.1—2010	生物质固体成型燃料试验方法 第1部分：通则
NY/T 1881.2—2010	生物质固体成型燃料试验方法 第2部分：全水分
NY/T 1881.3—2010	生物质固体成型燃料试验方法 第3部分：一般分析样品水分
NY/T 1881.4—2010	生物质固体成型燃料试验方法 第4部分：挥发分
NY/T 1881.5—2010	生物质固体成型燃料试验方法 第5部分：灰分
NY/T 1881.6—2010	生物质固体成型燃料试验方法 第6部分：堆积密度
NY/T 1881.7—2010	生物质固体成型燃料试验方法 第7部分：密度
NY/T 1881.8—2010	生物质固体成型燃料试验方法 第8部分：机械耐久性
NY/T 1882—2010	生物质固体成型燃料成型设备技术条件
NY/T 1883—2010	生物质固体成型燃料成型设备试验方法
NY/T 1915—2010	生物质固体成型燃料术语
NY/T 2369—2013	户用生物质炊事炉具通用技术条件
NY/T 2370—2013	户用生物质炊事炉具性能试验方法
NY/T 2705—2015	生物质燃料成型机质量评价技术规范

续表

标准编号	标准名称
NY/T 2880—2015	生物质成型燃料工程运行管理规范
NY/T 2881—2015	生物质成型燃料工程设计规范
NY/T 2909—2016	生物质固体成型燃料质量分级
NY/T 3021—2016	生物质成型燃料原料技术条件
NY/T 3492—2019	农业生物质原料样品制备
NY/T 3493—2019	农业生物质原料粗蛋白测定
NY/T 3494—2019	农业生物质原料纤维素、半纤维素、木质素测定
NY/T 3495—2019	农业生物质原料热重分析法通则
NY/T 3496—2019	农业生物质原料热重分析法热裂解动力学参数
NY/T 3497—2019	农业生物质原料热重分析法工业分析
NY/T 3498—2019	农业生物质原料成分测定元素分析仪法
DL/T 2147—2020	生物质结渣性的测定方法
DL/T 2148—2020	生物质着火温度的测定方法
DL/T 2149—2020	生物质灰熔融性的测定方法
NB/T 10240—2019	生物质成型燃料锅炉房设计规范
NB/T 10470—2020	固体生物质燃料砷、磷、氯测定方法 X 射线荧光光谱法
NB/T 34005—2011	民用生物质固体成型燃料采暖炉具试验方法
NB/T 34006—2011	民用生物质固体成型燃料采暖炉具通用技术条件
NB/T 34007—2012	生物质炊事采暖炉具通用技术条件
NB/T 34008—2012	生物质炊事采暖炉具试验方法
NB/T 34009—2012	生物质炊事烤火炉具通用技术条件
NB/T 34010—2012	生物质炊事烤火炉具试验方法
NB/T 34012—2013	生物质锅炉用水冷振动炉排技术条件
NB/T 34014—2013	生物质炊事大灶试验方法
NB/T 34015—2013	生物质炊事大灶通用技术条件
NB/T 34016—2014	生物质炕炉试验方法
NB/T 34017—2014	生物质炕炉通用技术条件
NB/T 34018—2014	环模式块状生物质燃料成型设备技术条件
NB/T 34019—2014	平模式块状生物质燃料成型设备技术条件
NB/T 34020—2014	活塞冲压式棒状生物质燃料成型设备技术条件
NB/T 34024—2015	生物质成型燃料质量分级
NB/T 34025—2015	生物质固体燃料结渣性试验方法

续表

标准编号	标准名称
NB/T 34026—2015	生物质颗粒燃料燃烧器
NB/T 34035—2016	小型生物质锅炉技术条件
NB/T 34035—2020	小型生物质锅炉技术条件
NB/T 34036—2016	小型生物质锅炉试验方法
NB/T 34036—2020	小型生物质锅炉试验方法
NB/T 34039—2017	生物质成型燃料供热工程可行性研究报告编制规程
NB/T 34040—2017	小型生物质热风炉技术条件
NB/T 34041—2017	小型生物质热风炉试验方法
NB/T 34057.1—2017	木质纤维素类生物质原料化学成分的测定 第1部分：标准样品的制备
NB/T 34057.2—2017	木质纤维素类生物质原料化学成分的测定 第2部分：标准样品的纯化
NB/T 34057.3—2017	木质纤维素类生物质原料化学成分的测定 第3部分：水分的测定
NB/T 34057.5—2017	木质纤维素类生物质原料化学成分的测定 第5部分：纤维素、半纤维素、果胶和木质素的测定
NB/T 34057.6—2017	木质纤维素类生物质原料化学成分的测定 第6部分：灰分的测定
NB/T 34057.7—2020	木质纤维素类生物质原料化学成分的测定 第7部分：淀粉的测定
NB/T 34057.8—2020	木质纤维素类生物质原料化学成分的测定 第8部分：蛋白质的测定
NB/T 34057.9—2020	木质纤维素类生物质原料化学成分的测定 第9部分：脂类的测定
NB/T 34061—2018	生物质锅炉供热成型燃料贮运技术规范规范
NB/T 34062—2018	生物质锅炉供热成型燃料工程设计规范
NB/T 34063—2018	生物质锅炉供热成型燃料术语
NB/T 34064—2018	生物质锅炉供热成型燃料工程运行管理规范
NB/T 34065—2018	生物质锅炉供热成型燃料试验方法通则
NB/T 42116—2017	生物质锅炉燃料元素（铝、钙、铁、镁、磷、钾、硅、钠和钛）的测定方法
NB/T 47062—2017	生物质成型燃料锅炉
RB/T 057—2020	生物质能源林基地认证要求
RB/T 175—2018	生物质能可持续性认证要求
DB 12/765—2016	生物质成型燃料锅炉大气污染物排放标准
DB 12/765—2018	生物质成型燃料锅炉大气污染物排放标准
DB12/T 663—2016	生物质成型燃料
DB13/T 1175—2010	生物质成型燃料
DB13/T 1407—2011	生物质成型燃料炉具
DB13/T 1538—2012	生物质压缩成型设备

续表

标准编号	标准名称
DB13/T 2078—2014	生物质直燃常压热水锅炉
DB13/T 2080—2014	生物质颗粒燃料燃烧器
DB13/T 2305—2015	蒸菌专用生物质燃料炉
DB14/T 1039—2015	生物质型煤
DB21/T 2786—2017	生物质固体成型燃料技术条件
DB21/T 2922—2018	冲压式棒状生物质燃料成型机质量评价技术规范
DB21/T 2924—2018	环模颗粒状生物质燃料压制机能耗限值
DB22/T 2581—2016	生物质成型燃料锅炉大气污染物排放标准
DB33/T 2097—2018	生物质成型燃料锅炉安全节能管理要求
DB34/T 3069—2017	固体生物质燃料中碳氢的测定方法－电量重量法
DB34/T 3655—2020	秸秆成型燃料清洁生产技术规程
DB34/T 3656—2020	秸秆成型燃料清洁利用基本要求
DB35/T 1267—2012	无患子生物质原料林培育技术规程
DB35/T 1398—2013	生物质固体成型燃料
DB35/T 1462—2014	在用生物质锅炉能效简单测试方法
DB35/T 1581—2016	竹柏生物质能源林培育技术规程
DB35/T 1588—2016	燃生物质成型燃料工业锅炉能效限定值
DB35/T 1675—2017	生物质燃烧器通用技术规范
DB37/T 1496—2009	生物质成型燃料
DB37/T 1753—2010	生物质直燃常压热水锅炉技术条件
DB37/T 1754—2010	生物质压块成型设备通用技术条件
DB43/T 1148—2015	生物质成型燃料热风炉
DB43/T 1177—2016	生物质成型燃料工业锅炉技术条件
DB43/T 1224—2016	生物质燃料工业锅炉节能监测
DB43/T 804—2013	家用生物质、型煤炉灶
DB43/T 864—2014	生物质成型燃料
DB44/T 1052—2018	工业锅炉用生物质成型燃料
DB44/T 1510—2014	生物质成型燃料工业锅炉技术条件
DB51/T 1631—2013	高寒山区直燃式户用生物质炉通用技术条件
DB51/T 1685—2013	生物质成型燃料
DB51/T 1868—2014	生物质固体成型燃料压制机安全技术要求
DB52/T 1205—2017	层燃燃煤锅炉改生物质锅炉技术导则

续表

标准编号	标准名称
DB52/T 1326—2018	生物质锅炉经济运行管理规程
DB52/T 1421—2019	工业锅炉用生物质固体成型燃料
DB53/T 869.1—2018	烟用生物质颗粒燃料 第1部分：生产技术规程
DB53/T 870—2018	密集烤房生物质颗粒燃料燃烧装置
DB53/T 871—2018	密集烤房生物质颗粒燃料烟叶烘烤技术规程
DB53/T 948—2019	烟用生物质颗粒燃料 第2部分：质量要求
DB53/T 949—2019	烟用生物质颗粒燃料烘烤操作管理规程
DB62/T 2874—2018	户用生物质燃料供热应用系统通用技术要求
SZDB/Z 109—2014	生物质成型燃料及燃烧设备技术规范
SZJG 51—2015	生物质成型燃料及燃烧设备技术规范

附表3 现行沼气技术相关标准名录

标准编号	标准名称
GB/T 26715—2011	沼气阀
GB/T 29488—2013	中大功率沼气发电机组
GB/T 30393—2013	制取沼气秸秆预处理复合菌剂
GB/T 3606—2001	家用沼气灶
GB/T 4750—2016	户用沼气池设计规范
GB/T 4751—2016	户用沼气池质量检查验收规范
GB/T 4752—2016	户用沼气池施工操作规程
GB/T 51063—2014	大中型沼气工程技术规范
GB/T 7636—1987	农村家用沼气管路设计规范
GB/T 7637—1987	农村家用沼气管路施工安装操作规程
CECS 339—2013	地源热泵式沼气发酵池加热技术规程
JB/T 11792.3—2014	中大功率燃气发动机技术条件 第3部分：沼气发动机
JB/T 11793—2014	柴油/沼气双燃料发动机通用技术条件和试验方法
NY/T 1220.1—2006	沼气工程技术规范 第1部分：工艺设计
NY/T 1220.2—2006	沼气工程技术规范 第2部分：供气设计
NY/T 1220.3—2006	沼气工程技术规范 第3部分：施工及验收
NY/T 1220.4—2006	沼气工程技术规范 第4部分：运行管理
NY/T 1220.5—2006	沼气工程技术规范 第5部分：质量评价
NY/T 1220.6—2014	沼气工程技术规范 第6部分：安全使用
NY/T 1221—2006	规模化畜禽养殖场沼气工程运行、维护及其安全技术规程
NY/T 1222—2006	规模化畜禽养殖场沼气工程设计规范
NY/T 1223—2006	沼气发电机组
NY/T 1496.1—2015	户用沼气输气系统 第1部分：塑料管材
NY/T 1496.2—2015	户用沼气输气系统 第2部分：塑料管件
NY/T 1496.3—2015	户用沼气输气系统 第3部分：塑料开关
NY/T 1496.4—2014	农村户用沼气输气系统 第4部分：设计与安装规范
NY/T 1638—2008	沼气饭锅
NY/T 1639—2008	农村沼气"一池三改"技术规范
NY/T 1699—2016	玻璃纤维增强塑料户用沼气池技术条件
NY/T 1700—2009	沼气中甲烷和二氧化碳的测定气相色谱法
NY/T 1702—2009	生活污水净化沼气池技术规范

续表

标准编号	标准名称
NY/T 1704—2009	沼气电站技术规范
NY/T 1912—2010	沼气物管员
NY/T 2141—2012	秸秆沼气工程施工操作规程
NY/T 2142—2012	秸秆沼气工程工艺设计规范
NY/T 2371—2013	农村沼气集中供气工程技术规范
NY/T 2372—2013	秸秆沼气工程运行管理规范
NY/T 2373—2013	秸秆沼气工程质量验收规范
NY/T 2374—2013	沼气工程沼液沼渣后处理技术规范
NY/T 2450—2013	户用沼气池材料技术条件
NY/T 2451—2013	户用沼气池运行维护规范
NY/T 2597—2014	生活污水净化沼气池标准图集
NY/T 2598—2014	沼气工程储气装置技术条件
NY/T 2599—2014	规模化畜禽养殖场沼气工程验收规范
NY/T 2600—2014	规模化畜禽养殖场沼气工程设备选型技术规范
NY/T 2601—2014	生活污水净化沼气池施工规程
NY/T 2602—2014	生活污水净化沼气池运行管理规程
NY/T 2853—2015	沼气生产用原料收贮运技术规范
NY/T 2854—2015	沼气工程发酵装置
NY/T 2910—2016	硬质塑料户用沼气池
NY/T 344—2014	户用沼气灯
NY/T 667—2011	沼气工程规模分类
NY/T 858—2014	户用沼气压力显示器
NY/T 859—2014	户用沼气脱硫器
NY/T 860—2004	户用沼气池地密封涂料
NY/T 90—2014	农村户用沼气发酵工艺规程
QB/T 4396—2012	软体沼气池用聚氯乙烯涂覆织物膜材
QB/T 4415—2012	软体聚氯乙烯涂覆织物沼气池
DB13/T 1305—2010	秸秆沼气集中供气系统工程设计、施工及验收规范
DB13/T 1369—2011	聚丙烯塑料沼气发生器
DB15/T 1009—2016	规模化畜禽养殖场沼气工程标准图集
DB22/T 2363—2015	户用沼气池及沼气工程增、保温技术规范
DB32/T 1158—2007	鲜食玉米－奶牛－沼气－牧草链式操作规程

续表

标准编号	标准名称
DB32/T 1686—2010	鲜食玉米-肉牛-沼气-克氏原螯虾链式操作规程
DB32/T 1740—2011	沼气池沼液（渣）机械抽吸作业规范
DB32/T 2274—2012	设施大棚内沼气池使用技术规程
DB35/T 1257—2012	红泥塑料厌氧发酵沼气工程技术规范
DB37/T 104—2016	酒精厂酒糟制取沼气技术规范
DB37/T 2422—2013	中温高效沼气工程成套装备通用技术条件
DB41/T 518—2008	辅热集箱式沼气工程技术条件
DB41/T 519—2008	辅热集箱式沼气工程施工及验收规范
DB45/T 1133—2015	户用沼气池建设规范
DB45/T 627—2009	户用沼气池运行、维护及安全操作规程
DB50/T 289—2008	聚乙烯新型软体沼气池（袋）
DB50/T 371—2010	重庆市集中型沼气工程建设规范
DB51/T 1183—2011	秸秆沼气集中供气工程设计规范
DB51/T 1184—2011	农村生活污水净化沼气工程设计规范
DB51/T 1684—2013	农村户用沼气池运行管理规程
DB51/T 1873—2014	小型沼气集中供气工程设计规范
DB51/T 1874—2014	农村生活污水净化沼气池施工规范
DB51/T 2204—2016	小型沼气集中供气工程施工规范
DB51/T 2206—2016	农村户用沼气池安全操作管理规程
DB51/T 271.1—2009	城镇生活污水净化沼气池配套安装规范
DB51/T 271.3—2009	农村户用沼气池验收规范
DB51/T 312—2009	农村户用预制构件沼气池施工规范
DB51/T 770—2008	农村户用沼气池配套安装规范
DB51/T 807—2008	农村户用沼气池使用管理规程
DB52/T 1058—2015	山区农村沼气集中供气工程技术规范
DB61/T 501—2010	农村中小型畜禽养殖场沼气工程管理规范
DB61/T 502—2010	农村中小型畜禽养殖场沼气工程设计规范
DB61/T 503—2010	农村中小型畜禽养殖场沼气工程建设规范
DB62/T 2590—2015	日光温室沼气生产及综合利用技术规程
DB65/T 3443—2012	农村户用秸秆沼气生产技术规程

附表 4 现行热解气技术相关标准名录

标准编号	标准名称
JB/T 11792.5—2014	中大功率燃气发动机技术条件 第 5 部分：秸秆气发动机
JB/T 12336—2015	中小功率生物质气发动机技术条件和试验方法
NB/T 34004—2011	生物质气化集中供气净化装置性能测试方法
NB/T 34011—2012	生物质气化集中供气污水处理装置技术规范
NY/T 443—2001	秸秆气化供气系统技术条件及验收规范
NY/T 1017—2006	秸秆气化装置和系统测试方法
NY/T 1417—2007	秸秆气化炉质量评价技术规范
NY/T 1561—2007	秸秆燃气灶
NY/T 2907—2016	生物质常压固定床气化炉技术条件
NY/T 2908—2016	生物质气化集中供气运行与管理规范
DB32/T 2145—2012	户用型秸秆气化炉安全操作规程
DB22/T 1759—2013	生物质干馏热解燃气装置技术条件
DB 37/253—2007	农村生物质燃气供应系统设计规范
DB 37/254—2007	农村生物质燃气供应系统施工及验收规范
DB 37/255—2007	农村生物质燃气供应系统运行维护技术规范
DB 37/256—2007	常压固定床生物质气化机组技术条件
DB41/T 1449—2017	生物质气化设备技术条件
DB51/T 1357—2011	低压生物质燃气管网工程施工及验收规范
DB51/T 1376—2011	固体生物质气化燃气焦油灰尘含量测定方法
DB51/T 1377—2011	低压生物质燃气室内工程施工及验收规范
DB51/T 1398—2011	生物质燃气热值测定方法

附表5 现行秸秆捆烧技术相关标准名录

标准编号	标准名称
GB 10395.20—2010	农林机械安全 第20部分：捡拾打捆机
GB/T 14290—2008	圆草捆打捆机
GB/T 20789—2006	收获和贮存机械圆捆打捆机术语和商用规范
GB/T 25423—2010	方草捆打捆机
NY/T 1631—2008	方草捆打捆机作业质量
NY/T 2463—2013	圆草捆打捆机作业质量
NY/T 2905—2016	方草捆打捆机质量评价技术规范
DB11/T 298—2005	捡拾打捆机作业质量
DB13/T 2314—2015	秸秆直燃锅炉
DB13/T 2078—2014	生物质直燃常压热水锅炉
DB15/T 871—2015	圆草捆打捆缠膜机
DB21/T 2811—2017	玉米秸秆打捆机作业技术规范
DB21/T 2902—2018	水稻秸秆捡拾打捆机作业技术规程
DB22/T 2820—2017	玉米秸秆方捆打捆机作业质量评价规范
DB23/T 1090—2007	亚麻打捆机作业质量
DB23/T 2698—2020	寒冷地区村镇秸秆直燃供暖技术规程
DB32/T 2652—2014	秸秆捡拾打捆机操作规范
DB32/T 2653—2014	秸秆捡拾打捆机作业质量评价技术规范
DB37/T 1753—2010	生物质直燃常压热水锅炉技术条件
DB51/T 1631—2013	高寒山区直燃式户用生物质炉通用技术条件
DB62/T 2558—2015	捡拾打捆机作业质量
DB65/T 3545—2013	打捆机操作技术规程

附表6 现行清洁炉灶相关标准名录

标准编号	标准名称
GB/T 3606—2001	家用沼气灶
JGJ/T 358—2015	农村火炕系统通用技术规程
NB/T 34016—2014	生物质炕炉试验方法
NB/T 34017—2014	生物质炕炉通用技术条件
NB/T 34003—2011	聚光型太阳灶通用技术条件
NB/T 34014—2013	生物质炊事大灶试验方法
NB/T 34015—2013	生物质炊事大灶通用技术条件
NY/T 1001—2006	民用省柴节煤灶、炉、炕技术条件
NY/T 1636—2008	高效预制组装架空炕连灶施工工艺规程
NY/T 58—2009	民用火炕性能试验方法
NY/T 1001—2006	民用省柴节煤灶、炉、炕技术条件
NY/T 8—2006	民用柴炉、柴灶热性能测试方法
NY/T 1561—2007	秸秆燃气灶
NY/T 219—2003	聚光型太阳灶
NY 312—1997	醇基民用燃料灶具
DB43/T 648—2011	家用节煤省柴热水炉灶
DB43/T 804—2013	家用生物质、型煤炉灶
DB14/T 520—2009	节能架空炕施工工艺规程
DB41/T 1191—2016	桑蚕鲜茧烘炕技术规范
DB4115/T 035—2018	信阳养生菜烹饪技艺面炕鸡
DB41/T 1550—2018	信阳养生菜烹饪技艺炕豆腐
DB50/T 407—2011	桑蚕鲜茧烘炕技术规范
DB50/T 407—2020	桑蚕鲜茧烘炕技术规范